広益体妖怪普及史

伊藤慎吾　氷厘亭氷泉
式水下流　永島大輝
幕張本郷猛　御田鍬
毛利恵太

勉誠社

第一部　研究者と妖怪

第二部　紹介者と妖怪

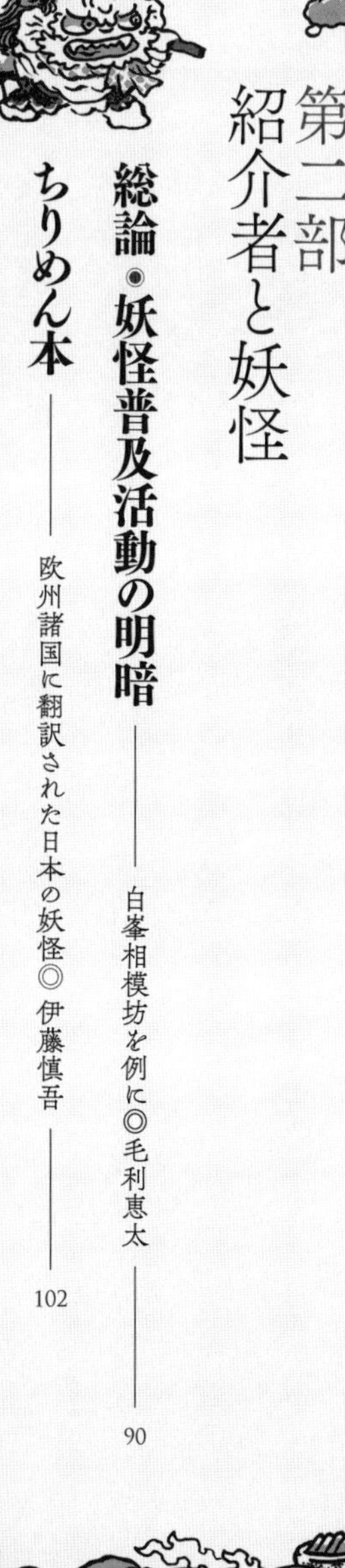

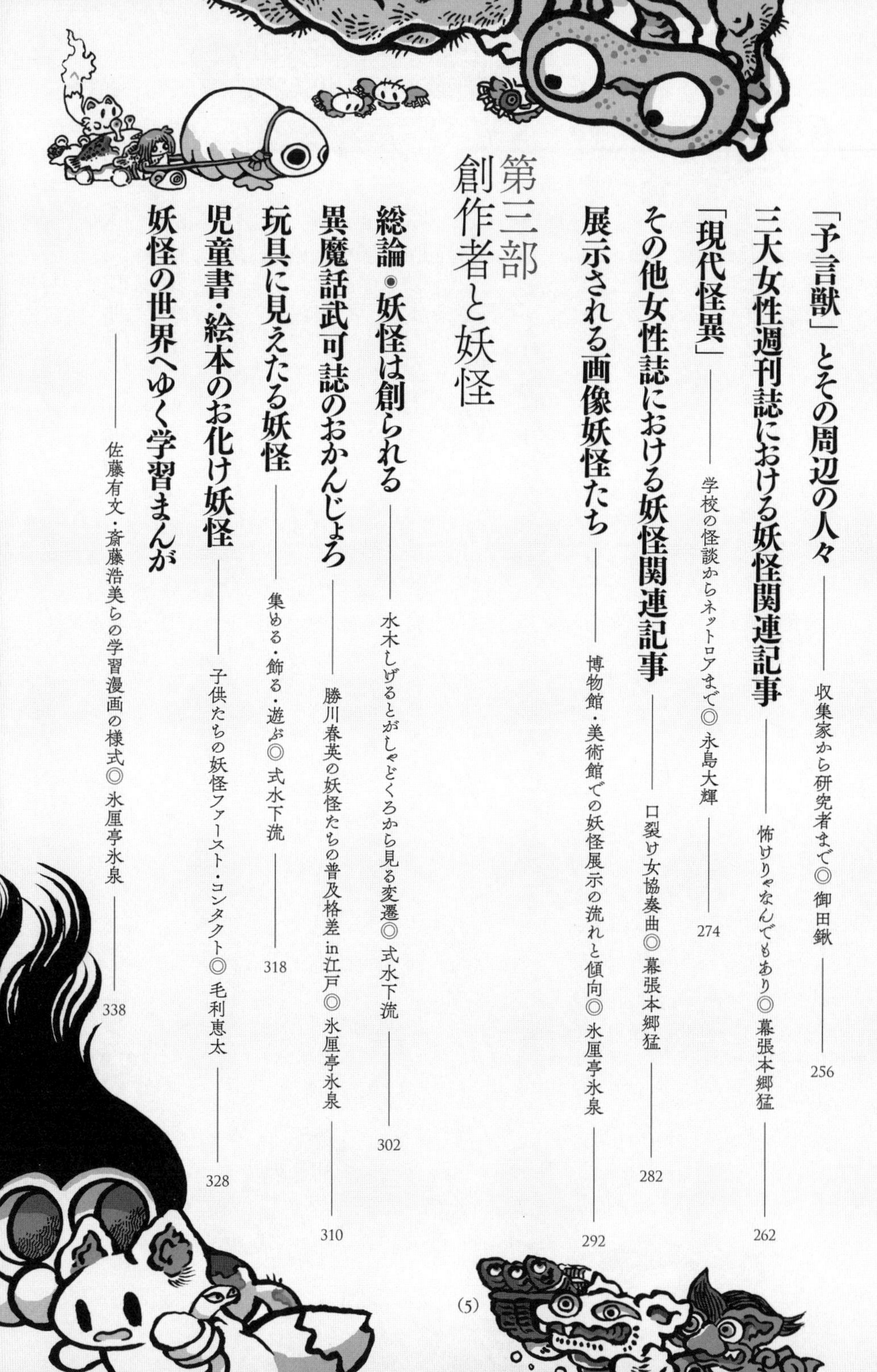

第三部　創作者と妖怪

カバー・表紙イラスト◎梅素薫（一八八三）＋氷厘亭氷泉（二〇二四）
本文イラスト◎氷厘亭氷泉

総説　妖怪普及史のむこうづけ

氷厘亭氷泉

《毛羽毛現》という妖怪は静岡県に伝わっている妖怪です——といったような表示が、都道府県別に妖怪を代表選抜していった流れのなかに出て来ることがときどきある。[1]

もちろん、《毛羽毛現》は鳥山石燕が絵に描いただけの存在であり、駿河や遠江にも、江戸市中にも、そういった妖怪が出る・なになにをする妖怪であると語られていた伝承が、当時あったわけではないことは、二〇〇〇年代以後の石燕の作品解説を通じて知られて来たことがらである。[2]

しかし、先述したような伝承地域の表示は「妖怪学」普及以前の時代に生まれた根拠不明の解説では毛頭なく、ごくごく近年になってから、二〇一〇〜二〇二〇年代に「新規に」見られて来た例である。

「静岡県に伝わる」とまでは語らずとも、「じめじめ湿ったところに住んでおり、水を飲む」[3]や「これが床下に住みつくと、家の者が病気になる」などといった現在一般にありふれている解説も、実際のところ石燕の《毛羽毛現》の段階には存在してこなかった、おなじ調子の紹介の仕方ではある。それらは水木しげるや大伴昌司たちによって一九六〇〜一九七〇年代に添加されたあらたな性質にすぎないのだが、そのあたりの

歴史変遷が「妖怪解説」として明示されつつ通しで紹介されることは、ほとんどない。

そのような流れと、現在進行形で進んでいる石燕作品そのものを研究した内容[5]と民俗・国文・美術学での妖怪情報が密接に合流して一般に紹介されることも、ほとんどないことは言うまでもない。

さらにいえば、このような状況は、別段《毛羽毛現》だけに限ったことでもない。今後も無限に再生産されつづける可能性のある、一般に普及した「妖怪解説」の流れなのである。

「線」の動きや拡がり

本書では、現代広く認識されている妖怪のイメージを形成する様々な「点」を示して行くが、個々の「点」のみではなく、色々な「点」から発して昨日今日の現代に到るまで繋がって来る「線」の動きの変遷を強化するため、「年代」を主眼や区切りとせず、以下のように本文の構成を分けてみた。

第一部「研究者と妖怪」——第二部「紹介者と妖怪」——第三部「創作者と妖怪」

これら三つの妖怪たちに関する《点と線》を《おすし》[6]でたとえれば、第一部は魚河岸(うおがし)や家庭、第二部はマーケットの食品売り場のパックやデパートの名店街、第三部は個人すし店や回転ずしチェーンで、それぞれ作られる《おすし》のようなものである。

《おすし》という一個の単語で全てをひとつにまとめることも出来る集合体だが、想像出来るものが個々に違って来ることは明白であろう。

それぞれの《おすし》の素材の流通や産地の目利き、加工の仕方の差違、あるいはどういうものがお品書きとして互いに並びあっているか――といった違いなどが様々に出て来るわけである。

先ほどの《毛羽毛現》で言えば、魚河岸（研究者）では石燕作品の図や研究内容が《おすし》として並べられており、個人経営のすし店（創作者）も大体それと同じようにつくっている。マーケット（紹介者）でパック売りされている《おすし》も同じものを詰めているところがほとんどだが、なかにはドコから来たとも知れぬ品に静岡県産鮮魚使用と印字したシールを貼った正体不明の《おすし》を知ってか知らずか売っているマーケット（紹介者）やチェーン店（創作者）もある、といった具合であろう。

実際各地で伝承されている妖怪たちであれば、魚河岸では《鮮魚》をはじめとした素材のかたちとしても並んでいて良いのだが、石燕によって描かれただけの存在の《毛羽毛現》は、民俗学の範囲であつかわれて来た妖怪たちと比較すれば現状、はじめから加工品――つまり《おすし》のすがたでしか世の中に存在していない妖怪である。魚河岸にも港にも、下手すれば大海原にも銀河にも《おすし》になる前の《鮮魚》のすがた（石燕が描く以前に江戸で語られていた《毛羽毛現》の性質や内容）では自然に漂（ただよ）っていないのである。にもかかわらず、捕れた特定の海（民俗的な伝承地や、さも近代以前から語られてたと感じられる内容）があるかのように見せているケースもある、ということである。

《おすし》とのあいだの道

それぞれの「点」から発している「線」の動きは幹線道路のように太く賑々しいものもあれば、けもの道のように狭く途切れがちなものもある。

しかも、その「線」は一本道ではなく、間道もあれば横丁もあり、蟻の巣や坊条制のような道までもが複雑に入り混じっている。さらに、それを通り抜ける「個人個人」のたどった道順によっても、見る印象も風景も多岐に変容渝移して来る。

その理由は、《妖怪》についての様々なレベルの言及（これは、用いられる総称が《おばけ》でも《怪異》でも《妖》などなどでも一般的には同様である）を俯瞰してみると、「このチェック事項をクリアしていたらこういう妖怪」という明確な区分が、全対象にキチンと割り当てられている例に乏しいからである。

民俗報告の採集地を基準に伝承地表示をする手法や地図に、そういった地盤を持たない「絵に描かれた」だけの存在（画像妖怪）たちが無意識に紛れ込むのも、そういった理由である。

そのような混在例は「むかしの絵があるから」という単純な動機であることが多い。根本的な部分を突き詰めれば、もともと石燕の描いた《毛羽毛現》に存在すらしていなかった静岡県[7]という情報が足されたような事態は、「伝承地がある妖怪」という枠組みのなかに「毛羽毛現を入れよう」という欲求が人間側に存在しなければ第一に成立しないのである。

「伝承されている」とする情報が恣意的に混ぜられる事例が多く見受けられるのは、「この妖怪には伝承がない・明確な伝承地がない」ということになってしまった場合、伝承以外の前提や価値基準で、その使いたい《妖怪》を採り上げることが出来なくなり困ってしまう――といった構図[8]が多いのだろう、と考えられるわけだが、実際のところは、そのような一筋縄には繫がらないのである。

「広く伝承されていたから、むかしも絵が描かれるほどに知られていたんだろう」という《妖怪》のイメージのほうが、現代においては一般には先行して持たれているからである。つまり、ここで挙げた《毛羽毛現》のような紹介情報が、「どんな妖怪を使おう」という選出の段階で、「恣意的である」とも「チグハグな情報の吹き寄せである」とも意識されていないことのほうが多いのである。

それは、「個人個人」の「点」と「線」をたどる道順によって生じる、印象や風景に由来する前提の差違に負うところが非常に大きい。

はじめから、画像要素（《おすし》そのもの）と伝承要素（《おすし》の素材）は、同列に出来ない内容の差違が、個々にそれぞれ含まれる――という部分が結びついていれば、「使いたい妖怪が採り上げられない」という葛藤から「別要素同士だが混ぜてしまおう」との動機も生まれるかも知れないが、「この妖怪はどこどこに古くから伝わる」という説明の仕方のみが、《妖怪》の一般イメージと共に、何となく「型」として書籍や放送や情報空間で周知されつづける循環により、全ての《妖怪》には目撃譚や民間伝承が各地域にあり、それが描かれたものが妖怪の絵（全ての《おすし》は産地の明確な鮮魚や食材やお米から出来ており、おばあちゃんのつくる郷土料理な《おすし》のようなものが原型）――であるかのような触り心地が違和感なく浸透していれば、右に想定したような葛藤の生じる発想の気配自体がもともと希薄で、「この地方に出たとの情報がある」という部分さえあれば、なに由来だれ経由だろうとも、麻の群れの中に生えた蓬のように、まっすぐそれが《古来からの伝承》とだけ認知されてしまうのである。

二〇一〇～二〇二〇年代の《妖怪》の一般的な動向を見ると、伝承されて来た妖怪たちについても、古い地誌・記録・随筆の解読や民俗採集調査の報告などを通じて、ここ三〇年で紹介され、知られるようなった総数のわりには幅広い選択肢が持たれず、一九七〇～一九九〇年代前半[9]までのまま固定化がつづいていたり、博物館や美術館での展示をきっかけに画像方面にニューフェイスがいくつか増えるだけだったりする様相が、二〇〇〇年代よりさらに顕著に観測出来るようになっている。

何がどう普及したのか

大抵の場合、《妖怪》のイメージ範囲は、多くの「点」と「線」（ほぼ二〇世紀以後のもの）のなかで《妖怪とされたもの》[10]を無区分に掃き寄せているだけで、厳密に分類や区分がなされてはいない。

並べた《おすし》のなかに、老舗高級店のものもあれば、にぎりメカによるものも、3Dポリゴンのものも、マシュマロ製のお菓子も、お厨子も久延彦も混在しているような状況である。

あくまで、《妖怪》という範囲に入れられたものが基準であり、そのなかでのさらなる分類――たとえば

《座敷童子》[11]と《天狗》と《がしゃどくろ》がハッキリ分けられるといったことは少ない。隣あったり並んだりしている《妖怪》たちは、定義や要項に適ってそこにキチンと仕分けされた《妖怪》ではなく、大多数の事物にどこかが関わって来る・関わっているかも知れないだけの、やや曖昧な集合体でしかない。

つまり、分野や要項もほとんど重ならない異なった存在が、ちりぢりばらばらに《妖怪》として同席していることが多いのが現状であり、その点を明確に採り上げて述べている小松和彦や京極夏彦などによる基本的な解説が二〇年近く《妖怪》という名のついた書籍を通じ読まれつづけて来ているにもかかわらず、送り手（紹介者や、《妖怪》をあまり専門としていない研究者）も含めた二〇二〇年代現在の一般的なイメージとしての《妖怪》は、伝承要素や歴史事項が内容として語れる存在や状況を解説するための術語や論説のみが率先して消費されており、全ての《妖怪》の解説理論がそちら側に寄せられてしまいがちなせいか、論理の上でそこと交叉して来ない「作品として描かれた」だけの存在や「個々の呼び名も性質も特にない」存在、「《妖怪》とは冠されない」存在たちについて、的確に語る手法や仕分ける段取のための前提条件は抜け落ちやすく、結局《妖怪》の内側の規準はあるようでないままなのである。

しかしそれは逆に言えば、内容としては同格の要素同士を、いくらか区分可能なチェック要項が揃っているにもかかわらず、「これまで妖怪図鑑などで採り上げられて来なかった」あるいは「妖怪の研究・紹介の文脈からは注目が浅かった」というだけで《妖怪》に同列視されていなかった存在は、伝承・画像どちらの方向にも、いまだに山ほど存在しているということなのである。

その点を考慮して本書は、前書が人物本位であった分、より妖怪本位であろうと勤めている。
これから先、「個人個人」が何を《妖怪》からさらに掬い出し、漉し足し、互いに普及をつづけさせてゆき、究めるか、讌らうか、愉しむか――。本書に勝る優良なる諸書たちとあわせて、それぞれが今後の《妖怪》に関するあれこれを倍増して学び、親しんでもらうことで、おのずと小雲さわりを発けば大雲さわりを発くの動きとならんことを、ここにまた希う次第である。

注

[1] 妖怪探検隊（編著）伊藤まさあき（絵）『47都道府県!! 妖怪めぐり日本一周』二 中部・近畿（汐文社、二〇一七。三四〜三七頁）など。伊藤まさあき『発見！日本一周妖怪めいろ』名所の巻（汐文社、二〇一九。四〜七頁）でも《毛羽毛現》は中部地方に記載されている。御田鍬の教示によると太陽の地図帖『水木しげるの妖怪地図』（平凡社、二〇一一。四三頁）にて静岡県の妖怪と表示された例が先行している。二〇二〇年代でも広く確認出来る《天井嘗》を群馬県に伝わる妖怪だとするような事例と、本文に示すように原因はほぼ同様だが、《毛羽毛現》の場合、水木しげるによる図鑑解説の《毛羽毛現》と直接関係ない水木エピソード（場所が富士山の山小屋だというのみ。ただし、妖怪が地方別配列される書籍・情報媒体ではそれを受けて、《毛羽毛現》が「中部地方」に配列・紹介されることが多い）を無理に《毛羽毛現》の伝承地だと解釈した、あるいは静岡県の妖怪であると表記した資料が二次的に引用されたに過ぎず、その加算経緯が使用者に認識されていないだけだとも言える。tera（寺西政洋）『新版ＴＹＺ』の「毛だけの妖怪」（二〇二一年一一月三〇日）は、静岡説のモトとなった本来《毛羽毛現》とは関係のないエピソードを独立させて描きつつ、石燕の《毛羽毛現》とは全く関連性がない点をキチンと強調してインターネット上に解説公開している。

[2] 稲田篤信・田中直日（編）高田衛（監修）『鳥山石燕 画図百鬼夜行』（国書刊行会、一九九二。二三九頁）の時点でも、性質については石燕自身による本文填詞に存在しないため、《毛羽毛現》そのものが何であるかの解説は持たれていない。

[3] 水木しげる『水木しげるの妖怪文庫』一（河出書房新社、一九八四。一〇八〜一〇九頁）水木しげる『日本妖怪大全』（講談社、

一九九一。一七五頁）など。じめじめした場所＝便所の手水鉢の近くに出るといった性質づけは、水木しげる『ふるさとの妖怪考』（じゃこめてい出版、一九七四。一二〇頁）、水木しげる『水木しげるお化け絵文庫』五（彌生書房、一九七五。三頁）などから書籍での紹介が定着しはじめている。水木しげる『妖鬼化』二日本編・中部（ソフトガレージ、一九九八。一七八頁）水木しげる『決定版 日本妖怪大全』（講談社、二〇一四。二八三頁）にも解説は引き継がれているが、静岡説のモトとなった山小屋での水木エピソードは文字数の関係か入っていない。

[4]《毛羽毛現》には他に、佐藤有文『お化けの図鑑』（ＫＫベストセラーズ、一九七八。一一三頁）ではゴム鞠のように走り地面に落ちている毛を食べる、聖咲奇・竹内義和『世界の妖怪全百科』（小学館、一九八一。九八頁）では僧侶のすがたに化けて旅人や迷子を助けてくれた、などの性質が記載され来ている。これらも妖怪図鑑での紹介のためにあらたにつくられた性質である。『日本の妖怪大百科』（勁文社、一九八五。一八七頁）『おばけなんでも大百科』（みずうみ書房、一九八六。三二頁）などがこちらの流れを踏襲していたが、一九九〇年代以後は用いられることがほとんどない。しかし本文で挙げた解説も根拠や信用性があって選択されているわけではなく、石燕の《毛羽毛現》に付随して来た解説ではないことでは何も大差はない。どちらが用いられていたとしても現状はおなじであり、いずれも鳥山石燕の画像要素のみを母胎として一九六〇～二〇二〇年代にあらたに生まれた多種の《毛羽毛現》たちであるとカウントしてゆくのが、自然な妖怪の増え方・親しみ方なのではないだろうか。実際、このような現代的な《毛羽毛現》の性質や内容が「近世から歴史的に存在していないと困る」こと自体は、研究者や創作者には本来ほとんどないのである。

[5]近藤瑞木「「妖怪」をいかに描くか――鳥山石燕の方法」（小松和彦・安井眞奈美・南郷晃子『妖怪文化研究の新時代』せりか書房、二〇二二。二八八～二八九頁）は、石燕による《毛羽毛現》という命名に、芝居の「累」ものに頻出する「稀有怪訝な御面相」という決まり文句が密接に関連しているのではないかと考察している。

[6]『列伝体 妖怪学前史』（勉誠出版、二〇二一）の総説（一二～一八頁）も参照。

[7]《毛羽毛現》が静岡県の伝承だとする解説は、インターネットなどで近年あたらしく生まれた俗説だと語ることは出来ない。たとえばウィキペディアの「毛羽毛現」の項目は二〇〇八年四月から存在するが、静岡県の妖怪だと記載されたことは一度もなく、内容も『鳥山石燕 画図百鬼夜行』（一九九二）や村上健司『妖怪事典』（毎日新聞社、二〇〇〇。一五〇頁）などで書かれた解説から逸脱していない。このケースの場合、本書の構成分類にあてはめれば、静岡説を用いた「紹介者の書籍」が参考資料に用いられ、他の情報と特に比較されることなく使われて発生した結果のもので、俗に言われがちな、一般書と児童書といった読者対象による記述の差や、テクノロジーや情報環境の変化とも無縁な、《妖怪》に対する個々の前提に由来する《点と線》の動きであろう。

[8] 都道府県別以外には、出現環境別・形態別・時代別などが方法として見られる。いずれも一九六〇年代から妖怪図鑑の配列手法として存在するが、どれも配置後に添える解説文の内容に伝承が存在すること前提の色が濃く、画像妖怪が無理矢理同列に編入されることによって、結果的に同様の問題を伴いつづけて来ている。

[9] 一九九〇～二〇二〇年代にかけて発行された事典や伝説・昔話の叢書類などを通じて紹介された各都道府県の伝承妖怪の総数は爆増しており、既に「載っている伝承から適宜挙げるだけで各都道府県の妖怪は多彩に出せる」段階に来ているが、二〇一〇年代後半の書籍などを見ても、伝承妖怪については一九八〇年代とほぼ大差のない選抜のほうが多い。ベネッセの「進研ゼミ小学講座」の別冊付録として二〇一〇年代から発行されつづけている『47都道府県妖怪&伝説BOOK』は、茨城県（日和坊）岡山県（ぬらりひょん）という画像要素重視な選抜や、埼玉県（袖引き小僧）石川県（海月の火の玉）広島県（山本五郎左衛門）熊本県（油すまし）など、一九七〇～一九九〇年代前半までに固定化されたもので占められている。

[10] ここで語っているような《妖怪》についての一般イメージは、研究者の側にはほとんど問題にもならないような基本前提として研究の上で理解されていると思うが、果たして明確に世間――特に一般書あるいはメディアの領域での紹介者・研究者（送り手）の層に広く普及しているのかというと、採用される《妖怪》の選抜の方法や陣容、あるいは通史的な語り口などから観察している限り、「妖怪とは何か」という外枠は多く語られるのだが、「妖怪の枠のなかにさらにどのような違いや分野による前提の切り替えをすべきか」という箇所については少々こころもとない印象がある。廣田龍平『妖怪の誕生 超自然と怪奇的自然の存在論的歴史人類学』（青弓社、二〇二二）三二～三三頁・三四一～三四五頁や、廣田龍平による『列伝体 妖怪学前史』の書評（『図書新聞』三五三九号、二〇二二年四月一六日）なども参照。書評では、この総説でも採り上げている現代における一般での妖怪イメージについて、一九八〇年代以後の学術的な流れの妖怪学も存在しているいっぽうで「私たちの妖怪イメージ自体が、民俗学を中心に据える妖怪学を周縁化しているのである」と述べている。また前提の有無や循環の問題についても「妖怪好きにとっては認識の転換を迫るという点で中上級者向けであるが、それ以外の人々にとっては歴史叙述の流れが明確で、むしろ分かりやすい」という評価のなかで対比的に示している。

[11] 歴史的な成立過程と、現代での普及を遡って観察してゆく際、《座敷童子》は伝承要素のみでも成立し、《天狗》は伝承・画像の両要素の宗教・大衆のなかでの相互進行で成立し、《がしゃどくろ》は逆に画像要素に依存しなければ成立そのものが難しい。

水陸活動大番附

蒙御免

水中

横綱 津浪
大関 洪水
関脇 怒濤
小結 潮流
前頭 渦巻
前頭 逆浪
前頭 噴水
前頭 龍巻
前頭 河流
前頭 水雷

前頭 軍艦
同 汽船
同 潛水艇
同 小蒸滊
同 火輪船
同 傳馬船
同 ボート
同 帆船
同 ジャンク
同 筏
同 屋臺舟
同 はしけ
同 ヨット

前頭 鱶
同 鯨
同 一角魚
同 鯱
同 海豚
同 海豹
同 河馬
同 おこぜ
同 鯉
同 鯰
同 鮒の源五郎
同 海坊主
同 人魚
同 船幽靈

年寄 龜 丸木舟 蝦

前頭 蛸
同 蛤
同 夜光蟲
同 鰻
同 いもり
同 なまこ
同 ひる
同 たにし
同 ぼうふら
同 鼈蟲

陸上

横綱 噴火
大関 地震
関脇 山崩
小結 砂流
前頭 陥落
前頭 雪崩
前頭 地割
前頭 旋風
前頭 崖崩
前頭 地雷

前頭 隠顯砲臺
同 汽車
同 飛行機
同 自動車
同 トロッコ
同 馬車
同 自轉車
同 大八車
同 荷車
同 橇
同 屋臺
同 人力車
同 乳母車

前頭 獅子
同 象
同 犀
同 虎
同 野猪
同 豹
同 馬
同 針鼠
同 狸
同 山羊
同 鎌斬樵兵衞
同 山人
同 山姫
同 天狗

年寄 鶴 御神輿 狐

前頭 坊主
同 雀
同 螢
同 蛇
同 やもり
同 むぐら
同 みゝず
同 かたつむり
同 蚤
同 虱

行司
浮標 燈台 桟橋 旗幟

呼出
蟹 水 鰐 河 蛙
牛 馬

観進元
俵藤太 浦島太郎

村上KO生「水陸活動大番付」(『中学生』大正6年12月号)
番付の考案投稿は明治初期から新聞や雑誌にみられ、これもその一例。自然・乗物・生物が並べられているが、山人・山姫・天狗・海坊主・人魚・船幽霊などの妖怪も挙げられている。

研究者と妖怪

採集上の注意

一、なるべく地元の人に話を聞いて下さい。

二、疑問のものは疑問のまゝ書き留め、自分の解釋を加へないで下さい。

三、特に土地の方言を多く生かして書いて下さい。

四、圖解を要するものは簡潔な圖を添へて下さい。

五、大字小字名もなるべく書き添へて下さい。

六、後の白紙に關係地名を記した略圖を書いて下さい。

七、話者の姓名、年齢、性別、職業も書き入れて下さい。

八、本手帖の各項目は極く一般的なことばかりですから、直接訊れてないことでも、關係資料は詳しく記入して下さい。

採集者

縣　郡　村

採集期日　自昭和　年　月　日
　　　　　至昭和　年　月　日

民間伝承の会『採集手帖』沿海地方用（一九三七）「採集上の注意」

柳田國男が民俗学者の地域調査（フィールドワーク）に用いるために編纂した記録ノート。地域調査における手法や留意すべき点について示されているが、これら注意事項は、そのまま民俗学領域の妖怪を扱う際の注意点として用いることもできるだろう。

——毛利

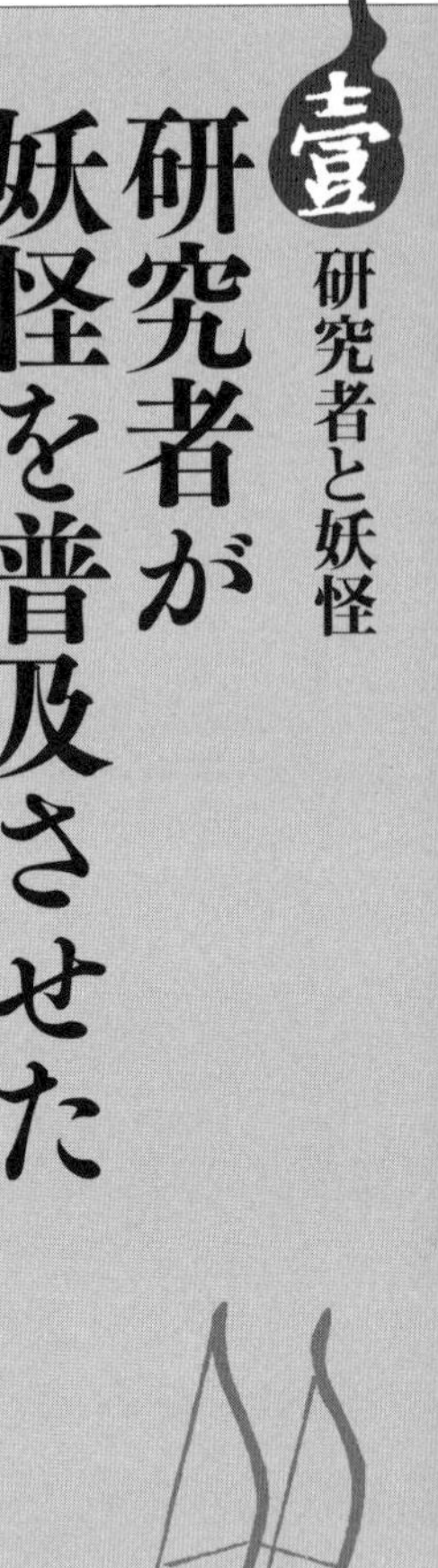

壹 研究者と妖怪

研究者が妖怪を普及させた

ザシキワラシ普及史

永島大輝

ザシキワラシは今の日本ではかなりメジャーな妖怪だろう。そして、現在もそれなりに語られているのだ。研究者は、妖怪を研究する一方で人口に膾炙するのを手伝っても来た。そして妖怪は視覚優位な世の中で可視化され、造形化された。郷愁を誘う民話として日本人に再評価されたり、時には心霊文脈で語られたり、そんな流れをザシキワラシを中心に見ていき妖怪の総論とさせていただく。

ザシキワラシ普及史——研究者に発見される

妖怪がいかに普及したか。今日では「会うと幸せになる」と言われる有名な妖怪で、日本各地にいるザシキワラシだが、もともとは岩手県を中心に伝承されていたローカルなものである。[1]

そんなザシキワラシが柳田國男の『遠野物語』(一九一〇)に記される。佐々木喜善が柳田に語り、

それを記したものだ。

佐々木喜善はさらなる事例を募る。こうした研究者のネットワークを通じて多くのザシキワラシ情報提供があった。[2]

同じく岩手県の宮沢賢治も「ざしき童子（ぼっこ）の話」（一九二六）という著作がある。やはり佐々木喜善と情報提供などの交流もあった。遠野物語以前から創作と伝承はすでに出会っていたのである。その後、ザシキワラシは民話や童話との相性がいいのはご存じのとおりである。[3]

後に橘正一は雑誌『民間信仰』をつくり報告をするなどをしている。創刊号の橘正一「本当にあった話」（一九三二）は、珍しい資料であるので、内容を紹介しておく。

明治二五年（一八九二）頃に、橘の父は、岩手県九戸郡葛巻村で大家へ泊まった。その時は、橘新太郎、盛岡の八木橋、仙台の染屋という人らがいた。新太郎は床の間の前に先に寝てしまい、皆寝鎮まった真夜中に染屋が大声を挙げて飛び起きた。また眠りについても、また起きる。皆、付き合いで煙草をふかしたり話をして夜を明かした。すると、実は、寝るとうなされる場所があり、橘新太郎はそれをしっていたので避けていたことを打ち明けたという話。

タイトルが「座敷わらし」の話になっているが、明確にザシキワラシの名前は出てこない。しかし、いわゆる、金縛りをザシキワラシのしわざと考える文化圏では自然なタイトルだろう。全国に普及したザシキワラシキャラクターとの違いが興味深い。これもそうした影響の一つだろう。[4]

この時のザシキワラシは今日のような「会うと幸せ」になるものではなく恐怖の対象である。

ザシキワラシは、次世代の民俗学者によって研究されていく。

ザシキワラシ普及史——研究者以外の日本人に再発見される。

当初は三〇〇部しかなかった『遠野物語』が文庫化し、入手しやすくなった時代は高度経済成長期と重なる。囲炉裏のそばで語られる民話や素朴な民具や受け継がれた行事食や古いお祭りなどに心を動かされる日本人にとって、妖怪も例外でなく懐かしいものとして受け入れられていくようになる。

やはり高度経済成長期、水木しげるは妖怪を民俗学的なものとしてプレゼンする〔京極　二〇〇六、廣田二〇二三〕。ザシキワラシでいうと水木しげるはゲゲゲの鬼太郎の作中にも（民話モチーフの回「笠地蔵」）出している。ザシキワラシは懐かしさをまとった大衆文化のキャラクターにもなるのだ。

『遠野物語』を使用した学術書が一九六八年ブームになる。吉本隆明『共同幻想論』である。

同年ゲゲゲの鬼太郎がアニメ化している。

そして一九七〇年代、ディスカバージャパンのキャッチコピーとともに国鉄の旅客誘致キャンペーンが行われた。香川雅信によればこのディスカバージャパンにより「ザシキワラシは、都市生活に疲れた人びとのノスタルジアをかきたてるものとして、また「地方」の風俗慣習に向けられた好奇のまなざしを満足させるものとして、「消費」されるようになった」としている。遠野物語の舞台、岩手県遠野市

は「民話のふるさと」というフレーズを掲げ、岩手県金田一温泉の緑風荘も「ザシキワラシが出る宿」として注目されるようになっていく。[5]

ザシキワラシはその後も様々な漫画やアニメなどのエンタメ作品で登場する。たとえ作中で東北のイメージを伴って語られていたとしても、知識としては地方ローカルなものではなくなり、妖怪は日本人の常識になっていった。[6] ただし、それは耳で聞いた言い伝えというよりも本書の各章にあるように、研究者や調査者が集めた情報を本やテレビ雑誌などのメディアによって伝達され普及したものなのだが。[7]

こうしてかわいい幸せを呼ぶキャラクターザシキワラシが普及していく。

ザシキワラシの普及しないローカル性

一方では聞き書き調査が続けられていた。その最大のものが、髙橋貞子『座敷わらしを見た人びと』（二〇〇三）である。『座敷わらしを見た人びと』では、ザシキワラシが恐怖の対象である事例がたくさん載っている。いわゆる先に見た『民間信仰』の例に通じる金縛りの原因だとか、足跡を残す話などが載っている。つまり一口でザシキワラシといっても多様なものがある。

これらは、その地域の人々がリアリティを感じている一方で、全国的には普及しなかったザシキワラシの性質である。

幸福を運ぶかわいいザシキワラシキャラが夜中に金縛りにしてきたりしたら、ちょっとキャラがブレる。妖怪もキャラ立ちしているので、似合わないことは受け入れられないことがあるのかもしれない。

妖怪研究の具体──見えるようになるザシキワラシ

「ザシキワラシが見えるとき」という論文のタイトルにあるように、ザシキワラシは見える妖怪になっていく。その筆者である民俗学者の川島秀一は視覚優位の時代として説明している［川島　一九九九］。昔からザシキワラシの姿を目撃した人はいたのだが、それがコケシなどの造形物になっていく時代が来たということである。

また、視覚優位ということは耳ではなく、文字で見ることもそうである。民話や語り部と言いながら、実際には話を聞くよりも本を読む方が多いだろう。

妖怪はまず、目で見た知識、本で読んだ知識になっているのが現在なのである。

世の中の流れとして、見えてしまうもの、可視化されるものとしてのザシキワラシが主流となって出てくる。

たとえば、一反木綿やぬりかべという水木しげるがキャラクターとして絵画化した妖怪がいるが、かつての民俗社会では造形化された妖怪として遭遇するわけではない。

しかし現在では、「ぬりかべは本物だよ　高校時代の友だちに、とても霊感の強い人がいて、いつもいろいろなものをみています。その人が小学生のころ、学校からの帰り道、お墓のところで、ぬりかべ

が立っているのをみたといいます。はっきりとみたので、ぜったい本物だといっています」[8]とか一反木綿が空を飛んでいたとかいう話がある。[9]ザシキワラシ同様に柳田の妖怪談議で文字化された地方ローカル妖怪を水木しげるが造形化したために、キャラクターとしての地位を確立し、作品を飛び出して現実世界の妖怪になったわけだが、視覚優位の時代ならではの妖怪になっている。

これが本来のヌリカベではないということが言いたいのではなく、こうした現状を捉えることも妖怪研究では必要になっていく。

佐々木喜善が手帳に描いたザシキワラシの絵
（遠野に息づく「神々」の世界へ…柳田国男没後60年特別展「オクナイサマ」像など展示：読売新聞オンラインhttps://www.yomiuri.co.jp/local/iwate/news/20220821-OYTNT50116/【読売新聞】

ザシキワラシ人気者になる

一方で私自身が二〇二二年度、中学校の生徒から「家のおもちゃが勝手に音が出た」から「ザシキワラシがいる」のだという話を聞いた。幽霊よりも怖くない、なにかふしぎな話にザシキワラシの名前を付けるのは、いまもなお行われている。活きた妖怪であると言える。ただし、ここまで知らない人がいないほど広く普及するとは、佐々木喜善も柳田國男も思っていなかったのではないだろうか。

そしてザシキワラシは今日、会いに行ける妖怪としても人気である。妖怪であるからアイドルのようにCDを購入すれば握手ができるというわけにはいかないが、テレビのバラエティでも取り上げられザシキワラシに「会える」宿は日本の各地に現れている。谷原颯月によると、複数の施設を巡る者もいる〔谷原　二〇二二〕。いや、むしろアイドルなどより生活に近づいてくるかもしれない。写真を撮ってオーブが写ったからザシキワラシだとか、家にザシキワラシが来たという話も、関本創に体験談を聞いた。[10]『遠野物語』からの長い話になったが、こうして妖怪研究者は、かつての研究者が影響を与えた結果を捉えて記しているのだ、ともいえよう。谷原のほかに、室蘭の都市民俗として山木麻梛「室蘭の座敷わらし」が島村恭則研究室のblogに書かれている。飲食店に「座敷わらしのようなものとして捉え」られている霊が出る、霊感のある人は皆みているという話が記録されている。現代の民俗学の実践例である〔山木　二〇一九〕。そして、現在も遠野物語やザシキワラシについて考察する文章が新たに描かれており、研究者が民俗学や妖怪へのイメージを強固にしているともいえる。一例として石橋直樹「ザシキワラシ考　不在を〈語る〉ということ」（二〇二二）があげられよう。

注

［1］　これ以前には村林源助『原始謾筆風土年表』に宝暦二年（一七五二）の記述がある。廣田龍平氏のご教示による。また、一

九〇七年に佐々木喜善の小説「舘の家」には「座敷童ツて、あのモツコのやうに怖いものでせうか、あのサムトの婆々のように子供を攫つて行く怖い物でせうか」という台詞があり、遠野物語の一九〇九年より少し早い。もっこは子供を脅かすのに用いられる語。サムトの婆々は『遠野物語』の八話目に記述がある。

[2]　例えば折口信夫はザシキワラシを解くために役に立つ事例として座敷坊主という妖怪について記している。「私の経験では三州天竜川の中流から、遠州へ越えた門谷という所に座敷坊主というのがいて枕かえしをするという話を聞いた。」とし、原因として「旅人」を「殺して持ち金を取ってその家が富んだと言う類型的なもの」（「座敷小僧の話」）が語られているという。異人殺しとか六部殺しと呼ばれる金持ちの家に対する揶揄の気持ちが隠された伝承ともいえる。それはのちに小松和彦が『憑霊信仰論』で、憑き物などと並べてザシキワラシを考察するのに近い。

[3]　本書第二部一二〇頁参照。

[4]　Takashi Kamikawa氏のご教示による。また、筆者は本書の姉妹本である『列伝体妖怪学前史』において、「化け物研究」は実際には発行されなかったのではないか、としたが（拙稿「雑誌化け物研究」『列伝体妖怪学前史』）引用した『民間信仰』という雑誌は「化け物研究」が改題され出版されたものである。残念ながら一号で廃刊になった。理由として、読者が少なく、なぜ読者が少ないかといえば「最大の原因は、化け物や俗信は、まだ、学問としてみとめられていないという点にあると思う」と述べている。民俗学的な妖怪研究黎明の頃の感覚が記されている文章である。（Takashi Kamikawa「方言・民俗研究者・橘正一の発行していた『化け物研究』あらため『民間信仰』について」『草の根研究会会誌』一、二〇二三）。

[5]　香川も触れているが、ディスカバージャパンに共鳴する形で始まった『週刊女性』の記事には「可愛い神霊さん　おばんです」（一五巻二六号）としてこの宿が記事になっている。本書第二部二六三頁・二七〇頁・二八九頁なども参照。また、本書の姉妹本の『列伝体　妖怪学前史』の「ケイブンシャの大百科」の項目にもこの宿の記事を取り上げた。

[6]　京極夏彦のいうところの通俗的妖怪という概念の誕生である。妖怪は前近代的であり、民俗学と関りがあるなどの条件を満たしたものを妖怪らしいと思うようになっていく。［京極　二〇〇七］

[7]　飯倉義之「妖怪は紙とインクでできている　マンガの中の妖怪文化」（『ユリイカ』四八巻九号、二〇一六）。

[8]　不思議な世界を考える会編『怪異百物語1　怪異百物語　現代の妖怪』（ポプラ社　二〇〇三、初出は『不思議な世界を考える会　会報』五一、二〇〇一）。

[9]　『東京スポーツ』二〇一五年一一月二日付に「極秘妖怪写真一反木綿」として水木しげるの追悼記事と一緒に掲載されている。ほかに「まるで「一反木綿」…正体不明の〝飛行物体〟が熊本の空に　12年前にも似た物体が目撃される」（熊本県・益城町で撮

影された映像。「イット！」二〇二三年二月二七日放送。ＦＮＮプライムオンライン（https://www.fnn.jp/articles/-/492018）など定期的に話題になる。

[10] 関本創（二〇〇八〜）は、異類の会などに参加して研究者と交流もしている。この文章を書いた後の二〇二四年二月五日、関本氏の母は夜中に（つまり二月五日の深夜か）ザシキワラシに手を叩かれて起こされたそうで、関本氏はこの話を永島にＳＮＳのダイレクトメールで教えてくださったので加筆しておく。及川祥平『心霊スポット考　現代における怪異譚の実態』（アーツアンドクラフツ、二〇二三）によれば、オーブは、水蒸気や塵埃がフラッシュを受けて生じる光の散乱だが、それが写ることが心霊現象とみなされることが多いという。

参考文献

・石橋直樹　二〇二二「ザシキワラシ考　不在を〈語る〉ということ」（『現代思想』五〇巻八号・七月臨時増刊号）青土社
・伊藤龍平　二〇一八『何かが後をついてくる』青弓社
・折口信夫　一九三四「座敷小僧の話」（『旅と伝説』七巻一号）
・香川雅信　二〇〇八「ザシキワラシのポストモダン――ある妖怪キャラクターの『神話解体』」『小松和彦先生還暦記念論文集　日本文化の人類学／異文化の民俗学』法蔵館
・川島秀一　一九九九『ザシキワラシの見えるとき　東北の心霊と語り』三弥井書店
・京極夏彦　二〇〇七『妖怪の理　妖怪の檻』角川書店
・佐々木喜善　一九八八（初出一九二〇）『新版　遠野のザシキワラシとオシラサマ』宝文館
・高橋貞子　二〇〇三『座敷わらしを見た人びと』岩田書院
・谷原颯月　二〇二二「現代ザシキワラシ考　福島県会津坂下町の松林閣の事例から」『現在学研究』九号
・柳田國男　二〇〇四（初出一九一〇）『新版　遠野物語　付・遠野物語拾遺』角川学芸出版
・柳田國男　二〇一三（初出一九一九）『新訂　妖怪談義』角川学芸出版
・山木麻梛　二〇一九「室蘭の座敷童子」島村恭則研究室のblog（https://shimamukwansei.hatenablog.com/entry/2019/09/23/173752）

SF漫画でも、柳田國男の本を根拠に「座敷童」という解答へとたどり着くシーンがある。本稿で述べたザシキワラシ需要の一例である（岡崎二郎「小さく美しい神」『アフター0　著者再編集版8　未来へ』2002）。
民話や童話とSFの融合は名作が多く、筒井康隆にも「座敷ぼっこ」（『笑うな』新潮社、1980）という郷愁を感じさせる短編があるが、やはりザシキワラシのモチーフが取り入れられている。

座敷わらしの亀麿くん
Kamemaro Boy
(岩手県)

所属：二戸市観光協会金田一支部

会うと幸せが訪れると言われている亀麿くん
６歳の男の子で、特徴はかすりの着物とおかっぱ頭に大きな瞳
好きな食べ物は『みそもち』、趣味はイタズラ
みんな仲良くしてね

二戸市観光協会金田一支部マスコットキャラクターの「座敷わらしの亀麿くん」
ゆるバース製作委員会「ゆるキャラグランプリ公式サイト」より

壹 研究者と妖怪

集古会系同好会の記録

趣味人たちの妖怪普及ネットワーク

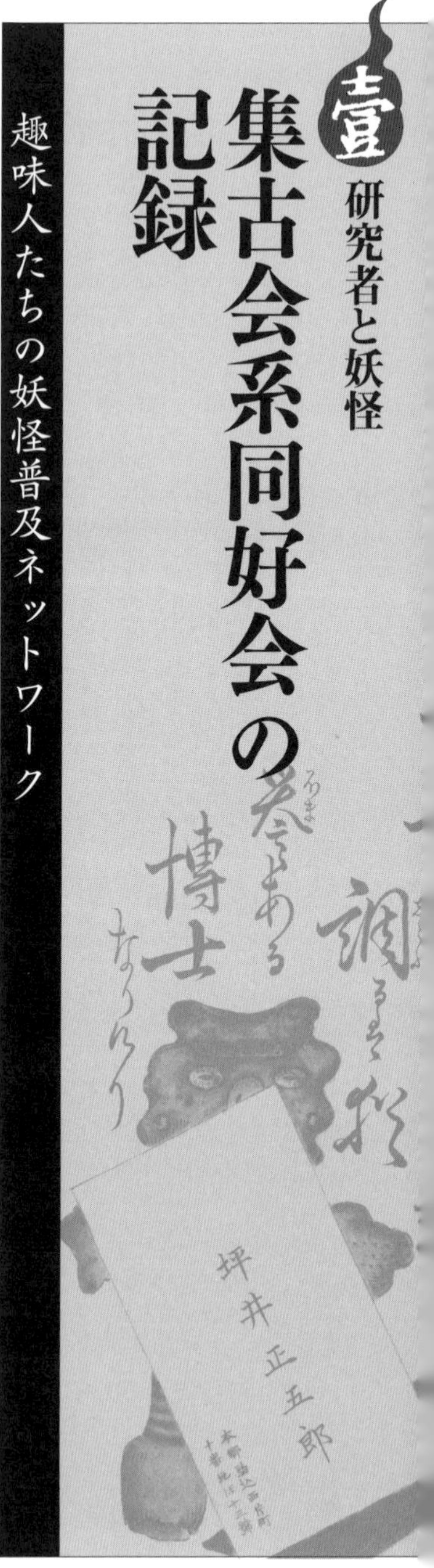

明治期の妖怪研究については仏教哲学者の井上円了が興した妖怪学を中心に語られることが多いが、それとは異なる潮流が僅かながら存在していた。[1] 初期の人類学者である坪井正五郎は、現在においては考古学や文化人類学、そして民俗学に分類されるような研究の草分けであると同時に、他分野の研究者や文化人とも広く交流がある趣味人でもあった。そして坪井の東京帝国大学理科大学人類学教室に出入りしていた林若吉（林若樹）もまた、多趣味人として名の知られた人物であった。

明治の趣味研究サロン・集古会

林は人類学会の会員同士の交流を深めるため、明治二九（一八九六）年に人類学教室の若者たちとともに趣味会合「集古会（当初は集古懇話会）」を立ち上げた。この集古会はそれぞれの趣味収集物を品評し合い、知識を深め合う事が主な活動内容であり、会への参加者は人類学会の面々だけでなく、郷土玩具の収集家であった清水晴風（しみずせいふう）の結成した「竹馬会」の会員や、古銭・古書収集家や国学者、茶人なども参加しており、名誉会員には華族や博士も名を連ねるという大規模な趣味ネットワークを形成していった。

当初の集古会は人類学教室の林若樹や鳥居龍蔵、八木奘三郎など、考古学の研究者たちが主体となっており、出品物にも遺跡や古墳からの発掘物が多く含まれていた。初期からの参加者としては、前述した清水晴風の他に、メソジスト教会の牧師であり民俗学の先駆者でもある山中笑（共古）もいた。『集古会誌』丙午第三号（明治三九年（一九〇六）五月）の会員名簿には、名誉会員として坪井正五郎、黒川真頼（国学者）、榎本武揚（旧幕臣、子爵）、東久世通禧（七卿落ちを経験した伯爵）など、賛助会員として益田孝（鈍翁。実業家）、佐佐木信綱（歌人、国文学者）、関根正直（国文学者。後述する『日本随筆大成』を監修）などの名前が並んでいる。その後に記された在京・地方通常会員については「研究蒐集又は趣味を有する品目」も併記されている点が興味深い。主な名前としては巖谷季雄（小波。児童文学者であり『大語園』を編纂。「馬に関するもの」）、林若吉（若樹。「稗史原稿、狂歌、鳩に関するもの」）、英一蜻（画家。「謡曲」）、岡田村雄（紫男。狂言師、蒐集家。「狂言能楽に関するもの、古銭、商標」）、黒川真道（国文学者、黒川真頼の四男。「古版籍」）柳田國男[2]（当時は官吏、後に民俗学者。「天狗に関するもの」）、三村清三郎（竹清。書誌学者。「古版籍、短冊」）、清水晴風（「玩具」）、白井光太郎（植物病理学者、『植物妖異考』を執筆。品目記述なし）、平田盛胤（国学者、平田延胤の養子であり平田篤胤のひ孫に当たる。品名記述なし）、山中笑（「宗教的土俗品、古器、古版籍、古銭」）、高木敏雄（神話学者。「比較神話学」）など。

会員数の増加に伴い、人類学教室の延長線上にあった集古会の雰囲気は、次第に清水や林を中心とした江戸派・元禄派などと称される江戸趣味者の集会へと変化していったため、八木や鳥居といった人類学系の会員は次第に離れていった。『集古』戊寅第一号（昭和一三年（一九三八）一月）の会員名簿には佐佐木信綱、林若吉、柳田國男、三村清三郎の名のほか、池田金太郎（銀座の天ぷら屋「天金」の三代目。民俗学者・池田彌三郎の父）、東条操（国語学者）、尾佐竹猛（法学者）、田部隆次（英文学者、ラフカディオ・ハーン（小泉八雲）の研究）、永井壮吉（荷風。小説家）、宮尾しげを（漫画家）、三田村玄龍（鳶魚。江戸文化研究家）、森銑三（在野の歴史学者）、水木要太郎（教師、蒐集家）、川喜田久太夫（半泥子。実業家、陶芸家）などの名が見られる。また大正九年（一九二〇）頃から、会員として名を連ねてはいないが博物学者の南方熊楠がたびたび『集古』に寄稿している。

明治二九年から昭和一九年（一九四四）までの四八年間に渡って活動が続いた集古会であったが、その中では妖怪を題材とした品の出品もあったことが確認されている。機関誌『集古会誌（後に『集古』）』に書かれた出品目録によると、妖怪に関わる主な出品は以下の通り。

○第三四回（明治三四年（一九〇一）九月一四日）：松浦詮が「画図百鬼夜行」「今昔画図続百鬼」「今昔百鬼拾遺」「画図百器徒然袋」など、鳥山石燕の妖怪画本を出品。（『集古会記事』明治三四年一二月）

○第三六回（明治三五年（一九〇二）一月一一日）：根岸武香が「百種怪談妖怪双六」を出品。（『集古会記事』明治三五年一月）

○第三九回（明治三五年（一九〇二）九月一三日）：鎌倉の米新という人物が「百鬼夜行絵巻」を出品。その詳細については『讀賣新聞』明治四〇年（一九〇七）八月一日の朝刊に掲載された、林若樹の投書記事「妖怪画巻に就て」にも紹介されている。[3]（『集古会記事』明治三五年九月）

○第六六回（明治四一年（一九〇八）一月一一日）：和田千吉が「歌川国安筆　百物語化物双六」を出品。（『集古会誌』戊申第二号（明治四一年一〇月））

○第七四回（明治四二年（一九〇九）九月一八日）：出品課題の一つが「変化物」であり、清水晴風が「越後七不思議図説」「百鬼夜行蒔絵菓子器」「倭日史記白旗野行（清水自筆）」など、黒川真道が「百鬼夜行図巻」「百鬼夜行新本」など、林若樹が「化物尽画巻」「化競画巻」「桃山人夜話」などを多数出品。[4]（『集古会誌』己酉第五号（明治四三年一〇月））

○第一四二回（大正一二年（一九二三）五月一二日）：林若樹が「明治二〇年頃刊　化物加留多」を出品。（『集古』癸亥第四号（大正一二年八月））

○第一七七回（昭和五年（一九三〇）九月二一日）：出品課題の一つが「狸に関するもの」であり、浅田澱橋が「浅草寺内鎮護堂於狸様縁起（自著「趣味の浅草」記事）」など、三村清三郎（竹清）が「伊勢彫工岷江作　根附狸（款に曰く岷江八十）」「泉州堺土人形　狸腹つゝみ」など、中西紫雲が「高橋泥舟画賛　土舟の狂歌（狸にはあらぬ我身もつちの船こぎ出さぬかちかちの山　同翁此狂歌を詠ぜしより號を泥舟と

改む)」などを出品。(『集古』庚午第五号(昭和五年一一月))

○第二三三回(昭和一二年(一九三七)一一月一三日):和田千吉が「百物語化物双六(歌川国安画、加賀谷吉右衛門版)」を出品。第六六回の出品物と同じものと思われる。(『集古』戊寅第一号(昭和一三年一月))

集古会の活動において、妖怪・化け物は数あるジャンルの一つに過ぎず、特段注目されていたわけではない。しかし、右のように明治期から妖怪絵巻物などが趣味者たちの間で取り沙汰されていた点は押さえておくべきだろう。

好事家・蒐集家が蓄積した妖怪資料

集古会の周辺組織としては、他にも清水晴風や林若樹、坪井正五郎などが玩具を愛好する「竹馬会」「大供会」に参加し、郷土玩具や人形を蒐集してその知識を交換していた。また三越呉服店(後の株式会社三越)のブレーン組織「流行会」は〝学俗協同〟を掲げ、文化人や研究者を集めて文化的社会貢献と集客を図ったが、ここにも巖谷小波や坪井などが参加し、創作玩具を発表するなどしていた。郷土玩具については本書の「玩具に見えたる妖怪」において、郷土玩具のお化けたちについて記されているが、これら郷土玩具に早くから注目・愛好していたのが、清水晴風や淡島寒月、川崎巨泉などである。[5] さらに柴田宵曲[6](江戸期の俳句・随筆研究者。『妖異博物館』を執筆)が大正一五年(一九二六)から編集・発行した雑誌『彗星』は江戸文化研究家たちが多数参加し、林や三村竹清、三田村鳶魚など、中後期の集古会を牽引した人々が名を連ねている。[7]

近代における文化人・研究者のコミュニティに

川崎巨泉『玩具帖』に描かれた「弘前人形笛」の一種。「傘のお化」や「袋のお化」、「角樽娘」など妖怪の形をしたものもあったようだ(大阪府立中之島図書館人魚洞文庫所蔵)

属した人々は、それぞれの趣味の赴くままに様々な研究を残し、それらは現在の考古学、民俗学、文化人類学、国文学と接続する部分も多い。特に三田村鳶魚や柴田宵曲、森銑三らの随筆研究によって、江戸期の奇談・怪談が現代まで数多く継承された。昭和二年（一九二七）に『日本随筆大成』（集古会にも属した関根正直と和田英松が監修）や『日本随筆全集』（同じく集古会に属した和田万吉が、幸田露伴と共に監修）が刊行されたが、同年に三田村が同好の仲間とともに『未刊随筆百種』を刊行している。その後年には『随筆辞典』（昭和三五年（一九六〇））や『随筆百花苑』（昭和五四年（一九七九））などが刊行され、これら随筆研究によって現代まで多くの妖怪譚が遺されたのである。

　集古会に代表される同好会とそこに属した趣味人たちは「妖怪」を特に意識せず、また言明しなかったため、妖怪研究において注目されることは少なかった。しかし、彼らの活動は間違いなく現代に至るまでの妖怪普及に貢献しているのである。

（毛利恵太）

注

［1］『列伝体　妖怪学前史』第一部の「坪井正五郎」（二〇頁）及び「化物会」（九二頁）を参照。

［2］柳田國男の集古会に対する姿勢はやや複雑である。岡田村雄からの紹介によって明治三六年（一九〇四）に入会し（『集古会誌』甲辰第一巻（明治三六年一月））、『集古』己卯第一号（昭和一四年（一九三九）一月）の会員名簿に名前が確認できるまでの、少なくとも三五年間は所属していたのだが、例会にはほぼ参加せず、誌面への寄稿もなかった。自伝である『故郷七十年』においては、当時を振り返って以下のように記している。

「あの時分の東京には、まだ文化、文政ごろのような粋人の学者がたくさん残っていた。終いには田舎者にとって代られたが、私の若いころにはまだ残っていたのである」

「築地河岸に住んでいた三村清三郎、普通竹清といっていたが、この人もこういう町の学者の一人であった。父親の代に伊勢か大和からか東京に出て、竹材屋を開業していた。それで竹清と自ら号したらしい。私はこの人が竹屋さんの息子として、継母にいじめられて困っている時分からよく知っていた。『佳記春天（書き捨て）』という著書もあった。この人の筆記類というものは、字が達者で速くて、非常に上手なのがたくさんあった」

「こういう人たちとは、私が山中共古さんの所に行きはじめて、懇意になったのであった。『文学界』の人たちとつき合った時代よりもう一時代過ぎて、すでに柳田になってからである。外神田の筋違橋を渡った所で、毎月集古会という会があり、『集古』という雑誌を出していた。和綴の本で、一年のはじめに十二カ月の題を出して、その月毎に題に関係あるものをもってくるのである。思いがけない突飛なものさえ出せば、当って賞められるというような、少し道楽の気味があったので、私はそうひんぴんとは行かなかった。しかし前記の芋繁（筆者註：蒐集家の奥村繁次郎。当時は焼芋屋をやっていたため、芋繁と呼ばれていた）とか、清水晴風という、怖い顔をしていながら、玩具の本を集めて、自分でも著書のある人とか、大変物を識っている人がたくさん集まった。あるいは墓ばかり調べている人もあり、まあ好事家の集まりであった」（『定本柳田國男集　別巻第三』二六五～二六六頁）

集古会とそこに集う学者や蒐集家をあまり快く思っていなかったことがうかがえる。また更に、

「町の学者だった人々と知り合いになったのは、何れも山中共古さんのおかげであった。たびたび訪ねて来られたらしく、そのころの日記にはよく山中さんの名前が出ている。山中さんは明治二十年ごろ、甲府でキリスト教の牧師をしていた時の見聞をまとめた『甲斐の落葉』という著書や、遠州の見附で書いた『見附次第』、同じ静岡県の吉原に住んだ時の『吉居雑話』などの著書がある。『甲斐の落葉』は私が「炉辺叢書」の中の一冊として出版したもので、山中さんのスケッチも入っていて、じつに懐しい本である（後略）」

「大磯を海水浴場にした林洞海さんの孫に当る林若樹という人も収集家で、自宅の土蔵にたくさんの珍本を集め、同好の士を集めてよく会も開いた。会の連中の中には、日本橋の堀野文禄堂という、珍しい本ばかり出す本屋の主人らも来ていた。こういう人たちの収集欲は少し凝りすぎていて、ちょっとゆきすぎくらいであった。私はそういう人たちに比べて田舎者だったので、いっしょになって「左様でゲス」なんていって歩くことはできなかった」（『定本柳田國男集　別巻第三』二六七頁）

と、盟友であった山中とは対象的に、林ら蒐集家に対しては好感情を抱いていなかったようである。

［3］「妖怪画巻に就て」によると、この絵巻物は市河萬庵が米新の所蔵品を出品したのだという。その題目は「わうわう（狒々の如し）、ゆめのせいれい（老人）、山姥、めひとつ坊（僧形）、うし鬼（鬼頭蜘身）、わい羅（鬼頭牛身）、おとろし（般若の如し）、山ひこ（猫に似たり）、しやうきら（河童に類す）、ぬりほとけ（金仏の如し）、かみきり（鳥嘴のごとし）、なきびす（女首）、土くも、あか口（巨口火焔を吐く）、かはつぱ、がごう（白衣を着たる鬼）、へうすべ（胎児のごとし）、ぬれ女（人頭蛇身）、ぬらりひょん、大僧（白き羅漢）、ふらり火（火を吐く鳥）、うわん（鬼形）、やまわらう（一眼）、犬神（犬の僧形）、ぬけ首、ゆうれい、雪女、やこ、ねこまた、火車、

うぶめ、ぬつへつほう、海坊主、海男」という並びだったようである。また奥書には「右鳥羽僧正真筆往古北野天神の霊宝也　天和三年二月修復之執事伯慶」と記されていたらしい。

［4］この「変化物」出品物については、牧野和夫「『集古会』と『百鬼夜行絵巻』との関連についての覚書」（『実践国文学』七四号）において検証されている。「倭日史記白旗野行」は日清戦争を諷刺した百鬼夜行絵巻のパロディ作品。また黒川真道の出品した絵巻物については『黒川真頼全集』第二「訂正増補考古画譜　下巻」に詳述されている。

［5］淡島寒月と川崎巨泉は共に集古会の会員。淡島寒月は清水晴風らと共に大供会に属し『おもちゃ百種』などで自らおもちゃ絵を描いた。川崎巨泉は中井芳瀧（大阪の浮世絵師。歌川国芳の孫弟子に当たる）から絵を学び、多数のおもちゃ絵を描いたことで知られているが、同時に自身の郷土玩具研究の成果を『郷土研究上方』『旅と伝説』『郷土趣味』『土の鈴』といった民俗学雑誌に寄稿している。

［6］柴田宵曲については『列伝体　妖怪学前史』第二部の「柴田宵曲」（一三二頁）に詳述されている。

［7］『彗星』第一年九号には、大正一五年一〇月三〇日に開催された「柳亭種彦・喜多村筠庭、斎藤月岑追遠記念祭」についての記事がある。この中で行われた展覧会に、林若樹が出品した斎藤月岑関連品の一つとして「人面草紙　自筆　一冊　月岑二十四歳のときの戯作面白きものなり」と記されている。『妖怪絵草紙　湯本豪一コレクション』には、湯本豪一のコレクションの一つとして斎藤月岑の「人面草紙」が紹介されている（現在は広島県三次市の「三次もののけミュージアム」に所蔵）が、これと同一のものと思われる。

参考文献

・COCHAE（編）　二〇一四『日本のおもちゃ絵　絵師・川崎巨泉の玩具帖』青幻舎
・伊藤慎吾、氷厘亭氷泉（編）　二〇二一『列伝体　妖怪学前史』勉誠出版
・川村信秀　二〇一三『坪井正五郎　日本で最初の人類学者』弘文堂
・黒川真頼　一九一〇『黒川真頼全集第二　訂正増補考古書譜下巻』国書刊行会
・松籟庵　二〇一七『明治の讀賣新聞における「化物会」の活動について』同人誌
・柳田國男　一九七一『定本柳田國男集　別巻第三』筑摩書房
・山口昌男　二〇〇一『内田魯庵山脈　〈失われた日本人〉発掘』晶文社
・湯本豪一　二〇一八『妖怪絵草紙　湯本豪一コレクション』パイ インターナショナル
・鶴岡春盞樓（春三郎）　一九二六「種彦、筠庭、月岑追遠記念祭」（『彗星　江戸生活研究』一年九号）朝日書房
・牧野和夫　二〇〇八「『集古会』と『百鬼夜行絵巻』との関連についての覚書」（『実践国文学』七四号）実践国文学会
・一九〇一「明治三十四年集古会出品目録　第三十四回」（『集古会記事』明治三四年一二月）集古会

・一九〇二「明治三十五年集古会出品目録　第三十六回」（『集古会記事』明治三五年一月）集古会

・一九〇二「明治三十五年集古会出品目録　第三十九回」（『集古会記事』明治三五年九月）集古会

・一九〇六「会員名簿」（『集古会誌』丙午三号）集古会

・一九〇八「第六十六回出品目録」（『集古会誌』戊申二号）集古会

・一九一〇「第七十四回出品目録」（『集古会誌』己酉五号）集古会

・一九二三「第百四十二回集古会記事」（『集古』癸亥四号）集古会

・一九三〇「集古会記事」（『集古』庚午五号）集古会

・一九三八「集古会記事」（『集古』戊寅一号）集古会

・一九三八「会員名簿」（『集古』戊寅一号）集古会

壹 研究者と妖怪

折口信夫

おりくちしのぶ（一八八七～一九五三）

晦渋な妖怪観

折口信夫は大正年間から第二次大戦後の一九五三年まで精力的に日本文学・民俗学の研究と創作・評論活動を行ってきた。その特異な学問上・創作上の著述は、折口自身のカリスマ性と相俟って、今に至るまでファンが多い。特に柳田國男の影響を受けつつ、独自に形成した民俗学的な国文学研究はその後の文学や民俗学の研究に多大な影響を与えた。

妖怪

まず、折口の妖怪観は晦渋だ。「年中行事――民間行事伝承の研究――」（一九三〇・全集3）では正月に来る神と同等の役割を果たす魂が、歳徳神になれずに妖怪になった民俗事例などを挙げながら、魂→祖先の霊→純化して「神」、不純なものは「妖怪変化」と展開していったと説く。また晩年の「民族史観における他界観念」（一九五二・全集16）では、神聖霊の性質形態は常に対立的に分化する。邪悪の性格を深めていく精霊（庶物霊）は異形の霊体、すなわち醜悪性を示す動物身で表されるようになり、他界から来る妖怪像が形成されていくという。

折口の妖怪に対する関心の所在は日本人の霊魂観の変遷における位置付けである。実際、雑誌『民俗学』一九三二年一月号に公表した「民間伝承蒐集事項目安」（作成はこれより一〇年ほど遡る）には「信仰」部門の一つに「8　妖怪」と立項されている（全集15）。中でも「神・精霊の衰退・淪落の痕と見るべき資料」という事項は、一応は柳田國男の説（『列伝体妖怪学前史』「柳田國男」三〇頁）を受けたものといえる。しかし、一方で祖先の霊が不純化して妖怪へ、あるいは精霊から妖怪へという考えも示しており、事実上、最後まで結論は出せなかったというのが正しいのではないか。

なお、ザシキワラシ・クラボッコ・ザシキボウズ・アカシャグマ・キジムン・ガアタロウなどは精霊の一種と捉えられている（「座敷小僧の話」一九三四・全集15）。また、蒐集事項に「餓鬼」を特記しているのは、近世の幽霊はこれに由来すると考えていたからだろう（「餓鬼阿弥蘇生譚」一九二六・全集2）。この他、ダル（ヒダルガミ）・イッポンダタラ・ウブメも餓鬼の周辺に位置付けられている（同論考及び「小栗外伝」一九二六）。

鬼

折口にとって鬼とは異形の神であり、来訪する神（まれびと）である。青木美樹（あおきみき）は折口の「鬼」概念は大人弥五郎の人形、花祭・雪祭の鬼、ナマハゲに大きな示唆を得て形成されたと指摘する。[1]

古代の鬼は「巨人と言ふだけの意義でした」という。[2] ついで簑笠を着た「まれびと」のイメージを重視する（「鬼の話」）［**図1**］。すなわち、この装束は来訪神を示すもので、鬼はその同類と見たのである。ただ、前掲「年中行事」では「簑笠姿のもの

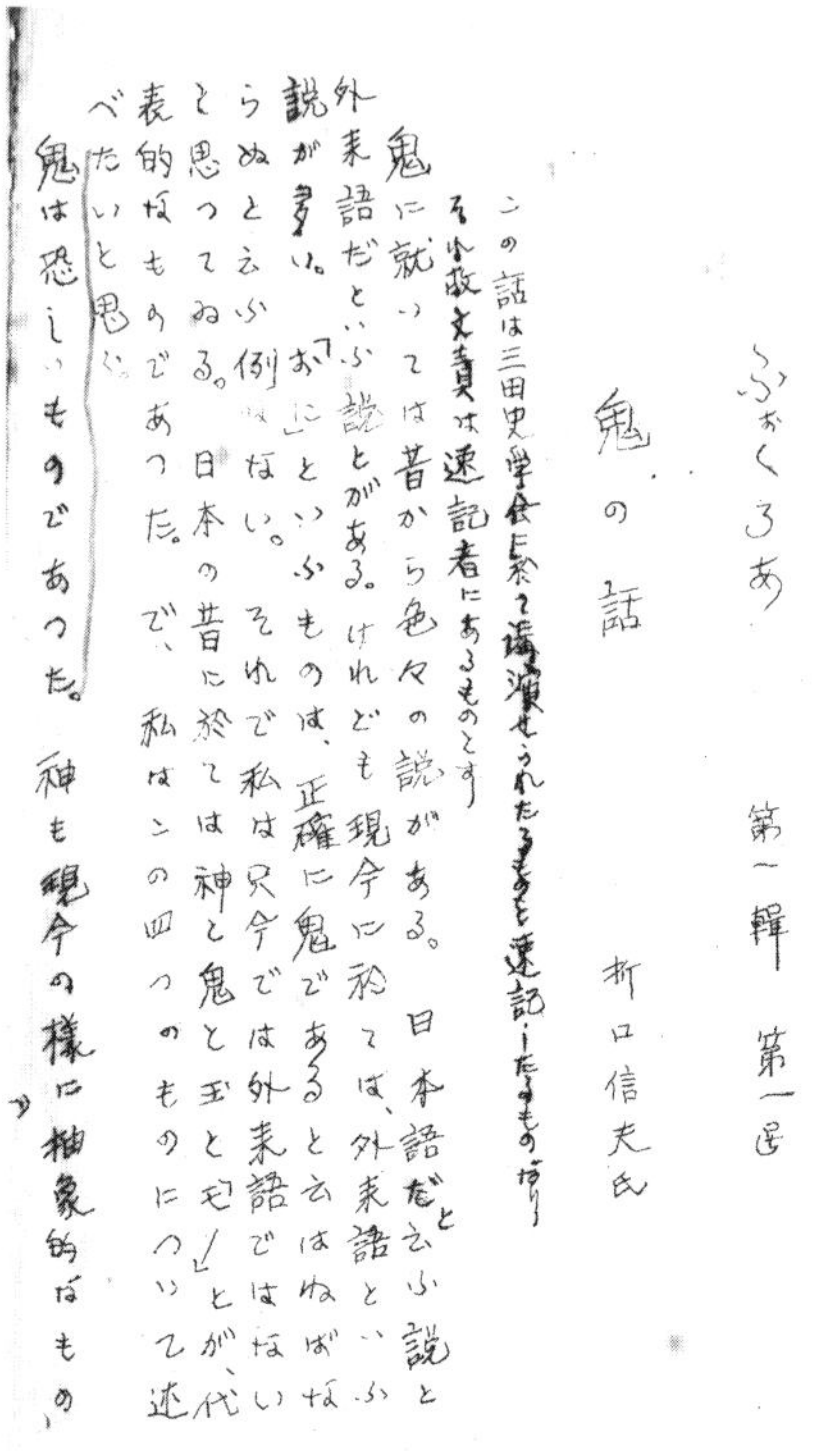

ふぉくろあ　　第一輯　第一号

鬼の話　　折口信夫氏

この話は三田史学会に於て講演せられたるものを速記したるものなり
その文責は速記者にあるものとす

鬼に就いては昔から色々の説がある。日本語だと云ふ説と外来語だといふ説とがある。けれども現今に於ては、外来語といふ説が多い。「おに」といふものは、正確に鬼であると云はねばならぬと云ふ例はない。それで私は只今では外来語ではないと思つてゐる。日本の昔に於ては神と鬼と玉と[illegible]とが、代表的なものであつた。で、私はこの四つのものについて述べたいと思ふ。

鬼は恐しいものであつた。神も現今の様に抽象的なもの、か

図1　「鬼の話」巻頭部分
『ふぉくろあ』創刊号（1926）所収

を、神と怪物との間のものとして、怖れてゐた」とあり、神と鬼（＝怪物）を区別している。精霊の一種で、視覚化されると巨人の形をとるものと考えたようだ（一九三八～九年の『伊勢物語』講義録。旧全集ノート編13）

また、天狗との関係の近さも折口の鬼の概念の特色の一つだ。芸能史の研究に欠かせぬ対象であることは天狗も鬼と同じである。そして、天狗は鬼から変化したものと捉えていた（一九三〇年の「水の木・火の木」全集15）。[3]

青木によると、折口は最終的に、鬼を「かみ（神）にもなれず、たま（霊）のままではなく、ものでもない、新たな霊の拠りどころ」という認識に至ったという。[4] 結局、妖怪も鬼も発生論的には極めて把握しがたい対象であったため、明確な規定ができなかったものと思われる。いずれにしても、折口にとって鬼とは日本人の霊魂観を明らかにするために重要な存在であり、同時にまれびと・来訪神の研究に欠かせないものでもあった。

河童

折口の関心対象として、もう一つ見逃せないのが、河童である。晩年の一九四九年に書いた「河童像」に「私も一時、水神像の蒐集に情熱を持つたことがあつた」と述べている［図2］。またそれより先に、「河童の最古い標準的な名前」はミズチ（ミズシ）であり、河童はそれが「零落した姿」であるとする（「河童の神様」一九三六・全集16・四三一—四三二頁）。すなわち、河童とは水神の零落したものとして捉えていたことと同時に、ある種の愛着を抱いていたことが分かる。

図2　河童の神像を持つ折口。1936年5月撮影。（『折口信夫全集月報』20、中央公論社、1967）

本格的にこれを取り上げた「河童の話」は一九二九年九月に『中央公論』に掲載され、翌年主著『古代研究　民俗学篇』に収録された。河童は鬼と同様にまれびと論を構成する一つとして捉えられているが、こちらは柳田的な認識に基づいている。しかし直接的には壱岐島へのフィールドワークの実感に基づく。そして、この島が「北九州一円の河童伝説の吹きだまりになつてゐた事」を知り、その調査体験を踏まえて「河童が、海の彼岸から来る尊い水の神の信仰に、土地々々の水の精霊の要素を交へて来た」と考えるに至った。河童が相撲を好むこと、胡瓜好きなこと、皿は、椀貸し伝説と関連付け、水神の持つ無尽蔵の膳椀が変化したものという。

興味深いのは、柳田國男の論を受けて、羅城門の鬼の説話は河童が腕を返す説話に由来すると考えていることだ。皿数え（物数え）の妖怪が河童に結び付き、さらに「若い女の切りこまれた古井の話」が広まった。その背景に女の生贄（水の神の嫁＝水の女）が結び付いたのだという。[5]

このようにみると、「折口が、河童を通して見ていたものは、水の神が本来持っていた、まれびととしての姿・力・富であり、また、司る水そのものに対する信仰のかつてあった姿であった」という青木美樹の見解は首肯できるだろう。[6]

『稲生物怪録』と泉鏡花

国学者平田篤胤（ひらたあつたね）の研究の一環として、『古今妖魅考』（天狗論）や寅吉もの（『仙境異聞』）、『霧島山幽境真語』『稲生物怪録（いのうもののけろく）』などを「平田国学の伝統」（全集20）という講演筆記の中で取り上げている。[7]ここでは平田の学問における天狗や神隠し、異界を論じている。中でも『稲生物怪録』は「非常に変つた本」と評し、やはり、持論に近づけて「必お化けも、われ〳〵の祖先がもつてゐた神の考へから出てゐるのだ」と考える（三四七頁）。

折口は当初、『稲生物怪録』を篤胤オリジナル作品と考え、その創造性に感心していた。その否を泉（いずみ）鏡花（きょうか）に指摘された時のやり取りについては本講演録でも言及されるが、一九四二年頃の草稿「鏡花との一夕」（全集28）のほうが詳しい。

> それ、あの貸し本屋が持つて来たぢやありませんか。――写本でさ――、稲亭随筆だの、稲亭何だとか言ふし、御存じないんですか、――あきれた、と言ふ風で、私の無知を確めて、何か却て恥かしさうな顔をしながら、さうかなあと

言ふ風な表情を見せられた。　（一九三頁）

鏡花の稲生物への偏愛が窺えるエピソードでもある。

折口のような篤胤作者説はいまだに通用していて、また、鏡花『草迷宮』を論じるのに『平田篤胤全集』収録の『稲生物怪録』を引用することが多いようで、杉本好伸（すぎもとよしのぶ）はこれを嘆じている。[8]

このように折口の論は難解だが、他方で学校行事でお化けの仮装行列をやったり、「稲生物怪録」の俄か狂言を作ったりしているお茶目な一面もあったことを付言しておく。

（伊藤慎吾）

注

[1] 青木美樹「おに」（『折口学における術語形成と理論』三、二〇〇九―三）。

[2] 折口信夫「翁の発生」（一九二八・全集2）。同じ頃の草稿「鬼と山人と」には「おには、おそらく大人（オニ）の義で、おほひとと同義である」と述べ（全集17）、没後発表された「神々と民俗」（一九五四・全集20）では、花祭の鬼は恐らく山中の「他界から出現した巨人」と捉える。

[3] （他に「国文学の発生（第四稿）」全集1・一九〇頁、「翁の発生」全集2・三九三〜三九四頁、「鬼の話」全集3・一一〜一二頁等。なお、サトリ・木霊・山彦は天狗と関連付けられている。「国文学の発生（第四稿）」全集1・一三九頁）。この他、ガゴゼ・モウコ・モクリコクリ・モモンガアは鬼と関連付けられている（「春来る鬼」）。

[4] 青木注1論文、四三頁。

[5] ちなみに河童と直接関わらないが、山姥について、折口は山の巫女を水の女に関連付け、妖怪と考えるようになった結果と捉えている（「鶯替へ神事と山姥」一九二八・全集16、「翁の発生」一九二八・全集2、「七夕祭りの話」一九三〇・全集15）。八百比丘尼もこれに関連付けられている。

[6] 青木美樹「河童」（『折口学における術語形成と理論』二、二〇〇七―一二、七九頁）。

[7] 新全集20「解題」によると、一九四三年一二月一〇日、平田篤胤大人百年祭記念講演会（於國學院大學）の際の筆記らしい（五二〇頁）。

[8] 杉本好伸『吉祥院本『稲生物怪録』――怪異譚の深層への回廊――』（三弥井書店、二〇〇三、三〜四頁）。

付記　折口信夫の著作の引用はすべて中公文庫版『折口信夫全集』（全三一巻）に拠った。

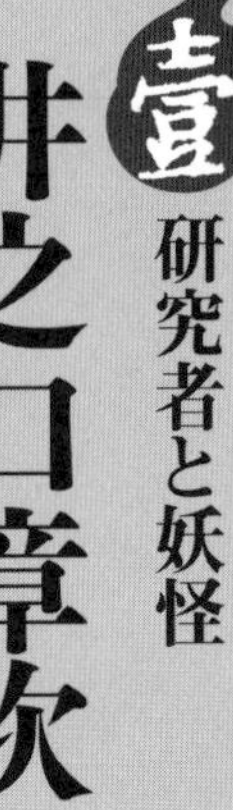

壹 研究者と妖怪

井之口章次

いのくちしょうじ（一九二四〜二〇一二）

柳田・折口の学問を推進し後学を育てた

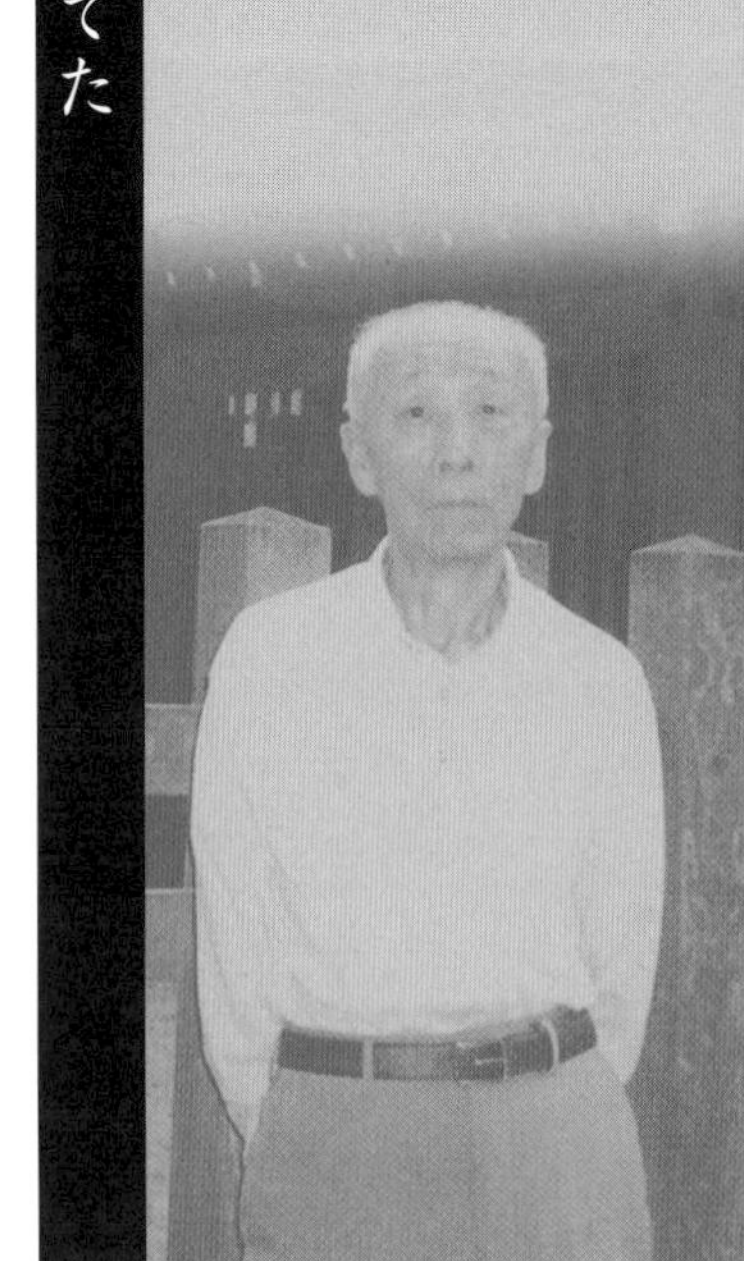

略歴

一九二四年一一月生まれ。一九五〇年國學院大学学部国文科卒業。財団法人民俗学研究所所員を経て、國學院大學・跡見学園女子大学などで民俗学を担当。杏林大学教授を勤める。

代表作：『日本の葬式』（一九六五）・『民俗学の方法』（一九七〇）・『日本の俗信』（一九七五）。

はじめに

さて、妖怪研究者についての列伝体の本を以前出したが、まだまだ紹介すべき研究者がいた。ただ、民俗学者ばかりになるのは避けたかったために紹介できなかったのだ。今回、満を持して井之口章次である。

しかし、妖怪の研究者とすることに抵抗があった。民俗学者の中にはまだまだ妖怪研究に抵抗のある方もいるから（そもそもそういう方は本書を手に取ら

記録委員長　井之口章次

実行委員長　牧田　茂

事業委員長　池田弥三郎

『柳田國男生誕百年記念　国際シンポジウム・民俗報告書』(1976)

ないかもしれないが、そうした人には井之口を妖怪研究に枠に閉じ込めている、と見なされると思ったのである。

悩んだが、本書に取り上げる意義はあると思っている。優れた研究が読まれなくなったら元も子もない。井之口章次が読まれないのはあまりにも惜しいから、ここに取り上げておきたい。物足りぬ人は自身でも書くと良いと思う。いや書くべきだと思う。

民俗学研究所時代

國學院の先輩の牧田茂から民俗学研究所の『民俗学辞典』の企画が出ていて、その編集事務に入る。今野圓輔の家に大藤時彦、大間知篤三、直江広治、千葉徳爾、井之口の五名が合宿をし、昼夜編集、次々に仕事が加わっていく。旅に出かけることができない。当時の井之口の日記に井之口ブラック労働エピソードが書かれており、『歩く・見る・書く　民俗研究六十年』(二〇〇五)という本で読める。

『民俗学辞典』が完成したのは、一九五一年二月。すぐに念願の離島調査をするが、その調査の間に『民俗学辞典』の売り上げの好調なことが便りで届いたという。驚くほどの評判で、初版が一週間で完売、再販もすぐ売り切れ、第三版を計画という勢いであったらしい。この出版が『年中行事図説』、『日本民俗図録』、『綜合日本民俗語彙』へと続いていく。

死神と呼ばれた男

有名なあだ名に死神などと言うのがあるらしい。ご自身でも言及されている。葬式の研究をしていたからだ。そう何度も呼ばれたわけではないようであるがキャッチーなエピソードの一つとして記しておく。

俗信研究

井之口の研究は柳田國男の民俗学を正統に受け継いだものということができる。近いところに柳田がいたのであるから当然ともいえる。

『日本民俗学』に一九六四年に載せた「妖怪と信仰」では柳田の論を画期的なものとして紹介している。柳田の業績として「妖怪の総称や妖怪の発する声を方言の比較で示し、出現の時期と場所を明らかにし、妖怪と幽霊は区別すべきものであること、妖怪は信仰の零落した姿であること（これには異論があるが）などを確認」した、とまとめたうえで書いている。この「零落論」のように井之口は柳田の考えをまとめ、普及した功績もある。

その一方で井之口は「もし妖怪のすべてが、信仰の変化零落した姿であるとするならば、信仰以前に妖怪の存在するはずがないし、妖怪を古いものと見るかぎり、信仰の変化零落ときめつけるわけにはいかないだろう。」とも述べていることは押さえておきたい。柳田の影響が甚大であった時代にして、それ以外の目配りもなされていたといえよう。[1]

同じように「俗信」に関しても宗教の残存である、

という意見からの脱却をした。これは今日の俗信研究者にとっては自明のこととなっているがそれまでは、宗教の残存としてのみ捉えられていた。これは先の妖怪が神の零落としてのみ捉えられていたことと相似の関係と言える。

これらの論文は『日本の俗信』にまとめられている。

ただし、井之口はやはり妖怪は信仰によって系統づけることを最初にすべき作業にあげている。次に地方色や地域性を考えるべきだというが、民俗学でのオーソドックスなやり方である。民俗事象の地域差からいろんなことが分かるのである。[2]

井之口は妖怪研究の出発点として、信仰を中心とした柳田の妖怪研究を引き継ぎながら、妖怪に説明を与えている。

たとえば小豆洗いである。小豆の音がするというのが基本的にこの妖怪であるが、「祭りや正月には、白い飯を炊き、赤飯をつくり餅をつく。だから小豆とぎ婆様とか米とぎ婆という妖怪はあるが、粟とぎ婆様とか麦とぎ婆などという妖怪は、どこにも見当たらない」ということを根拠に、祭りや正月といったハレの日接近するときの物忌みや期待と言うのが妖怪化したという説を挙げている。[3]

たしかに、怪音、不思議な音のお化けをすべてこれで説明できるわけではないだろうが、今なお再考に値するのではないだろうか。

井之口は念を押すように「もちろんあらゆるお化けが、すべて神々の零落した姿だと、いいきるわけにはいかない。一般論としては、お化けの存在を考える方が、神観念の形成よりも新しいと、きめてしまうことができないからである。おそらく双方は、互いに関連し、相互に影響しながら併存してきたのであろうが、いずれにしてもお化けの研究は、単なる物好きや話題の提供に終るべきものではないのである」と述べている。[4]おそらく、当時はまだまだお化けの研究が意義のあるものであると言わなければ退けられるような時代であったのだろう。時代によって受け入れられる言説や言いにくい言説がある。次の世間話研究についての言及も先見の明があった例だ。

早すぎた世間話研究

民俗学では、同時代の妖怪話は世間話の研究になる。柳田の「世間話の研究」以降まとまった研究がない時期が続いたが、一九六三年に井之口は世間話を西郊民俗談話会の共同討議の題目として、選んでいた。「世間話の研究と意義」(『西郊民俗談話会』二五)で「しかしながら、近年話題になったヒマラヤの雪男や、空とぶ円盤のようなものを、世間話の枠外に押し出してしまうわけにはいかないし、むしろそうした、とらえどころなく生起消滅する話題や、それらの話題に対する民衆の反応自体が、世間話の本質のようにも思えるのである」とあり、類型としての世間話研究の萌芽がある。一般的に世間話の研究が活性化するのは、ずっと後の事である。[5]当時から近世以前の随筆から現代の話題までを扱うことを考えていたようだ。それにしてもＵＦＯや雪男とは前衛的だ。

井之口は次のようにも言う。

「あるいは世間話を筆録・分類する作業が進んで、仮りにこれだけが全世間話の集成本であるということになったばあい、文献化のために文献学者の協力を得られるような利点があるとしても、それはあくまでテキストの考究にとどまり、その世間話の背景をなしている社会や、聞き手との間にかもし出される雰囲気や、集団の中での個人の感情などが、ますますとらえにくいものになりはしないだろうか」。

「場の問題」とか「語り手」についての目配りがすでに言及されている。これは民俗採訪での現場で得た知見に他ならないであろうが、実際に平成時代の世間話の研究で「場の問題」、「語り方」や「語られ方」、需要のされ方などを議論すべきと言われ始めており、時代が追いついたのだろう。[6]

民俗採訪

一九五〇年井之口は國學院大學で講義などはしていなかったが、國學院大學民俗学研究の活動を開始。國學院大學で専任の教員になることはなかったが、この研究会の活動を通して、多くの研究者を育てた。また、のちに國學院では非常勤として民俗学の講義を担当し、本書の執筆陣の伊藤慎吾も受講（それは妖怪の範疇で語ることではないので割愛する）。

民俗学を大学で教えるというのは、調査もあり、普通の講義だけでは教えられない。[7]

民俗学のフィールドワークをするというのは大学以外の人の協力が必要だ。宿などはないから、その土地の人に泊らせていただき行っていたそうだ。[8]現在のフィールドワークは民宿などを使っているが、どちらにせよ生半可な思いでは指導できまい。

多くの大学では一九六〇年代から一九七〇年代にかけて九〇年代には解散するところが出てきたという。[9]

井之口がいたおかげで國學院大學民俗学研究会は一九五一年には神奈川県足柄上郡美保村にてフィールドワークをしている。大学サークルの民俗学研究会としてはかなり早い。ガリ版刷りの雑誌「民俗採訪」の誕生である。妖怪的には、猫が手拭いをかぶって姉さんや婆さんに化ける話などが載っている。最初にできた雑誌を柳田に見せたところ「これが雑誌かね」と言われたと記しているが、翌年からは声援を受け、多数の「民俗採訪」を出している。現在の大学でも、まだ、こうした学生主体のサークルの調査は続けられているし、[10]難しい時代だと思うが、大学によっては、新たにこうしたサークルができることもあるようだ。

最後に、研究者はもちろん、民俗学ファンや妖怪好きの方々に述べておきたい。

柳田・折口はあまりにも巨大ではあるため、今なお書店にも多く並んでいるから、きっと読んでいることであろう。その弟子たちの論文や本もぜひを読んでみてほしい。[11]それによって柳田や折口をより深く読むこともできるだろう。そして、弟子たちの研究をあらためて読むとその先見性に驚かされることが多い。

（永島大輝）

注

［1］ちなみにこの中の「零落論」とは、妖怪は神が信仰を失ったものという考え方である。小松和彦が『憑霊信仰論』（論文「山姥をめぐって　新しい妖怪論に向けて」の初出は一九七九）の中で、神が妖怪へと零落するだけでなく妖怪が神になることを指摘している。折口信夫（本書第一部二二頁参照）も実はすでに零落だけでなく、妖怪から神への変化についても言及していた。（三柴友太「妖怪・化け物・お化け」二〇一一『折口学における術語形成と理論』5）少しだけその後の流れと展望に触れると、神と妖怪との関係による研究は続き、民俗学的な研究の次のパラダイムシフトは廣田龍平を待つことになったと言えるだろう［廣田龍平　二〇二三］。あるいは、妖怪研究の多様化により民俗学の存在感そのものが消えたともいえる。

［2］伝播の問題と、地域の中でどのような意義を持っているかというのが課題とされている。民俗学は妖怪以外でも、それらを課題としてきた。本書第一部四二頁参照。

［3］民俗学では通常の日をケ、特殊な日をハレと呼ぶ。

［4］「妖怪の地域性」『日本の俗信』（弘文堂、一九七〇）。

［5］一九八八年に「世間話研究会」が最初の刊行物「世間話研究目録」を出しており、活動しはじめている、一九八六年に常光

徹「学校の世間話」（『昔話伝説研究』一二号）など。また、一九八九年に重信幸彦が『世間話再考』　方法としての世間話へ」（『日本民俗学』一八〇号）を出す。

[6] 近年の世間話を論じた本にも、「口承文芸」というジャンルに囲い込むのではなく、フィールドの経験の総体の中に位置づけ」ることや「その「語り」方の特徴、語られ方に心を留めていくこと」などが「新しい民俗誌への糸口」として言及されている。山田厳子「カタリとハナシ」（岩本通弥『方法としての〈語り〉民俗学をこえて』ミネルヴァ書房、二〇二〇）、一九六二年当時の世間話の状況については飯倉義之「口承文芸研究はなぜ『擬似的な声』と向き合えないのか」（『國學院雑誌』一一八巻四号、二〇一七）に詳しい。

[7] 國學院系の民俗学者は採訪という語を使うことが多い。

[8] 小川直之先生から聞いた栃木県などでおこなった民俗学研究会の民俗採訪の思い出による。まるでテレビ東京系列のテレビ番組の「田舎に泊まろう！」（二〇〇三〜二〇〇五年放送）のような感じだったとのこと。地域住民にお願いして家に泊めてもらっていたということである。多くの民俗学者を輩出した國學院大學民俗学研究会は、あくまで学生主体の大学のサークルである。しかし「大学卒業生ではなく民俗学研究会卒業だ」と冗談めかして、いや、半ば本気で語るOBも多い。

[9] 福田アジオ『現代日本の民俗学——ポスト柳田の50年』（吉川弘文館、二〇一四）。

[10] 近年のものとして、令和五年に國學院大學民俗学研究会では長野県伊那市での調査をまとめた『民俗採訪　高遠町の民俗』を出した。妖怪としては「西高遠では子供を叱るときに『権現様からカランコロンが来るよ』などと言う。カランコロンとは下駄の音で鉾持神社の石段を何かがおりてくるときの音ではないかとのことである」という記述などがある。

[11] ちなみに井之口は柳田國男『妖怪談議』を妖怪研究の権威、今野圓輔『怪談　民俗学の立場から』（一九五七）を手ごろの解説書というべきものと述べている。

参考文献

・井之口章次　二〇〇五『歩く・見る・書く　民俗研究六十年』岩田書院
・小松和彦　一九九四『憑霊信仰論　妖怪研究への試み』講談社
・新谷尚紀　二〇一一『民俗学とは何か——柳田・折口・渋沢に学び直す』吉川弘文館
・田中宣一　二〇一三「追悼　井之口章次先生」『日本民俗学』二七四号
・廣田龍平　二〇二三『〈怪奇的で不思議なもの〉の人類学　妖怪研究の存在論的展開』青土社
・福田アジオ　二〇一三『現代日本の民俗学——ポスト柳田の五〇年』吉川弘文館

壹 研究者と妖怪

南島の妖怪偉人たち

地方における妖怪普及史の一例

日本各地の民俗学者や郷土史家もまた妖怪に深くかかわっており、それぞれの地方にそれぞれの歴史がある。ここでは、特に民俗学黎明初期から注目されてきた「南島」（沖縄・奄美・場合によっては薩南諸島など）を例として妖怪の取り上げられ方について振り返ってみたい。

南島研究のはじまり

かの柳田国男（一八七五～一九六二）は、刺青が入った沖縄の少女の写真を見た事から沖縄の文化に興味を持ち、研究の中で「南島」を日本民族のルーツと考え、生涯を通して深い関心を抱いていた。それに関連して特に重要な出来事が一九二〇～二一年にかけての柳田の九州から沖縄への旅である。柳田はこの体験を元に『海南小記』（一九二五）を記し、さらに沖縄学の父と呼ばれる伊波普猷（一八七六～一九四七）らと「南島談話会」を発足した。また柳田に影響を受けた折口信夫（一八八七～一九五三）も一九二一年以降何度か沖縄を訪問している。後に雑誌『島』（一九三三）が発刊し南島談話会は事実上解散したが、戦後になり柳田国男最後の著作となる『海上の道』（一九六一）もまた南島研究に関連するものであった。

このような柳田らの南島への興味は現地の人々にも直接・間接的に強い影響を与えており、結果として沖縄や奄美には民俗調査資料（もちろん妖怪に関連するものも含まれる）が充実する結果となった。可能ならば妖怪に限らず多方面にわたって紹介したい所だが、本項では妖怪に関連が深い人物と著作に注目して紹介する。

金城朝永（『金城朝永全集』上巻）

南島談話会とその関係者

「琉球妖怪変化種目」（『郷土研究』五巻二・三号、一九三一）は「シチ」「アカングヮーマジムン」「仲西」などを報告したものである。これを記したのは、伊波普猷の紹介で民俗学研究会に参加し、南島談話会で中心的に活躍した金城朝永（一九〇二〜一九五五）である。金城は大橋図書館に勤務するも、図書分類において館長と対立し辞職、その後は『犯罪科学』などの雑誌にも寄稿し生活費を稼いでいた。[1]

金城とともに南島談話会で中心となっていた比嘉春潮（一八八三〜一九七七）も、妖怪的には「沖縄本島の神隠し」（『民族』一巻二号、一九二六）で「仲西へい」の名前を出している。比嘉は先述した

琉球人の會

Some of those who come from the Loocho Islands met together at the Tokyo Asahi recently. Photo shows the attendants on the day

「南島談話会」のメンバー右より前列　柳田，金田一，伊波，富名腰，著者，岡村。
後列　魚住，南風原，金城金保，仲宗根，金城朝永，島袋。

南島談話会メンバー（那覇歴史博物館のホームページよりhttp://www.rekishi-archive.city.naha.okinawa.jp/archives/item3/29738）

柳田の旅において宮古島への船で偶然柳田と知り合ったという。[2]

炉辺叢書の一つであり「遺念火」や「乳の親」が報告されている『山原の土俗』（一九二九）を記した島袋源七（一八九七～一九五三）も、南島談話会の初期からのメンバーである。小学校教師であった島袋は郷土研究に興味を持っていたことから、沖縄に来た折口の案内を買って出て折口と知り合い、後に上京した。[3]

彼ら三人は戦後沖縄が日本でなくなった後も、一九四七年に沖縄文化協会を発足し雑誌『沖縄文化』（一九四八～一九五三）[4]を発行、その内容を『沖縄文化叢論』（一九七〇）に纏めている。

南島研究会とその関係者

一九五一年になると民俗学研究会の「島の人に

話を聞く会」を前身として南島研究会が発足、雑誌『南島研究』（一九六五〜）は現在も刊行されている。

中心となったのはかつて柳田の弟子かつごく最近まで現役で活躍していた民俗学者でもあり、『海南小記』関連の著作もいくつか出している酒井卯作（一九二五〜二〇二三）である。酒井の『琉球列島民俗語彙』（二〇〇二）では、これまで名前が挙がったような妖怪に関する語彙も多く纏められている。

もと沖縄の中学校教師である崎原恒新（一九四三〜）は「沖縄の妖怪変化」（『沖縄民俗研究』創刊号（一九七八））や『琉球の死後の世界』（二〇〇五）を記した。『琉球の死後の世界』は内容も勿論だが、「琉球弧幽霊・妖怪文献資料等目録」等の資料が非常に有用となっている。

『南島研究』にも、「ピキンキル」が報告された崎原恒新「沖縄の妖怪変化」（『南島研究』三九号（一九九八））をはじめ、数多くの妖怪に関する文章が見られる。

奄美郷土研究会とその関係者

奄美では一九五八年、小説家の島尾敏雄（一九一七〜一九八六）らを中心に奄美郷土研究会が発足した。[5]創設者の一人は奄美で高校教師をしていた田畑英勝（一九一六〜一九八三）であり、「奄美の妖怪について」（『琉大史学』五号、一九七四）[6]ほか、「奄美物語」（『季刊民話』一九七六年秋号）や『奄美大島昔話集』（一九五四）『徳之島の昔話』（一九七二）などで数多くの妖怪を報告している。「ミンキラウヮークヮ」や「ムィティチゴロ」、「ジルムン」などは耳にした事がある方もいるだろうか。また息子である田畑千秋（一九五二〜）も民俗学者として活躍しており、こちらも『奄美大島の口承説話』（二

『南日本新聞』1986年9月14日号に掲載された恵原義盛(『恵原義盛画集』)

〇〇五）など奄美の民話に関する文章を数多く発表している。

恵原義盛（一九〇五～一九八八）は子供の頃には「ケンムンボクワ（ケンモン坊や）」と仇名されたそうだが、その後も刑務所勤務中に集めた話を元に『南海日日新聞』に「ケンモン考」（一九六五）や「奄美怪異談抄」（一九六八）を掲載し「ケンモン博士」と呼ばれた。[7]『奄美のケンモン』（一九八四）には聞き書きと同時に恵原自身が描いたケンモンの絵が数多く掲載されている。

怪談としての民話集

専門的な論文や報告書以外でも、伊波南哲『沖縄怪談集　逆立ち幽霊』（一九六二）、新屋敷幸繁『琉球の怪談・幽霊』（一九七二）、石川文一『琉球怪談選集』（一九七三）など、沖縄ではタイトルに「怪談」を称した民話本がいくつか刊行されてきた。特に有名なものとして、月刊沖縄社は「カラーシリーズ」と称して『沖縄の伝説と民話』『沖縄の怪談』（ともに一九七三）などを発行している。『沖縄の怪談』では、キジムナーや鬼はもちろんだが、「ハンドバッグ幽霊」などのごく最近の怪談も紹介されている。余談だが、後に水木しげるは『沖縄の怪談』を元にして「イッシャ」「カンテメ」「ユナワ」などを描き妖怪図鑑で紹介している。

他にも妖怪に繋がる報告や研究をした人物については、ページ数の都合で省略するが『南島説話』や『シマの話』を記した佐喜眞興英（一八九三〜一九二五）、『トカラ列島の民話風土記』『屋久島の民話』などを記した下野敏見（一九二九〜二〇二二）、「沖縄の妖怪と人間を脅かす異類」（『鬼とデーモン』二〇〇一）を記した遠藤庄治（一九三四〜二〇〇六）など数多く存在する。本項で妖怪そのものに留まらず、その背景となる資料や先人たちに少しでも興味を持っていただけたなら幸いである。

（御田鍬）

注

［1］『沖縄文化』一一巻二号金城朝永特集号（一九七五）、『金城朝永全集』（一九七四）。

［2］比嘉春潮『沖縄の歳月　自伝的回想から』（中央公論社、一九六九）によると、本当に親しくなったのは上京後一九二四年だという。なお、比嘉は柳田と知り合う以前から伊波とは交流がある。

［3］島村幸一「「島袋源七」研究　ある「沖縄学」研究者の足跡」（『立正大学大学院紀要』三〇、二〇一四）。

［4］途中から『文化沖縄』と改題。また、現在沖縄文化協会が発刊している雑誌『沖縄文化』とは異なる。

［5］『沖縄文化』八巻二・三号奄美特集号（一九七一）。一九五六年に発足した奄美史談会を再建した形となる（島尾敏雄編『奄美の文化』法政大学出版局、一九七六）。

［6］田畑英勝『奄美の民俗』（法政大学出版局、一九七六）所収。

［7］恵原義盛『奄美のケンモン』（海風社、一九八四）

参考文献

・並松信久　二〇一九「柳田国男と沖縄文化」『京都産業大学日本文化研究所紀要』二四号

・柳田国男、折口信夫、伊波普猷、柳宗悦ほか（編）・石井正己（解説）　二〇二二『沖縄文化論集』KADOKAWA

・柳田国男・酒井卯作編　二〇〇九『南島旅行見聞記』森話社

・酒井卯作　二〇一〇『柳田国男と琉球――『海南小記』をよむ』森話社

・『金城芳子対談集　沖縄を語る』一九八八　新日本教育図書

・外間守善　二〇〇二『沖縄学への道』岩波書店

壹 研究者と妖怪

妖怪フレーズは普及する。

いわゆる伝播伝承の問題

妖怪伝承を研究する

妖怪は研究や創作などあらゆるところで普及し続けたことは本書を読めばわかる。

しかし、よく考えれば、そもそもは人から人へ口頭で伝わっていったのだ。こうした情報の伝達、つまり、民俗学者が扱ってきた伝播や伝承について本稿では紹介し、妖怪愛好家に親しんでもらいたいと思う。

民俗学では同時代的な地域の横の広がりを伝播と呼ぶ。これに対し、次世代への縦へのつながりを伝承と呼ぶ。

こうした文化の広がりとその分布から、歴史的なものを読み解けると民俗学者は考えていた。たとえば、有名な手法が、周圏論である。遠方の一致として、日本列島の北と南で、同じ方言が残っているとするとそれが文化の古い形であるというものだ。遠く離れたところで一致しているものが古い形態を残しており、中央には新しい文化が生まれているという考えにより、歴史を描こうとした。[1]

これは探偵ナイトスクープでの調査でも再検討され、『アホバカ分布考』〔松本　一九九六〕としてまとめられてある程度の評価を受けている。東日本の馬鹿と西日本のアホでは、アホが新しく、北と南で馬鹿が一致している。ただ、方言において成り立っているとして、果たして他のものに言えるのかという問題はある。

人間はパソコンではないから、以前あったデータが上書き保存のようにきれいに消えてしまうことはありえない。ましてや、事物や習俗が急に消えることは難しい。だから民俗事例には歴史が重層的に記録されているはずだ。だが、ものもらいを直す別の俗信「肥桶の縄で目をこする」や「櫛を畳に強くこすりつけてすぐ目に当て、『メカゴメカゴあの人の処へ行け（村で一番きらいな人の名をいう）』」が同じ地域に複数あった場合、どちらが古いかと判断することは難しい〔福澤　一九八七〕。

とはいえ、こんな風に伝播・伝承の問題を事例と比較しながら民俗学は考えてきた。そのためにとりあえず分布を把握しなければならない。井之口章次[2]は妖怪の地域性を重視しているし、魂呼びの習俗も、浄土真宗の多い地域では少ないのではないかとしている。[3]

ほかにも、石塚尊俊は憑き物の分布を調べ、家の庭のお稲荷さんは東日本には顕著に見られるが、西日本には少ないことを述べ、稲荷を祀らない地域に憑き物としての狐の伝承が多いのではないかとの説を披露している（管見では再検討されていない）。

もちろんメディアの発達した今の情報伝達はまた違う現実があるが、実は上記のような分布による研究は民俗学内部でも少なくなってきており、さらには研究ジャンルごとにお互いの研究を知らないことも増えている現状がある。

民俗歌謡の分布

民俗学者、長野隆之は「向かい山で光るもの」というフレーズが様々な歌に転用されていることに着目した（長野隆之「民俗歌謡の分布――「向かい山で光るもの」を事例として」『國學院雑誌』一〇六巻一二号、二〇〇五）。

盆の行列遊び「ぼんぼん」の時に歌われた歌に

〇向ふの御山で何やら光る、月か蛍かよばいほしか。月でもないが、しうとめ婆の目が光る〱

というものがある。よばいぼしとは、流星のことである。

月でも無いが星でも無いが一とつ目小僧の目が光アる。目が光る

とある。こんなところにも一つ目小僧という妖怪が出てきている。

岩手の田植え踊りには、

〇ソーレナヤーハエ　西根山に光るものは　月か星か蛍か
ソーレナヤーハエ　月でない蛍でない　お田の神さまのお燈明だ　（『岩手県民俗芸能誌』）

とある。別の節に、似たようなフレーズが使われていることが分かる。つまり、フレーズの伝播である。やはり複雑な伝播のため、歴史的な流れを明らかにできるかというと単純にはいかない。

また、地域差がどんなにあってもその歴史的な深度は深くないものもあることは注意が必要だ。

夜鳴く鳥から狸の腹鼓へ

栃木や茨城や埼玉のあたりでゴーへと言う鳥

が子供を嚇すのに使われている。聞き書きをすると、「はらブッツァクドっていう。私は年寄りに教わった」とか「いたずらしたりなんかすると、そういう怖い目にあうぞって」「よーくそういえばおじやんがテレスケデーコブッツァクゾっってな。」「ハラブッツァクドっていうんだ」「だからいたずらしちゃだめだっていうハナシじゃないかと思いますね」などと口々に教えてくださった［永島 二〇一八］。

ちなみに古河市史編さん委員会（民俗部会）編『古河の昔話と伝説』（一九七八）という文献が見つかった。地域的には非常に近く、ゴーへはフクロウやみみずくの方言であることが分かった。すると、ゴーへと鳴く鳥は本当にいたということが分かる。

昔話や、主に笑いを目的とした小話としてゴーへが登場するものには、次のような話もある。五郎兵衛や五平というあわて者が、大根を風呂敷に入れて用足しの帰り（あるいは人の田から大根を盗んだとも）に、「ゴーへイテレックテーコ」という梟の鳴き声を「五郎兵衛風呂敷大根」と呼んだと勘違いして逃げ去った話で、埼玉県や群馬県にもある。[4]

このゴーへと言うフレーズが、なんと未来社の民話の本、[5] 日向野徳久『栃木の民話』第一集に狸の腹鼓の音として載っている。情報は錯綜していくが、フレーズは断片として残っている。

すすきの穂が出るころ、すっかり屋敷の奉公にもなれた与惣が裏口へ立つと、さぎしょっぱらのほうから、ポンポコポンポコ太鼓の音にまじって、

ゴヘー ゴヘーデレスクデエコブッツァクド
ゴヘーゴヘーデレスクデエコ ブッツァクド

という音が聞こえてきます。堀の内の四郎兵衛の家を御辺といいますが、それをなまって村の

人たちは「ゴヘー」と呼んでいました。

与惣もこれには大こまり、

「おらのために、旦那のわるぐちなんかいわれちゃすまねぇ。これが旦那に聞こえたら、どうすべえ。」

うろうろあるきまわってみましたが、どうにもよい考えが浮かびません。与惣が困ってしまったのを、たぬきはみてとったか、うた声と太鼓の音はますますたかくなります。

たぬきが出る特殊な内容であることが分かる。しかし、こうした民話の本は再話の問題もあるので民俗資料との比較はじっくり検討が必要だ。ここではこれ以上は言及できない。

昔話の伝播

さらに他の昔話で見てみよう。「化け物寺」や「化け物問答」という空き寺に動植物や古道具の化物が現れる昔話がある。私はこれらを日本中から拾って並べてみたことがある。

実はこの作業をする上で、似た別の昔話を「空き家に妖怪が住む話」として捉えている。

一つは化け物寺で「古蓑古笠」などと歌いながら道具のお化けがあらわれる。

化け物問答は「テイテイコボシ」などの植物でつくられた木槌のお化けがいる化け物屋敷や寺に「トウヤノバズ」などのお化けが来る。これは正体は「東屋の馬頭」で音読みをすると正体がわかるようになっている。「テイテイコボシ」などと呼ばれるお化けは、西日本では「椿の化け物」だが、東北では「梅の化け物」になっていることが多い。

名前にある「ていてい」や「デンデン」は形容するためのオノマトペであろう。

全体的な傾向として、前者の空き寺に現れる「器物の怪」は器物そのままの名前や姿を形容した名前が使われ、後者の「動物の怪」は、漢字を音読みにした謎になっている。

東北北部と九州南部・沖縄では器物が化けたものが現れる話が色濃く、「遠方の一致」が認められる。逆に音訓を使う妖怪は北と南には見当たらない。

こうした現象を周圏論から、「器物の怪」は古く、自身の名前（正体）を音読みで名乗る「動物の怪」は後から広まったものと考えられる。

しかし、よく考えてみれば、空き家にお化けが出る話と音読み訓読みのお化けが出る話では、音訓の方が新しいだろう。日本で音訓は出来たものだが、空き家に器物などのお化けが出るのは、日本に限らない。アジアに広がりがある。先の周圏論のように論分布が広いものはおそらく古いのである。

これなどは力技ではあるが、比較的それらしくはなった。

タンタンコロリンを考える

佐藤清明『現行全国妖怪辞典』には「タンタンコロリン　古い柿が化けた大入道。柿をとらずに熟さして置くと出来るという。仙台市」とある〔佐藤一九三五〕。

青森ではタンタンコロリンはやはりゴーへと同じく子脅しのお化けとされている。内田邦彦『津軽口碑集』（一九二九）に子を脅かすときに「たんころりんが来るぞ」と弘前の人が言っていたとある。柿のお化けではないようだ。

氷厘亭氷泉が『大佐用』〔氷厘亭　二〇一三、二〇一八、二〇二〇〕に、タンコロリンがオノマトペとしてかつてよく見られるものであったことを指摘している。[6]

『大佐用』158号の画像

中でも狐が人を殺そうとする術にタンコロリンと言うオノマトペが見られるのが面白い。

錯綜するフレーズから妖怪を考えよう

『津軽口碑集』の「たんころりん」の直前の文章に、やはり子どもを脅すときに「でんでん転ばしがなもみ剥りてえだ、ごろりんごろりんと来る怖ねえよ」というのが載っている。

なもみ剥りとは、おそらくはナマハゲやアマメハギがそうであるように、怠け者の皮をはぎに来ているのだろう。文意としては、「でんでん転ばし」という妖怪が「ナモミ」というおそらくは火だこを剥ぎに来ているということになろう。

このフレーズの「でんでん転ばし」と、「タンタンコロリン」と「ていていこぼし」がつながってこないだろうか。音では近しい響きのはずだ。そんな風にミッシングリンクをそのままに生活していたが、先日読んだ藤井和子『妖怪民話　聞き歩き』(二〇二二)の宮城県の民話に次のような「化け物寺」があった。六部が空き寺に泊まると夜中に「でっかばっか、鼻一つ。うしよにまなぐ二つある。♪タ～ンコロリ、タンコロリ♪」という歌を歌ってお化け(正体は下駄)が出てくる。タンコロリというフレーズがタンタンコロリンを思わせる。

このようにフレーズだけでもいろいろなところから見つかる以上、何かの資料に限定せずに手広く見なくてはならない。

本稿は民俗学の中でも昔ながらのテーマ（地域分布や比較）をお化けで紹介して見たわけです。

（永島大輝）

注

[1] ちなみにこうした地域差を時間差として捉える方法を重出立証法とか比較研究法と呼ぶ。その具体的な方法として周圏論があり、柳田國男が一九二七年に書いた「蝸牛考」に載っている。（『蝸牛考』岩波文庫、一九八〇）また、周圏論については安室知が民俗学内部から検討していることは踏まえておきたい。「蝸牛と魚　周圏論の図化をめぐって、柳田國男と渋沢敬三」（『日本民俗学』二八八、二〇一七）。

[2] 本書第一部二八頁参照。

[3] 魂呼びに関しては、鈴木慶一（「『魂呼び』の方法と全国的様相」二〇二三、小川直之編『民俗学からみる列島文化』アーツアンドクラフツ）によって再び研究されている。

[4] 井田安雄「群馬の「小話」について」（『世間話研究』一四、二〇〇四、一二九～一三〇頁）や鈴木棠三編『川越地方昔話集』の五八話「五郎兵衛と天狗」。しかし、分布を描くときに問題となるのが、まったく関東から外れた例が見つかる。武田明『西讃岐郡昔話集』の「ごーへい鳥」は香川県の事例だ。こうしたものはどうして伝播したのか少ない事例では判断しにくい。

[5] 本書第二部一二〇頁参照。

[6] 大佐用に引用された昔話の出典は、東通村教育委員会『青森県下北郡東通村民俗調査報告書』（一九八〇）、右同『青森県下北郡東通村民俗調査報告書』2（一九八一）、弘前大学民俗研究部『川内町民俗調査報告書』（『こまおどり』一六、一九八六）。

参考文献

・氷厘亭氷泉　二〇一三、二〇一八、二〇二〇「大佐用」一九、一五八、二〇五号
・佐藤清明　一九三五『現行全国妖怪辞典』中国民俗学会（佐藤清明資料保存会編『岡山文庫323　博物学者佐藤清明の世界』日本文教出版　二〇二二）
・永島大輝　二〇一八「栃木市岩舟の世間話」『世間話研究』26
・日向野徳久　二〇一六『新版　日本の民話32　栃木の民話　第一集』未来社
・福澤昭司　一九八七「病と他界　長野県内の麦粒腫の治療方法の考察から」（『日本民俗学』一七二）
・松本修　一九九六『全国アホ・バカ分布考』新潮社

崇徳院と魔王、妖鬼と中瑞雲斎

コラム

藤澤衛彦の編んだ「日本怪奇妖怪年表」[1]は「森羅万象は意想外の魔力を持っていた」とする神代からはじまり、慶応三年（一八六七）に到るまでの構成と内容は佐藤有文や水木しげるらによってそのまま平易化され、紹介・流用されていった。[2]

阿部正路はこれを再構成した妖怪年表を作っている[3]がこちらには一ヶ所、大きな工夫差異がある。それは大魔王となった崇徳院（崇徳天皇）を明治天皇が慶応四年＝明治元年（一八六八）に鎮めたという記事を掉尾に置いたことである。

崇徳院が、死後に大魔王となったという説話は、軍記物語や寺社縁起を通じて古くから知られて来ており、年表での記載自体も、その大きな霊威を鎮めた歴史事実としてそのまま自然に受け止められるが、記述としては省略されている部分も多々ある。

それは、一八六八年に行われた崇徳院を讃岐から京都へ遷しての祭祀は、中瑞雲斎（一八〇七～一八七一）というひとりの尊王攘夷の郷士の建白から実行されたという部分と、瑞雲斎がそこで朝廷へ提出した理論は、黒船騒ぎ以来の内外の政情不安もすべて大魔王や妖鬼によるものなのだ――という内容で、それは平田篤胤らの説をさらに尊王攘夷の論理で加熱させ、大いに拡充させたものだったという部分である。

建白と共に提出された瑞雲斎による『窓廼独許登』[4]には、妖鬼妖神共[5]は古くから大枉事（災厄や

政変、戦争）を起こしていたが神剣（天叢雲剣）を恐惶(おそれおのの)く、武家の時代の過去の戦乱も現在の混迷も大魔王となった崇徳天皇の忿恚(いかり)のちから――という二点が強調されつづけた文章が満ちている。

現代のイメージに直接残存しているのは崇徳院＝大魔王になって源平や南北朝の戦乱を招いたという物語の古典部分のみに多くとどまり、追加構築された最重要な内容がむしろ雲散して[6]しまっているが、それは近世末期、瑞雲斎によって当初は朝廷の最も中心部に喰い込んだ、古典の文言を飛び越えて拡張再解釈された崇徳院についての理論たちが、維新直後の攘夷論排除の流れのなかで、政治的に中枢から彼らそのものと共に急速に抹消されていったからでもある。

（氷厘亭氷泉）

中瑞雲斎（熊取町教育委員会『中瑞雲斎関係書簡集』1988）

注

［1］藤澤衛彦『図説日本民俗学全集』民間信仰・妖怪編（あかね書房、一九六〇）の巻末に収録。『新補倭年代皇紀絵抄(しんほやまとねんだいこうきえしょう)』（新補倭年代記）など、自身所蔵の版本挿絵も豊富に載せているが、その多くは自然のふしぎな出来事（特有の容姿や呼称を持つ現代の一般イメージの《妖怪》ではないもの）であり、その図版が個別に《妖怪》として切り出されて書籍や図鑑にひとつの《妖怪》として用いられる例は、逆にほとんどなかった。藤澤衛彦から発せられた画像妖怪も、全てが一九六〇年代以後の流れのなかで《妖怪》として普及されたわけではないという

崇徳院（伝・鳥山石燕『百人首』氷厘亭氷泉・所蔵）
内題に後人らしき異筆で「鳥山石燕 百人首」とある肉筆折帖。石燕の真筆である可能性は低いが狩野家の粉本に則った図様で百枚すべて統一された百人一首の絵ではある。

対比として注目したい。

［2］佐藤有文『日本妖怪図鑑』（立風書房、一九七二）水木しげる『妖怪なんでも入門』（小学館、一九七四）の年表に用いられている。神代からはじまる形式は『おばけ・幽霊のなぞ』（本書第三部三四〇頁参照）など学習まんがでも継承された。

［3］阿部正路『日本の妖怪たち』（東京書籍、一九八一）の巻末に収録。藤澤衛彦を参照にしたことも明記されている。

『にっぽん妖怪地図』（角川書店、一九九六）でも「日本妖怪出現年表」として掲載。

［4］『中瑞雲斎関係書簡集』に翻刻収録。神剣と大魔王を中心とした概ね編年体の文だが、聖徳太子や聖武天皇の項目（一五八〜一六〇頁）での仏法が隆盛するのに連動して妖神妖鬼たちが活発に動けるようになる様子や、海外の釈魔も混乱原因に関わるとする言及などもあり、明確な仏教非難の態度もある。瑞雲斎は、平田篤胤『玉襷』などを自身の大きな典拠のひとつとしており（一七頁）、源平や南北朝の争乱が崇徳院の怒りによるものとした篤胤の論理や、『太平記』などの内容を拡張し、それを静めるための朝廷による祭祀と攘夷の必要性を強調した。桑原恵『幕末国学の諸相』（一七〇〜一七六頁）では朝廷に提出した建白書の本文などを瑞雲斎の章の注に収録している。

［5］《まがもの》や《まがかみ》などの単語も、平田篤胤『古今妖魅考』（一八二八）などを大きな基点に、大国隆正・六人部是香・矢野玄道ら、幕末〜維新にかけて活動した、朝廷の中

枢人物とも直接に関わりを持った国学者による幽界（幽冥界・神仙界・幽境・魔界・凶徒界・魔道・鬼道）や黄泉（夜見・予美・幽府・底国・根国・きたなくわろき国）についてを追究する著作群に共通して登場することばである。妖鬼・邪鬼・悪鬼・魔鬼・妖魅・妖物・枉物や妖神・邪神などの漢語があてられており、「神界・仙界（山人界）・妖鬼界」や（『八十能隈手』巻四）「妖物のまがわざ」（『志斐語付録』巻上）といった複合式なやまとことばの使用例も編み出されていた。《あしきもの》や《あらぶるかみ》《あしかるもの》も同義語として、「悪神邪鬼の棲む魔境」（『志斐賀他理』巻下）あるいは「邪鬼暴神」（『八十能隈手』巻四）など用いられている。《魔王》や《悪魔》が多く描かれる構成の妖怪絵巻と、このような国学者たちの幕末の考察議論とが、どれほどに重なっていたのかは、まだ不鮮明である。収録妖怪数の多い作例に《まがもの》などの呼び名がつけられている例は見られないことや、波旬・邪魔・蛇身・外道など、仏典由来の熟語から描かれた画像妖怪たちが多く見られることを考えると、絵巻物のほうが先行して描かれている、あるいは直接の前後関係がそこまで濃くない、と考えられる。本書第一部七三頁・七七頁も参照。

［6］瑞雲斎は一八六八年に朝廷から《崇徳帝神霊遷還御用係》を命じられたが、翌年に胡服夷礼（西洋文明やキリスト教）を広める悪人だという名目で横井小楠を暗殺した一味に加担した罪で投獄され、そのまま一八七一年に獄中で病死した。妻であり共に活動をしていた中恵美や、集義隊に参加していた息子たちへの書簡が中家文書として大阪府熊取町に多数残されている。歯茎が痛み葡萄ぐらいしか食べられないが値段が高い——といった牢での様子を恵美に送った書簡（『中瑞雲斎関係書簡集』一一四頁）などもあり委しい。

参考文献

・二〇〇二『讃岐異界探訪 あの世の風景』香川県歴史博物館
・一九八八『中瑞雲斎関係書簡集』（熊取町史紀要 第二号）熊取町教育委員会
・桑原恵 二〇〇四『幕末国学の諸相 コスモロジー／政治運動／家意識』大阪大学出版会
・矢野玄道 一八六九『志斐賀他理』
・矢野玄道 一八七四『八十能隈手』
・矢野玄道 一八七七『志斐語付録』
・芳賀登、松本三之介 一九七一 日本思想大系『国学運動の思想』岩波書店
・氷厘亭氷泉 二〇二三「精邑魔のいる絵巻物まとめ」『大佐用』二六四～二六五号 妖怪全友会

壹 研究者と妖怪

国文学史にみる妖怪研究

好事家的な関心対象から古典文学研究へ

国文学研究、すなわち日本の古典文学研究における妖怪研究の歴史は浅い。『源氏物語』『伊勢物語』『古今和歌集』などは古典学の対象として、すでに中世初期には研究対象になっていた。妖怪が研究対象になるには、いくつもの乗り越えるべき壁が存在したのだった。

説話文学研究から

国文学研究において、妖怪研究は、正直なところ、好事家的な関心対象に過ぎなかった。近世の国学者による研究の後を受け、文献学的な研究を主とし、思想や文学的価値を探求するもの、成立過程を実証的に明らかにしようとするものが学術的な営為として捉えられてきた。研究価値あるものは、当然、今日に至るまで教科書の載るような大作家・大作品中心であった。

明治期にドイツに留学して文献学を学んだ芳賀矢一（はがやいち）は、帰国後、『今昔物語集』の研究を本格化し一九一三年には『攷証今昔物語集』（冨山房）を刊行した。[1] これによって本集が活字で読みやすい環境ができた。翌一四年、南方熊楠が「今昔物語の研究」(全集3所収)を雑誌『郷土研究』に掲載するのも、本書あったればこその出来事であったといえよう。こうして民俗学的な関心から、『今昔物語集』のような説話作品群を調べ、研究に利用する動きが出始めていった。

昭和戦後期は国文学が時代別に細分化し、また、ジャンルも和歌文学・仏教文学・説話文学などと分化していった。特に時代区分はセクト主義化が著しく、全体を俯瞰するような研究は影をひそめ、専門性の追求は世間の関心からますます乖離し、妖怪は学術的対象にしがたいものとなった。

しかし、小松和彦による文化人類学・民俗学からの国文学批判[2]に象徴されるように、一九八〇年以降、妖怪研究の一環として古典文学の資料の活用が活発化し、研究の多様化とともに、説話・物語研究から妖怪を取り上げる流れが鮮明化していった。とりわけ『今昔物語集』以降の中世の説話文学研究が活発化してきたといえる。小峯和明をはじめ、注目すべきものが多く出てきた。『説話の森 天狗・盗賊・異形の道化』(大修館、一九九一)は説話研究から生まれた名著の一つといえよう。[3] また、お伽草子研究の方面からも、絵巻や芸能も取り込んだ学際的な研究から、徳田和夫を中心に妖怪を扱うものが出てきた。[4]

『伝統と現代』「特集　妖怪」

こうした流れの源に、六〇年代後半から七〇年代にかけて刊行された『伝統と現代』誌があるのではないか。本誌は小松和彦もしばしば寄稿していた雑誌である(法蔵館文庫本『神々の精神史』「解説」参照)。これは学燈社が出していたもので、『国文学

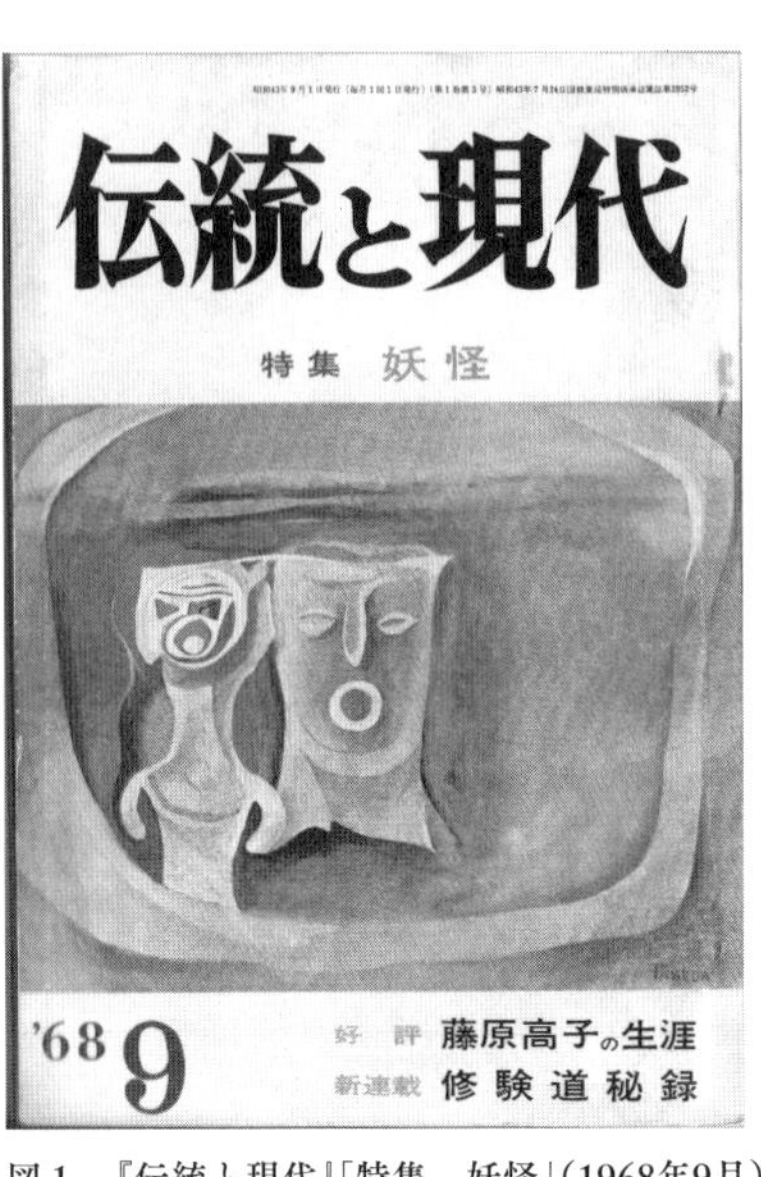

図1　『伝統と現代』「特集　妖怪」（1968年9月）

解釈と教材の研究』と姉妹関係にある雑誌で、もともと『国文学　伝統と現代』というかたちで創刊されたものだった。雑誌『国文学』が純粋に日本文学の研究と教育のための雑誌として刊行されていたのに対し、『伝統と現代』は「まつり」や「異界」など、毎号、脱領域的なテーマを掲げ、小松和彦をはじめとする民俗学・人類学の専門家の論考が並ぶことが多かった。その一九六八年九月号では「妖怪」が特集に組まれた［図1］。

　本特集の執筆陣は、種村季弘・板谷樹・直江広治・澁澤龍彦・高橋鐵・長野嘗一という錚々たる名が並び、最後に編集部が九ページにわたって恐山の取材記録を載せている。また、特集ページの巻頭には小幡小平次をはじめとする三種の幽霊画、『地獄草紙』、化け物尽くしのおもちゃ絵などがカラーで掲載されている。

　本特集で「文学に現われた妖怪」を執筆した長野嘗一は、それまで妖怪に関する本格的な研究は行ってこなかった（他の研究者と同様に）。一九四九年、『今昔物語評論　驚きの文学』（至文堂）を世に出したが、六九年に『説話文学辞典』（東京堂出版）を出したことで、説話文学の研究環境がより良くなった。『今昔物語集』や『平家物語』といった大作品を取り上げつつ、その庶民性や諧謔性など多様な側面を見ている。妖怪に関しては、本特集の論考が初めてと思われる。その後、国文学系の代表的な雑誌『国文学　解釈と鑑賞』一九七三年三月号「特集　異端文学の世界」に「説話文学における怪奇と幻想」を寄せたが、その程度にとどまった。やはり本格的には八〇年代を俟たねばならなかった。

近世怪談研究から

近世文学研究自体、学術的な研究が本格化したのは昭和戦後期のことである（日本近世文学会創設は一九五一年）。それ以前は定評ある芭蕉や西鶴らを除けば、ほとんど歯牙にもかけられなかった。つまり好事家・江戸趣味者という扱いが強く、また書物蒐集家の嗜好として、版本の書誌に向いており、アカデミズムからは敬遠される傾向にあったのである。しかし、一九〇三年の『近世奇談集』（博文館・続帝国文庫）、一九一四年の『怪談小説』（国書刊行会・徳川文芸類聚）、一九二七年の『怪談名作集』（日本名著文庫）［図2］など、怪談資料の公刊は、南方熊楠をはじめとする民俗学研究者にも有効に使われていった。

その一方で近世文学研究からも関連する研究がわずかながらも行われていた。近世文学を総合的に捉えようとする研究者の一人に藤井乙男がいる。藤井は一九二一年に刊行した『江戸文学研究』（内外出版）で翻案系の怪談について論じている。具体的には『伽婢子』を分析し、「少しも訳文らしい臭気を留めぬ頗る手際な出来栄である」と、単なる中国説話の翻案を脱し、優れた文学性を認めている。言い換えれば、妖怪研究ではなく、怪談の文学的研究というべきものである。藤井の研究に代表されるように、戦前の研究は、その後ももっぱら『伽婢子』に

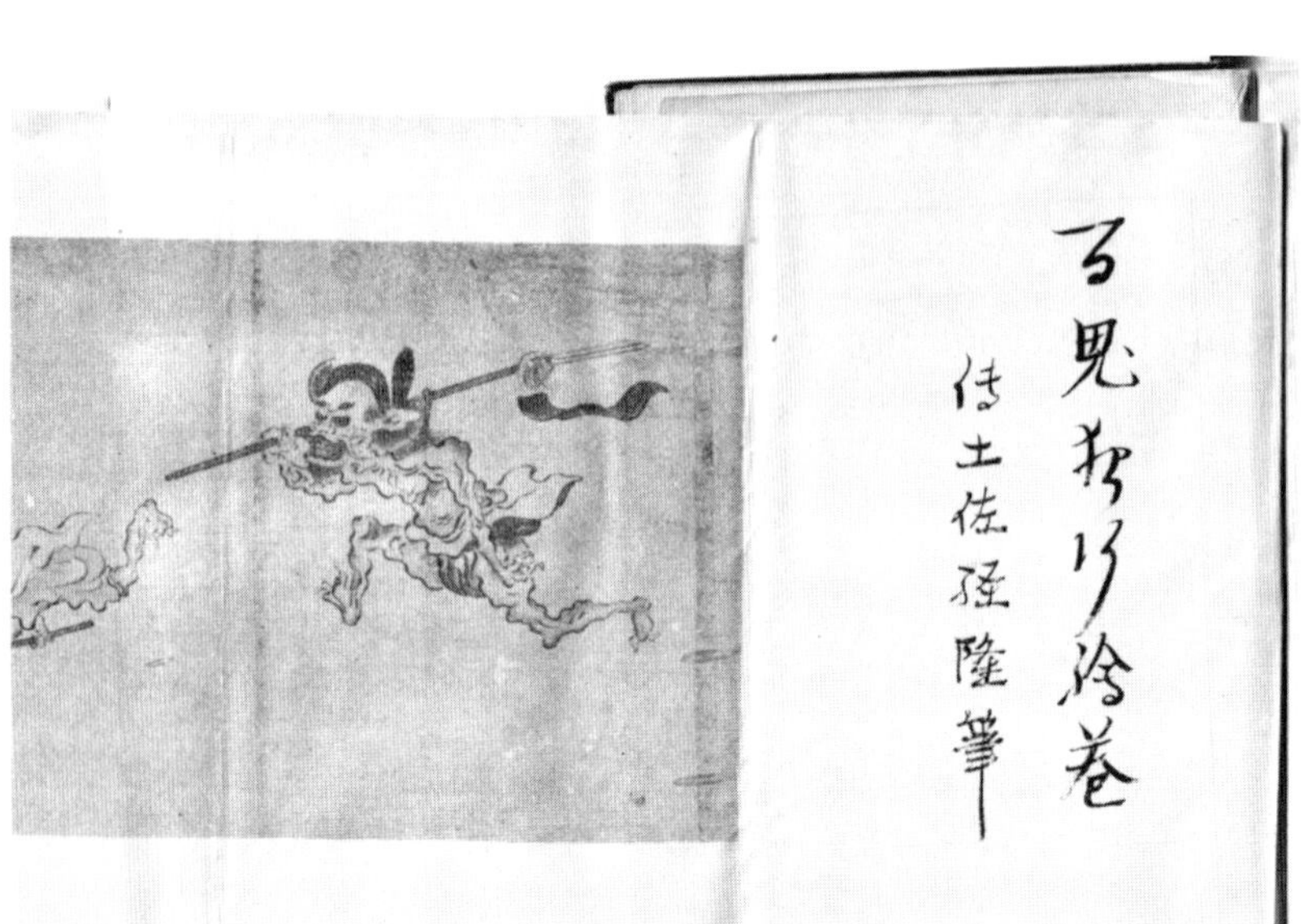

図2　『怪談名作集』付録「百鬼夜行絵巻　伝土佐経隆筆」

関心が集中していた。[5]

国文学の民俗学的研究

大正期末から昭和初期にかけて、折口信夫（おりくちしのぶ）を中心に、国文学の民俗学的研究が新たな方法として一つの潮流を作り出していった。その成果は鬼や霊の研究として位置づけられるだろう。折口の高弟池田弥三郎（いけだやさぶろう）（一九一四〜一九八二）は折口同様、古代から近代に至る文学や芸能、民俗を総体として捉える学問世界を構築していた。その成果の一つに一九五九年刊行の『日本の幽霊　身辺の民俗と文学』（中央公論社）がある。昭和戦後期を代表する幽霊研究書である。江戸の怪談や歌舞伎、浮世絵がもっぱら扱われる中で、『日本霊異記』をはじめ、『伊勢物語』『源氏物語』『栄花物語』『江談抄（ごうだんしょう）』『今昔物語集』『神皇正統記』『太平記』『水鏡』『曾我物語』から近代のタクシーに乗る女の幽霊の話まで縦横に使いこなす諸論は読みごたえがある。幽霊と関連するものとして、鬼、のっぺらぼう、うぶめ、ざしきわらし、たたりもっけ等も取り上げている。また、『神道集』をはじめとする中世神道や寺社縁起の研究をもっぱら行った近藤喜博（一九一一〜一九九七）が一九六一年に刊行した『日本の鬼――日本文化探求の視角――』も文学資料を豊富に用いた民俗学的研究の大きな成果の一つと言えよう。

（伊藤慎吾）

注

［1］杉山和也「国文学研究史の再検討――『今昔物語集』〈再発見〉の問題を中心に」（『説話文学研究』五一号、二〇一六）。

［2］小松和彦『神々の精神史』（伝統と現代社、一九七八）。最新版は二〇二三年に刊行された法蔵館文庫の版である。

［3］二〇〇一年、岩波書店から『説話の森　中世の天狗からイソップまで』（岩波現代文庫）として改訂増補版が出た。

［4］徳田和夫「怪異と驚異の東西」同編『東の妖怪・西のモンスター　想像力の文化比較』（勉誠出版、二〇一八）、同「魅惑のお伽草子――不思議の物語世界」伊藤慎吾編『お伽草子超入門』（同、二〇二〇）などがお伽草子の妖怪の諸相を具体的に論じている。

［5］伊藤慎吾「南方熊楠と近世期翻案系怪談」（『南方熊楠と日本文学』勉誠出版、二〇二〇）。

壹 研究者と妖怪

百鬼夜行絵巻の七面鳥？

小松茂美・眞保亨の美術での絵巻物の妖怪説明

これは七面鳥？

大徳寺真珠庵に所蔵される伝・土佐光信『百鬼夜行絵巻』の後半に描かれるこの妖怪は、『日本絵巻大成』二五（中央公論社、一九七九）の小松茂美[1]（一九二五～二〇一〇）による解説キャプションで「七面鳥の妖怪か」[2]と書かれている。

確かに、絵ではブルーベリー色に近い青色と肉色で彩色されているので、七面鳥[3]の顔みたいな色だと謂われれば、うなずくことも可能なのだろうか。

形容に困る画像妖怪

『百鬼夜行絵巻』の個々の妖怪たちについて解説した早い例には、田中一松[4]（一八九五～一九八三）による『日本絵巻集成』一（雄山閣、一九二九）が確認出来るが、この妖怪は「其他有象無象形容にも困るやうな沢山の化物たち」[5]と、団体単位で済まされており《七面鳥》といった形容はない。

小松茂美と、ほぼ同時期の眞保亨[6]（一九三二～）による『妖怪絵巻』（毎日新聞社、一九七八）の解

いくつかアトランダムに並べてみても『百鬼夜行絵巻』に描かれているこの画像妖怪が七面鳥であるという特徴や情報は別に見られないようである。

▼右列上から…土佐光信『百鬼夜行絵巻』真珠庵（眞保亨『妖怪絵巻』）／狩野守常『百鬼夜行』ボストン美術館（Bernard Faure『God of medieval Japan』vol.3）／『百鬼夜行絵巻』国際日本文化研究センター（人間文化研究機構『百鬼夜行の世界』）

▼中列上から…狩野洞雲『百鬼夜行図』国立歴史民俗博物館（人間文化研究機構『百鬼夜行の世界』）／『百鬼夜行絵巻』東洋大学附属図書館（国立科学博物館『化け物の文化誌』）／板谷広春（桂意）『百鬼夜行』ニューサウスウェールズ州立美術館（Art gallery NSW『Japan supernatural』）

▼左列上から…素絢斎（鈴木鄰松）『狂画苑』／蔭山広迢『百鬼夜行図』東京大学総合図書館（人間文化研究機構『百鬼夜行の世界』）／河鍋暁斎『暁斎百鬼画談』

説[7]でも何も説明はない。つまり、これが《七面鳥》だとする根拠も、比較されるような形容も、前後に存在していないわけである。

この《七面鳥》のように、特定の誰かが設定したに過ぎない形容の例は、解説しやすい器物（琵琶や笙・鳥兜・五徳・釜・唐櫃・革籠など）以外の箇所、つまり禽獣・鬼形が中心となって来る妖怪たちの「かたち」についての『百鬼夜行絵巻』の美術解説の中に発生しがちである。

要するに、形容に困る「かたち」が多いのである。小松茂美の解説[8]では他にも、犀（払子の左にいる角のある妖怪）青鬼女房（鳥兜を見上げる妖怪）白鷺（逃げる兎や瓢の奥にいる白い翼の妖怪）白竜（最後尾で逃げる白い妖怪）などなど、《七面鳥》のような、根拠に乏しい、あくまで仮の形容でしかない例は多数見られる。

解説別の普及度合い

《七面鳥》などは、眞保亨は解説しておらず小松茂美しか用いていない形容だが、槌を振り上げる黒い妖怪は大蟻（小）黒兎（眞）、赤い妖怪を睨む角のある妖怪は麒麟（小）馬面の鬼（眞）、笙の妖怪の面体は竜（小）天狗（眞）、大きな袋をかついでいる妖怪は猿女（小）下駄（眞）などは理解が全く変わる程の大差があるほか、器物の解釈でも爪が非常に長い妖怪は匙（小）如意（眞）など、ふたりの説明が完全に異なるケースもある。

下駄や如意など、相対的に眞保式の解説のほうが器物についても精確性が高いとみられるのだが、別冊太陽[9]『日本の妖怪』（一九八七）、『図説　百鬼夜行絵巻をよむ』（一九九九）湯本豪一『百鬼夜行絵巻　妖怪たちが騒ぎだす』（二〇〇五）名倉ミサ子『解

読　真珠庵本『百鬼夜行絵巻』の暗号』（二〇二三）をはじめとした書籍での普及度合いを眺めると、一般向け資料も含め小松式・眞保式の説明は、圧倒的に前者が用いられる場面が多いと言える。

大徳寺での二〇二〇年の展示で拝観者に配られたパンフレット[10]も、個々の妖怪たちに小松式説明が用いられていた（ただし、妖怪として不似合なフレーズという認識なのか《七面鳥》という単語ダケは、本人以外からは用いられない共通点がある）。

眞保亨による『妖怪絵巻』が相当に豪華本[11]だったことによる流通量の差も、眞保式説明の登場率の少なさに多少関連するかも知れないが、どちらにせよ眞保式説明との比較検討も特にないまま小松式説明に登場する形容のみが用いられつづけているという部分は非常に多いようである。

いっぽう、二〇〇〇年代後期以後の研究[12]では、多数ある『百鬼夜行絵巻』同士の作例比較が第一の課題となって来たことも手伝ってか、小松式説明に見られたような個々の妖怪の不必要な「かたち」の形容は、当初から解説[13]で省かれていることも多い。

だが、このような個々の妖怪の画像要素につい

『百鬼夜行絵巻』京都文化博物館（茨城県立歴史博物館『妖怪見聞』2011）
妖怪の顔かたちに見られる器物の名が添えられた後年の作例も存在しており、「如意」や「足駄」（下駄）など、眞保式解説とも合致する過去の一定認識を知ることが出来る。しかし、添えられているのは器物にほぼ限られ、槌を振り上げている黒い妖怪たちと歩いているまるっこくて赤い妖怪や小松式解説で《七面鳥》とされている妖怪などには何も文字は書かれていない。

ての説明の省略・言及量の低下は、後述するような、小松式説明を含む《点や線》の無自覚な混乱を逆に促成してしまった面も大きいと思われる。

絵巻物から飛び立つ

『百鬼夜行絵巻』は、統一された伝承を持たず、個々の妖怪も「かたち」中心の継承で、「呼び名」や「プロフィール」をほとんど持っていない。近世以後も創作の中で個々に画像要素が切り離されリデザインされる際も、「かたち」だけ、あるいは「呼び名」のみが付与されることが多い。鳥山石燕『画図百器徒然袋』も、この手法で描かれたものである。

『百鬼夜行絵巻』の赤い妖怪が、ゲームソフトや創作で、赤玉（『天外魔境Ⅱ　卍MARU』）芋ふぐり（『俺の屍を越えてゆけ2』）地虫（『新桃太郎伝説』）ぶよぶよ（サンガッツ）だっちょ（宗柳亭七狐など）——と「呼び名」設定されるのも、それとまったくおなじ手法に過ぎない。

二〇〇二年、海洋堂[14]が『百鬼夜行絵巻』をフィギュアとカードにした際、荒俣宏もそのひとつひとつに対し「呼び名」を創作しているが、大蟻・青婆・猿女・髭など、ほぼ小松茂美の解説にある形容や解説中の語句が応用されており、《七面鳥》にも《変化鶏》という名前が創作されている。

混乱混在解説の時代

いっぽう、絵巻物も鳥山石燕も古くから言い伝えられて来た伝承の「すがた」を描いている、というイメージ想定に寄り掛かってしまったのか、絵巻物の画像要素から石燕が《創作》したに過ぎない妖怪の「呼び名」を、美術書や展示など、《研究》や《紹介》の文脈で『百鬼夜行絵巻』本体に用いるという、前後関係[15]が転倒した解説も発生して来ている。

妖怪名を提示することによって、その妖怪の伝承地・性質も理解出来る——という意味合いがあるのならば有効だが、『百鬼夜行絵巻』の場合、そのような情報は継承されて来ていないし、むしろ使用によって作品の内容理解の上での混乱が起こる可能性があることは、《犀》や《白鷺》など無根拠な形容[16]を用いる例と変わらない。

そのような前後関係の転倒や、創作と綯交(ないま)ぜになった作品解説は、『妖怪萬画』[17]一〜二（二〇一二）はじめ、二〇一〇年代以後、特に見受けられる。

混在例の多くは、小松茂美の解説というよりも、既に小松式説明や新旧創作が複雑に混在しており、絵巻物以外の《妖怪》について専門的な眼を持たない傍目(はため)からでは、非常にわかりづらいものになって来ているのではないだろうか。

（氷厘亭氷泉）

注

[1] 小松茂美　古筆学研究者。東京国立博物館に勤務。筆蹟から年代や作者を特定してゆく古筆学を確立させる。退職後は古筆学研究所を設立、一九九〇年からはセンチュリーミュージアム館長にも就任。『後撰和歌集　校本と研究』（一九六一）『彦火々出見尊絵巻の研究』（一九七四）『平家納経の研究』（一九七六）『小松茂美著作集』のほか、『日本絵巻大成』（中央公論社）『古筆学大成』（講談社）などの編集でも知られる。

[2] 小松茂美『日本絵巻大成』二五。八五頁。

[3] 七面鳥は、近世初期からオランダ人の船載によって渡来され、**Kalkoen**——かるくん・からくんと呼ばれ小規模に飼育されていた。青銅色のもの以外に白・柿色などの種類も輸入されていたが（伊藤梵陽『実験七面鳥飼養法』明文堂、一九二七。一一〜一二頁。米野与七郎『鵞と七面鳥』養鶏之日本社、一九二四。一六二頁）、妖怪の絵巻物に多数出て来るなどの傍証は特にない。

[4] 田中一松　美術史家。東京国立博物館、東京国立文化財研究所に勤務。『田中一松絵画史論集』のほか、『日本絵巻物集成』（雄山閣）『新修日本絵巻物全集』（角川書店）などの編集でも知られる。

[5] 田中一松『日本絵巻物集成』一。五〇頁。

[6] 眞保亨　美術史家。文化庁、東京国立文化財研究所などに勤務。筑波大学名誉教授。『白描絵巻』（一九七〇）『古絵画のみかた　美と伝統』（一九七四）『地獄極楽の繪』（一九八四）など。『妖怪絵巻』に前後して毎日新聞社から出された『地獄

絵』（一九七六）『極楽絵』（一九七七）『仏伝図』（一九七八）などもおなじ価格帯の大型美術書。いずれも金子桂三（一九三三～）による写真撮影。書籍の表記は「真保」のことが多い。

［7］眞保亨『妖怪絵巻』一三二～一三三頁。東京国立博物館の『百鬼夜行絵巻』も同時に説明しているが、こちらについては、迦楼羅（巻頭の翼をもつ妖怪）象（台車を曳く獣の妖怪）など、やや精確性の不足する形容も見られる。

［8］小松茂美『日本絵巻大成』二五。六九～九一頁。眞保亨は《角の生えた怪獣》としており、犀とは断言していない。このような比較点が多数あることを考えても、小松茂美の形容のみを起点にした場合、図像学的な意味合いを作品から精確に読み取れるのかどうか、疑問は大きい。

［9］別冊太陽『日本の妖怪』には匙（四二頁）の適用が見られ、これは後の別冊太陽『妖怪図巻』（九五頁）でも残っているが、黒蟻・麒麟などの無根拠な形容は当初から採っていない。反面『図説　百鬼夜行絵巻をよむ』は、ほぼ一貫して小松茂美の形容を用いている。ただし、こちらも《七面鳥》については《鳥妖怪》（九頁）と表現を変えている。

［10］二〇二〇年の大徳寺での展示の際に配布された正方形の折帖状のパンフレット。絵巻物の全巻の写真と妖怪の説明が印刷されている。京都春秋の制作。

［11］当時の定価は『日本絵巻大成』二五は九千八百円、『妖怪絵巻』は五万円・限定千二百部。『新桃太郎伝説　究極本』（KKベストセラーズ、一九九四。一二五頁）では、ゲームキャラのデザイン参考に、『妖怪絵巻』を京都の古書店で二冊購入したことが、開発に用いた参考文献のページに記されている。

［12］小松和彦『百鬼夜行絵巻の謎』（二〇〇八）は匙ではなく如意（三六頁・九九頁）を採るが、眞保・小松の比較展開の結果では特になく、見た目の形容を精確にしているだけで、形容の総数自体も少ない。『百鬼ノ図』——黒雲で終わる形式の絵巻物の説明も、眞保式説明との重なりは少ない。『大妖怪展——鬼と妖怪そしてゲゲゲ』（三井記念美術館、二〇一三。一三〇～一三一頁）の図録解説は、小松茂美と『百鬼夜行絵巻の謎』の形容が複合しているが、前者の比率が相対して高い。

［13］『百鬼夜行の世界』（二〇〇九）などは、適宜明確な場面説明を付ける程度で、全体を通じ個々の妖怪の形容の羅列説明は見られない。

［14］『陰陽妖怪絵巻』・『陰陽妖怪絵札』（陰の巻・陽の巻）などのタイトルで販売。『陰陽妖怪絵巻』陰の巻の付録冊子『陰陽妖怪絵巻絵解』に妖怪たちの物語や絵巻物紹介が全て収録されている。「荒俣宏の奇想秘物館」と銘打たれていた。

［15］『百鬼夜行絵巻』の琵琶の妖怪を《琵琶牧々》とするような解説であり、もともと小松式・眞保式には存在しない。白い布の妖怪を《白容裔》・《一反木綿》と表示するようなケースも間々見られる。後述する『妖怪萬画』などの美術書を通じ、『百鬼夜行と魑魅魍魎』（洋泉社、二〇一二）など、荒俣宏による《棘琵琶》などの「創作した呼び名」がここに用いられる事態も確認されている（tera「「陰陽妖怪絵巻」チルドレン」）。

［16］絵巻物巻末の赤い球体が《陀羅尼の炎》と《旭・日輪》どちらなのか決定打な根拠は究明されていないのと同様、個々の

妖怪たちが何であるかは軽率に確定判断出来ないが、小松式説明の根拠について一般解説で意識されることは基本少ない。

[17]「より一般的に使用されている名称に統一している」(『妖怪萬画』一)「汎用性の高い通称で表記している」(同・二)と凡例を設けているが、現代の形容説明で出た単語、創作での呼び名との切り分けや明示はない。しかし、これが『百鬼夜行絵巻』の個々の妖怪についての一定の理解現状なのであろう。

『百鬼夜行絵巻』京都文化博物館(『百鬼夜行と魑魅魍魎』洋泉社・2012)
妖怪たちの構成が異なる行列には、薬研や薬の妖怪たちも見られ、このように薬に「川芎」や「白朮」の字が添えられる作例もある。注15でも取り上げた引用書だが、この薬たちについては新規言及があるのとは逆に、作品自体にある文字と合致しない小松式説明を用い「如意」は「匙」と紹介している。

参考文献

- 田中一松　一九二九『日本絵巻物集成』一、雄山閣
- 眞保亨　一九七八『妖怪絵巻』毎日新聞社
- 小松茂美　一九七九『日本絵巻大成』二五、中央公論社
- 一九八七　別冊太陽『日本の妖怪』平凡社
- 二〇一〇　別冊太陽『妖怪図巻』平凡社
- 田中貴子・花田清輝・澁澤龍彦・小松和彦　一九九九『図説 百鬼夜行絵巻をよむ』河出書房新社
- 小松和彦　二〇〇八『百鬼夜行絵巻の謎』集英社
- 国立歴史民俗博物館・国文学研究資料館・国際日本文化研究センター(編)　二〇〇九『百鬼夜行の世界』人間文化研究機構
- 荒俣宏　二〇〇二『荒俣宏の奇想秘物館　陰陽妖怪絵巻絵解』角川書店
- 和田京子　二〇一二『妖怪萬画』一〜二、青幻舎
- tera(寺西政洋)　二〇一四「陰陽妖怪絵巻」チルドレン」『新版TYZ』二〇一四年九月三〇日 http://tyz-yokai.blog.jp/archives/1013256210.html

妖怪を通した昔話研究への再注目

コラム

今、妖怪好きの間（筆者の周辺）でにわかに注目されているのが伝承の中でも「昔話」[1]と呼ばれる類のものである。妖怪好きが妖怪図鑑などにはない未知の妖怪を探して図書館などで郷土史料の棚に行くと、民俗調査報告書はなくても昔話の本はほぼ間違いなくあり、そこには妖怪的なものが載っている場合も多い。昔話の本は図鑑や画集、創作物などを除けば特に身近で手に取りやすい妖怪書籍と言える。

ただし、昔話はそれ自体で物語として完結しているためか、どのような研究や知見が蓄積されてきたかなどは地方の昔話の本を読むだけでは分からない事も多いので、この機会にまずは重要となる昔話分類の歴史について簡単に紹介しておきたい。なお、前半部分は加藤耕義訳・小澤俊夫日本語版監修『国際昔話話型カタログ』（二〇一六）に纏められた昔話分類研究史をを大いに参考にさせてもらっており、ほぼ要約のような形となっている。昔話研究を齧っている方には少々退屈な内容かもしれないが、ご容赦いただければ幸いである。

昔話の話型（タイプ）分類として国際的にとくに有名なのは、アンティ・アールネ（Anti Aarne）が作成した『Verzeichnis der Märchentypen』（一九一〇）をもとに、スティス・トムソン（Stith Thompson）が追記あるいは自身の作成したモチーフ・インデックス（要素に関する索引）[2]の番号を追加するなどして大幅改訂した『The Types of the Folktales』（一九六一）俗に「アールネ・トムソンのタイプ・インデックス」「AT」「AaTh」などと呼ばれるものである。後にハンス＝イェルク・ウター（Hans-Jörg Uther）はこれらの分類に対するいくつかの批判に答える形で、『The Types of International Folktales』（二〇〇四）俗に言う「ATU」としてさらに大幅改訂した。日本では先述の『国際昔話話型カタログ』として出版されている。

それとは別に柳田国男は『日本昔話名彙』（一九四八）において、昔話を「完成昔話」と「派生昔話」に分類している。これは英雄の一生を語る昔話（完成昔話）が原典にあり個々の昔話はその分解であるとする考え方であるが、現在ではあまり使われていない。

一方で、関敬吾（一八九九～一九九〇）は今なお日本の昔話分類に対する影響が非常に大きい。関は『日本昔話集成』（一九五〇～一九五八）で昔話をATと同様「動物昔話」「本格昔話」「笑話」に分類した。[3] ただし小澤俊夫によると、関は既に広まってしまった『集成』の分類よりも、三分類を廃止し明確に話型を示した「日本昔話の型」（『日本昔話集成』第六巻末や『日本昔話大成』（一九七八～一九八〇）に掲載）をより有効だと考えていたようである。

その後、稲田浩二・小澤俊夫責任編集『日本昔話通観』（一九七七～一九九八）では千以上に及ぶ話型分類（もちろん、分類がなされた昔話はその何倍もある）がなされ、さらにATとの対応表も掲載されている。昔話資料では「集成〇〇」「通観〇〇」などと対応する話型の番号を付けているものも多い。

残念ながら妖怪を主題にした書籍においてはこれらの知見はあまり普及せず、ほとんど触れられることはなかった。原因としては想像になってしまうが、柳田国男・江馬務・藤澤衛彦などの後の妖怪本に大きな影響のある人物の著す「妖怪」についての文章においてあまり対象範囲とされなかったためだろうか（ただし、昔話でなく伝説であれば藤澤をはじめ触れられる機会は多い）。そのためか、現代において昔話（昔話に限らない場合もあるが）の妖怪について触れられる場合、全国あるいは世界中に類例がある昔話が特定の地域に過度に紐づけた形で紹介あるいは考察・検討されたり、[4]妖怪として取り扱うか否かの基準が曖昧あるいは出典資料に偏りがあるといった例はしばしば見られる。

研究者以外が妖怪というテーマを取り扱う上でそれらが明確に間違っているわけではなく、話型の概念自体も絶対の正解というわけではない。しかし令和に入って以降は、妖怪好きが執筆しているが妖怪に限らず昔話全般に触れている『ひどい民話を語る会』（二〇二二）も人気を博しており、『日本怪異妖怪事典』シリーズ（二〇二一〜二〇二三）をはじめ地方の妖怪を紹介した書籍にも伝説のみならず昔話を由来とする怪が多く収録されている。またインターネットを通じて妖怪好きの間で話題になった昔話「ゴリラ女房」が、廣田龍平「ゴリラ女房とその仲間　エーバーハルト121からAT485Aへ」（『〈怪奇的で不思議なもの〉の人類学』二〇二三）において、話型を元にその伝播が考察された事も記憶に新しい。梁誠允（ヤンソンユン）『西鶴奇談研究』（二〇二三）では、『懐硯』に書かれた奇談の一つを「猫と南瓜」のモチーフから読み解く試みが見られた。今後、妖怪好きから昔話そのものへの注目が高まっていくのは間違いない。

昔話そのものではないが比較研究という点では、妖怪の研究においても近年は、天理大学考古学・民俗学研究室『モノと図像から探る怪異・妖怪の東西』（二〇一七）、徳田和夫（編）『東の妖怪　西のモンスター　想像力の文化比較』（二〇一八）、山田由里子・山田仁史（編）『この世のキワ〈自然〉の内と外』（二〇一九）と、国際的な比較をテーマとした研究会や書籍が相次いで発表されている。香川雅信「妖怪研究の四半世紀」（『比較日本文化研究』二〇号（二〇二〇））でも、今後の妖怪研究の方向性として国際比較は大きく取り上げられている。

それらを理解する上でも、まず昔話研究が蓄えてきた知見を抑えておく事は、これからの妖怪好きにとって決して損ではないだろう。

（御田鍬）

注

［1］本項で触れる「昔話」の定義については思慮を尽くせていないが、触れる内容（比較研究を主とした手法）は「伝説」を含めた民話あるいは伝承全般についても一部当てはめることができるだろう。なお、伝説が昔話と異なる点については柳田国男監修『民俗学辞典』（一九五一）などでは、具体的事物（時・所・人）に結び付けられている事、信じられて語られる事、語り方が自由である事などの点が挙げられているが、同時に昔話と「類似したものを含んでいる」ともされている。

［2］モチーフについての関連領域として、神山重彦は愛知大学図書館のページで、昔話ではなく物語（文学作品、漫画なども含まれる）を対象としてモチーフを分類した『物語要素事典』を公開している（厳密には昔話研究で用いられるモチーフあるいはモチーフ・インデックスとは異なる手法が取られている）。

［3］ATにはこれにトムソンの追加した「形式譚」「分類できない説話」の二つが加わる。また、ATUでは「本格昔話」「分類できない説話」は大項目としては削除・分解されている。

［4］ただし逆に、話型をある程度把握している編者が纏めた昔話本では、タイトルなどが均一化されることで細部の違いが見えにくくなるケースもある。

参考文献

・ハンス＝イェルク・ウター著・加藤耕義訳・小澤俊夫日本語版監修　二〇一六『国際昔話話型カタログ』小澤昔ばなし研究所
・関敬吾・小澤俊夫改訂　二〇一三『日本昔話の型　付モティーフ・話型・分類』小澤昔ばなし研究所
・A・アールネ、関敬吾訳　一九六九『昔話の比較研究』岩崎美術社

壹 研究者と妖怪

器物ではなく魔物な付喪神

中世から維新にかけての悪魔や魔王や蓮っ耳

魔物・悪魔の使われ方

日本の《妖怪》は二〇〜二一世紀を通じて、広く世界に普及しているが、日本の《魔物》や《悪魔》となると具体的なイメージはあまり幅広くない。《鬼》や《天狗》の歴史が語られるとき、すがたかたち＝絵巻物・芸能で画像要素が与えられる以前、目にみえず災厄をもたらすものとされた過去の段階として概説されるぐらいで、《妖怪》全般との相互関係は曖昧に過ごされがちである。

民俗行事にも、歳末や節分の悪魔っ払いや、大般若・百万遍のなかで悪魔が払われたり、神楽や万歳・獅子舞にも悪魔を追い払う要素が豊富にみられたりするが、そんな《悪魔》たちが《妖怪》と濃密にくくられ、主語として一般に語られることも少ない。しかし、これらは地つづきのものではある。

個々に数多くの種目が言及されていった《妖怪》に対し、《悪魔》《魔物》または《魔王》は、単語が汎用過ぎるためか、近代以後に具体的イメージ欠乏におちいって来たのが実情なのだろう。

いざなみつくもがみ

国学者の大国隆正（一七九三〜一八七一）は『死後安心録』[1]（一八四八年頃）のなかで特殊な具体的イメージ合成を試みている。

《付喪神》は邪神・妖怪・悪魔たちの総称であり、それらはすべて夜見の国にある《いざなみ》が流した血《邪火》[2]から生じる魔物で、造悪をした人間の魂も死後に《邪火》に摂り込まれてそれとなる、という理論である。

先ほど明記したように、隆正の《付喪神》が特殊なことは、現代の常識的な妖怪の基本解説として、これが巨大流通していないことからもすぐわかる。

しかし、このような解説の流れは「悪人や憤死者の魂は死後に凶徒界で天狗・妖魔になる」とする六人部是香（一八〇六〜一八六三）『顕幽順考論』[3]の理論や、「罪を犯した悪人の魂は予美の国で魔物に転生させられる」という明治初期に教書指定された『善悪報応論』[4]の定義とも共通しており、国学――特に本教（玄学・古道・神仙道）を含んだ平田篤胤の門流が、妖怪・魔物と幽界を具体的に再編定義していった結果[5]、幕末〜明治初期に併走多発した《点や線》だと言えるが、統一は図られず[6]、国家神道の

固ヨリ其所ナリサレハ善行ノ靈魂ニモ各
其差別ハアレトモ皆是レ善神ノ部類ニ屬
スル者ナレハ此ニ反シテ忠孝ノ倫ヲ亂リ
邪術ヲ行テ世俗ヲ惑シ人ヲ害シテ己ヲ利
シ衣食ノ道ヲ絶チ義ヲ忘レテ盜ヲ為スノ
類凡テ人道ニ背ケル奸人佞者亂臣賊子ノ
靈魂ハ乃チ冥府ノ神律ノ任ニ邪鬼ノ部屬
トナリテ直ニ泉國ニ逐離ハレ或ハ畜類ニ
轉生シ或ハ異形ニ變生シテ永世不朽ノ苦
惱ヲ受ルナリ其他微惡小罪ヲ犯セル者ハ

四

『善悪報応論』　明治初期（1872〜1875）に大教院が出版させていた神道の教義解説についての書物のひとつ。

なかで一般普及することはなかった。

宮地水位（一八五二〜一九〇四）が『異境備忘録』[7]で示した《魔王》——造物大女王・西端逆運魔王らを含む魔群も、その発展結果のひとつである。『稲生物怪録』の山本五郎左衛門・神野悪五郎も、もともとその流れで採り上げられていった《魔王》だったが、一九八〇年代以後に絵巻物の紹介[8]を通じた流れで一般に普及したため、発展後の《点や線》が稀薄なまま拡大した、数少ない《魔王》である。

民間に浸透したほうの魔物

以上は、広範囲に普及しなかった理論の多いほうの《点や線》だが、もともと神仏習合を基盤にした中世神話[9]の理論を用いた近世までの寺社縁起や物語を中心に、《魔王》・《悪魔》は多数登場して来た。

各地の神楽にみられる例も、それに該当しており修験道や芸能を通じ、現在にも繋がっている。

多くの場合、単純に魔王・第六天魔王などが語句として使用されるが、中には『船形山手引草』[10]にみられる《貪多利魔王》を筆頭とした数多の魔王たちのように、個々の名称が存在するような例もある。

古註空間での魔王

また、中世〜近世初期の幼学書には、古い説話めかした《古註》が設けられることがある。それらは、古典の本文に登場する語句に由来づけをするためにその場で独創され、典拠自体が存在しないことが多いのだが（付喪神[11]も『伊勢物語』のそのような古註を原型に誕生した）そこにも《悪魔》や《魔王》のような存在は非常に多く登場する。

例えば『庭訓往来』の古註『庭訓往来抄』[12]では、五節供の食物は天竺の《大曇王》という魔王を加璃帝王が退治後、その肉を還丹という薬に煉って食べたのが由来だとする説話が見られる。これは牛頭天王の説話の《巨旦将来》[13]を魔王と位置づけた内容に近く、武家の縁起書・伝書では、魔王に該当する同様の箇所に《蚩尤》[14]を置く例も見られた。

これらの例は、過去においては拡大と普及を見せていたが、逆に《妖怪》の研究や、妖怪図鑑の流れとは大部分が交叉普及する機会が乏しく、特に古註については出自を近くする《妖怪》の事例同士が同列にあつかわれることも稀薄であった。

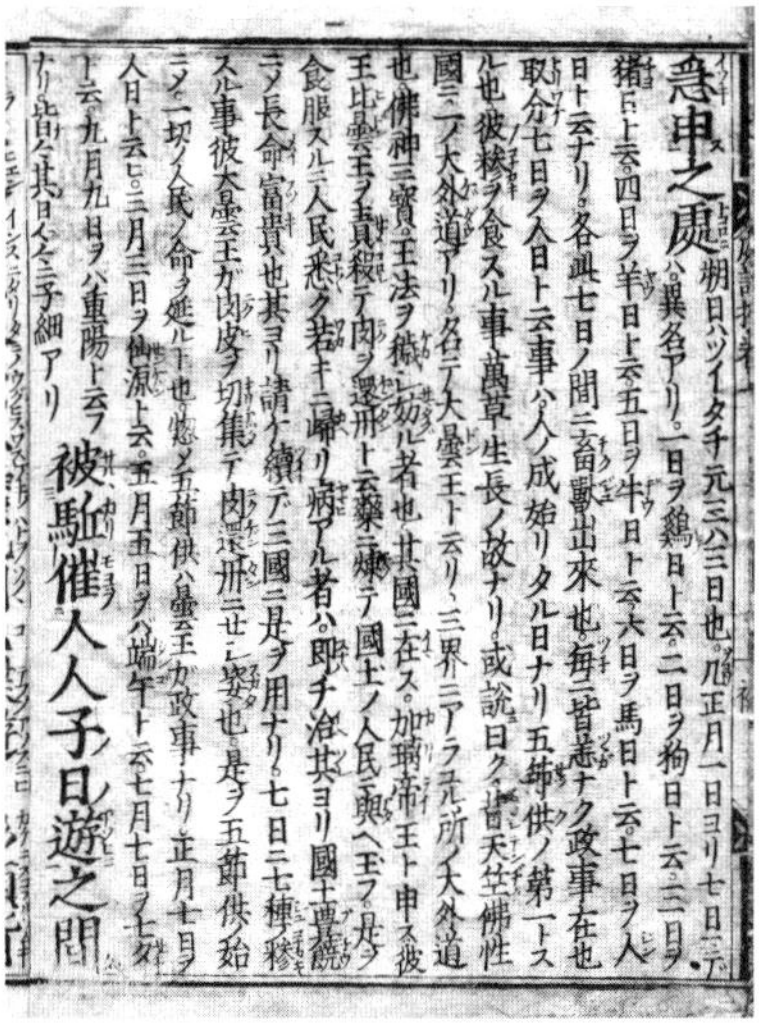

『庭訓鈔』（内題『庭訓往来註』・1655）
神仏を妨げる大外道の《大曇王》と五節供のたべものについてを関連づける古註が展開される箇所。近世中期以後は消えてゆく。

絵巻物の魔物は蓮っ耳

近世後期の絵巻物の作例には《魔王》や《悪魔》、《鬼神》、《魔性》、《化性》など、一般的には《妖怪》の細分化した固有種目名というより、汎用総称な単語が画題として多数選択されて描かれた構成の妖怪絵巻物も複数存在している。

これらの作品群に描かれた、《魔王》や《悪魔》などには、蓮の葉[15]のような特徴の耳（蓮っ耳）のデザインが共通して用いられていることが多く、現在『妖魅四十有九態』[16]（『妖魅四十九有態』）、『百鬼異形之図』[17]、『百妖図』[18]などが確認されている。

ミネアポリス美術館に収蔵された『化け物尽くし』[19]も、これらと前後関係が濃厚に見られることが

『化物づくし絵巻』の《充面》（湯本豪一『続妖怪図巻』2006）
この絵巻物に王摩系統と共通した妖怪は全くいないが、蓮っ耳な特徴は非常に濃厚にみられ、かなりまるみがある耳になっている。

『妖魅四十有九態』の《マシメ》（東京都立中央図書館・所蔵）
王摩系統の絵巻物に多い、蓮っ耳な特徴がよくみられる作画例のひとつ。

『妖魅四十有九態』の《天摩》（東京都立中央図書館・所蔵）
大英博物館にある『百鬼異形之図』などでも《天魔》という同様の絵がみられ、これらの絵巻物の前後の関係性を知ることが出来る。『百鬼異形之図』をはじめ、この系統の画像妖怪を描いた絵巻物は、近世後期には確実に存在していたことがわかるが、蓮っ耳な特徴のデザインは、まだこれらの絵巻物にしか共通確認されていない。近世の鬼・魔物に用いられている耳の描写の主流は、これらの絵巻物が描かれた当時も、人間のような耳や、角耳（獣のような尖った耳）のほうが特徴として多い。本書第三部317頁も参照。

二〇一〇～二〇二〇年代にかけて絵巻物の内容が認知されると共に、あらたにわかって来ている。

このような絵巻物での魔物たちの例は、明確な画像要素を持っている分、これまで欠落して来た日本の《悪魔》や《魔王》イメージの、より具体的で大きな《点と線》の交叉に今後なって来ると思われる。

（氷厘亭氷泉）

注

［1］『死後安心録』は『大国隆正全集』五に翻刻収録。基盤となる幽界の考え方は後述する諸説と地つづきでもあるが、隆正の理論は廣田龍平「近世国学の妖怪論（宣長・守部・隆正）」や烏山奏春『付喪神の日本史』（六三〜六五頁）も《付喪神》を用いた特異例としている。隆正は歌学に明るかったので、伊勢物語古註などから魔物・妖怪の総称として《付喪神》を独自に用いたと推測出来るが、夜見の国から帰った《いざなぎ》の衣冠や杖から邪神たちが生まれた点から逆算したとも考えられ、ことばの選択の理由はハッキリしない。《いざなみ》を夜見・地胎・邪悪の象徴として用いるのも隆正独特な点である。

［2］傍訓はなく邪火の訓みは未詳。夜見国の火を穢悪とする考えは黄泉戸喫の学説を受けている。『死後安心録』は《まがつひ》の神たちを最初の《付喪神》としており（『大国隆正全集』五。三三九頁）《まがつひ》なども訓む想定なのだろうか。

［3］『顕幽順考論』は『神道叢書』に翻刻収録（復刻版・第三巻）。幽界は産須那神・大物主が支配しており、凶徒界の対（素直で良い魂の行先）には神位界という世界が設定されている。是香は『産須那社古伝抄』はじめ、著書で度々これを述べている。

［4］善悪曲直を大己貴（大国主）が審判し、悪い魂たちは邪鬼・異形・畜類に転生変生して苦しみを受けると示している。教部省大教院による予美の国の基本解釈は矢野玄道（一八二三〜一八八七）の『予美国考証』も教書指定しており（高橋陽一「大教院の教化基準――教典訓法章程と教書編輯条例を中心に」）、玄道は『三条大意』（巻一。一三丁裏）でも「後世に妖鬼に落て。永世に厄難を免れざる」と説いている。

［5］廣田龍平『妖怪の誕生』一二一〜一二九頁。

［6］幕末〜維新直後の国学・神道にみられた急速な政府中枢への進出と記紀神話の聖典化は、一八八〇年代には学説の不一致や、教学・祭教の分離から行き詰まり、中枢からも離されていった（『歴史で読む国学』第十章・第十一章）。本書第一部五〇頁も参照。

［7］造物大女王を最強とした三魔王九棟梁には、「造物大女王・無底海大陰女王・積陰月霊大王・神野長運・野間閉息童・神野悪五郎・山本五郎左衛門・焔野典左衛門・羽山道龍・北海悪左衛門・三本団左衛門・川部敵冥」がおり、これとは別に「西端逆運魔王・前三鬼神・飯綱智羅天・後天殺鬼」など、各自特化した魔群を率いる魔王も設定されている（『類別　異境備忘録』山雅房、一九九七。九八〜一〇〇頁）。これらは宇佐美景堂『霊響随想録』三（霊相道実行会、一九五八。三九六頁）同「天狗界とその周辺」三（『心霊研究』一九巻一〇号、一九六五。九〜一〇頁）や『神仙道の本』（学習研究社、二〇〇七。一四一〜一四三頁）などで紹介されている。知切光歳も著書で『異境備忘録』を紹介しつづけているが、神仙・天狗のみで、魔王の箇所は未紹介だった。

［8］別冊太陽『日本の妖怪』（平凡社、一九八七）谷川健一『稲生物怪録絵巻』（小学館、一九九四）阿部正路・千葉幹夫『にっぽん妖怪地図』（角川書店、一九九六）倉本四郎『妖怪の肖像』（平凡社、二〇〇〇）など。

［9］　天照大御神が第六天魔王と日本について約束をして《魔王の神璽》をもらう説話は、中世に広く用いられていた。その魔王は大己貴や伊舎那天に理論づけられることもあった（星優也『中世神祇講式の文化史』法藏館、二〇二三。第三章）。

［10］　『船形山手引草』は宮城・山形県境にある船形山の縁起物語で、『船形山の民俗　吉田潤之介採訪資料』（東北大学大学院文学研究科東北文化研究室、二〇〇八）に収録。国常立は葦牙、魔は菌から生じたという理論も見られる（氷厘亭氷泉「魔王ときのこ古註」）。二〇一八年二月、ぷらんと「独断と偏見で選ぶ妖怪紹介」や宮城妖怪事典（佐藤卓）のネット上での紹介で認知度が上昇した。佐藤卓による『日本怪異妖怪事典　東北』（笠間書院、二〇二二）《貪多利魔王》の項（一八三頁）も参照。笠間書院『日本怪異妖怪事典』各巻は部類索引にも「悪魔・魔王・邪神」を設け、積極的にこの分野を紹介している。

［11］　田中貴子『百鬼夜行の見える都市』（新曜社、一九九四。一七二〜一八一頁）、烏山奏春『付喪神の日本史』（四〇〜四五頁）。初期古註では年を経た動物が《付喪神》だった。日本紀・歌学書・幼学書の古註を発想の種にして、注釈の増幅や、芸能・物語が創作される動きは、中世〜近世前期に広く見られた。

［12］　『庭訓往来抄』の正月「朔日元三」を解説する注釈。大曇王は「三界アラユル所ノ大外道也。仏神三宝、王法ヲ穢シ妨ル者也」（石川謙『日本教科書大系　往来編』三、講談社、一九六八。三三六〜三三七頁）とある。《鈴鹿御前》や《八田鬼》の説話なども、この正月の注釈のなかで同列に古註が生成されている。「二月廿三日」の箇所では、盤古大王の五王子たちが曇王を射て得た首が蹴鞠のはじまり（三四五頁）とされてもいる。

［13］　平田篤胤『牛頭天王暦神弁』でも、巨旦大王（巨旦将来）の骨皮（紅白鏡餅）皮膚（蓬莱草餅）鬢髪（菖蒲結粽）継（小麦素麪）血脈（黄菊酒水）頭（鞠）眼（的）墓（門松）がそれぞれのはじまりだとする俗説（『新修　平田篤胤全集』七、名著出版、一九七七。三四四頁）を示している。

［14］　『遊庭秘鈔』には蹴鞠のはじまりは「其源を尋れば。黄帝のきりける蚩尤が首の形也と。ふるき物にもかけり」（『群書類従』十二輯、一八九四。四七二頁）などとある。

［15］　蓮っ耳デザインは、《出復》や《尻目》などが描かれた宮川春水『怪物図巻』（『存在の謎に挑む　哲学者井上円了』東洋大学附属図書館、二〇一一。四四〜四五頁。『井上円了「哲学する心」の軌跡とこれから』講談社、二〇一九。二一〜二三頁）や、《馬肝入道》などが描かれた『化物づくし』（湯本豪一『続・妖怪図巻』国書刊行会、二〇〇六）に作例が見られ、前後関係を考える上で重要な一群である（氷厘亭氷泉「蓮っ耳とは」）。

［16］　『妖魅四十有九態』（日比谷図書館『加賀文庫目録』では『妖魅四十九有態』表記）は東京都立中央図書館の所蔵。《摩王》や《天摩》など「魔」の字が「摩」と記載されることが多い（氷厘亭氷泉「魔王な絵巻――『百鬼異形之図』」）。

［17］　『妖怪カタログ弐』（大屋書房、二〇一四）、『大妖怪展　土偶から妖怪ウォッチまで』（読売新聞社、二〇一六。六四〜六五頁）に全巻収録された。この系統の絵巻物では最も早く全貌が世間に再認知された一本である。

［18］　大英博物館の所蔵。文政二年（一八一九）の写本を嘉永七

年（一八五四）に摸写したものと奥書がある。この系統では画題が最も魔王・魔物など汎用な語句に特化している。湯本豪一『古今妖怪纍纍』（パイインターナショナル、二〇一七）に部分掲載された『百鬼異形絵巻』も同図様の作品だが錯簡があるようである（氷厘亭氷泉「魔王な絵巻――『百鬼異形之図』」）。

［19］『Japanese Yokai and Other Supernatural Beings』（二〇二三）に図の九割近くが収録された。同書掲載写真で呼び名記載箇所を含まない図版も、併記された日本語は原文に即したものと見られる。この『化け物尽くし』には『妖魅四十有九態』・『百妖図』・『百鬼異形之図』と共通の画像妖怪がいるほか、狩野家の主流の妖怪や、《怪有》（尾田郷澄『百鬼夜行絵巻』の《赤がしら》）や『百鬼夜講化物語』の摸倣（ぷらんとの教示によれば《コワバカラチキ》と《猴王》）が確認出来る（氷厘亭氷泉「精呂魔のいる絵巻物まとめ」）。

参考文献

・和歌森太郎　一九五九「日本の民衆における悪魔」悪魔研究会『悪魔の研究』六興出版部
・野村伝四郎（編）一九三八『大国隆正全集』五　有光社
・廣田龍平　二〇二二『妖怪の誕生　超自然と怪奇的自然の存在論的歴史人類学』青弓社
・廣田龍平　二〇一八「近世国学の妖怪論（宣長・守部・隆正）」ブログ『妖怪と、人類学的な雑記』二〇一八年九月一五日
https://youkai.hatenablog.jp/entry/2018/09/15/201910
・烏山奏春　二〇二三『付喪神の日本史』
・佐伯有義（編）一九七一『神道叢書』三　思文閣
・一八七二～七五『善悪報応論』大教院
・高橋陽一　一九九一「大教院の教化基準――教典訓法章程と教書編輯条例を中心に」（『明治聖徳記念学会紀要』五）
・越知通敏　一九七一『矢野玄道の本教学』錦正社
・國學院大學日本文化研究所（編）二〇二三『歴史で読む国学』ぺりかん社
・氷厘亭氷泉　二〇一四「五郎左衛門たち魔王」『大佐用』四九号　妖怪仝友会
・氷厘亭氷泉　二〇二一「魔王ときのこ古註」『大佐用』二二〇号　妖怪仝友会
・知切光歳　一九七三『天狗考』上　濤書房
・British museum 100 Demons 百鬼異形之図
https://www.britishmuseum.org/collection/object/A_1881-1210-0-274
・Andreas Marks 二〇二三『Japanese Yokai and Other Supernatural Beings』TUTTLE
・氷厘亭氷泉　二〇一四「蓮っ耳とは」『大佐用』四五号　妖怪仝友会
・氷厘亭氷泉　二〇二二「魔王な絵巻――『百鬼異形之図』」『大佐用』二四九号　妖怪仝友会
・氷厘亭氷泉　二〇二三「精呂魔のいる絵巻物まとめ」『大佐用』二六四～二六五号　妖怪仝友会
・ぷらんと　二〇一九「貪多利魔王」『N鬼夜行』二〇一九年四月一七日
https://n-kiyakou.com/Nkiyakou/tontarimaou.html

壹 研究者と妖怪

妖精としての天狗

神仙道や自然霊の世界観での天狗＝妖精

妖精と妖怪は別物か

欧米のおとぎばなしに出て来る異境に《フェアリーランド》[1]がある。

洋書が舶載されて以来、その訳語には主に《仙境》などが用いられ、そこに住む《フェアリー》の訳語にも、《仙女》[2]や《すだま》[3]など複数路線があったが、二〇世紀初頭からの児童・幼児雑誌や一九七〇年代以後のファンシーグッズやメルヘン路線を通じて普及した作品やデザイン、井村君江（いむらきみえ）・水木（みずき）しげるなどの翻訳や紹介を経て、現在そのイメージや語句は、完全に《妖精》のみに移り替わっている。

しかし、《妖精》も《仙女》も漢語[4]あるいはそれ由来の日本語として旧来から用いられており、欧米の《フェアリー》や《ゴブリン》、《エルフ》たちを表現するために特別開発された語句ではない。

現在、《天狗》あるいは《山姥》を《妖精》と称すると一般に違和感が生じるように、《日本の妖怪》と《妖精》が不釣合な雰囲気を持つようになってしまったのは、単語から近代までのような東西折衷・

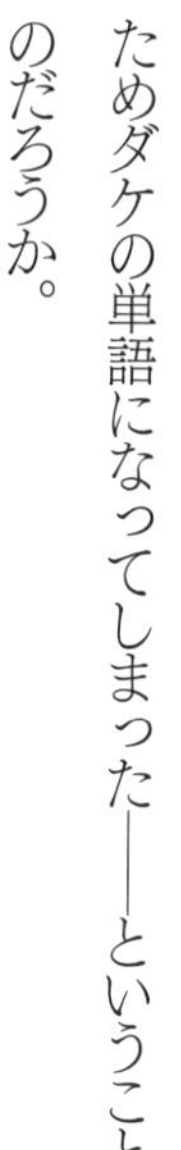

世界規模の要素が失われ、完全に《妖精》が翻訳のためダケの単語になってしまった——ということなのだろうか。

昔からの　妖精さんの"しわざ"いろいろ

●夏祭りの前夜、村の美しい女の子が突然いなくなる

いたずらな妖精が自分の花嫁にしようとさらっていってしまうので……。でも、多くの場合は途中で娘が大声で泣くので、連れていくことができずにかえしてくれます。

●赤ちゃんが丸太棒に変身!?

子供好きの妖精が丸太棒と赤ちゃんを取りかえていってしまうことが。でも、お母さんが満月が出るたび12回（1年間）続けて祈ると、かわいそうに思ってかえしてくれます。

●ひと晩で家中の食器がピカピカに

ヤギのつのを持つ男の子の妖精プーカのしわざです。心のやさしいプーカは女の人の手を少しでも助けようとして夜のあいだに食器をキレイに磨きあげてくれます。

ビバ！　世界の妖精さん

カリーヌス（ローマ）
元気な男の子の妖精です。"勝利"のシンボルのオリーブの葉のかんむりを頭にのせ、オリーブの実のペンダントをお守りにしています。すごく足が速いの！

ネフェルテム（エジプト）
エジプトに住む水蓮の花の妖精で、ナイル川を守っている美しい女の子。透きとおった羽根ときれいな声の持ち主で長旅でくじけそうな旅人にははげましの声をかけるといいます。

羽衣（日本）
日本の昔話にも登場しますが、天から舞い降りてきた美しい妖精で、羽衣を人間にかくされてしまい、しばらくの間は人間界で暮らしたことも。でも今は、天に帰っています。

『妖精さんのラッキーノート』（『マイバースデイ』昭和63年8月特大号付録）
妖精・おまじないの紹介やイラストを随所に入れたノート。監修はエミール・シェラザード、作画は湖東美朋。かわいい男女のフェアリー以外にも、ボーグルなどのこわい容姿のフェアリーたちも同列に紹介されている。

明治～昭和に活躍した南方熊楠（みなかたくまぐす）は、研究対象も興味もはじめから世界規模なため、馬にいたずらする《かしゃんぼ》を「エルフ等の如し」[5]と表現したりしているが、そのような流れとは別に、《天狗》を《フェアリー》と結ぶ《線》も、明治～昭和前半にいちじるしく見ることが出来る。

天狗でもフェアリーです

明治期には、単に訳語[6]の選択肢のひとつに過ぎなかったが、やがて一部の宗教者や神秘的な研究者の間には、欧米の心霊理論書に登場する《フェアリー》を日本に当てはめ、別の世界にいる存在《天狗》と《フェアリー》を結びつけた理論が発生した。

昭和初期に心霊研究家の浅野和三郎（あさのわさぶろう）[7]（一八七四～一九三七）は、西洋の《フェアリー・妖精》[8]は日本の《天狗・仙人》に該当する、としばしば主張して

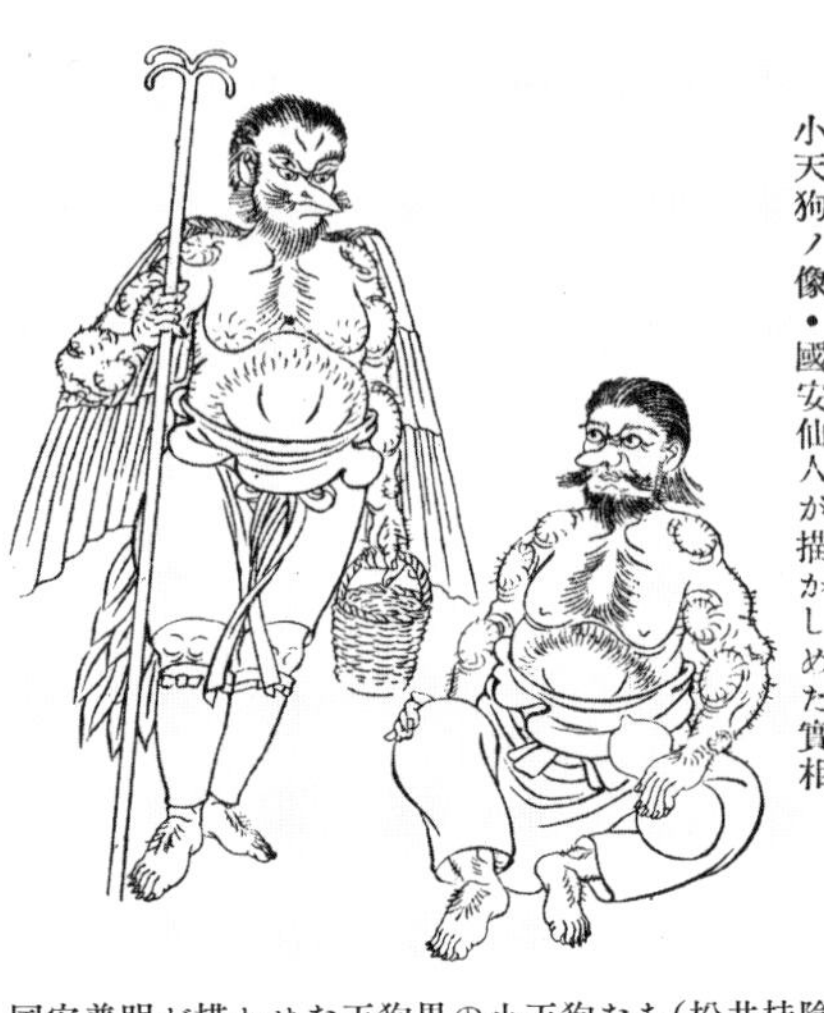

国安普明が描かせた天狗界の小天狗たち（松井桂陰『神の実在と仙人の神秘』1965）
天狗界・海人界・闇夜界・地底界をはじめ多数の幽界の様子を絵にして示していた。

おり、ここを中心とした《点と線》が後続する心霊科学の流れの解説に影響を持ったと考えられる。

大本教や心霊科学を吸収し、独自の教えを展開した宇佐美景堂[9]（一八九四～一九八六）も、天狗界の大部分の住民は妖精や妖精界から転生した天狗だ、という合流を『霊界の旅　大願成就』[10]（一九四九）で用いており、影響が見られる。

ただし、心霊科学なら必ずしも《フェアリー》が結びつけられるわけでもなく、竜神＝恐竜、天狗＝原人たちの霊であるとする浅野正恭[11]の考察や、竜神＝蛇類、伊奈利＝狐類、天狗＝禽類、妖精＝昆虫の霊であるとする藤井勝彦[12]の説の流れなども並行して存在しており、一定ではない。

その後の推移を眺めると、天狗を《自然霊》[13]のひとつと位置づけ、欧米にはいない日本独特の存在だとする脇長生・宮沢虎雄[14]の解説が、心霊科学での《線》としてはつづいていったようである。

幽界発想の素地

前述のような展開が《妖怪》全体ではなく、主に《天狗》と結びついた素地は、幕末からつづく国学者や宗教者による《天狗》を《幽界》に棲む神仙だとする考え方にあると言える。

例えば、幕末に島田幸安の神仙・天狗世界の体験をつづった参澤明（宗哲）『幸安仙界物語』（『幽界物語』）には天狗の位階「山霊（大天狗）／山精（小天狗）／木仙／鬼／境鳥（木葉天狗）／妖魔（魔天狗・邪鬼）」[15]や、天狗を含めた地仙界の位階「神仙／仙人／山人／異人／休仙／山霊／山精／木仙／鬼仙／山鬼／境鳥／麒麟・鳳凰・霊亀・神霊」[16]が見られ、国学者の宮負定雄（一七九七～一八五八）をはじめ、その後の宗教者・研究者らが『仙境異聞』に連なる《幽界》資料として活用した言及が重ねられている。

天狗界・妖精界・地仙界などを、人間以外の世界が多層に重なる構造のうちの一角に設定する流れもそこで展開・拡大されていたものである。

そのような拡大傾向は、本家イギリスの《フェアリー》にもあり、天使と結びつけられ、位階や多層世界が設定されていたりもする。

ダフネ・チャーターズ夫人[17]（一九一〇～一九九一）は、庭の《フェアリー》たちと日々おしゃべりをした結果「デーヴァ／ラ＝アルス／ヒアルス／アスピリテス／ファ

『日本の妖怪大百科』（勁文社・1985）の概説ページで図示されている妖怪の世界を含む「超世界」の構造。ここでは《妖怪》を「人間や動物、神や魔がなにかの作用によって変身したもの、超能力をもったもの」、《幽霊》を「人間や動物の魂」と定義している。これに類した世界の設定や理論は古くから見られるが、他のものと同じく、この定義も個々の妖怪すべての解説という場面になると、別にこの本のなかでは活かされているわけではない。

ラリス／エルフス／ノメネスやノームス／ミヌティス／ウニティス／ルディメス」という位階別の存在がおり、植物の育成に携わりながら天と地を往来し、エルフスより上級のファラリスやデーヴァになると、千年以上の修行を星空研究棟で積んだ優秀特級《フェアリー》である、という理論を一九五〇年代に説いている。

日本では、それこそ天使の位階ほどの認知度には到っていないが、このような《フェアリー》の位階や設定も海外では、国学者が幽界実況を求めたり、宗教者や心霊科学者がそれを理論に当てはめたりするのと同様に活用されており、ダフネの《フェアリー》の理論が新刊のスピリチュアルガーデニングの本に[18]、そのまま紹介されている例も見られる。

近世後期以後、宗教的に造られた世界設定が、日本の《妖怪》全体に適用・普及されたかというと、それらは神秘・宗教的な内容を中心とした書籍や専門雑誌群で部分的に反復・研究されるにとどまり、特に一九六〇年代以後の妖怪図鑑を中心とした妖怪の本に直接組み込まれることはほとんどなく[19]、完全に別箇の《点と線》[20]として動いて来た面積のほうが大きいと言えよう。

（氷厘亭氷泉）

注

［1］ウィルヘルム・ロブシャイト『英華字典』（一八六六）には「Fairy　仙女、僊女、妖嬌、妖精、精怪」「Fairy land　仙境、石閭、閬苑、蓬莱、瓊瑶」とあり、中村敬宇（校正）津田仙・柳沢信大・大井鎌吉（訳）『英華和訳字典』（一八七九）でも、そのまま漢訳の語が訳語として用いられてるほか「天狗」も《フェアリー》の語義解説として挙げている。柴田昌吉・子安峻『付音挿図　英和字彙』（日就社、一八七三）では「Fairy　妖精、鬼女、巫女」とある。

［2］斎藤秀三郎『熟語本位　英和中辞典』（正則英語学校出版部、一九一五）では、「Fairy（西洋お伽話の子供に禍福を授ける）仙女、豆仙人」「-land　仙女国」とある。戦後も刊行されつづけた増補新版（岩波書店、一九三六）新増補版（同、一九五二）でも内容はそのまま引き継がれている。

[3] 井上義昌『英米故事伝説事典』（冨山房、一九六三）では「Fairy　妖精、仙女」とあるほか、「妖精」「精霊」という坪内逍遥などの例を用いた傍訓もみられる。大まかには妖精で統一されているが、「Fairy ring　仙人輪」のように、まだ《妖精》一辺倒ではない。一九七二年の増補版でも同様。

[4] MTJJ『羅小黒戦記』（二〇一一〜）木頭（原作）孫呱（作画）『藍渓鎮　羅小黒戦記外伝』（二〇一八〜）などの中国での創作物が日本に輸入されることで、漢語本来の《妖精》が再び入り混じって来てもいる。

[5] 南方熊楠「河童に就て」（『南方随筆』岡書院、一九二六。三四四頁）

[6] ミルトンの翻訳『和楽の人』（『日本英学新誌』三〇号、一八九三）でも、《妖精》が用いられているほか、《ゴブリン》などに《小天狗》や《天狗》が用いられている。黒田健二郎『日本のミルトン文献（明治篇）資料と解題』（風間書房、一九七八。四〇五頁）によると同翻訳は英文学者の増田藤之助（一八六五〜一九四二）によるもの。

[7] 浅野和三郎「妖魅と妖精」（『心霊と人生』八巻四号、一九三一）。ここでの《妖魅》の語は平田篤胤の影響であり（廣田龍平『妖怪の誕生　超自然と怪奇的自然の存在論的歴史人類学』一三三〜一三七頁）、文中には、篤胤の《霊》も登場して発言している。

[8] 浅野和三郎『霊界通信　小桜姫物語』（心霊科学研究会、一九三七）では、《天狗》は基本的に中性だが、男性的な者が日本には多く、外国には女性的な者が多い（一七一〜一七二頁）と記している。また、妖精界の《妖精》たちは蝶のような羽翼のある小人のようなすがた（一八六頁）と説かれており《フェアリー》そのものである。

[9] 宇佐美景堂の宗教履歴は、本人による『霊能者とその周辺　回想編』（霊響山房、一九七八）や津城寛文『鎮魂行法論　近代神道世界の霊魂論と身体論』（春秋社、一九九〇。六一〜六四頁）に詳しい。

[10] 『霊界の旅　大願成就』一。六六〜六七頁・八二頁。妖精界には植物を育てる妖精が棲む。主題が異なるせいか、天狗信仰を語った「権現信仰の回顧」（『神変』で一九六四年に連載、『霊能者とその周辺　回想編』収載、一七一頁）では天狗・妖精は共に《自然霊》だが、天狗たちは組織だっており「同一視することはできない」とも明言しており、一定していない。

[11] 浅野正恭「龍神、天狗の一考察」（『心霊と人生』一四巻八号、一九三七）この説は同誌で草薙昭雄などに波及している。正恭は和三郎の実兄。自然霊たちは太古の存在の霊であるという説は和三郎も用いている（浅野和三郎『神霊主義　事実と理論』嵩山房、一九三四。一八一〜一八五頁）。

[12] 岐美須彦「心霊随筆」（『心霊科学』五巻二号、一九五一）藤井勝彦（藤井美彦・岐美須彦）は島根県畑迫村の自宅にサイキックサイエンス研究所という団体を置いていた人物。神道・神仙道・心霊科学の観点からの記事や島田幸安に基づく幽界解説を多数投稿しているが、編集部の付記を見るに独自に構築した宗教理論が濃厚だったようである（『心霊科学』四巻四号、三三二頁。五巻三号、三三二頁）。

[13]《自然霊》は肉体を持たぬ存在で、天狗・狐精・狸精・蛇精・妖精（植物の精）などが日本にある（宮沢虎雄「スピリチュアリズム 心霊主義について」七『心霊研究』二〇巻八号、一九六六）としている。また、竜神・白狐・天狗などが該当する（宮沢虎雄・板谷樹『霊魂の世界』徳間書店、一九六七。一七〇頁）とも定義されている。浅野和三郎『神霊主義　事実と理論』（一〇六頁・一七八頁）でも、高級な自然霊＝神仏、下級な自然霊＝妖怪変化とまとめており、後者に天狗・妖精・妖魅を含んでいる。

[14] 廣田龍平は異類の会の発表（「天狗は悪魔か天使か、はたまた妖精か――日欧翻訳実践における意味の変遷をめぐって」二〇一七年七月一五日）で近代のフェアリー＝天狗の合流にも触れ、「近代化した日本において、もはやこの意見は一般に受け入れられることはなかった」と発表後の要旨（ブログ『異類の会』）にまとめている。発表題名の通り、織豊〜徳川時代にキリスト教の天使・悪魔の訳語に《天狗》が用いられた流れも存在し、国学者の大国隆正は『古伝通解』で、天狗（日本）仙人（唐土）修羅（天竺）エンゲル（西洋）が地域ごとに存在比率の異なる同じようなものだとしている（『大国隆正全集』六、有光社、一九三九。二八二〜二八三頁）。

[15] 友清歓真『幽冥界研究資料』一（天行居、一九二五。三四〇〜三四一頁。三版・二六五頁）

[16] 友清歓真『幽冥界研究資料』一（三八一頁。三版・二九七頁）最後の四種は毛・羽・介・鱗の長で生物たち。その下の外道に《妖魔》が位置するとしている。これらは松井桂陰『神の実在と仙人の神秘』（普明神社東京連絡所、一九六五。一六九頁）をはじめとして、知切光歳『天狗の研究』（大陸書房、一九七五。二六五頁）、『神仙道の本』（学研、二〇〇七。一三二〜一三七頁）などでも紹介されつづけて来ている。《天狗》にも含まれつつ、妖魔や悪魔などとも称される存在――《まがもの》たちがいるとされる幽界についての、幕末〜明治国学たちの構築していた理論や世界設定などは、本書第一部五〇頁・七二頁も参照。

[17] ダフネ・チャーターズの逸話や《フェアリー》の位階は、ロミ『突飛なるものの歴史』（一九六四）にも紹介されており（邦訳は一九九三年版・二六三〜二六六頁。完全版・二九九〜三〇三頁）日本にも澁澤龍彦・種村季弘な流れの《線》は存在して来た。Daphne Charters『Forty Years With the Fairies』（R J Stewart Books、二〇〇八）などのかたちで復刻もみられるが、いまだ第一巻のみの発行。

[18]『Embracing the Spirit of Nature』一五〜一七頁。庭の花々の成長にまつわるフェアリーたちの世界として、位階についてそのまま紹介している。二〇二二年刊。

[19] 例外的に、三浦関造（一八八三〜一九六〇）を通じてヘレナ・ブラヴァツキー（一八三一〜一八九一）の西蔵仏教的な神智学を導入し、第二次世界大戦後にサナートクマラを尊体（鞍馬山魔王尊）に設定した鞍馬寺（鞍馬弘教）は、僧正坊という知名度の高い《天狗》を擁するため、一般の《妖怪》イメージと交叉することも間々ある。

[20] サイバー忍者小説の『ニンジャスレイヤー』（二〇一〇〜）

平田篤胤が寅吉のはなしをもとに描かせた図（別冊太陽『知のネットワークの先覚者 平田篤胤』2004）
「此は悪魔空中往来の図なり」と題にある。空中を悪魔・魔王が飛んでいるという描写は、明治時代に書かれた宮地水位『類別 異境備忘録』（1997）の魔界についての項に「魔神行列して空を通行しける」（99頁）などともあり、篤胤らが書き記した情報と、後代の記述とが還流し合っている様子を微細に受け取ることも可能である。

『絵入太平記』巻23（1697）
七頭牛にまたがった楠正成の怨霊が先頭に立ち、魔王や悪鬼魍魎たちと共に大森彦七のもとへ現われる場面。このような図様が、近世末期の天狗や魔王についての想像の源泉に繋がっている。大森彦七が所持する剣が、足利家を滅ぼすために必要な三本の剣のひとつであることから、崇徳院や後醍醐天皇を筆頭とした魔王たちがその入手に動くという挿話の山場。

では《ヤクザ天狗》についての本文で、天狗を「日本に古来から存在するフェアリーの一種」とする表現（ブラッドレー・ボンド、フィリップ・N・モーゼズ（著）本兌有、杉ライカ（訳）『ニンジャスレイヤー　ネオサイタマ炎上3』エンターブレイン、二〇一三。二六一頁）が見られるが、本項のような《点と線》と直結する関係ではないと思われる。

参考文献

・廣田龍平　二〇二二『妖怪の誕生　超自然と怪奇的自然の存在論的歴史人類学』青弓社
・梅原伸太郎　一九八〇「スピリチュアリズム断想」『心霊研究』三四巻一一号
・宇佐美景堂　一九四七『霊界の旅　大願成就』一　日本心霊文化倶楽部
・氷厘亭氷泉　二〇一七「野天狗という呼称」『大佐用』一二八号　妖怪仝友会
・知切光歳　一九七三『天狗考』上　濤書房
・久米晶文（編）一九九四『宮負定雄　幽冥界秘録集成』八幡書店
・二〇〇四『明治維新と平田国学』国立歴史民俗博物館
・米田勝安・荒俣宏（編）二〇〇四　別冊太陽『知のネットワークの先覚者 平田篤胤』平凡社
・二〇一四『スサノヲの到来――いのち、いかり、いのり』読売新聞社・美術館連絡協議会
・長谷川端　一九八二『太平記の研究』汲古書院
・美濃部重克・美濃部智子　二〇〇九『酒呑童子絵を読む』三弥井書店
・廣田龍平　二〇一八「国学者は西洋の「天使」（エンゲル）をどう見たか」ブログ『妖怪と、人類学的な雑記』二〇一八年八月二六日 https://youkai.hatenablog.jp/entry/2018/08/26/051812
・ロミ（著）高遠弘美（訳）一九九三『突飛なるものの歴史』作品社
・ロミ（著）高遠弘美（訳）二〇一〇『完全版　突飛なるものの歴史』平凡社
・Linda Shaylor Cooper　二〇二二『Embracing the Spirit of Nature』Crystal Garden Fairy, LLC
・春川栖仙・脇長生　二〇〇六『天狗の研究』日本スピリチュアリスト協会
・三浦関造　一九五四『神の化身』竜王文庫
・三浦関造　一九五六『聖シャンバラ』竜王文庫
・荒俣宏（編）一九八一『世界神秘学事典』平河出版社
・中山星香　一九八八『妖精キャラクター事典』新書館
・一九八六『ファンタジーランドへの誘い　小人と妖精の国』（サンリオムック五四号）サンリオ

弐 紹介者と妖怪

大伴昌司『妖怪事典』（一九六八）講談社『ぼくら』昭和四三年七月号の付録。紹介される妖怪や、挿絵（笹川利之、境木康男による）も、水木しげるの作品を直接つかったもので占められているスタイルである。「すねこもり」はモチロン「すねこすり」の誤植なダケで別種などではない。

——氷泉

すいこ

顔は人間の子どもににているが、手につめがある。川にすむ。

すなかけばばあ

奈良県によくあらわれる。人間にすなをかけておどろかせる。

すねこもり

岡山県によくでる。人間の足にからんで、あるけないようにする。

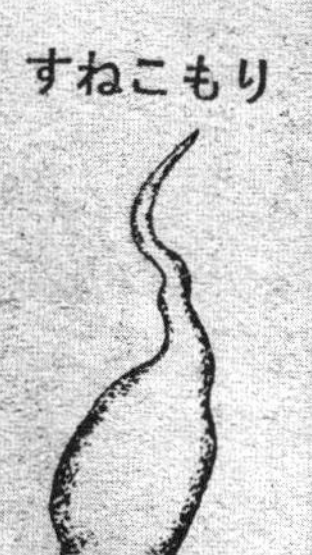

殺生石

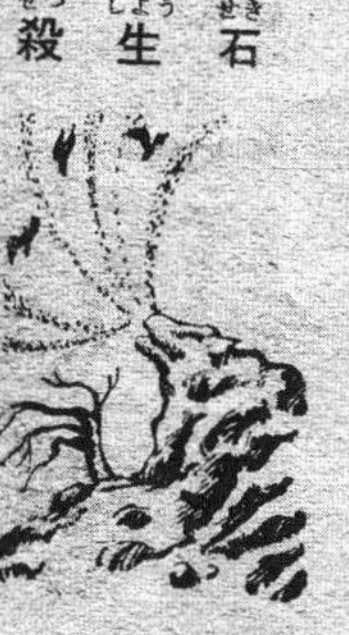

（16）

弐　紹介者と妖怪
妖怪普及活動の明暗
白峯相模坊を例に

毛利恵太

井上円了の妖怪学を皮切りにした近現代の様々な妖怪研究は、民俗学や人類学、国文学や博物学、美術学など、分野を問わず多方面の研究者によって為されてきた。[1] これら研究の累積が、現在の妖怪形成の一端を担っていることは周知の事実と言えるだろう。

しかし、研究者が究明してきた妖怪の知識が、そのまま一般大衆の認識としてダイレクトに拡散していった訳ではない。妖怪に限らず、研究領域における最新の知見がそのまま一般の知識に反映されることは少なく、研究の成果を大衆に広く伝える、いわば「紹介者」の存在がその中継の役目を担ってきた。紹介者の役目を担うのは、研究書の内容をわかりやすい一般書として執筆する研究者や、独自の調査や探究に即した内容の書籍を執筆する文筆家などである。

紹介者による妖怪普及

妖怪研究の紹介者としても有名な研究者としては、風俗史や伝説研究で知られる藤澤衛彦や、民俗学者として俗信・迷信を研究した今野圓輔などが挙げられるだろう。藤澤の『日本伝説叢書』や『妖怪画談全集』、今野の『日本怪談集　幽霊篇』や『日本怪談集　妖怪篇』は一般層にも広く読まれ、その後の妖怪認識や妖怪創作にも多大な影響を与えた。作家の山田野理夫も独自に怪談の聞き書きや随筆などの文献調査を元に『日本妖怪集』や『おばけ文庫』シリーズなどを執筆し、子供から大人まで幅広い層に妖怪の知識を提供した。言わずと知れた漫画家・水木しげるも、自身が多数描いた妖怪画とその解説が、その後の妖怪解説のスタンダードとなっていったのは有名である。こうした紹介者による妖怪研究の解説や妖怪知識の拡散が、その後の妖怪普及や妖怪創作を強力に後押ししたが、一方で紹介者による誤読や独自解釈がそのまま浸透してしまい、混乱の元になってしまうというケースも少なくない。特に藤澤や山田、水木などは執筆における混同や拡張がよく検証され、批判の的となってしまった例も多い。

紹介者の解説が定着し、その後の検証で相違が明らかになった例として、ここでは二名の妖怪偉人を挙げる。狸愛好家として有名な俳人・富田狸通（とみたりつう）（一九〇一～一九七七）と、天狗研究家として知られる放送作家・知切光歳（ちぎりこうさい）（一九〇二～一九八二）である。富田狸通は愛媛県の伊予鉄道に勤めながら俳人として活動し、同時に狸の書画や狸像など、狸にまつわる品々を多数蒐集したコレクターとして、趣味人の間では有名であった。富田が狸の昔話や伝説、特に地元・伊予の狸たちについて書いた記事を纏めた『たぬきざんまい』は、化け狸に関する書籍の中でもある種のエポックメイキングとして後世にまで影響を残した。知切光歳は放送作家としてNHKの専属となり、各地へと出張する中でその土地の天狗伝説を調査した。その成果は『天狗考』[2]や『天狗の研究』、また『図聚(ずしゅう)天狗列伝　東日本編』及び『図聚天狗列伝　西日本編』として刊行され、天狗研究や全国各地の天狗伝説・天狗信仰に関して随一の資料集として重宝された。

知切光歳の「天狗山移り説」

富田が書き遺した狸の話、特に伊予松山藩の御家騒動に関わったとされる隠神刑部狸(いぬがみぎょうぶだぬき)についての変遷は別項を立てて記述しているので、ここでは知切が記した天狗の話、特に讃岐白峯(しろみね)の相模坊(さがみぼう)天狗に注目しよう。白峯相模坊は香川県高松市と坂出市にまたがる五色台という山塊を構成する一角・白峰山の守護神とされ、現在も白峯寺において相模坊大権現として祀られている。相模坊の名は古くから有名であり、明和元年（一七六四）に書かれた『雑説嚢話(ざっせつのうわ)』巻之下本においては愛宕栄術太郎(あたごえいじゅつたろう)（京都愛宕山の天狗、太郎坊）、鞍馬僧正坊(くらまそうじょうぼう)（京都鞍馬山の天狗）などと並んで「八天狗」の一角とされたほか、日本各地の山とそこにいる大天狗の名を列挙した『天狗経』にもその名が挙げられている。また、かつて京の都から追放された崇徳(すとく)上皇がこの地に流されて崩御し、白峯に陵墓が造られたため、崇徳院の霊を

慰（なぐさ）める役目を担ったという逸話でも知られている。[3]

知切はこの相模坊について、たびたび「相模坊は元々相模国（神奈川県）の天狗であったが、讃岐国へと拠点を移していった」というように説明している。『図聚天狗列伝　西日本編』の「白峯相模坊」の項では「ただ相模坊は、初めは相模の山に住んでいた天狗（あるいは山人）らしい。その相模坊が、いつのころ讃岐に飛翔してきたのか知りたいものである。相模の山といえば、大山（おおやま）の天狗ではなかったかと推測する。ということは、大山の天狗は伯耆坊と呼ぶ古祠があり、その止住もずいぶん古いころの

芝二本榎廣岳院（現・東京都港区の寺院）の「八天狗尊神」御札（『図聚天狗列伝　西日本編』付録）

ことらしい。そして伯耆大山の天狗は清光坊と呼ぶ。こうした上古における天狗の山移りは、ほかにも例があり、事情は知らず、折々はあった状がうかがわれる」（三二二頁）と記しており、要するに「かつて相模国大山には相模坊、伯耆国（鳥取県）大山には伯耆坊がいたが、相模坊が讃岐国白峯に移り、空所となった大山に伯耆坊が移り、更に空所となった大山に清光坊が現れた」という来歴があると考えていたようである。『天狗の研究』における相模大山伯耆坊や伯耆大仙清光坊についてもこの山移りを前提とした解説をしているため、あたかもそれが根拠のある定説であるかのように読めてしまうのだが、実際のところ、これは知切の推測に過ぎず、明確な典拠も示されていないのである。[4]

相模坊に関する古い記述を見ると、延宝五年（一六七七）に書かれた小西可春『玉藻集』の「綾松山白峯寺洞林院」には「崇徳院保元の乱に此国に遷され給い、終に崩御、このやまに葬り奉る。御廟玉もて彫る計也。左の殿は千手観音、右の殿は相模坊（形天狗）、本地不動にて、南海の守護神也」（『香川叢書　第三』五八頁）と記されている。天和三年（一六八三）に俳人・岡西惟中が記した『白水郎子記行』という紀行本には、白峯の崇徳院廟を詣でたときの記述があり、「（前略）大天狗相模坊の社に跪く。（中略）すなわち天狗の彫刻したるとて二尺七寸の坐像黒く両眼爛々として巖下の雹のごとく頭巾をかぶり修治袈裟をかけ左にいらたかの念珠右に劒を握り脚絆草鞋をしめはき言語道断の躰なり」（『愛媛大学文学資料集4　白水郎子記行・其日くさ』七四頁）と、相模坊として祀られている天狗の像について記録されている。また享保三年（一七一八）の『南海通記』巻之一の「綾松山記」には「ある人の曰く、白峯相模坊は、上古より南海道六カ国の天狗の司なり。弘法大師仏所となして、相模坊を鎮守とするなり」(『史料叢書　南海通記』弘成舎　二九頁)と記されている。さらに文政一一年(一八二八)の『全讃史』巻之七の「綾北部　白峰寺」には、弘法大師が白峯に宝珠を埋めて寺を建立した後、貞観二年の冬に大椎(おおつち)の島が震動するなどの異変が起きたとしている。当時の国司に遣わされた智証大師(円珍)が山を登ると、たちまち老翁が現れて「余はこの山の神であり、相模坊という。この地は七仏転輪、慈尊入定の場である。今、補陀落より流れてきた流木があるから、これを用いて慈尊の像を造って衆生を助けよ。我もまた、これを助けん」と言った。そこで智証大師はこの老翁を前導とし、その流木から一〇体の仏像を造って仏廟に納めたのだという。また同書巻之一〇の「名山志　白峯」には「古は松山と曰ひき。神あり相模坊と曰ふ。甚だ威霊あり」(『標註国訳　全讃史』四〇一頁)と記されている。

しかし、これらより以前の応永一三年(一四〇六)に記された『白峯寺縁起』には、貞観二年に円珍和尚が白峯を登り、老翁の姿をした霊神に出会ったという話や、崇徳上皇の御廟所に「番の鵄(とび)」がいて、毎日一羽の鳶(とび)が来て祇候(しこう)する(貴人の側近くに仕えること)という話はあるものの、相模坊という名は記されていない。恐らく当初は存在しなかった相模坊への信仰が、室町時代から江戸時代にかけての間に発生したのだろう。[5]いずれにせよ縁起や地誌を読む限りでは、一貫して相模坊は白峯(松山)の守護神または天狗であり、他国の山から移ってきたという話は存在しないのである。

伯耆坊については、相模坊と比べると知名度の割にその情報量は少ない。室町時代に成立した謡曲『鞍馬天狗』において、白峯相模坊と並んで「大山伯耆坊」の名が登場しているほか、前述した『雑説嚢話』にも、八天狗の一角として「大山ノ伯耆坊」が挙げられているなど、大天狗としては相模坊だけでなく愛宕山の太郎坊、鞍馬山の僧正坊などに並ぶ存在として知られていた。これら伯耆坊については、名前からの連想を素直に考えれば伯耆国の大山の天狗であると想定されていたはずだが、当の大山の古い縁起や大山信仰の由来などに、伯耆坊の名は出てこない。ただ謡曲や八天狗の謂れに由来するのか、寛保二年（一七四二）の『伯耆民談記』巻之六の「大山」に「当山にある天狗を、伯耆坊と称すること、古き書に述べたり」（佐伯元吉（編）『伯耆民談記』四八頁）とも記されていたり、地元の昔話に大山の伯耆坊天狗の話があるなど、「伯耆大山の伯耆坊天狗」という存在自体については民間で知られてはいたようだ。清光坊に至っては『天狗経』において「伯耆大仙清光坊」の名が見られるのみで、それ以外の古典や信仰、伝説などには一切登場していない。『天狗経』には八天狗や『鞍馬天狗』には見られる伯耆坊の名は記されておらず、知切はこの相違を元に山移り説を考え始めたようである。しかし、伯耆坊にせよ清光坊にせよ、山における信仰があった白峯相模坊とは異なり、実際の大山信仰とは無関係の画像妖怪的な天狗であった可能性が高い。

相模国の大山（現・神奈川県の伊勢原市・厚木市・秦野市にまたがる）は古くから雨乞いなどの信仰を集めた山であり、特に江戸時代には「大山講」という講（様々な信仰の小集団）が関東を中心に各地で結成され、大山詣でが盛んに行われた歴史がある。その信仰の中で確かに天狗の存在は常に意識されてきたが、その名は「大天狗小天狗」とだけ唱えられるもので、相模坊とも伯耆坊とも語られない。相模大山の天狗には、○○坊といった名前は歴史的にも存在しないのである。ただ大山にある真言宗の寺院・大山寺の境内には「伯耆坊大天狗大神」と彫られた石碑と、伯耆坊を祀るという小祠が存在する。この碑には「横浜市　大神講、東京都　熊澤かの、講元　岩田万作」とも彫られており、大山講の一派が建立したものと思われる。これについて一九八四年に記された『大山寺縁起』の「あとがき　一、大山天狗のこと」によると「神佛分離で拠り所を分断された修験道も今は佛教色の濃度に差はあるが各地に復活し、三十余年前毎年数回づつ山入りする修験者の一団がどこを尋ねてもある可き祠が無い。昔から大山寺の西側にあったと聞くので、当山境内に設けたいとの請を容れ、宝篋印塔後の岩盤中程に小祠を建立した」（二〇六頁）とのことである。この記述を信じるならば、祠は少なくとも戦後に建立された新しいものなのだろう。

定着する独自研究への目線

知切は大山阿夫利神社が発行していた専門誌『大山』の七二号（昭和三五年（一九六〇）七月）に「俗説　大山天狗講」という記事を書いており、「大山の天狗が、ただ大天狗、小天狗とばかりで、名がないのはおかしいと、いつか書いたことがある。ところが大山の天狗には、歴として名があったのだ」

「拝殿へ登る途中の大山寺の、裏庭の垢離場のほとりに、ささやかな天狗の祠があり、ありありと大山大天狗伯耆坊と誌されている」（『大山』72号、三頁）と、大山寺の伯耆坊の祠を〝発見〟したことを報告している。[6] その後、知切は雑誌『民主公論』に自身が作成した『日本大天狗番付』を公開したが、ここで「関脇　神奈川　相模大山伯耆坊」「前頭　鳥取　伯耆大仙清光坊」と設定し、さらにこれ以降、相模坊を含めた一連の山移りの推測をたびたび言及していくことになる。前述したような『天狗経』における清光坊と伯耆坊の関係、また「大山の伯耆坊」がどの山を指すのかという疑問を解消する仮説として山移りは提唱され、それに巻き込まれる形で相模坊は「元々は相模の大山の天狗だった」という珍妙な設定が付与されてしまったのである。

知切の天狗研究はその後の一般層における天狗認識に数多く引用されたことで多大な影響をもたらし、結果として根拠不十分な山移り説もまた、検証がなされないまま定説として浸透してしまった。現在では各自治体や寺社における相模坊・伯耆坊の紹介にも影響を及ぼしており、天狗認識における知切の影響の深さがうかがえる。以上のように、紹介者によるある種の独自研究がその後の妖怪知識・認識に強く作用してしまう例は多い。しかし、それらの拡張された情報が妖怪創作の幅をさらに広げたという側面もあり、一概に糾弾するだけが正しい姿勢とは言えないだろう。必要なのは、先人から妖怪の資料や情報を引き継ぐ我々がただ無批判に受け入れるだけでなく、きちんと検証や整理を加えた上で後世へと再び繋いでいく真摯な態度なのである。

注

［1］妖怪研究の蓄積については『列伝体　妖怪学前史』や、本書第一部「研究者と妖怪」において既に述べられている。

［2］『天狗考』の正確な書名は『天狗考　上巻』であるが、続刊が世に出ることはなかった。

［3］僧侶にして歌人の西行に仮託された説話集『撰集抄』第一に「七　新院の御墓讃州白峯に有之事」として、西行が崇徳上皇の陵墓に詣でてその荒廃ぶりを嘆いたという話が記されているが、この話を元にして創作されたのが謡曲『松山天狗』である。『松山天狗』では、陵墓を詣でた西行が一首の歌を詠むと、上皇の亡魂が現れる。上皇は生前の苦悩を思い出して荒ぶるが、そこへ白峯に長く棲むという相模坊天狗が小天狗を引き連れて現れ、上皇を慰める、という物語となっている。この『松山天狗』に着想を得て書かれたのが、上田秋成の『雨月物語』の「白峯」である。「白峯」では、西行の前に現れて自身の恨みを述べた上皇が「相模、相模」と呼びかけると「鳶のごとくの化鳥」が現れ、平重盛の命を奪って雅仁（後白河上皇）や平清盛を苦しめるように命じられる。これらを元に、現代における相模坊は崇徳上皇に仕える天狗として描写されることが多い。

［4］知切の天狗山移り説については、久留島元『天狗説話考』の「第三章　天狗銘々伝」でも相模坊の来歴などとともに詳しく検証されている。

［5］相模坊の発生について、水原一は「崇徳院説話の考察」において「しかし私は、松山の相模坊は、崇徳院天狗化の後に逆にそこから生じた伝説であったと考える。同じ『白峰寺縁起』には院の廟所には「番の鳶」と称して毎月一羽の鳶が祇候せぬ事はないと記す。それは御陵の畏怖と海辺の岩山の実景とから生み出された怨霊信仰の一片であるが、在地における天狗信仰への接近はそうした形に暗示されているのであって、謡曲「松山天狗」もそこから生まれでてくるものであろう。『縁起』に相模坊と院との結びつきを載せないのは、それが後世の産物だったからだと思われるのである。そして「相模坊」の名も実は在地の伝承ではなくて、保元物語中に思い当たる三井寺明王院の阿闍梨相模坊勝尊からの流用ではなかったかと思う」（一四頁）として、崇徳上皇にまつわる怨霊化・天狗化の説話群と、上皇と結託した藤原頼長の命により後白河天皇を呪詛した僧侶・相模阿闍梨勝尊の名を元にしているのではないかと推測している。

［6］知切のこの「発見」については『図聚天狗列伝　西日本編』の「相模大山伯耆坊，付阿夫利山道昭坊」において詳しく言及されている。昭和三〇年前後、知切は大山寺の不動尊信者であった老人から「昔の大山寺の境内に伯耆坊の御堂があったらしい」という話を聞いた。その後知切が寺院周辺を探し回ると、涸れた川近くの草むらから朽ちかけた小さな堂宇と「大天狗大山伯耆坊権現」と書かれた板を見つけたので、当時の住職に相談して境内に安置したのだという。知切の回想は『大山寺縁起』における記述と異なる部分もあり、真実は判然としない。

参考文献

- 愛媛大学国語国文学研究室　一九九二『愛媛大学文学資料集4　白水郎子記行・其日くさ』愛媛大学国語国文学研究室
- 大山寺（編）一九八四『大山寺縁起』大山寺
- 香川県（編）一九四三『香川叢書　第三』香川県
- 久留島元　二〇二三『天狗説話考』白澤社
- 香西成資　一九二六『史料叢書　南海通記』弘成舎
- 西行（記）、芳賀矢一（校訂・註）一九二七『撰集抄』富山房
- 佐成謙太郎　一九三〇『謡曲大観　第二巻』明治書院
- 佐成謙太郎　一九三一『謡曲大観　第五巻』明治書院
- 重友毅　一九五四『雨月物語評釈』明治書院
- 知切光歳　一九七三『天狗考　上巻』濤書房
- 知切光歳　一九七五『天狗の研究』大陸書房
- 知切光歳　一九七七『図聚天狗列伝　東日本編』三樹書房
- 知切光歳　一九七七『図聚天狗列伝　西日本編』三樹書房
- 角田文衞、五来重（編）一九六八『新訂増補　史籍集覧　第三十二冊』臨川書店
- 中山城山（原著）、青井常太郎（校訂）一九七二『標註国訳　全讃史』藤田書店
- 日本随筆大成編輯部（編）一九二八『日本随筆大成　第二期　第四巻』日本随筆大成刊行会
- 松岡布政（著）、佐伯元吉（編）一九二七『伯耆民談記』横山敬次郎書店
- 知切光歳　一九六〇「俗説　大山天狗講」（『大山』72号）大山阿夫利神社本庁
- 水原一　一九六九「崇徳院説話の考察」（『駒澤國文』7号）駒澤大学文学部国文学研究室

次目

次目

民間伝承の会『採集手帖』(1937、沿海地方用)「目次」

民俗学者による地域調査の参考にするべく、様々な項目が列挙されている。民俗資料には多くの妖怪情報が含まれているが、それらはあくまで民俗学という学問の視点から採集されている資料であるという点を忘れてはならない。人々の生活について研究するという民俗学の基本を理解した上で民俗学における妖怪(伝承妖怪)を考察することで、その実態をより正確に把握することができるだろう。

民俗資料から妖怪について調べるとき、多くの場合はずばり「妖怪変化」や「祟る場所」「神罰・通り神」などに類する部分や、伝説・昔話について記された部分を参照するだろう。しかし、この目次から参照するならば「産屋・産の忌」「初宮詣・幼児葬送」「正月祝」「盆行事」「神に祀られた人」「漁の神・海の神」「船霊」「漂着神」「流れ仏」「動植物禁忌」「船上禁忌・沖言葉」「一般禁忌」「講・日待」「死忌」「先祖祭り」「小屋・屋敷神」「祭具の捨て場」「夢の御告・前兆」「卜占」「病不幸の呪願」「道切り」「死期の予知」「仕合せな家」などの項目には妖怪に類する記録がある可能性が高く、それ以外の項目にも全く無いとは言い切れない。俗信・迷信や年中行事、信仰や冠婚葬祭などに関わる妖怪は特に多く存在するので、民俗資料は隅々まで読み尽くす必要がある。

弐 紹介者と妖怪

ちりめん本

欧州諸国に翻訳された日本の妖怪

縮緬本とは明治中期から昭和初期にかけて刊行された多色刷りの和綴じ本の一種である。縮緬のような装飾紙を使用し、およそ縦一五センチ・横一〇センチの薄い袋綴じ装である。表紙・挿絵の多くを小林（鮮斎）永濯（一八四三〜一八九〇）が手掛けており、美術的な価値も高い。永濯はちりめん本出版開始の頃にはすでに様々な新聞雑誌・単行本・引札などのイラストを担当しており、人気のある絵師だった。

ちりめん本の創始者長谷川武次郎（一八五三〜一九三八）は商家に生まれ、英語に堪能であったことから英語をはじめとする西洋諸語に日本のいわゆる昔話類の翻訳本を刊行し、ちりめん本以外の書型の本やカレンダーも出した。

一八八五年［明治一八］頃、欧文日本昔噺シリーズの刊行を開始する。出版社は東京の京橋の弘文社で、ここは武次郎の兄西宮松之助が翻刻出版事業に大きく関わっていたところであった。[1] ちりめん本には海外向けの土産物という需要があったが、本来の目的は、尾崎るみによると、英語教科書翻刻事業の成功によって「外国語学習の副読本として売り出そうと考えた」ようである。[2] 英語版のほか、フランス語・ドイツ語・オランダ語・スペイン語・ポルトガル語・ロシア語・スウェーデン語・イタリア語・デンマーク語などの版が続いた。

英語版の翻訳者は宣教師ジェイムズ・ヘボン、宣教師デヴィッド・タムソン、東京帝国大学の英語講師であるお雇い外国人バジル・ホール・チェンバレン、英国海軍軍人の妻ジェイムズ夫人、そしてラフカディオ・ハーン（小泉八雲）などがいる。それ以外の欧文翻訳は英語版に基づくものと考えられると尾崎は推測する。[3]

なお、一九〇〇年〔明治三三〕、大阪の書肆松室八千三が『昔噺』一〇種を国内向けに出すが、不発に終わる。[4]

妖怪の登場する作品

さて、ちりめん本の主流たる欧文日本昔噺シリーズは次の全二〇冊から成る。

桃太郎・舌切雀・猿蟹合戦・花咲爺・勝々山・鼠の嫁入・瘤取・浦島・八頭の大蛇・松山鏡・因幡の白兎・野干の手柄・海月・玉の井・俵の藤太・鉢かづき（後に「文福茶釜」に変更）・竹篦太郎・羅生門・大江山・養老の滝

その後、続編や第二シリーズとして『化け蜘蛛』『不思議の小槌』『壊れた像』なども出た。ただし、英語版以外は揃いで確認できていない版も多い。

このうち、『桃太郎』には鬼ヶ島の鬼、『舌切雀』には葛籠の中から化け物、『瘤取』には宴をする鬼、『羅生門』には渡辺綱を襲う鬼、『大江山』には酒呑童子とその眷属の鬼たちが登場する。ではこれらの妖怪たちがどのように西洋諸語に翻訳されたのだろうか。以下では幾つか具体的に見ていこう。

『桃太郎（*Momotaro*）』の鬼は、タムソンの英訳ではDevilとなっている。ヘボン英訳の『瘤取（*KOBUTORI*）』でも鬼はDevilである。今日、Devilといえば悪魔でほぼ統一されるが、明治期は鬼とされることも多かった。一八七九年［明治一二］に刊行された高橋五郎『漢英対照　いろは辞典』には「おに（名）　鬼，鬽，悪魔　A devil; demon.」と記されている。鬽とは物の怪、化け物を指す。これに先行する『和英語林集成』（一八七二）の「ONI　オニ　鬼」の項にも「A devil, demon, fiend, the spirit of one dead, a ghost; also an epithet for a powerful or bad man.」とあり、Devil、Demonがまず示されている。他方、DEMONの項にも「Oni, akki, akuma, ma, yasha, gozu-mezu, kishin.」（鬼、悪鬼、悪魔、魔、夜叉、牛頭馬頭、鬼神）の語句が当てられている。[5] このように、鬼はかなり幅広い意味を含有する概念として受け取られ、少なくとも子ども絵本に描かれる赤鬼・青鬼のような限定的なものではなかったようである。

この時期、鬼の意味によく用いられた語として、もう一つOgreがある。今日ではオーガー、オーガ、オグルという外来語としてそのまま表現されることが定着している。これは恐らく一九八〇年代以降のゲームを中心とするエンターテイメント文化の中で浸透していったもので、この時期、日本国内における日本の鬼とオーガーとの差別化が進んだのではないかと推測される。もっとも、日本の鬼と融合した姿で描かれることも多い。

閑話休題（それはさておき）、Ogre については、二つの作品の標題に使われている。一つはジェイムズ夫人の英訳による『羅生門』で、英題は*THE OGRE'S ARM*。源頼光四天王の世界を共有していない外国人をターゲットとしている以上、羅生門では意味が分からないので、この物語の重要な要素である渡辺綱に切り落とされた腕をタイトルに用いたのだろう。もう一つは『大江山』で、英題は同じくジェイムズ夫人によって *The OGRES of OYEYAMA* と付けられた。

はやく一八六〇年〔明治二〕刊行の『英和対訳袖珍辞書』にOgreを「人ヲ食フ鬼」と説く。一八六九年〔同一一年〕刊行の高橋新吉・前田献吉・前田正名編『和訳英辞書』にも「人ヲ食ウ鬼（クラヲニ）」と見える。さらに一八七三年〔明治一五〕の柴田昌吉・子安峻編『英和字彙』になると、「**Ogre** (ō´ger), **n.** 食人鬼（ヒトクヒオニ）（小説（セフセツ）ノ）」と見え、架空の存在であることを前提とした説明になる。時代が下り、一九一八年〔大正七〕刊行の齊藤秀三郎『熟語本位　英和中辭典』でも「O´gre（オーウガ〜）【名】（伽噺の）鬼、食人鬼。」とあって、お伽話の中のキャラクターとしての鬼と捉えられている。その意味で、羅生門の鬼や酒呑童子をOgreとするのは至極当然だろう。

他の欧文について触れると、『羅生門』『大江山』どちらの作品も、仏語ではOgreが、スペイン語ではOgroが採られている。しかし、『桃太郎』の鬼については仏語でGénies（イタリア語もGenii）と訳されているのに対し、スペイン語ではOgroが採られている。一方、『瘤取』の鬼については仏語でDémon、スペイン語でDemonioと同根の語が使われているが、これが訳者の個人的な解釈の差か、文化的背景の違いによるものかは不明である。

ドイツ語では『桃太郎』の鬼をKoboldとするのに対して、『瘤取（*Der alte Mann und die Teufel*）』ではTeufelとする（両書ともドクトル・A・グロス訳）。トイフェルは『瘤取』の鬼（Devil）の訳語で

あることは原題にこれが用いられていることから説明を要しないだろう。同じころ日本に入ってきたグリム童話でもこれを鬼もしくは悪魔と和訳する。[6] たとえば一九〇九年〔明治四二〕刊行の和田垣謙三・星野久成訳『〈グリム原著〉家庭お伽噺』では悪魔と訳している。一方、コボルトは、今日、犬の頭を持つデミヒューマンとしてイメージされているが、これは『ダンジョンズ&ドラゴンズ』の影響である。[7] 本来、人家に棲む精霊(スピリット)の一種でブラウニーやノームに近い。

「舌切り雀」では終盤に隣の欲深い婆さんが雀から重い葛籠(つづら)をもらって帰り、開いたら様々な化け物が飛び出してくるという場面がある。一八八二年〔明治一五〕刊行の『舌切雀』(大森銀次郎編・発行)では「いろ〱のばけもの」とし、下って一九二三年〔大正一二〕刊行の楠本正雄『日本童話宝玉集』下所収話でも「いろいろなお化(ば)け」とし、他もおおむね変わらない。これを一八八五年刊行、タムソン英訳の『舌切雀(*SHITAKIRI SUZUME*)』はFrightful Devilsとする。恐ろしい鬼たちという意味合いであろうか。ドイツ語Schädlichen Gespensternやスペイン語Horribles Diablosはこれと同義。フランス語ではPetits Diablesとあって葛籠から小さな鬼(小悪魔)たちが出て来たという感じになっている。

この他、珍しい妖怪が出るものとして、日本昔噺第二シリーズ中の『化け蜘蛛(*THE GOBLIN SPIDER*)』(一八九九)が挙げられる。ラフカディオ・ハーン英訳。本作品には半頭(一つ目)半身の女の姿をした奇妙な化け物が登場する。英題ではゴブリンの語が用いられ、スペイン語版でもDuendeというゴブリンを意味する語に訳されている。

ある侍が廃寺に行くと、半頭半身の女が現れて侍に三味線を手渡す。すると三味線の糸が蜘蛛の糸に変わり、侍を絡めとる。しかし刀で化け物を切りつけると化け物は逃げ去った。翌朝、村人の助けで糸が除かれた侍は血痕を辿って化け物の巣穴に至り、ついに退治するという話。基本的に源頼光の土蜘蛛退治譚を踏まえた展開になっている。*The Haunted Temple*（化け物寺）というタイトルがチェンバレン宛書簡に見え、これが*THE GOBLIN SPIDER*に決定

『新編 日本の怪談』（角川ソフィア文庫）

する前の仮タイトルだったらしい。[8]なお、この話はハーン著・池田雅之編訳『新編 日本の怪談』（角川ソフィア文庫、二〇〇五）に翻訳掲載され、表紙（旧版）にも使われていた。

ちりめん本に描かれるイラストの中には、作品世界と関係ない遊び心が窺われ、魅力の一つとなっている。たとえば一八八六年［明治一九］刊行のチェンバレン訳『八頭ノ大蛇（*The Serpent with Eight Heads*）』は素戔嗚尊による八岐大蛇退治の物語である。その最終丁オモテには、江戸東京の郷土玩具の麦藁蛇が描かれている。榎本千賀は、八頭の大蛇と郷土玩具麦藁蛇を結び付けて「東京から海外にちりめん本を発信していこうという武次郎の気概と遊び心」を読み取っている。[9]他にもたとえば『竹篦太郎（Schippeitaro）』（一八八八）には猫の踊りが描かれ、『文福茶釜（*The Wonderful Tea-Kettle*）』（一八九

六）の後表紙には練木（れんぎ）のお化けが描かれている。

このように、近代初期における比較妖怪学の資料として重要な資料群として今後広く活用されることが期待される。

（伊藤慎吾）

注

［1］尾崎るみ「弘文社のちりめん本『欧文日本昔噺』シリーズ誕生の背景——長谷川武次郎・デイビッド・タムソン・小林永濯の協働」（『白百合女子大学児童文化研究センター研究論文集』二三、二〇二〇—三）。

［2］前掲尾崎注1論文。

［3］前掲尾崎注1論文。

［4］榎本千賀「解題」（中野幸一・榎本千賀編『ちりめん本影印集成』四、勉誠出版、二〇一四、三〇二頁）。

［5］一八八六年刊行の改正増補版ではfiendの次にimpが追加されている。

［6］日本の昔話に登場する鬼とグリム童話の鬼との違いについては太田伸広「グリム童話と日本の昔話の比較：グリム童話に登場する Teufel の像と日本の昔話に登場する鬼の像」（『人文論叢（三重大学）』二七、二〇一〇—三）に詳しい。

［7］森瀬繚『ファンタジー資料集成　幻獣&武装事典』（三才ブックス、二〇一六、四二頁）。

［8］石井花「小泉八雲とちりめん本——『若返りの泉』の成立過程を中心に——」（『ヘルン研究』四、二〇一九）。

［9］前掲榎本注4解題。二九八頁。

参考文献

・石澤小枝子　二〇〇四『ちりめん本のすべて　明治の欧文挿絵本』三弥井書店
・「ちりめん本コレクション」白百合女子大学図書館HP（https://www.shirayuri.ac.jp/lib/archive/rarebooks/crepepaperbooks/collection.html）

上・『大石兵六物語絵巻』《このつきとっこう》国立歴史民俗博物館（国立歴史民俗博物館『異界万華鏡』2001）
下・『大石兵六物語』《此月とっこう》早稲田大学図書館（南丹市立文化博物館『妖怪大集合!!』2008）

薩摩の大石兵六（おおいしひょうろく）と狐たちの攻防を描いた絵巻物で、狐たちの見せる妖怪が多数登場する。《このつきとっこう》はみみずく・ふくろうの鳴き声の「聞きなし」が呼び名になった例である。「大石兵六物語」と「大石兵六夢物語」に登場する妖怪のミエンブロは異なっており、『大石兵六夢物語』には《このつきとっこう》、《ぬらりひょん》、《てれめんちっぺい》をはじめとした画像妖怪群が登場しない点に両作品の差異がある。本書第二部199頁も参照。

（氷厘亭氷泉）

『大石兵六物語』《てれめんちっぺい》早稲田大学図書館（南丹市立文化博物館『妖怪大集合!!』2008）

弐 紹介者と妖怪

妖怪普及者ハーン

訪日者たちが見たストレンジ・シングス

日本においては英語教師、怪談作家として知られるラフカディオ・ハーン（小泉八雲）は、後に各分野で活躍する若者たちを数多く指導したが、ハーンと同時代に活動していた井上円了や柳田國男とは、多少の接点はあったものの相互に影響を及ぼすことはほぼなかった。[1] しかし、ハーンの活動は妖怪研究史とは異なる領域に間違いなく大きな足跡を残していた。今回はその研究史とは異なる部分、より広範な「妖怪の歴史」に与えた影響について考えてみたいと思う。

ハーンの邦訳履歴

ハーンが日本の風俗や怪談・妖怪について執筆した記録は、その大半が日本国外に向けて発信した英語の記事や書籍であった。そのため、日本国内におけるハーンの記録は基本的に翻訳者による和訳作業を介した、いわば逆輸入のような形で流通している。ハーンの訳書は現在に至るまで無数に刊行されているため、そのいくつかを取り上げよう。

最初期の翻訳としては、本多孝一（ほんだこういち）による『英和対

訳　幽霊』（明治四〇年（一九〇七））と『妖怪奇談集』（明治四四年（一九一一））がある。これらはハーンが明治四〇年に東京で病没してから間もなく刊行されたものであり、どちらも学生が英語を勉強するための参考書として書かれている。本多は『妖怪奇談集』の緒言で「其文、平易にして而も卑俗に陥らず、流麗にして而も浮華に流れず。蓋し當代に得易からざるもの」「然し事実上ヘルン氏の著作は欧米に於て非常なる喝采を博して居るにも拘はらず、日本に於てはあまり廣く愛読されて居ない。是れ誠に惜しむべき次第である」と記しており、ハーンの著作が当時の日本国内においてあまり流通していなかったことがうかがえる。また、初期の邦訳の時点で選ばれた著作が『怪談（原題“Kwaidan: Stories and Studies of Strange Things”）』収録の作品であった点にも注目したい。

　英文学者であり、ハーン研究でも知られた田部隆次（一八七五～一九五七）は、帝国大学文科大学（現在の東京大学文学部）の英文科撰科に入学し、ハーンから直接講義を受けた。卒業後もハーンとの交流は続き、ハーンの死後は遺された家族のため、出版社との交渉や通訳を請け負った。田部は大正三年（一九一四）に伝記『小泉八雲』を刊行したほか、大正一五年（一九二六）から刊行された最初の邦訳全集である第一書房版『小泉八雲全集』にも訳者として参加した。また兄の南日恒太郎と共に、富山高等学校にハーンの旧蔵書からなる「ヘルン文庫」を設立するなど、ハーンの事績を後世に遺すことに尽力した人物である。

　イギリス文学の翻訳者・平井呈一（一九〇二～一九七六）は昭和三九年（一九六四）から刊行された恒文社版『全訳　小泉八雲作品集』で翻訳を担当

したほか、『小泉八雲入門』なども執筆した。また平井は『魔人ドラキュラ（吸血鬼ドラキュラ）』や『吸血鬼カーミラ』といった怪奇小説の翻訳でも知られている。ハーンの長男・小泉一雄とも友人関係を築き、江戸文化について語り合うなどしていたという。

小泉一雄も父についての回想録を執筆するなどしたが、注目したいのは昭和九年（一九三四）刊行の『小泉八雲秘稿画本　妖魔詩話』である。ハーンの没後に刊行された遺稿集『天の河縁起（天の川綺譚）（原題"The Romance of the Milky Way and Other Studies and Stories"）』に収められた「化けものの歌（原題"Goblin Poetry"）」は、嘉永六年（一八五三）に刊行された狂歌集『狂歌百物語』からハーンが独自に選定・翻訳したものである。一雄はハーンの遺品からその草稿とノートを見出し、自らの邦訳による『小泉八雲秘稿画本　妖魔詩話』として刊行した。[2]ハーンは「化けものの歌」に『狂歌百物語』から狐火・離魂病・大蝦蟇・蜃気楼・ろくろ首・雪女・船幽霊・平家蟹・家鳴・逆柱・化地蔵・海坊主・札剥（へが）し・古椿といった妖怪を抜粋し、それぞれ数句の狂歌とともにその妖怪について紹介している。『妖魔詩話』には大蝦蟇と蜃気楼以外の項目の草稿と共に、ハーン自身が描いたそれぞれの妖怪画が掲載されている。ハーンが描いた妖怪は『狂歌百物語』の挿絵とは異なる独自のデザインであり、ハーンがイメージした妖怪を文章と画像の双方から知ることができる貴重な資料である。[3]

ハーンの邦訳は現代においても盛んに行われているが、[4]近年の邦訳書の中でも特に異色の作品が、小説家・円城塔（えんじょうとう）による『怪談』である。従来の邦訳はそれぞれの訳者の特徴をにじませつつも、全体的に日本語読者にとっての読みやすさや、ハーンの流麗な文体の日本語再現を基本としてきたが、円城はこの邦訳において、原本が刊行された当時の英語読者が受け止めた「脅威の書」としての再現を目指している。この邦訳の最大の特徴は「直訳調」であり、文中の人名や地名など、原文で日本語をアルファベット表記した単語について、あえてカタカナで表記するなどの工夫が凝らされている。それにより、全体的にハーン邦訳書としては雰囲気のまるで異なる文体となっているが、結果的に現代の日本語読者が当時の英語読者が体験した「知らない異国の不思議な物語」のように読むことができるようになっている。このように、ハーンの作品を新たな視点から表現する動きなどからも、現代においても変わらぬ人気の高さをうかがうことができるだろう。

ハーンの描いた「船幽霊」の絵（『小泉八雲秘稿画本　妖魔詩話』収録）

ハーンがプロデュースした雪女

ハーンの記した妖怪譚・怪奇譚の多くは、既存の説話や読本（よみほん）に書かれた物語を原拠とした再話形式で記されているが[5]、そのような出典の存在しない話として有名なのが、明治三七年（一九〇四）に刊行された『怪談』所収の「雪おんな」である。『怪談』の序文には「「雪おんな」という奇談は、西多摩郡

調布村のある百姓が、土地に伝わる伝説として、わたくしに語ってくれた話」と記されており、現在の東京都青梅市南部から採話されたことがわかる。しかし、比較文学者の牧野陽子は『ラフカディオ・ハーンと日本の近代』において、ハーンの執筆（邦訳の初出は前述した『妖怪奇談集』である）以前に遡っても「雪おんな」と同系統の話を文献上に確認することはできないという。例えば青木純二『山の伝説　日本アルプス編』（昭和五年（一九三〇））には、話の流れだけでなく登場人物の名前まで酷似した話が、信州地方の白馬岳（しろうまだけ）の話として記されているなど、ハーンの「雪おんな」と同系統の民話自体は確認されているが、そのいずれもが『怪談』刊行以後の記録である。ハーン研究や民俗学においてこのようなハーンの「雪おんな」と類似した雪女民話は、「雪おんな」を参考にしているか「雪おんな」が民話として地域に定着していったものであるという見解で一致している。[6]

雪女に類する妖怪（雪女郎、雪婆、雪娘など）は民話や世間話、俗信などで全国的に報告されているが、その多くは雪山や降雪の中に現れる女や老婆の姿をした恐ろしい存在であるか、様々な理由で家を訪ねてくるが風呂に入れたり囲炉裏にあたらせたりしたら溶けてしまったという話である例が大半を占めている。ハーンの「雪おんな」はこのどちらのパターンの要素も有しつつ、物語として完成された独特の話であるが、今日における雪女という妖怪のイメージは多くの場合「雪おんな」を原型としている。雪女が強い物語性を持った妖怪として有名になったのは、妖怪普及の歴史におけるハーン最大の功績の一つと言えるだろう。

ハーン、グリフィス、スミス

欧州人という出自と視点から日本の妖怪を観察・表現したハーンの事績は、妖怪の普及・展開の中でも独特のポジションにあり、後世の人々に与えた影響も大きく、日本の妖怪を語る上で欠かすことのできない人物であることは間違いない。しかし同じ頃、ハーンと同様に日本を訪れて日本の怪談・妖怪譚を記録した外国人が他にもいた。アメリカから理科教師として来日したお雇い外国人の一人であるウィリアム・エリオット・グリフィス（一八四三〜一九二八）と、博物学者として幾度も来日し日本の風俗や伝説を記録したリチャード・ゴードン・スミス（一八五八〜一九一八）である。

グリフィスはハーンよりも前、明治三年（一八七〇）にお雇い外国人として来日し、福井藩校明新館や東京の大学南校（現在の東京大学の前身の一つ）に勤めて化学を教え、約四年間日本に滞在した。グリフィスが明治九年（一八七六）に刊行した『皇国（原題"The Mikado's Empire,"）』は日本の通史と自身の滞在記で構成され、当時の日本の宗教や生活について記された資料として知られている。またグリフィスは明治一三年（一八八〇）に『日本の御伽の世界（原題"Japanese Fairy World: Stories from the Wonderlore of Japan"）』など、日本の民話集をいくつか刊行している。[7] グリフィスとハーンに直接的な交流はなかったが、グリフィスから学んだ雨森信成（あめのもりのぶしげ）という福井の士族が後にハーンと友人になり、またグリフィスとハーンは互いに著作を読んでいた形跡があるなど間接的に認識はしていたようである。

スミスはハーンよりも後、明治三一年（一八九八）に初来日し、以後六度も来日して日本の動植物

を記録した。スミスは当時の滞在記録を手記にして遺しており、後にそれが『ゴードン・スミスのニッポン仰天日記（原題"Travels in the Land of the Gods: The Japan Diaries of Richard Gordon Smith"）』として刊行された。スミスは同時に日本の民話や伝説なども書き留めており、明治四一年（一九〇八）に『日

スミスが蕪雪という絵師に描かせた"The Procession of Ghosts"。『化物尽』系統の画像妖怪が多く描き込まれている（『Ancient tales and folklore of Japan』収録）

本の昔話と伝説（原題“Ancient Tales and Folklore of Japan”)』を刊行している。[8] ここで記された「夜舟（よふね）主（ぬし）」という妖怪は日本よりも海外の知名度のほうが高いという逆転現象が起きている（『日本怪異妖怪事典　中国』の一四六頁を参照）。

ハーンやグリフィス、スミスといった明治期の来日外国人は、当時の日本人が当たり前に享受していた日本の怪談や民話に注目し、誤訳や誤読、あるいは創意を含めながらも世界に発信していった。しかし、グリフィスやスミスの著作はあまり日本においては重要視されず、逆にハーンの著作と活動は現代に至るまで幾度となく取り上げられ、親しまれている。グリフィスやスミスは日本の文化を愛しつつも、日本が西洋の技術や思想を受容して「文明化」することに肯定的であったのと異なり、ハーンは日本の急速な近代化を憂慮し、最終的には小泉八雲として日本に骨を埋めてでも前近代の日本の面影を遺そうと活動を続けた。そこにはハーンという人物が持つ来歴とキリスト教社会に対する不信感という個人的事情もあったが、日本社会に溶け込み、日本で多くの家族や友人、教え子を得たことが、彼の事績が後世まで受け継がれていく地盤となったのは間違いない。

いずれにせよ、外国人から見た日本の妖怪は国内の妖怪普及の歴史と接触しつつも異なる変遷を遂げており、その流れに注目することも非常に重要である。ハーンは勿論のことながら、そのほかの来訪者たちが遺した記録も綿密に辿っていくことが今後の課題と言えるだろう。

（毛利恵太）

注

[1] 妖怪研究史におけるラフカディオ・ハーンとその教え子については『列伝体　妖怪学前史』第一部のコラム「小泉八雲と妖怪関係者」(三五頁)に詳述されている。

[2]『妖魔詩話』序文によると、明治三六年(一九〇三)にハーンに頼まれて「妖怪に関する歌の本」を探した妻・小泉セツが『狂歌百物語』を買ってきたところ、ハーンは「コウ面白イ！　貴女忙シ無イノ時、是非読ム下サレ、私翻訳シマセウ」と喜んだという(三頁)。

[3]「怪異考」「化け物の進化」などでも知られる物理学者・寺田寅彦は昭和九年一〇月二九日の帝国大学新聞に『妖魔詩話』の書評を記しており、その中で「複製原稿で最も面白いと思ふのは、詩稿の傍に書き添へられた色々の化物のスケッチであらう。それが実にうまい絵である。さうして、それは矢張り日本の化物のやうでもあるが、その中の或物例へば「古椿」や「雪女」や「離魂病」の絵には何処かに西欧の妖精らしい面影が彷彿と浮んでゐる」(『寺田寅彦全集　文学篇　第一六巻』六四頁)と評価している。

[4] 作品だけでなく、ラフカディオ・ハーンという人物そのものに注目し、創作に用いた例もある。『ハーン・ザ・ラストハンター　アメリカン・オタク小説集』収録の「ハーン・ザ・ラストハンター」及び『妖怪処刑人　小泉ハーン』は、アメリカ人のトレヴォー・S・マイルズが執筆した同人小説を『ニンジャスレイヤー』シリーズで知られる本兌有と杉ライカが翻訳したという形式で発表された伝奇アクション小説である。「ハーン・ザ・ラストハンター」は明治維新が成立せず、江戸幕府と薩長連合が内戦状態にあるという架空の日本において、幽霊・妖怪の狩猟を生業とするハーンが活躍するという冒険活劇なのだが、ハーンが記した妖怪譚だけでなく、ハーンが自身の幼少時代について記した「私の守護天使」で語られた、顔の無い従姉妹の幻を見たエピソードなども参照されている。また同時代に活躍していた探検家のイザベラ・バード(ハーンの来日以前に日本を旅行)や小説家のブラム・ストーカー(『吸血鬼ドラキュラ』などを執筆)もキャラクターとして登場するなどハーンの周辺や背景を踏まえた上での作劇となっている。

[5] ハーンの作品と参考にした原拠については、講談社学術文庫の『小泉八雲名作選集　怪談・奇談』が詳しい。各作品の原拠解説や翻刻も掲載されており、この一冊で比較が容易となっている。

[6] 調布村の百姓が語った話とハーンの「雪おんな」について、牧野は百姓が語った話はもっと単純で素朴な話であり、「雪おんな」はハーンの想像力によって補われた創作に近い再話だったのではないかと推測している。なお現在の東京都青梅市千ヶ瀬町には「雪おんな縁の地」という石碑が建てられるなど、青梅が「雪おんな」の〝舞台〟である、と認識されることが多いが、実際の「雪おんな」には「武蔵の国のある村」としか記されておらず、他の具体的な地名は出てこない。「雪おんな」が原話からどの程度編集されているかも不明であるが、恐らく原話の時点で「調布村を舞台にした話」ではなく「調布村で語られていた話(実際の土地とは無関係な「昔々あるところに〜」

に近い話)」だったのだろうと思われる。

[7] この他にも、グリフィスは未刊行原稿「大名政府(大名の政府)」の中で、当時の福井で語られていた亡霊・イッパクについても記録している。イッパクについては杉原丈夫(すぎはらたけお)『越前の民話』に詳しく、また『日本怪異妖怪事典 中部』においても紹介している(一三八頁)。

[8] スミスの手記は大阪青山短期大学(大阪青山大学短期大学部)が所蔵していたが、二〇二一年に学部が廃止されており、現在の所在は不明。手記の中には『日本の昔話と伝説』を執筆する原本となった民話・怪談を多数記録したものもあり、またその記録には蕪雪、梅芳、白水という日本人絵師による挿絵も多数挿入されているという。『日本の昔話と伝説』未採用の話の一部と挿絵の一部は『ゴードン・スミスの日本怪談集』として刊行されている。

参考文献

・Richard Gordon Smith(著) 一九八六『Ancient tales and folklore of Japan』Bracken Books

・朝里樹(監修)、高橋郁丸・毛利恵太・怪作戦テラ(著) 二〇二二『日本怪異妖怪事典 中部』笠間書院

・朝里樹(監修)、寺西政洋(著) 二〇二三『日本怪異妖怪事典 四国』笠間書院

・阿部能成(編) 一九三六『寺田寅彦全集 文学篇 第一六巻』岩波書店

・伊藤慎吾・氷厘亭氷泉(編) 二〇二一『列伝体 妖怪学前史』勉誠出版

・小泉八雲(著)、小泉一雄(編) 一九三四『小泉八雲秘稿画本 妖魔詩話』小山書店

・小泉八雲(著)、平川祐弘(編) 一九九〇『小泉八雲名作選集 怪談・奇談』講談社

・杉原丈夫(著) 一九六六『越前の民話』福井県郷土誌懇談会

・平井呈一(訳) 一九六四『全訳 小泉八雲作品集 第一〇巻』恒文社

・ブラッドレー・ボンド(編)、本兌有・杉ライカ(訳) 二〇一六『ハーン・ザ・ラストハンター アメリカン・オタク小説集』筑摩書房

・本兌有・杉ライカ・トレヴォー・S・マイルズ 二〇一八『妖怪処刑人 小泉ハーン』筑摩書房

・牧野陽子 二〇二〇『ラフカディオ・ハーンと日本の近代 日本人の〈心〉をみつめて』新曜社

・ラフカディオ・ハーン(著)、円城塔(訳) 二〇二二『怪談』KADOKAWA

・ラフカディオ・ハーン(著)、本多孝一(訳註) 一九一一『妖怪奇談集』秀文館

・リチャード・ゴードン・スミス(著)、荒俣宏(編訳) 二〇〇一『ゴードン・スミスの日本怪談集』角川書店

・リチャード・ゴードン・スミス(著)、吉澤貞(訳) 一九九三『日本の昔話と伝説』南雲堂

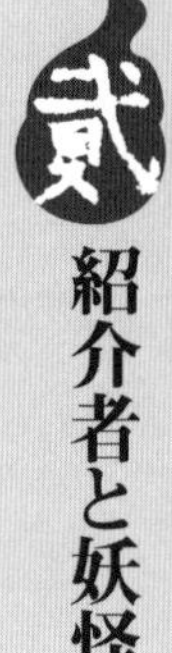

紹介者と妖怪

民話の本

むかしむかし、日本に民話ブームがありました

民話とは

民話とは、昔話や伝説、世間話などの話をまとめて言い表す語として使われている。そしてお化けが出る民話もたくさんある。ここでは身近にある民話の本について記す。

「民話」という用語は大きく二つの見方がある。[1]

一つは芸術的な評価であり、もう一つは、学術的な使用である。

芸術的な使用としては、戦後は、民衆こそが社会の主役だとする考えが台頭してきた。その流れを受けるように、木下順二の『夕鶴』の上演で昭和二七年に「民話の会」が成立、『民話』という雑誌が刊行された。活動の基調は、民衆が生活における喜怒哀楽や笑いを込めて伝えてきた話を、積極的に評価していこうとする姿勢にあふれていた。

一方の学術的な立場もかつては二つに別れていた。一つは柳田國男などの民話という語を避ける流れである。それ以前の昭和初めごろから昔話や伝説などを採集し、研究を続けてきた柳田國男などの民俗学研究者は、民話という用語の使用を避けていた[2]。

一九七〇年代には未来社の日本の民話シリーズが出て、絵本も多様化、アニメ「まんが日本昔ばなし」（TBS、一九七五～一九九四）が放映開始、大人気になる。

一方で学問の中にも関敬吾のように、民話という語を一般庶民が伝えてきた話であるとして、「民間説話」の略語として使う人もいた。

現在においても民話の語を積極的に使用するのは、芸術的、文芸的に民話を捉える方が多い。学校や図書館で子どもに語りをしたり、老人養護施設や観光地などで語ったりする際に、民話ということばを使用し、また民話を昔話と同義語に使ったりする。

現代の研究者の間では、民話という語を使うことを問題視する向きは少なくなっているが、そもそも昔話や伝説研究者は民話ということばを使わなくとも学術用語の昔話、伝説、世間話を用いて表現すればすむという理由もあるだろう。

民俗学者と民話のかかわりの一例
――未来社の民話

また、未来社の日本の民話の本は、たいへん売れた本で今も書店に並んでいる。

新刊書店で買えるという点で現在他の本より入手しやすい。この日本の民話シリーズは、ディスカバージャパンの頃（本書第一部四～五頁）には再編された合冊版（発売元・ほるぷ）にもなり、版を重ねた。今は新版が書店に並んでいる。

もともとは、瀬川拓男が日本の民話の再話のシリーズを、ということで企画されたという［野村二〇二二］。

ところが、学術的な資料として扱われてはこなかった。

民話と言うのは再話、リライトの問題があり創作性が問題視されていたのだ。たとえば、未来社の日本の民話シリーズにはその土地土地のふるさと性をアピールするがゆえに、いわゆる口承文芸ではないものも載っている。

　たとえば『日本の民話40　八丈島の民話』は出典が『椿説弓張月』と書いてある。[3] つまり民話という語から、語り伝えられてきたものと思ってしまいそうだが、実際には滝沢馬琴の作品を書き改めて本に載せたものなのである。ほかにも出雲の古事記などについても、そうだろう。古事記の内容が出雲で口伝えで昭和まで伝わってきたわけはなく、この本のためにリライトされたのである。

　では、そのあたりの事情が分かりやすい『日本の民話12　出雲の民話』の石塚尊俊による前書きから見てみよう。石塚尊俊[4]は、島根出身の日本民俗学者である。柳田の下で民俗学を学んでいる。つまり本来であればそうした民話という語とは相性は良くない。

　そんな人に民話の仕事を頼んだということが面白い。石塚は次のように述懐する。

> 昔話のシリーズを出す計画があるが、出雲でも一冊つくってみてはどうか、ということを、関敬吾氏からいわれたのは、たしか昭和二十八年の日本民俗学会の折であったと思う。しかし、その時には、出雲ではとても一冊分ほどの量は集まりそうもないと思えたので、そのまま探すこともなく、自然辞退した形になってしまった。ところが、このたび図らずも未來社から、このシリーズの一冊として、「出雲の民話」を入れたいという話があった。この時も、はじめは、とても駄目だろうという気がしたが、た

だ、今度は厳密な意味での昔話のほかに、伝説も入ってよく、また、いわゆる神話も若干入れたいということだったので、それなら、あるいはかなりの量になるかも知れぬという気がして来た。そこで、かねてこの方面に関心の深い岡義重氏、並びに永年国語教育に携っていられる小汀松之進氏に計ってみると、両氏ともやってみようといわれる。

民俗学との流れとの葛藤は次の文に表れている。

ただ、このたびのシリーズは、われわれが日頃あまり使わない「民話」という標題のもとに編まれている。この民話という用語については、かつて「日本民俗学」誌上でもとりあげられたことがあって、問題のまだ残っている語だともいえるが、さりとて、今日や昨日にはじまった言葉ではない。すでに戦前から「肥後の民話」「讃岐の民話」なども出ている。もとよりその受けとり方にはいろいろあるであろう。しかし、私はただ、これをわれわれの方でいう昔話、伝説の総和という風に解してしまった。

こうして、民話と言う語の用法を限定したうえで、さらに創作性は排除しているという弁明がなされている。

昔話、伝説の方も、大部分はそのもとのままの聞き書きではない。それをいまの読み物たらしめるために、いわゆる「再話」がしてある。しかしその再話に当っては、出来るだけ元の形を崩すまいと努めたし、少なくとも意識して創作するようなことは絶対にしていない。再話に当っては、岡、小汀、石塚の三人が一応別々にこれを試み、それを持ちよって検討し合うという方法をとったが、その場合にも、出来るだけ担当者の意志はこれを尊重した。なお原話の提供に当っては、出雲地方の伝説研究の先達である清水兵三氏に、このたび、改めて助力を仰いだむきが少なくなかった。

やはり読み物とする場合は再話がなされることが多く、そうした場合民俗資料としては使えなくなる。実際に未来社の民話の本を資料として使うことをためらう民俗学者も多かったことを再度述べておきたい。[5]

ただし、この未来社の民話の本は、消滅への危機感から書かれていることがはしがきからわかる。皆、消滅への危機感によって突き動かされている。そうした情熱はかつての民俗学者にも通じるところなのではないか。また未来社のこの日本の民話シリーズは童謡なども拾っており、そうした消えゆくものへの記録がなされていると言える。[6] 私は、巻末に歌をのせるのは『遠野物語』からの系譜に連なる意識があるのではないかと思っているが、どうであろうか。

未来社の民話の冒頭にある言葉を見ると、「古き良き日本」とか、「ふるさとの伝承」というような言葉遣いが多い。あまり厳密な言葉ではないし、まして民俗学は、学問のイメージに反し現代のことを扱うべきだということが言われている。ただ、民俗学への需要や期待、魅力は民話のような古き良き日本的なものに根強くあるのだということも自覚しておくべきだろう。

民話はみんなの話

現在では研究者も民話を（例えば民間説話の研究として）研究している。同じような研究はまだまだできるはずである。

よく図書館に民話の本がおいてある。[7] 民話は民俗学だけでなく、童話や創作の不可分な関係にあることはもう述べた。

何といっても世間話の研究を本格化するよりまえに松谷みよ子の『現代民話考』が多数の話をまとめたことや、後に日本民話の会が『学校の怪談』を出したことは無視できない。

現代の子供たちにとって、いや、絵本で育った現在の日本人の大半にとって「児童書・絵本のお化け妖怪 子供たちの妖怪ファースト・コンタクト」[8]であることは疑いようがない。

民話のカオスな状況というのも、創作のエネルギーということから見れば無視できない。[9]そもそも語り手は研究者のことなど知ったことではない。面白ければ語るのである。そして、現在、ブームとはいえなくとも民話は身近にある。聞くものとしてだけでなく、活字化された読み物として図書館にはたくさん置いてあるはずだ。本書の読者には地元の図書館で民話を探してみることをおすすめする。お化けやお化けが好きな人は心を動かされるような話がたくさんあることがわかるだろう。もちろん研究者も妖怪愛好家も知らない話がたくさんあり、読まれるのを待っている。

（永島大輝）

注

[1] 花部英雄、小堀光夫（編）『47都道府県・民話百科』（丸善出版、二〇一九）。

[2] 井之口章次は関啓吾が岩波新書で『民話』というタイトルの本を出した際に、左翼的な活動と関わりのあった民話運動に対して距離を取るべきだと『日本民俗学』三巻一号（一九五五）で指摘している。また、木下が創作した『夕鶴』が柳田國男の周辺に忌避されたとの説もある。結果的に柳田民俗学は民話と距離を取ってしまった［重信 二〇一七］。

[3] 浅沼良次『日本の民話40 八丈島の民話』（未来社、二〇一六 初版一九六五）。

[4] 石塚尊俊（一九一八〜二〇一四）民俗学者。民俗学研究所で柳田國男らの薫陶を受ける。特に『日本の憑き物 俗信は今も生きている』は未来社から出た本である。ちなみにこの本を

徳島県小松島市は民話「狸合戦」で有名。民話はまちおこしにもなる。

出す動機を作ってくれた畏友として井之口章次（本書第一部二八頁を参照）が挙げられている。

[5] このあたりの再検討を、昔話伝説研究会で行っている。本稿を脱稿後、未来社の日本の民話を輪読した『昔話伝説研究』43号（二〇二四）が出た。この輪読は今後も続くようである。

[6] 伊藤慎吾「豊かで深い日本文化を味わう民話ブックガイド」『怪と幽』vol.007（KADOKAWA、二〇二一）には『日本の伝説』（角川書店、一九六九）、『日本の民話』（未来社、二〇〇六）、『日本の民話』（角川書店、一九七三）、『日本の昔話』（日本放送出版協会、一九七七）、『全国昔話資料集成』（岩崎美術社、一九七四）、『いまに語りつぐ日本民話集』（作品社、二〇〇二）、『ふるさとお話の旅』（星の環会、二〇〇五）、『世界の民話』（佑学社、一九七六）、『現代民話考』（筑摩書房、二〇〇四）が紹介されている。

[7] 本書第一部二頁参照。

[8] 本書第三部三二八頁参照。

[9] 近年こうした民話の混沌さを楽しむレベルで提供した作品に『ひどい民話を語る会』（KADOKAWA、二〇二二）がある。冷静に考えれば話を聞かせていただく立場の人間には絶対につけられない書名である。おそらく出版した方々も勇気のいるタイトルだったはずだ。ただ、民話は活字で楽しむものであるこの現代においては優秀なプレゼンテーションである。

そして、「笑い」においては本来的な部分もあるかもしれない。

参考文献

・浅沼良次　二〇一六『新版　日本の民話40　八丈島の民話』未来社

・石塚尊俊・岡義重・小汀松之進　二〇一五『新版　日本の民話12　出雲の民話』未来社

・重信幸彦　二〇一七「『話』という言語実践へのまなざし」日本口承文芸学会編『こえのことばの現在　口承文芸の歩みと展望』三弥井書店

・高田雅士　二〇二三「一九五〇年代の民話運動と歴史学　第一期『民話』の分析を中心に」『駒澤日本文化』一七

・髙畑早希　二〇二二「一九五〇年代の民話運動　雑誌『民話』をめぐって」名古屋大学人文学フォーラム　五号

・野村典彦　二〇二二「一九五〇年代の民話から「現代民話考」へ　瀬川拓男と松谷みよ子の『民話』」「國學院大學栃木短期大学日本文化研究」五号

弐 紹介者と妖怪

九千坊と獏斎坊の故郷

河童が砂漠から来た話とモノシリ佐藤垢石

河童の紹介窓口

　河童の解説として、よくみられるのは、好物について、あたまの上のお皿について、馬鍬や墨壺あるいは仏壇のごはんや煤[1]など嫌いなものについて……などなど、豊富な性質についての事項が多い。

　各地の河童の事例や伝説を詳しく紹介した本には、石川純一郎『河童の世界』（一九七四。新版・一九八五）や和田寛『河童伝承大事典』（二〇〇五）があり、特に前者は手軽に読まれたため、そこで紹介された河童についての情報は研究者から創作者まで、幅広く用いられて来ている。

　また、いくつか点在する解釈のなかには、回転して交わるもの＝蛟＝河童[2]であるとか、風土記の時代の水辺の民[3]であるとか、複雑な軌道の《線》を延ばした《点》も出て来たりする。

　名前や絵姿、どちらか片方ダケでもイメージ伝達が可能な存在であるせいもあって、河童についての性質以外のあれこれも、詳述してゆけば流沙のように限りがない。

九千坊のはなし

そんな河童たちに関するはなしとして、しばしば紹介されているのが、河童は大陸から泳いで玄界灘を突破し、日本へ渡って来たというものである。

遥か黄河の遥か上流あるいは西域の砂漠から、河童の群れを指揮して九州へ行き着き、球磨川を居住地に定めるようになったのが《九千坊》という河童である——という情報は、広く紹介されて来ている。

一八世紀の版本『本朝俗諺志』にある「肥後川童」[4]（巻二）という記事にも、加藤清正と九千坊たちの間にあった諍いがつづられている。

つまり、古くからこのような渡来のはなしがあるのだ——と見えがちだが、あくまで『本朝俗諺志』にあるのは清正とのはなしダケで、河童たちが大陸から渡って来たという箇所は存在しないのである。

河童モノシリ垢石

河童の情報を広く普及させたのは、特に大正～昭和の創作物の影響が大きいのだが、随筆を通じて知識層・読書層に広くその紹介者となっていたのは、釣りや食についての随筆で知られた佐藤垢石[5]（一八八八～一九五六）である。

大正～昭和にかけ舞台・文章・映画・放送と幅広く活躍した徳川夢声[6]（一八九四～一九七一）も、談話や随筆で河童についての事柄を用いる際、参考していたのは垢石のモノシリ文章と見られるし、石川純一郎『河童の世界』にある河童の渡来のはなしも、参照元の藤崎定雄「河童昔ばなし」[7]（『あしなか』三七号、一九五三）を見ると、耳にしたはなしの筋書は垢石の随筆「河童のヘソ」とほぼ同じだったと添記されており、「河童が黄河の上流から渡って来た」

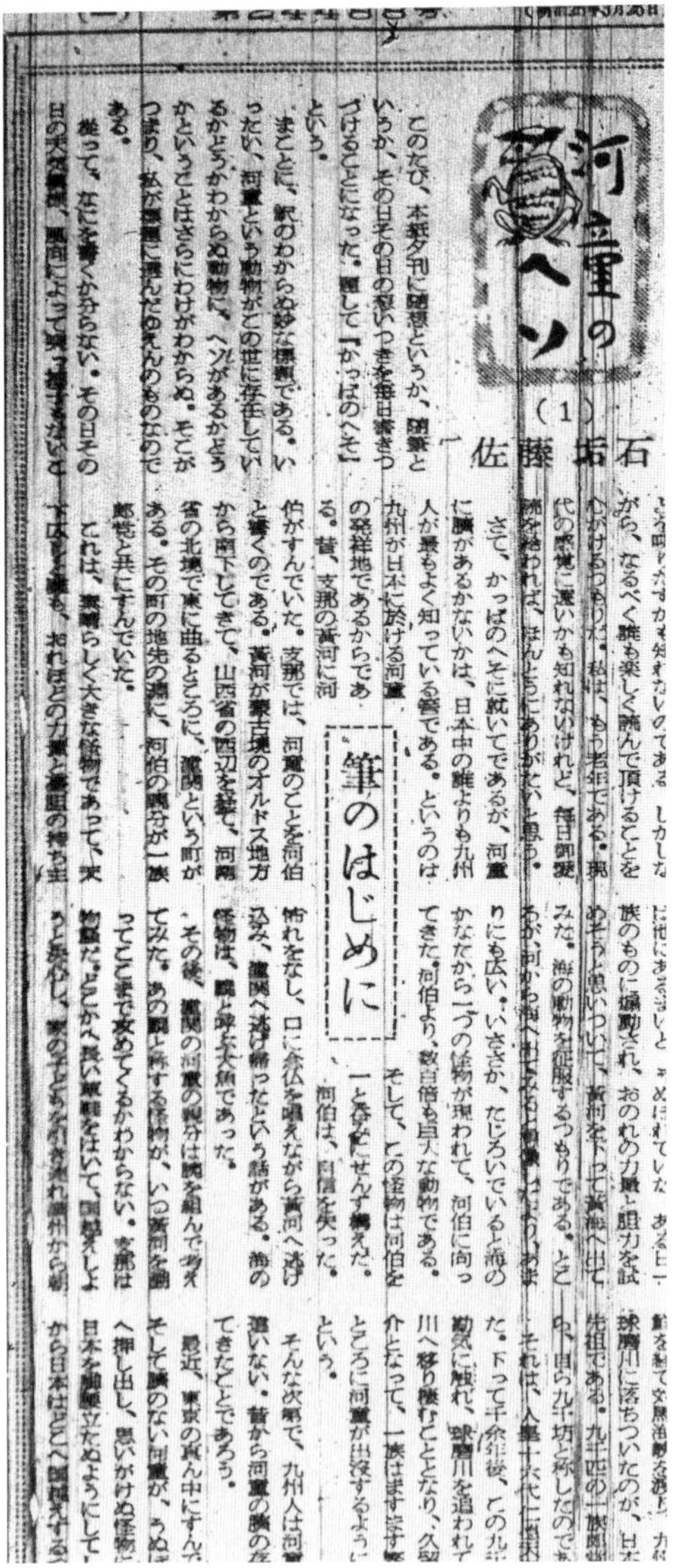

はなしは、その《線》の経路を少し整えて考える必要がある。

ヤルカンド河の食糧危機

『西日本新聞』で一九五一年から連載された「河童のヘソ」[8]は、大陸の潼関にいた河伯の親分が巨大魚の鯤と黄海で闘って大敗し、移住を決めるはなしから始まっており、九州に渡ったその河伯が《九千坊》だと書いている。垢石から発した《線》からの普及は[9]、藤崎定雄の指摘の通り濃厚なようである。

より広く読まれた——となると書籍化された『河童閑遊』（一九五二）の「河童渡海」の章が、日本

『西日本新聞』夕刊・1951年10月1日（国立国会図書館・所蔵）佐藤垢石「河童のヘソ」第1回の掲載紙面。《鯤》に負けた河伯の親分が仲間たち九千匹を引き連れて九州に渡り《九千坊》と称した。それが日本の河童の先祖であるという垢石による河童のものがたりの雛型が既につくりあげられている。

に到るまでの経緯や道中、渡来後の九千坊の事績を詳しく紹介した文章として考えられる。

一般に「黄河の遥か上流・果て」と、どことなく曖昧なまま普及した河童たちの故郷も、この文章で[10]は「中央亜細亜新疆省ヤルカンド河の原流」と明確に設定されている。パミール山地のヤルカンド河（叶爾羌河）の源流をすさまじい寒気が襲い、食糧危機に見舞われた河童たちはよその土地を探すことになった。西へ向かう《獏斎坊》たちと別れ東へ向かった九千坊たちは、ヤルカンド河→タクラマカン砂漠→楼蘭→玉門関→ツァイダム・青海→黄河→オルドス→潼関→黄海→日本海→九州と移動したと説かれている。黄海から先では《海若》という魚とも海獣ともつかない、長さ五六百尺、幅二三百尺もあるという巨大な妖怪が河童たちを襲う場面も存在する。

垢石は『うかれ河童』[11]（一九五五）でも、同様のはなしを紹介している。『狸の入院』[12]（一九五二）では沙悟浄も同郷だと付け足しつつ、少し河童名の異なる展開だが、これも大筋は変わらない。

早稲田大学での後輩にあたる小説家・火野葦平[13]（一九〇七～一九六〇）も、河童たちの故郷をペルシャ・アラビアに設定しており、振り出し地点が垢石よりも少し西になっているのみで、根幹のおなじ物語を作品や談話で用いている。

このように、発端の《点》であるはずの垢石のはなしに出て来る地名や動機、登場妖怪の情報量は、一般に語られるものとは異なって来るわけである。[14]別の方角の道を進んでヨーロッパのハンガリーに到り、向こうで暮らしているとされる獏斎坊たちについては、現在まで妖怪事典や妖怪図鑑などで九千坊と同列に語られる機会はほとんど見られない。

紹介上の長所と短所

この一連のはなしは、東ヨーロッパの水の妖怪や沙悟浄に設定を繋げていることからもわかるように、石田英一郎（いしだえいいちろう）[15]『河童駒引考』（一九四八）に登場する地名や要素を各種配合して生み出されたものと考えられ、一九五〇年代の河童研究や作品群にのせて描かれた随筆上の物語に過ぎず、当時から垢石による潤色・創作と研究者には見られて来ている。

いっぽう、紹介者たちの手を経て九千坊・獏斎坊たちについての壮大な物語は、耳心地の良い部分ダケに削ぎ落され、「九千坊たちが海を渡って九州へやって来た」というサイズにまで小さくなり、現代において広く普及した《伝承》になっているわけだが、あくまでこれは「九州にこんな伝説・河童のはなしがある」という紹介者に特化したお手頃サイズの解説・まめちしきでしかない。

この両者に見られる「黄河の上流から来た」と「ヤルカンドあるいはペルシャから来た」は、同じ意味の《点》だったはずなのだが、「九千坊の伝説」と「垢石・葦平の創作」という別々の《点》に分離してしまっているため、獏斎坊との別れや海若との闘いは、《妖怪情報》としても《妖怪作品》としても一般普及して来てなかったのである。

このように、《点と線》の動きがわかりやすく提示されない限り、研究においても創作においても、両極端に短所が発生する。

その短所というのは、前者で言えば、発生年代や垢石らの存在が全く見えず、近代以前の考察に他者が平気で用いてしまえること。後者であれば、名称や地名など、作品としてたのしむ上で重要な設定部品が多数欠落していることである。

紹介者を通じた流通・普及のなかで、《線と点》は有意義に示されて行かなければ、多数の受容に対し、より良いかたちで触れられる事も少ないことがよくわかるのではなかろうか。

（氷厘亭氷泉）

注

[1] はったい粉など水が欲しくなるものを与えた上で、煤を溶いた水を飲ませ、畑を荒らした河童を懲罰する昔話は、十津川村教育委員会『十津川郷の昔話』第二集（第一法規、一九八九。二二三〜二二六頁）などに見られ、「すすみずは川太郎にとって毒らしい」などの言動も話中に見られる。

[2] 若尾五雄による考察。『物質民俗学の視点』一、二（現代創造社、一九八八・一九八九）に収録の『泉州情報』の日刊記事や、『河童の荒魂　河童は渦巻である』（堺屋書店、一九八九年）で展開されている。

[3] 沢史生『常陸国河童風土記　古代史の騙りごととマツリゴトの今昔』（彩流社、二〇〇三）

[4] 『河童伝承大事典』五九九頁。加藤清正が討伐した河童の頭目が九千坊だったことしかもともと『本朝俗諺志』の原文にはない。

[5] 佐藤垢石　群馬県生まれ。報知新聞社に記者として勤務後、昭和初期から随筆で活躍。雑誌『つり人』（つり人社、一九四六〜）を創刊。『たぬき汁』（一九四一）はじめ随筆集が多数ある。

[6] 佐藤垢石『うかれ河童』の序は徳川夢声が書いており、平素の様子や放送出演をした際の飄々とした垢石のモノシリぶりを記している。夢声も、しばしば「急先鋒」と「九千坊」を掛けた洒落ことばを河童に関する雑文や放送で発している他、映画『踊る龍宮城』（松竹、一九四九）に登場する河童の九千坊も「きゅうせんぼう閣下」と呼ばれており、本項で「きゅうせんぼう」のよみを付しているのもそれらに拠る。火野葦平「天皇とともに笑った二時間」（『河童会議』）には、一九五七年四月に行われた陛下を囲む文化人の放談会で、葦平に河童が西域の果てから来たはなしをさせたのが夢声である様子が描かれてもおり、河童の渡来のはなしという《点》の中身を、談話・文章を通じて当時、昭和天皇や読者たちにまで拡大させた最大の《線》は徳川夢声だとも言える。

[7] 『河童の世界』七七〜七八頁、『新版　河童の世界』八三〜八四頁。

[8] 「河童のヘソ」は『西日本新聞』の夕刊に連載された垢石の連載随筆で、第一回（一九五一年一〇月一日）で河童の故郷についての物語が書かれた（『西日本新聞百年史』西日本新聞社、一九七八。四九〇頁）が、該当文章は『河童のへそ』（要書房、一九五二）など単行本に未収録。この鯤が後ちの海若の基本形なのは、その巨大寸法などからわかる。

[9] はじめのころの垢石は、九千坊の故郷を「揚子江」（『絡む妖美』ロッテ出版社、一九四九。一五頁）「黄河」（『垢石飄談』

八九頁）と明言しているが、この段階も既に垢石による「九千坊の物語」である。

[10]『河童閑遊』一一～一二頁。

[11]『うかれ河童』一八〇～一八二頁。海若の寸法はこちらには出て来ない。

[12]『狸の入院』では、西に向かうのは「般洋精」（三三頁）という河童で、故郷であるヤルカンドのケッツ河に残り、後に九千坊を頼りに九州に来た「緯基念」（三四頁）が登場する。

[13] 九千坊たちの故郷として火野葦平は、近東方面（「邪恋」、『河童曼陀羅』二六〇頁）アラビア地方（「花嫁と瓢箪」、同五一五頁）中近東ペルシャ方面（『河童会議』二四五頁）などを用いており、普及された《伝承》が、葦平の説を採り入れたものだと明言している紹介でも、この故郷の箇所は意図的に削ぎ落とされている傾向が強い。

[14] 山中登『かっぱ物語』（河出書房、一九五六。三四頁）や『わたくしたちの伝説』（読売新聞社、一九五九。一七九～一八〇頁）では、「佐藤垢石によると」と前置きして海若のはなしを紹介しているが、ヤルカンドのことや獏斎坊は出て来ない。

[15] 石田英一郎『河童駒引考』（筑摩書房、一九四八）には、新疆（一九頁）オルドス、青海（二八頁）ツァイダム（二五五頁）ハンガリー（六〇頁）など、九千坊・獏斎坊のはなしに利用されている地名が多数見られる。これに限らず垢石が柳田國男・南方熊楠からも情報や要素を参照していることは、《木の子》・《かしゃんぼ》（『河童閑遊』九九～一〇四頁）などの内容からも確認出来る。ほか、宍戸儀一『古代日韓鉄文化』（帝国教育図書、一九四四）の「河童考」や「河伯の族」の章にも、柳田たちや折口信夫、小川琢治などの文章からの情報の摂取や、鯀（三一九頁）海若（三五一頁）などの語が水神・河童と関係する語句として漢籍から抽出されているのが見られる。大陸との関連を強く示す点に似た香りもあるが、宍戸儀一の文は浜名寛祐『契丹古伝』に重きが置かれており毛色が異なる。

参考文献

- 石川純一郎　一九七四『河童の世界』時事通信社
- 和田寛　二〇〇五『河童伝承事典』岩田書院
- 藤崎定雄　一九五三「河童昔ばなし」『あしなか』三七号　山村民俗の会
- 佐藤垢石　一九五一『垢石飄談』文芸春秋新社
- 佐藤垢石　一九五二『狸の入院』六興出版社
- 佐藤垢石　一九五二『河童閑遊』日本出版共同
- 佐藤垢石　一九五五『うかれ河童』笑の泉社
- 火野葦平　一九五七『河童曼陀羅』四季社
- 火野葦平　一九五八『河童会議』文芸春秋新社
- 久留米市文化観光部文化財保護課　二〇〇九『歴史散歩』二九号「久留米市の河童」久留米市
- 田辺達也　二〇〇〇「河童を担ぐ」『河童共和国』
- https://tycoonart.jp/kappa/archives/372
- 氷厘亭氷泉　二〇二〇「河童とヤルカンド河」『大佐用』一九八号　妖怪仝友会

(12)

(24)
わーい ここまで おいで

(25)
ぱちん
しまった

(26)
『どうだ、かっぱさまの あたまのよいのに おそれいったか。』

『こんやは ひさしぶりで、たぬきじるを ごちそうに なれるぞ とても うまそうな たぬきだね。』

(13)

(27)
おーい おーい
『こまったなあ、ちょびすけは どこへ いってしまったのだろう おとしあなかな……木にのぼって さがしてみようか。』

(28)
あんりゃりゃ あそこに みえるのは ちょびすけだ

(29)
『さて、おゆが わいた。いよいよ ゆでると しようかね えっへっへっ………おきのどくだが たぬきさん、あきらめが かんじんだよ。』

『おかあちゃーん たすけてー。』

東 三平『三太とちょび助』(1951)
『小学三年生』昭和26年3月号の別冊ふろく『にこにこまんがえものがたり』に収録された短篇のひとつ。三尺左吾平のように鞘の先に車のついた刀を腰につけた《三太》と、化け術のつかえる子狸《ちょび助》の仲良しコンビが、殿様の命令で「かっぱとうげ」の先にある加藤清正のお城へ贈り物を届けるストーリー。河童と加藤清正が闘った説話は作中で特に触れられているわけではないが、組み合わせとして河童対清正の構図が、読物や放送を通じて昭和20年代にも浸透していた一例だと言える。

弐 紹介者と妖怪

物語られた隠神刑部

その栄枯転変

四国狸の代表格・隠神刑部

伊予松山（現・愛媛県）の隠神刑部といえば、八百八狸を率いる狸の頭領であり、狸王国である四国地方だけでなく全国的にも名の知られた化け狸である。隠神刑部の物語は、かつて松山藩で起こったという御家乗っ取り騒動の中で語られているが、実はこの騒動は史実において実際に起こった出来事ではない。

享保年間、伊予松山藩の内部では家老同士の権力闘争が起き、享保の大飢饉や久万山騒動（現・上浮穴郡久万高原町の農民たちによる一揆と逃散）が発生する中で、家老の奥平貞国（久兵衛）が最終的に失脚・遠島処分となった。

文化二年（一八〇五）に書かれた実録本『伊予名草』は、松山藩の歴史に創作逸話や口碑を取り入れた小説的な内容となっている。その中で享保の松山藩における一連の史実は、家老の対立から奥平久兵衛による御家乗っ取りの企てと失脚の物語へと脚色された。この脚色された「松山騒動」が講談となって更に手を加えられ、物語を盛り上げる素材として新たに登場したのが、隠神刑部であった（以後、隠神刑部が登場する松山騒動の物語を「八百八狸物」と呼称する）。

物語としての八百八狸物

八百八狸物の講談として最初期のものは、明治二九年（一八九六）の『松山奇談　八百八狸』（揚名(ようめい)舎桃李(しゃとうり)口演、一穴庵(いっけつあん)貉(むじな)速記）や、明治三〇年（一八九七）の前編『松山狸問答』（神田伯竜口演、丸山平次郎速記）及び後編『松山狸退治』などがある。拙著の『日本怪異妖怪事典　四国』の隠神刑部の項目（二七八頁）でも記しているが、『松山奇談　八百八狸』における隠神刑部は天智天皇の御代に生まれ、松山の菩提山菩提寺を守護する古狸であった。松山藩松平家の時代に、犬の乳で育ったために異能の力を持つ武人・後藤小源太(ごとうこげんた)と対面した隠神刑部は、自身を祀って供物を捧げてくれるならば松山藩と松平家を保護すると約束し、小源太は約束を守って隠神刑部を祀った。しかし小源太は後に主君の奥平久兵衛と共に御家乗っ取りを企てたので、隠神刑部は松平家の後継・直次郎を助けて陰謀を暴き、久兵衛は島流しとなり小源太は狸に化かされて自害したのだった。一方の『松山狸問答』『松山狸退治』においては、隠神刑部は御家乗っ取りを企てる一派に助太刀し、最後は稲生武太夫(いのうぶだゆう)[1]という武人と忠義派によって退治されるという筋書きになっている。

　この後も明治四一年（一九〇八）の『松山奇談　八百八狸』（桃川如燕(ももかわじょえん)。『東京毎日新聞』の付録として連載）や、大正四年（一九一五）の『妖怪変化　犬上刑部』（野花山人(のばなさんじん)、立川文庫第九四編。書き講談）、大正一一年の『松山奇談八百八狸　後藤小源

揚名舎桃李『松山奇談 八百八狸』(1896)の安達吟光による口絵。秘宝の藁槌を持つ隠神刑部が描かれている。

太』（浪花亭峰吉（なにわていみねきち）。浪曲）など、講談速記から派生して様々な表現形態で八百八狸物は作られていくが、いずれにおいても御家騒動を巡る後藤小源太や奥平久兵衛、松平隠岐守やその後継の直次郎、そして陰謀によって切腹させられた山内与左衛門（やまうちよざえもん）や芸州の豪傑・稲生武太夫などの人々が物語の中心であり、隠神刑部と八百八狸はそれに花を添える舞台装置的な面が強い。特に八百八狸は個性があまり表現されず、名前もないその他大勢の化け狸としか描写されないことが多い。隠神刑部の「自分たちを適切に祀ってほしい」という行動理由は共通しているが、話の流れによって自分たちを祀る松平家を守護する善玉であったり、逆に自分たちを排斥した松平家を脅かす悪玉であったりと、その属性が一定ではないのである。

以上のように、八百八狸物は講談や浪曲、小説の人気ジャンルとして展開の幅を広げていったが、[2]化け狸伝説としての隠神刑部はある時を境に解釈が一本化されていく。その要因となったのが富田狸通の『たぬきざんまい』（昭和三九年（一九六四））である。

狸を愛した俳人・富田狸通

愛媛県の俳人・富田狸通は大の狸愛好家として知られ、狸を用いた画図や狸像を蒐集したコレクターでもあった。その富田が地方紙『愛媛タイムス』に連載していた狸に関する記事をまとめた書籍が『たぬきざんまい』であり、その内容が後世の化け狸伝説、特に愛媛県の狸たちの話に深い影響を与えたのであった。富田は『たぬきざんまい』の「松山騒動「伊予の八百八狸物語」」という章で、八百八狸物を「日本の三大狸ばなしとして有名である」（五八頁）としている。[3]その成立を富田は『伊予名草』や『松の山鏡』で書かれた実録風物語としての松山騒動を元にして、「江戸時代の末期になって江戸の講談師の田辺南竜がこのお家騒動の中に幽霊や狸を配して講談「松山騒動八百八狸」を書きおろして寄席の高座で扇子の先からたたき出した怪談が当時にヒットして一躍伊予の狸族が大江戸のまん中で八百八狸となって活躍し始めたものである」（五九頁）と解説している。

富田の示す粗筋は以下の通りである。

犬の乳で育った浪人・後藤小源太は、奥平久兵衛に剣術の腕を買われて松山藩に抱えられた。小源太は化け狸・隠神刑部を退治する命を受けて久万山に向かったが、恐れをなした隠神刑部と契約を交わして松山藩の守護神として祀り、その代わりに八百八狸の神通力を行使できるようになった。しかしそれに目をつけた奥平久兵衛が巧言を弄して小源太を御家乗っ取りの一味に引き入れ、彼を通じて隠神刑部をも陰謀に巻き込んだ。これに対して主家の跡取りである直太郎を立てる忠義派の家臣もあり、特に近習頭の山内与右衛門は藩主の松平隠岐守に陰謀について諫言したが、一味によって切腹に追い込まれてしまった。しかしその亡霊が松平家に伝わる「菊一文字」の名剣と結び付き、八百八狸の神通力に対抗して主家を守るのだった。その後、城下町でも八百八狸による怪異や異変が相次いだが、かつて小源太と同門であった芸州広島の剣士・稲生武太夫が次々と狸を退治し、最終的に日頃信仰していた宇佐八幡大菩薩から授かった「神杖」によって隠神刑部と八百八狸を久万山に追い詰めて退治したのであった。

　富田はこの講談が「江戸末期の講談師・田辺南竜」の作品であるとしているが、前述した通り、隠神刑部が登場する講談の最も古い作品は明治二九年の『松山奇談　八百八狸』である。では富田が参照した『松山騒動八百八狸』とは何か？　それは恐らく、昭和七年（一九三二）に刊行された『評判講談第八巻　八百八狸』（大日本雄弁会講談社）内に収録された『松山奇談　八百八狸』（田辺南竜演、鳥居言人画）だと思われる。江戸末期に活動した田辺南竜は二代目（本名、松野房次郎）であるが、『評判講談』刊行時期に活動していたのは五代目（本名、関川正太郎）である。

　『評判講談』に書かれた『松山奇談　八百八狸』の粗筋は従来のものから、追加や改変がなされている部分が多い。最も大きな改変点は、隠神刑部と契約を交わした後藤小源太に悪心が芽生え、自身が仕える奥平久兵衛を唆して御家乗っ取りの計画を始めるという展開である。久兵衛は昵懇にしていた湯女

のお紺を主君に奪われたことを恨んでいて、その心の隙を小源太と隠神刑部に付け込まれたという事情になっており、騒動の黒幕が完全に小源太・隠神刑部となっている。また、稲生武太夫は日頃から宇佐八幡を深く信仰しており、浪人となって引っ越すときにも祀っていた宇佐八幡のお社をそのまま背負って運ぶほどであったが、その宇佐八幡から梅の木で作られた杖「伏杖」を授けられ、これを用いて隠神刑部と八百八狸を退治する。八百八狸物の中で武太夫が狸退治の道具を授かる場面がある場合、北辰妙見の小槌を授けられることが多く、宇佐八幡の杖を授けられる場面は『評判講談』と富田の粗筋以外では、あまり確認できていない。[4]

田辺南竜『評判講談第八巻　松山奇談八百八狸』（1932）の鳥居言人による口絵。後藤小源太と対面する隠神刑部が描かれている。

『評判講談』の『八百八狸』自体がそれまでのセオリーから離れた作品であるが、これを参照した富田もまた、自身で独自の改変を加えて『たぬきざんまい』で紹介している（例えば山内与右衛門の霊が宿ったという「菊一文字の名剣」は、従来作品だけでなく『評判講談』にも登場しない）。結果として富田の紹介する粗筋は、従来作品と比べると独自色の強い展開となっているのだが、それにも関わらず妖怪や化け狸を扱った書籍・雑誌などでも数多く引用されていった。山田実『伝説と奇談』第五集「四国・山陽」（昭和三九年）、阿部主計『妖怪学入門』（昭和四三年（一九六八））、宮沢光顕『狸の話』（昭和五三年（一九七八））などが『たぬきざんまい』の内容を踏襲したほか、『伊豫風土記』（昭和二五年（一九五〇））、『伊予の風土記　新訂版』（昭和五一年（一九七六））や『愛媛県史　民俗下』のような郷土の書籍・資料にも富田による八百八狸物の概要が取り上げられた。本来は講談や小説など「物語」であったはずの八百八狸物が、次第に愛媛県の「地元の昔話」として認識されるようになったため、富田が記した粗筋が講談などから乖離した伝説・昔話のように固定化していくことになった。[5]

このように一九六〇年代以降に隠神刑部の物語が一本化していった背景には、それまで多様に発展していた物語としての八百八狸物がほとんど顧みられなくなったのも要因の一つだといえる。昭和四六年（一九七一）の『定本講談名作全集　別巻　講談事典』には「伊予松山狸騒動」として八百八狸物が紹介されているが、解説で「まことに荒唐無稽な話であるが、見てきたような嘘と承知で聞く講談となると、ニヤニヤ笑いながら楽しめるという訳で、この松山の狸騒動というのが案外人気があったということである」「格別、採り上げる程のこともないが、狸騒動というのもあるということを、お知らせしておく次第である」と書かれている。かつては人気作であった八百八狸物が、この頃には「名作全集」の中にも取り上げられない、荒唐無稽な作品として捉えられていたことがうかがえる。講談の潮流において妖術や忍術が扱われた作品が講談の主流から外れ、水戸黄門や荒木又右衛門、忠臣蔵や大岡政談といった軍談・武芸物・お裁き物が人気の中心となっていき、さらに講談という芸能そのものの人気が大衆の中から次第に失われ、衰微していくことで、作品としての八百八狸物はほとんど忘れ去られていくことになった。そのような中で富田が「愛媛の狸話」の一つとして八百八狸物をピックアップした結果、化け狸としての隠神刑部の〝伝説〟が派生することなく後世まで固定化され、現在の認識に至っているのである。

（毛利恵太）

注

［1］稲生武太夫という名前は、備後国三次（元・広島県三次市）を舞台にした物語『稲生物怪録』に登場する少年・稲生平太郎の後の通称と同一である。芸州広島が出身であるなど『稲生物怪録』の平太郎少年と類似したパーソナリティを与えられているが、松山騒動ものの初期の段階では物語の最後に少しだけ触れられる程度の登場であるなど、『稲生物怪録』の平太郎少年そのものではなく、あくまで名前を借りた程度の人物であったという点に注意したい。その後の派生作品においては豪傑・武太夫が活躍する展開も語られるようになり、中には後藤小源太を差し置いて、武太夫の活躍を大きく取り上げた作品もある（立川文庫『妖怪変化　犬上刑部』、富士屋書店『八百八狸』など）。

［2］松山騒動の派生作品の極端な例として、杉浦茂の漫画『八百八狸』がある。昭和三〇（一九五五）年の雑誌『少年画報』三月号に別冊付録として描かれ、後に『杉浦茂傑作漫画全集』などにも改稿版（『八百八だぬき』）が掲載された本作だが、冒頭の「ここもとごらんにいれまするは　われわれ八百八ひきのたぬちゃんが　稲生平太郎というとてもつよいおにいちゃんにメチャラクチャラにやっつけられるというおはなしでござーい」（『杉浦茂傑作選集一　怪星ガイガー・八百八狸』七二

頁）というセリフにある通り、主人公が完全に稲生平太郎に入れ替わっている。この他にも、そもそも話の舞台が「広島の浅野家」であるとか、御家乗っ取り騒動の要素が削られているとか、狸の大将「刑部だぬき」に追いやられた狐の頭「金毛九尾大王」が登場するなど、講談の内容を踏襲しつつも大きな改変が加えられている。

［3］富田は「三大狸ばなし」の他二話を具体的に提示せず、他の書籍・記事においてもただ「八百八狸物は三大狸ばなしの一つとして有名である」としか記述していない。なお俗に言う「日本三名狸（佐渡の団三郎・淡路の芝右衛門・屋島の太三郎）」については『香川県民俗誌』によると「（前略）屋島寺（香川県高松市）に高松市観光協会の立てた健札には次のように書いてある。屋島の禿狸は佐渡国三郎狸、淡路国芝衛門狸と並び日本三名狸の一つで～（後略）」（一七三頁）と記されており、この屋島寺の看板が初出と思われる（屋島の禿狸（太三郎狸）については『日本怪異妖怪事典　四国』の「太三郎狸」の項目（一一一頁）を参照）。

［4］富田が参考にしたと思われる講談本はもう一冊ある。「移り変わる湯之町」（『伊予史談』一八九～一九一合併号）の冒頭で富田は「江戸の講談師の田辺南龍の「松山騒動八百八狸」や、翠柳園の「八百八狸」の講談本を呼んでみると～」（五五頁）と記しており、南竜の講談本と並べて言及している。『いきなじまというところ　生名島と久兵衛さんの増刊号』の「松山騒動と奥平久兵衛及び生名島」（日下部正盛）には「八百八狸江戸翠柳園主人」と、まるで江戸時代の本であるかのように紹介されている（九七頁）が、実際のところ、これは昭和二三（一九四八）年に刊行された『奇談　八百八狸』（八千代書院）であると思われる。この本は「貞山・伯鶴（一龍斎貞山と大島伯鶴のことか）監修」と銘打たれたシリーズの一冊で、翠柳園は話者・筆者ではなく編集者とされている。内容としては『評判講談』に書かれた南竜の講談と同系統のものである。

［5］物語の登場人物であった隠神刑部が地元の伝説のように扱われるようになった理由としては、愛媛県松山市久谷町の「山口霊神」という社が隠神刑部や八百八狸を祀るものである、とされた点も大きい。『たぬきざんまい』においても粗筋と並べて紹介しているが、同時に「隠神と犬神」という章で「さて、この山口霊神の祭神は刑部狸かというと決してそうではない」（一八三頁）として、山口霊神の御神体がすり替えられているとか、この土地にある豪族が隠遁するようになり、土地の人を殺戮するようになったため忌まれるようになった、という由来を記している。富田にこの話をした相原熊太郎は「伊予伝承特集　狐狸犬神ミサキさま」（『伊予史談』第一二七・一二八合併号）において、山口様（山口霊神）の辺りはミサキさん（辻や道路に現れる魔物の総称）が出るところであり、上の方の蜜柑畑になっている辺りに「犬神刑部」を埋めたと伝わっていたと記している。山口霊神と憑き物、八百八狸物の関係については斎藤喬「伊予の八百八狸信仰における宗教文化的背景」（『論集』四八号）にて考察されている。

参考文献

・朝里樹（監修）毛利恵太（著）　二〇二三『日本怪異妖怪事典　四国』笠間書院
・阿部主計　一九九二『妖怪学入門（雄山閣BOOKS一九）』雄山閣出版
・伊藤慎吾、氷厘亭氷泉（編）　二〇二一『列伝体　妖怪学前史』勉誠出版
・伊予史談会　一九七六『伊予の風土記　新訂版』伊予史談会
・愛媛県　一九八四『愛媛県史　文学』愛媛県
・愛媛県　一九八四『愛媛県史　民俗下』愛媛県
・神田伯竜（講演）丸山平次郎（速記）　一八九七『松山狸問答』
・講談社　一九七一『定本講談名作全集　別巻』講談社
・翠柳園（編）　一九四八『奇談　八百八狸』八千代書院
・杉浦茂　二〇一二『杉浦茂傑作選集一　怪星ガイガー・八百八狸』青林工藝舎
・大日本雄弁会講談社　一九三二『評判講談第八巻八百八狸』大日本雄弁会講談社
・富田狸通　一九六四『たぬきざんまい』狸のれん
・浪花亭峰吉　一九二三『松山奇談八百八狸　後藤小源太』三芳屋書店
・野花山人　一九一五『妖怪変化　犬上刑部（立川文庫第九四編）』立川文明堂
・福家惣衛（編著）　一九五四『香川県民俗誌』四国公論社
・富士屋書店　一九五〇『八百八狸』富士屋書店
・宮沢光顕　一九七八『狸の話』有峰書店
・桃川如燕　一九〇八『松山奇談　八百八狸』東京毎日新聞付録
・森本正勝（編）　一九七一『いきなじまというところ　生名島と久兵衛さんの増刊号』マルキ高速印刷
・山田実　一九六四『伝説と奇談　第五集　四国・山陽』山田書院
・揚名舎桃李（口演）一穴庵貉（速記）　一八九六『松山奇談八百八狸』金桜堂
・相原熊太郎　一九五一「伊予伝承特集　狐狸犬神ミサキさま」（『伊予史談』第一二七・一二八合併号）伊予史談会
・斎藤喬　二〇二二「伊予の八百八狸信仰における宗教文化的背景」（『論集』第四八号）印度学宗教学会
・富田狸通　一九六八「移り変わる湯之町」（『伊予史談一八九～一九一合併号』伊予史談会

紹介者と妖怪

小学館の学年誌

児童文化の金字塔

編集傾向

本来は教育雑誌であったため、偉人のエピソード、ためになる話、学習記事がメインであった。漫画や絵物語も充実していた。

一九六〇年代中盤辺りから、怪奇系記事（世界のなぞなど）が増え始め、図解記事が発達。執筆者は北川幸比古、佐伯誠一が多い。一九六四年の『六年生』にはほぼ毎号「世界のふしぎ」系の付録冊子がつくなどし（中岡俊哉も書いている）、それ以降は怪獣ブーム[1]と共にグラビアと図解記事が更に充実。挿絵画家の石原豪人（いしはらごうじん）[2]が災害を描けば（予言やムー大陸など）、スペクタクル映画並みの緻密さと迫力であったし、怪奇ものを描けば、少年少女雑誌の範疇を超えた邪悪さが放射された。柳柊二（やなぎしゅうじ）が太宰治の「走れメロス」を描けば、半ば怪奇オーラすら漂う迫力であった。他の画家も実に見事で、怪獣や宇宙人が生き生きと描かれていた。

いわゆるオカルト・ブーム以前の期間には、同じ小学館の『週刊少年サンデー』の協力を得て実現し

た中岡俊哉の南米取材の成果が惜しみなく掲載され、毒々しい誌面が見られた。

『小学一年生』(1970.8)「百目お化け」おおたかゆきお　絵・斎藤博

主要妖怪記事

小学二年生

北川、斎藤、佐伯の記事がポツポツあるが、あまりその手の記事は多くない。

❶ 緑風荘（りょくふうそう）での取材記事。奇怪な写真が撮影された。佐藤有文は「妖怪エネルギーだ」と言う。座敷わらしは知名度ゆえ、何度も取材されたが、律儀に怪現象を起こした。

小学三年生

一九六八年頃よりその手の記事は数年に渡り掲載されたが、オカルト・ブーム時にも掲載は多くはない。

❷ 日本のおばけ、世界のおばけ（ラルバア、クラーケン）を紹介。あまりに怖い記事は低学年向けではないと判断されたのか、オバケのQ太

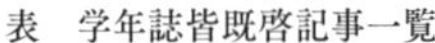
表　学年誌皆既啓記事一覧

誌名	号数	No.	記事名	筆者・内容	備考・影響等
小学一年生	1970.8		百目お化け	文・おおたかゆきお 絵・斎藤博	
小学二年生	1979.9	❶	わたしはゆうれいを見た	取材・構成・佐藤有文 文・染谷記者 絵・小悪征夫	
小学三年生	1966.8	❷	こわいおばけ	文・北川幸比古	
	2000.9	❸	本当にあったこわい話	取材・依光晃宏 絵・渡辺晋也	
小学四年生	1980.3		くも女の恐怖	エーベルス　氷川瓏 絵・石原豪人	
	1980.11		泣きさけぶどくろ	F・クロフォード　氷川瓏　絵・石原豪人	
	1967.9		世界のこわい話	文・石川茂 絵・石原ほか	
	1969.1		夜なきふとん	文・石川茂 絵・さがみゆき	
	1970.2	❹	冬の恐い話	文・日野多香子他 絵・柳柊二他	
	1970.8		怪奇名作特集	文・石川茂 絵・石原豪人	黒ねこ、芳一
	1971.8		夏のこわい話—黒ねこ、芳一	文・石川茂 絵・岩田宏昌	
	1980.11		泣きさけぶどくろ	文・氷川瓏 絵・石原豪人	原作・F・M・クロフォード
	1980.3		くも女の恐怖	文・氷川瓏 絵・石原豪人	原作・H・H・エーベルス
	1984.1		雪女	文・石川茂 絵・柳柊二	
	1989.12		不思議ゾーン瀬戸内海	絵・杉山新一	牛鬼他
小学五年生	1963.8	❺	世界おばけコンクール	記名なし（北川？）	
	1967.5		わたしはオバケを見た！	文・伊能孝 え・ムロタニツネ象	
	1968.12	❻	68年世界の怪事件	文・中岡俊哉 絵・中村英夫	
	1978.11	❼	出た!! 子供の幽霊	取材・山下記者 まんが・宮のぶなお	座敷わらし
	1979.8		怪奇大特集 ユーレイ・よう怪大百科	構成・佐藤有文 絵・新海洋介	
	1980.8		怪物くんの恐怖博物館	文・佐藤有文	

小学五年生	1982.9		日本のおばけ大図鑑	文・佐藤有文 絵・水木しげる、 一峰大二他	
	1984.7	❽	世界のゆうれい写真集	文・佐藤有文 絵・せとたつや	
小学六年生	1971.8		怪島航海記	文・石川茂 絵・石原豪人	原作・E・A・ポー
	1972.4		美女になったおおかみ	文・氷川瓏 絵・石原豪人	原作・F・マリヤット
	1972.6		ドリアン・グレイの肖像	文・氷川瓏 絵・石原豪人	原作・O・ワイルド
	1972.9		特集これが恐怖だ！	文・梶竜雄 絵・石原豪人、 川崎三枝子、柳柊二	原作・F・M・クロフォード
	1973.1	❾	冬の夜の怪奇	文・中岡俊哉 絵・柳柊二	
	1973.1		氷のゆうれい	文・矢野浩三郎 絵・石原豪人	原作・ジョン・バンクス
	1973.5		のろわれた願い	文・氷川瓏 絵・石原豪人	原作・W・W・ジェイコブズ
	1973.8		怪奇島航海	文・石川茂 絵・石原豪人	原作・E・A・ポー
	1973.9		モルグ街の殺人	文・氷川瓏 絵・石原豪人	原作・E・A・ポー
	1973.12		カーミラ　のろわれた吸血少女	文・石川茂 絵・石原豪人	原作・S・レ・ファニュ
	1974.8		のろわれた願い	構成・矢野浩三郎 絵・柳柊二	原作・W・W・ジェイコブズ
	1974.10		泣叫ぶどくろ	構成・矢野浩三郎 絵・柳柊二	原作・F・M・クロフォード
	1974.11		血を吸う糸	文・石川茂 絵・柳柊二	原作・H・H・エーベルス
	1975.11	❿	美女になったおおかみ	文・氷川瓏 絵・柳柊二	原作・F・マリヤット
	1977.1		美女になった狼	訳・各務三郎 絵・柳柊二	原作・F・マリヤット
	1980.5		歌うされこうべ	文・松谷みよ子 絵・水木しげる	

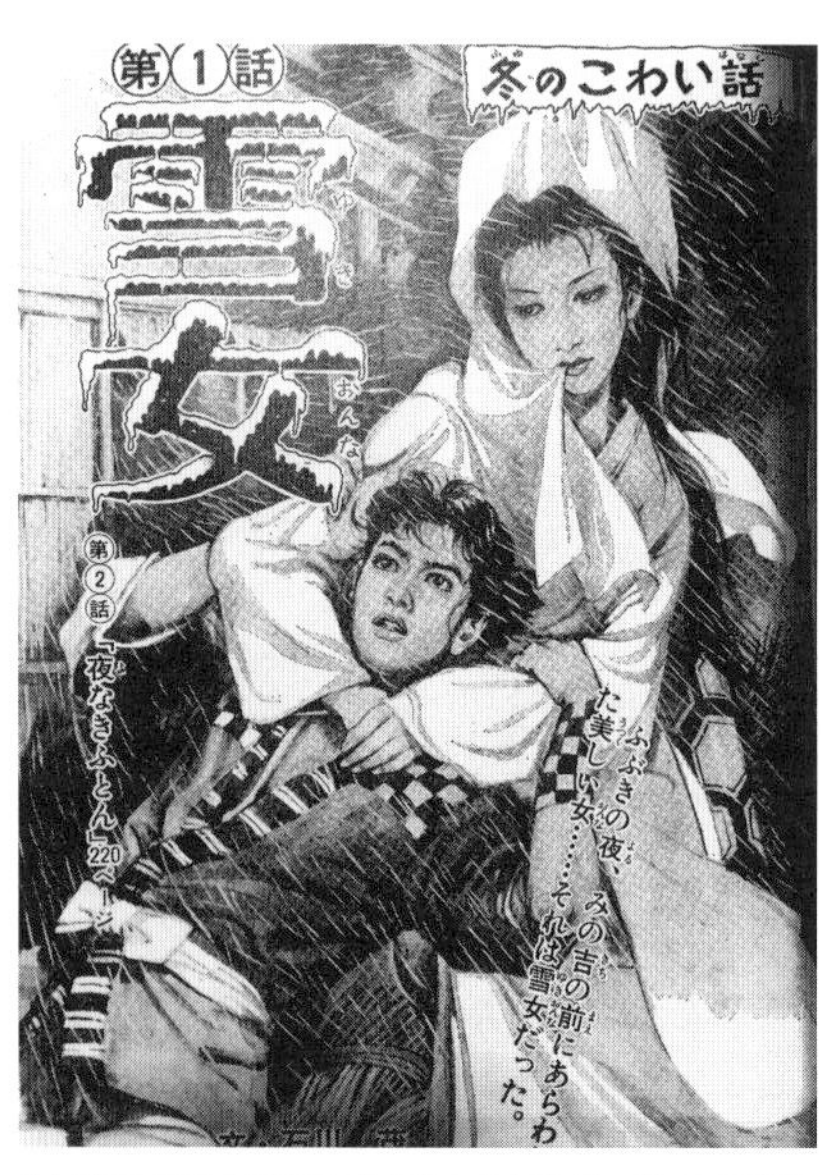

『小学四年生』(1972.2)「雪女」石川茂　絵・石原豪人原作・小泉八雲

『なぜなに　きょうりゅうと怪獣』(1970年)

郎のイラストで中和させているようだ。図鑑系記事としては早い時期のもの。

❸ 学校の怪談も特集された。挿絵の迫力もあり、子供相手でも非常に真摯であった。

小学四年生

上級生になると、怪奇幻想文学ものがチラホラ見えてくる。エーベルス、クロフォード、小泉八雲など。挿絵は特に石原豪人、柳柊二の起用が多かった。期間を空けて同じ作品が再度掲載されることもあったが、文章も挿絵も新たに制作されるなど、実に丁寧な制作方針が貫かれていた。

一九七四年頃までは心霊特集などが見られたが、一九八〇年代はその手の記事は減った。

❹ 各地の雪女伝説他。八雲の話「ふぶきの夜」、実際に吹雪の日に現れたという「顔のない女」のエピソード。

小学五年生

五年生も同様で、ヴェルヌ、ポーなどの作品が見られる。中岡の起用も多く、読者の怖さへの耐性がそれなりにあると判断していたのだろうか。ただし妖怪記事は一九八〇年頃からマンガチックな挿絵が使われるなど、軟化が目立つ（佐藤有文＋怪物くんなど）。一九八〇年以降オカルト系記事は減少し、中岡、斎藤、佐藤などの出番は減った。

❺図鑑的な記事では最初期のものとなる。「日本のおばけ地図」掲載。パウチほか。外国の

『小学五年生』(1982.9)「日本のおばけ大図鑑」佐藤有文　絵・一峰大二

『小学五年生』(1972.5)「ジキル博士とハイド氏」氷川瓏　絵・石原豪人

『小学六年生』(1975.11)「美女になったおおかみ」氷川瓏　絵・柳柊二　原作・マリヤット

お化けは「リング・ワンデリング」、「フライング・ダッチマン」ほかが紹介されている。記名はないが、北川幸比古風の記事である。

❻「日本の怪事件地図」で、「アイヌの使いの白クマ（北海道・日高、5月28日）」、「海ぼうの霊（千葉県鴨川沖、7月19日）」、「のっぺらぼうの怪物（岡山県・津山盆地の沼のほとり、6月3日）」ほかが登場。

❼座敷わらしの取材記事。五日市さんのインタビューつき。タイトルに反して座敷わらしは現

『小学五年生』(1968.8)「日本の妖怪」
文・伊能孝　絵・柳柊二、水木しげる他

れなかった。

❽写真のほとんどは謎が解明済みのものが多い。佐藤の海外情勢把握はあまりアップ・デートされていなかったようだ。

小学六年生

「小五」と同様に怪奇幻想文学が充実している（逆に妖怪図鑑的な記事は無い）。ポー、ジェイコブズ、F・マリヤットなど。中岡、斎藤の記事も多く、挿絵の迫力が見事だ。一九八〇年以降オカルト系記事は減少。なお、上級生向けの学年誌は現存率が高く、比較的入手しやすい。対象となる読者が嫌いな芸能人の顔に落書きをしたりしなくなる年頃だからだろう。

❾『少年チャンピオン』掲載の記事「幽霊は冬にも出る！」の再利用だが、最新情報が追加され、柳の挿絵はオリジナルとはまた違った魅力

『小学五年生』(1969.2)「あなたのそばにもお化けがいる!?」文・北川幸比古　絵・斎藤寿夫

『小学六年生』(1974.11)「血を吸う糸」
石川茂　絵・柳柊二　原作・エーベルス

『小学六年生』（1973.12）「カーミラ」石川茂　絵・石原豪人

がある。

⑩ 佐藤有文の『怪奇ミステリー』（学研）に載ったものとは異なり（これも素晴らしかったが）、エンディングが端折られていない。

原作・レ・ファニュ

影響

一九七〇年、学年誌の記事で得た成果を生かしたと思われる『入門百科シリーズ』『なぜなに学習図鑑』が刊行され、長期間に渡って親しまれた。[3] 大手出版社ゆえに書店の占有スペースは広く、当時の小

学生の認知度は高かった。妖怪ファンは水木しげるの一連の作品に愛着があるだろう。[4] この時期に小学

『小学六年生』(1973.1)「冬の夜の怪奇」中岡俊哉　絵・柳柊二

館の洗礼を受け、妖怪ファンになった読者は多いはずだ。長きに渡り子供たちが喜ぶ記事を書いた先人たちの情熱の結晶である。

はっきり言おう。小学館の学習雑誌は日本の妖怪文化の財産である。

『学年誌が伝えた子ども文化史』（小学館、二〇一八）に拠ると、『小学一年生』一九七三年四月号の発行部数は一二八万部（当時の小学一年生の七割が読んだ計算）であり、莫大な影響力が察せられる。手抜きのない丁寧な編集[5]、現地取材をその度に行う行動力は必然であったのだ。

しかし、現在、その財産は前述の『学年誌が伝えた』にてその一端こそ見られるが、鑑賞と研究の観点では物足りない。

また、学年誌は、当該年度の小学生以外への訴えはどうしても弱かった。ましてや見る機会のない現

代の妖怪ファンはその魅力を知る術はないのか。妖怪以外にも「円盤」「未確認動物」「心霊」「古代文明」など魅力的な記事は多かった。埋もれさすのは実に勿体無い。今回の原稿では怪奇アンソロジーに話が集中した感があるが、それらをまとめただけで、学研の『世界の恐怖怪談』[6]、『恐怖のミステリーゾーン』[7]と比すべき素晴らしい単行本が完成するだろう。『入門シリーズ』にそういう企画がなかったのは、いかにも惜しい[8]。

だが、ないものはどうやってもない。

結局、その財産を再評価するには、古書を集めるか図書館へ通うしかないのだ。

他のジャンルに例えると、例えばロックの名盤再発などは、懐かしがる中年向けだけではなく、センスのある先鋭的キッズにも届く。年齢に関係なく、ディープ・パープルやモントローズに感動する素質のある若者はいるのである。妖怪もそうだ。

この本を手にしている君は素質がある。

町を捨てよ、図書館へ出よう。

君が感動しなくて誰が感動するのだ！

（幕張本郷猛）

注

[1]　『ウルトラQ』から始まった怪獣ブームは雑誌の紙面を大きく変え、他の少年雑誌も零戦や戦艦の表紙は減った。また、その後のGS（グループサウンズ）ブームの存在も大きかった。芸能人とお茶の間の距離を縮めたのではないか。学年誌は大きな冒険はできなかっただろうが、変化の激しかった少年漫画週刊誌への対抗の必要性は当然、あったはずだ。

[2]　同じような挿絵画家は二度と現れまい。石原が描けば、坂上二郎が「狂気の坂上二郎」になり、「麻丘めぐみ」を描けば、背後に悪魔サタンが潜んでいそうな程怖かった。筆者は『テレビマガジン』（講談社）の「恐怖劇場」に掲載された「のろいのへび女」（挿絵を石原が担当）は処分してしまい、所有していない。持っていることすら恐ろしかったのだ。

[3]　それ以前から小学館は「動物の図鑑」など挿絵や写真が豊富な図鑑シリーズを出版しているので、そこへポップな感じが

加わったもの。

なお、小学館は一九七四年、『小学館ＢＯＯＫ』をオカルト記事を扱った『小学生ブック』にリニューアルしたが、これは短命であった。第一号の宇宙人特集は見事な完成度であったが、次号以降は芸能人が大きく登場する非常にぬるい出来で、筆者は購入しなかった。「期待を裏切られた」感が強かったのである。

[4]　水木しげるについてはかなり研究が進んでいるので、本稿では控えめにしてある。

[5]　一九八〇年代の怪獣図鑑に挿絵がなく、ソフビ人形写真を使用しているのを見た時は全身の力が抜けた。

[6]　学研ユアコース・シリーズ、荒俣宏・武内孝夫共著（一九七七年）。海外の怪奇幻想文学の名作を豪華な挿絵と共に収録。ジャン・レイ、Ｒ・マチスンの作品や『Weird Tales』系の作家も収録。この本の唯一の不満は日本の作品が収録されていなかったことである。

[7]　学研ジュニアチャンピオンノベルス、加納一朗編著（一九七七年）。映画『マタンゴ』の原案であるホジソンの「闇の中の告白」収録。

[8]　怖さに徹することが出来れば、石原や柳の描くクトゥルフ神話や、小学生向け「草叢（くさむら）のダイアモンド」「スレドニ・ヴァシュタール」を読めたのではないかと思うと、非常に残念である。同じ小学館発行の『女学生の友』にもサキやブロックの翻訳が掲載されていたので、それらも使えたのではないだろうか。

参考文献

・中岡俊哉『怪奇がいっぱいの国』一九七〇　芸文社

弐 紹介者と妖怪

大伴昌司

おおともしょうじ（一九三六〜一九七三）

妖怪も解剖した怪獣博士

略歴

編集者、ライター、映画評論家。本名、四至本豊治。東京市本郷（現・東京都文京区本郷）生まれ。慶應義塾大学文学部史学科を卒業。テレビの脚本を手掛け、ミステリやSF記事のライターとして活躍し、円谷プロのウルトラシリーズに登場する怪獣を図解し、怪獣博士として人気を博した。妖怪に関する著作はほとんどないが、妖怪を紹介する図解記事も多く執筆している。

怪獣博士の大図解

大伴昌司の仕事として有名なのは、ウルトラシリーズに代表される怪獣関連の記事や著作が挙げられる。一九六六年『週刊少年マガジン』二七号「ウルトラマン決戦画報」で初めて怪獣の解剖図が紹介された。一九六六年『ウルトラQ』続いて『ウルトラマン』の放送は、東宝のゴジラシリーズ、大映のガメラシリーズでの怪獣人気と相まって第一次怪獣ブームへと発展する。放送された作品自体の魅力が

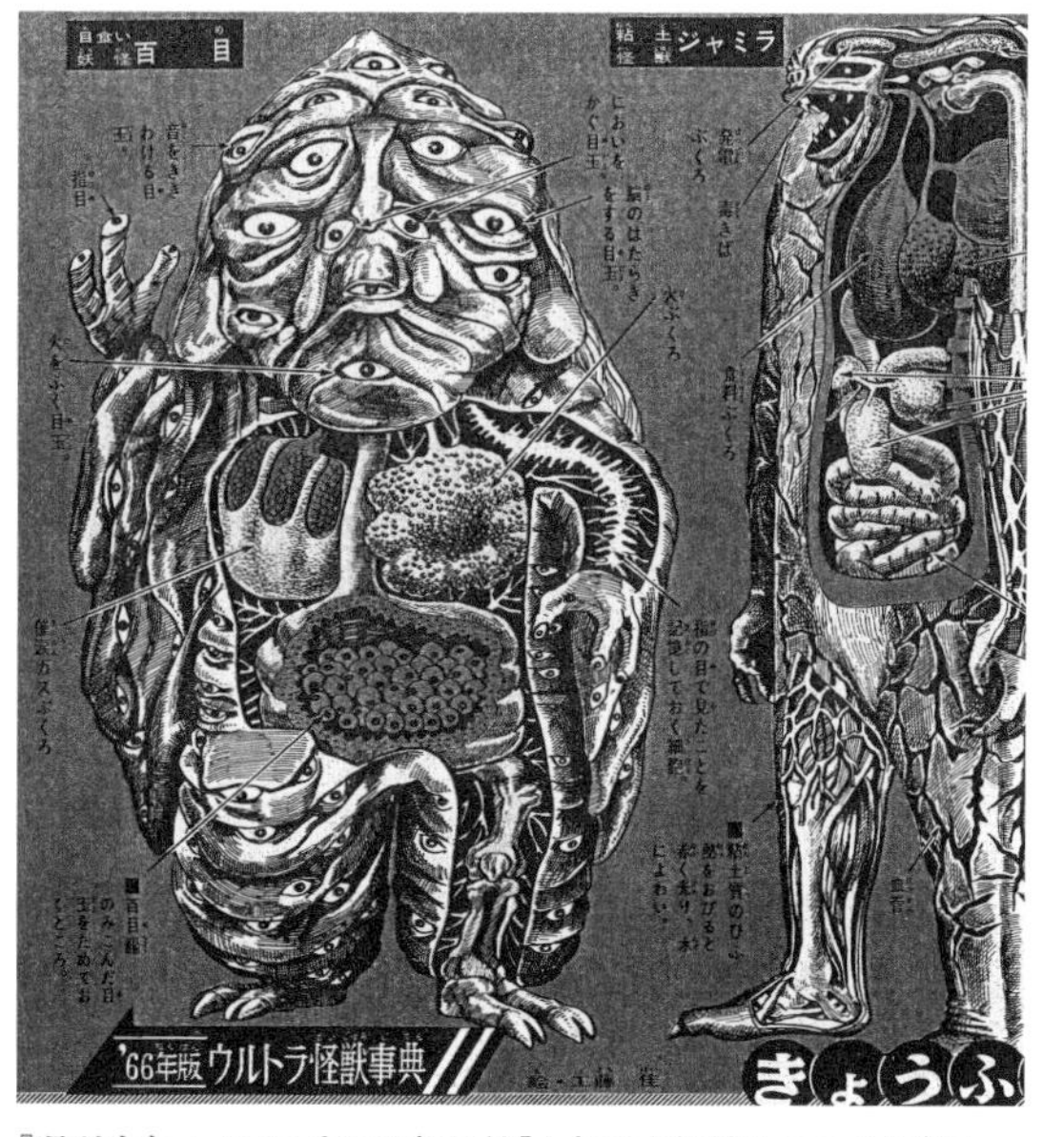

『週刊少年マガジン』1967年11号「人気五大怪獣ウルトラ図解」

大前提となるが、大伴昌司の画報記事がその一端を担ったことは間違いない。作品に登場する怪獣たちの身長や体重などのデータや解剖図に怪獣の特殊能力（火炎放射や透明化など）の解説を入れることにより、怪獣たちは実在の生物のように息を吹き込まれた。それは雑誌の記事だけに留まらず、『怪獣大図鑑』、『怪獣画報（写真で見る世界シリーズ）』（ともに一九六六）、『怪獣解剖図鑑』、『図解怪獣図鑑（写真で見る世界シリーズ）』（ともに一九六七）と一九七〇年代まで立て続けにウルトラシリーズの著作を刊行している。これらの著作からウルトラシリーズの印象が強いが、一九六六年『週刊少年マガジン』五一号では、「特別図解であかす怪獣の秘密」にウルトラ怪獣に紛れて『悪魔くん』（一九六六～一九六七）の百目の解剖図が掲載されている。また、一九六七年『週刊少年マガジン』一一号でも「人気五大怪獣ウルトラ図解」でウルトラ怪獣と東宝の怪獣・ゴジラ、松竹の怪獣・ギララと共に百目の解剖図が新たに描き下ろされている。これらの解剖図は遠藤昭吾の手によるもので、他にも大伴昌司の図解・画報記事には、石原豪人、[1] 柳柊二、[2] 南村喬之[し][3]など後の妖怪記事や妖怪図鑑に欠かせない挿絵画家が多く起用された。[4]

怪獣博士、妖怪を紹介する

大伴昌司は怪獣を紹介するよりも前に『SFマガジン』、『ぼくら』、『ボーイズライフ』などでSFや怪奇映画に登場するモンスターたちを紹介している。一九六六年『ボーイズライフ』八月号の「ショッキング図解怪奇モンスター」では、ドラキュラ、フランケンシュタイン、狼男といったユニバーサル・モンスターズを早い段階で紹介している。また、この記事では、柳柊二によるドラキュラ城の図解も掲載されている。同年『少年キング』三六号「妖怪のすみか悪魔の城をあばく」では、ヨーロッパ・中国・日本の城の図解と各城に潜む妖怪が紹介された大伴昌司らしさに溢れる記事となっている。更に『週刊少年サンデー』四六号「世界の魔神」では、斎藤[さいとう]守弘[もりひろ]と共に文章を担当した。[5] 大伴昌司と斎藤守弘は一九六八年『週刊少年マガジン』五〇号「日本の妖怪総探検」の構成でもコンビを組んでいる。この記事は読者投稿で集まった日本全国の妖怪たちの情報を紹介する記事で北海道のパウチ、青森県のかます、宮城県の鬼子、千葉県の十字だぬき、石川県のぐず、長野県の骨食いぎつね、大阪府のくもん火、奈良県の竹鬼、高知県の三目八面、山口県のばけがめと、あまり目にしない妖怪が多数掲載されている。これらの妖怪は一九七二年に佐藤有文[さとうありふみ]が『日本妖怪図鑑』の巻末「日本の妖怪地図」で紹介している。[6] この記事の妖怪は投稿した読者が創作したものなのか、記録されなかっただけの妖怪なのか判別できないが、本所七不思議、土ころびなど一般的に紹介される妖怪、奈良県で松の木の上から砂をかける砂まき坊主のように砂かけ婆の伝承を考えると伝わっていてもおかしくないような地域性を感じ、全てが創作とも言い切れない本物らしさがある。大伴昌司の図解記事も同様だが、怪獣という本当は存在しない生物の特性を解析し、解剖図を示す、あるいは秘密基地や城の設備などを細かく紹介することで、本物らしさが演出されている。また、読者からの投稿を紹介することで、子供たちに興味も引き出したものと思われる。

怪獣博士の質問箱と妖怪図鑑の形式

一九六七年『週刊少年マガジン』で大伴昌司は、「怪獣なんでも相談室」の連載を開始する。特撮技術についての質問に包み隠すことなく、回答をして、全二四回も続き、続編として「妖怪なんでも質問箱」の連載が開始される。ここでも特撮作品の技術に関しての質問があるが、この連載でも西洋のユニバーサル・モンスターズなどにも多く触れられた。また、他の特集で紹介した妖怪の能力などにも触れた大伴昌司の妖怪観が凝縮された連載となっていた。[7]

一九六八年には『少年画報』一月号に『世界妖怪大事典』が付録としてついた。事典としているが、妖怪図鑑形式の冊子となっている。内容は日本の妖怪・東洋の妖怪・西洋の妖怪と区分けされ、全八六体の妖怪が紹介されている。妖怪の選定は、柳田國男(やなぎたくにお)「妖怪名彙」や藤澤衛彦(ふじさわもりひこ)『妖怪画談全集　日本篇上』などを基本として、当時、斎藤守弘や自身で記事にした妖怪も選定されている。紹介される妖怪に関して、大伴昌司らしさを感じるポイントとしては、全てではないが、弱点と退治法と身長が記載されていることである。[8] また、各パートでは、妖怪城の図解が紹介される。これは、一九六六年『少年キング』三六号「妖怪のすみか悪魔の城をあばく」で既に表現しているが、再構築されている。大伴昌司の仕事は妖怪の主流とは位置づけられていないが、その仕事は斎藤守弘や水木しげる等の妖怪表現に一石を投じたといえる。[9]

（式水下流）

注

[1]　石原豪人（一九二三～一九九八）は、島根県出雲市の生まれ。本名は石原徹。別ペンネームに林月光がある。モンゴルに渡り、電設の仕事の傍ら、映画看板などを描く。終戦後、帰国し、一九六〇年代に学年誌、少年・少女雑誌や怪奇系の児童書で怪獣、怪人、妖怪などのイラストを手がけた。

　立風書房のジャガーバックスシリーズ『日本妖怪図鑑』『世界妖怪図鑑』での佐藤有文との仕事の印象が強い。佐藤有文や大伴昌司だけでなく、一九六五年『週刊少年サンデー』では北川幸比古の日本の伝説シリーズ、一九六六年『少女フレンド』九月号では、斎藤守弘「わたしはおばけを見た！」、一九六七年『週刊少年マガジン』二六号では宮崎惇「世界の大魔法50」（水木しげるも参加）でも挿絵を描いている。

[2]　柳柊二（一九二七～二〇〇三）は、茨城県笠間市の生まれ。本名は柳橋風有草。別ペンネームに水城淳がある。中学を卒業後、上京し帝国美術学校に入学して洋画家を志すが、学費が続かず中退。一九五四年に結婚し、生活のため、挿絵画家になる。一九五七年に『少年画報』の仕事をきっかけに少年雑誌、学年誌の挿絵を手掛けるようになる。

　柳柊二も多くの作家と仕事をしている。一九六六年『週刊少年マガジン』三五号では、宮崎惇「世界の妖怪大百科」（しばてん、いそてんぐ、うしおに、じゃんなどの伝承された妖怪と共にどくろ海龍という創作の妖怪を紹介）、一九六六年『少年キング』四二号では、平井芳夫「怪奇！ふしぎ！びっくり！日本のなぞ」（本所などの七不思議を紹介）、一九六七年『ぼくら』六月号では、久米みのる「世界のモンスター大特集」（ユニバーサル・モンスターズと共にわに男やエアーばばあなど創作性の高い妖怪が紹介）、一九七〇年『ぼくらマガジン』二九号では、佐藤有文「決定版世界の吸血鬼」などの挿絵を描いている。

[3]　南村喬之（一九一九～一九九七）は、福島県の生まれ。本名は額田操。別ペンネームに桐丘裕之、桐丘裕詩がある。日本通信美術学院で、美術を勉強。戦時中にシベリアに拘留される。一九四八年に復員し、一九五四年南村喬名義で絵物語を描き、矢野ひろしの名義で漫画を描いていた時期もある。挿絵画家として一九六〇年代は少年雑誌を中心に、戦記、怪獣などの作品を残した。第一次怪獣ブーム時には、怪獣を多く描いた。

　一九六五年『少年キング』五一号の北川幸比古「怪物怪獣総まくり」では、ゴジラ・ガメラなどと一緒にヤマタノオロチを描き、一九六六年『冒険王』九月号の久米みのる『世界の怪物』では、がしゃどくろを想起させるようなマンモスがいこつや空からの魔手など怪獣のようなダイナミックな妖怪も多く描いた。また、一九六八年『まんが王』七月号光瀬龍「よみがえった大妖怪」では、柄杓を持った巨大な船幽霊のような船魂や大海蛇がアメリカ第七艦隊を奇襲するイラストも描いている。この独創的な妖怪は、翌一九六九年『まんが王』一月号「カラー大特集　妖怪大戦争」で実際に映画『妖怪大戦争』には登場しないが、船玉と大海ヘビという表記で流用されている。更に一九七〇年『まんが王』七月号付録の阿奈一夫『ビッグマガジンNo.7妖怪』の表紙でも「よみがえった大妖怪」のイラストが流用され、一つの世界観が構築されている。

[4]　これらの緻密な挿絵を描いた画家は大伴昌司の専売という訳ではないが、一九六〇年代半ばに大伴昌司や斎藤守弘などの構成記事によって、一九七〇年代以降の迫力のある妖怪の姿に繋がっていく。一九七〇年『ぼくらマガジン』三〇号の佐藤有文「超悪魔100」では、石原豪人、柳柊二、南村喬之が揃い踏みしゴジラシリーズに登場する怪獣ガイガンのデザインをした水気隆義も参加している。また、一九七八年の中岡俊哉『日本の妖怪大図鑑』(フタミのなんでも大博士3)でも三者揃い踏みとなっている。

[5]　『列伝体　妖怪学前史』第二部「斎藤守弘」一四四頁参照。

[6]　佐藤有文は、斎藤守弘の影響を受けて、フリー・ライターとなったので、この記事からの妖怪の選定一つをとっても、二人の繋がりを感じる。『列伝体　妖怪学前史』第三部「佐藤有文」二二〇頁参照。

[7]　例えば、「日本でいちばん強い妖怪はなんですか?」という質問に対して、特に強いものとして、「四十八種の妖術を使うお岩さん」を挙げている。その翌週の特集記事で「四谷怪談ウルトラ妖怪画報」でお岩さんの特殊能力を南村喬之の迫力のある挿絵で紹介している。また、「ぬりかべには口がありますか?」という質問にぬりかべは目に見えない透明妖怪なので、目や口はあると思うが、人間には分からない旨、回答している。当時の『墓場鬼太郎』人気からの質問だと思われるが、『墓場鬼太郎』の作中表現に寄せない回答をする反面で一反木綿や子泣き爺に関しての質問は『墓場鬼太郎』の設定から回答をしている。

[8]　例えば、天井嘗の身長は三メートルで、舌の長さは一メートル、退治法は常に天井を掃除することや見越し入道の身長は三〇メートルまでで「見越し入道見抜いたぞ」と唱えると消えるなど、伝承上の記述との虚実交えた解説だが、大きさや退治できることを示すことで本物らしさを演出している。

[9]　妖怪の解剖図を描いた水木しげる『妖怪おもしろ大図解』(一九八三)などは、最たる例であろう。

参考文献

・堀江あき子　二〇一二『怪獣博士!　大伴昌司「大図解画報」』河出書房新社
・紀田順一郎(協力)　二〇一四『「少年マガジン」「ぼくら」オリジナル復刻版　大伴昌司《SF・怪獣・妖怪》秘蔵大図解』講談社

弐 紹介者と妖怪

少女雑誌における幽霊妖怪

「こわい記事」の歴史

『少女フレンド』『マーガレット』創刊により、少女雑誌の週刊誌時代は始まった。双方ともに競うように、黎明期から「こわい記事」が掲載された。妖怪ものを中心にその流れを見てみよう。

講談社

週刊少女フレンド（一九六三年創刊、月刊化後廃刊）

一九六三年九月より、斎藤守弘の怪奇実話記事が連載開始。一九六四年二月からは、河津かおるの怪奇記事が短期連載。[1] 同年七月一九日号には、中岡俊哉の怪奇記事が採用された。翌二週は斎藤の記事が復活したが、八月九日号からは連載は中岡と交代し、一九六八年九月まで続いた。[2] 一九六九年には中岡の「新・世界の魔女シリーズ」、一九七〇年には同「現代の異常恐怖シリーズ」が掲載された。[3]

❶ これを読んだ少女たちが幽霊屋敷探検に殺到し、ちょっとした騒ぎを起こした伝説的記事。こうして『少女フレンド』＝こわいの図式が完成してゆく。

❷ 学校の怪談を含む。読者の小・中学生から

実際に来た情報を集めたのだろう。この頃の『フレンド』の中岡の記事は『世界の怪奇画報』（黒崎出版）や『世界の怪奇スリラー』（秋田書店）にまとめられている。

『少女フレンド』(1965.11.16)「あなたは信じますか　ゆうれい館が東京にあった！」中岡俊哉　絵・石原豪人

編集部からのおねがい

四十六号の「ゆうれい館が東京にあった」をよんで、洋館をたずねる人がいるそうですが、ご近所の人にめいわくがかかりますので、やめましょう。洋館には、持ち主がありますし、事故がおきるきけんもありますので、おねがいします。

『少女フレンド』(1965.11.30)「あなたは信じますか　火の中にあらわれた少女」より

『週刊少女フレンド』(1966.8.2)「東京のここにこんなふしぎが　木の像が子どもをのんだ」中岡俊哉　絵・石原豪人

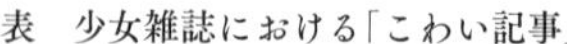
表　少女雑誌における「こわい記事」

誌名	号数	No.	記事名	筆者・内容	備考・影響等
少女フレンド	1963.9.8		世にもふしぎな事件　怪物がつかまえにくる！	文・斎藤守弘 絵・石原豪人	
	1963.9.29		とけいが一つ鳴ったとき	文・斎藤守弘 絵・石原豪人	グラミス城の亡霊
	1964.2.16		人魚のミイラはほんものか	文・河津かおる 絵・依光隆	
	1964.5.17		世にもふしぎな事件　わたしは人魚を見た！	文・斎藤守弘 絵・石原豪人	
	1964.7.19		世にもふしぎな事件　死んだ少女が絵をかいた！	文・中岡俊哉 絵・石原豪人 （中岡初登場）	
	1965.11.16	❶	あなたは信じますか　幽霊館が東京にあった！	文・中岡俊哉 絵・石原豪人	『世界の怪奇画報』
	1966.1.18		ほんとうにあった日本のふしぎめぐり	文・中岡俊哉、佐伯誠一 絵・中村猛男	
	1966.6.14～21		あなたは信じますか　雨女がやってくる	文・中岡俊哉 絵・石原豪人	
	1966.11.1	❷	わたしの学校にこんなふしぎが！	文・中岡俊哉 絵・石原豪人	『世界の怪奇画報』
	1968.9.3		日本全国ゆうれい探検　わたしの町にはこんな幽霊が…	文・中岡俊哉 絵・石原豪人	『世界の怪奇画報』
	1971.5.25	❸	アマゾンの美少女	文・中岡俊哉 絵・斉藤寿夫	『魔の川 アマゾン』
	1977.1.15		わたしは幽霊を見た…！	絵・成毛厚子	
別冊少女フレンド	1965.9		世界のなぞとーふしぎ特集　吸血鬼の館	文・中岡俊哉他 絵・石原豪人	長野美恵は中岡の別名
	1965秋		世界のお化けコンクール	（無記名） 文・斎藤守弘 絵・楳図かずお	『世界妖怪図鑑』
	1966.1		これはびっくり世界のおばけコンクール	文・斎藤守弘 絵・楳図かずお	『別冊少年キング』
	1966.4		ほんとうに出た日本のおばけコンクール	文・斎藤守弘 絵・石井勝利	『別冊少年キング』
	1966.5		ほんとうに出た世界のおばけコンクール	文・斎藤守弘 絵・石井勝利	『別冊少年キング』
	1966.6	❹	世界の魔女コンクール	文・斎藤守弘 絵・石原豪人	
	1966.7	❺	日本全国ふしぎめぐり	文・斎藤守弘 絵・石原豪人	
	1966.8	❻	世界のふしぎめぐり	文・斎藤守弘 絵・石原豪人	
	1966.9	❼	わたしはおばけを見た！	文・斎藤守弘 絵・石原豪人	

<table>
<tr><td rowspan="2">別冊少女フレンド</td><td>1966.10</td><td>❽</td><td>ほんとうにでた世界の妖怪大特集</td><td>文・斎藤守弘
絵・石原豪人</td><td>『別冊少年キング』</td></tr>
<tr><td>1966.11</td><td>❾</td><td>あなたのそばにいる日本の妖怪特集</td><td>無記名
（斎藤守弘）
絵・無記名</td><td>水木しげる</td></tr>
<tr><td>なかよし</td><td>1970.5</td><td></td><td>アマゾンの樹霊</td><td>原作・中岡俊哉
絵・高階良子</td><td></td></tr>
<tr><td rowspan="2">マーガレット</td><td>1967.2.5</td><td></td><td>冬の夜ばなし</td><td>絵・岩田浩昌
モデル・小林幸子（歌手）</td><td></td></tr>
<tr><td>1968.8.20
増刊</td><td>❶</td><td>よみがえったへび女</td><td>作・須藤彰男
絵・斎藤寿夫</td><td></td></tr>
<tr><td rowspan="3">別冊マーガレット</td><td>1970.8</td><td>❶</td><td>夏の怪談シリーズ</td><td>文・武田武彦
絵・石原豪人</td><td></td></tr>
<tr><td>1970.9</td><td>❷</td><td>恐怖・妖怪シリーズ</td><td>文・武田武彦
絵・石原豪人、斉藤寿夫</td><td></td></tr>
<tr><td>1972.2</td><td>❸</td><td>冬の恐怖館</td><td>文・武田武彦
絵・石原豪人</td><td></td></tr>
<tr><td>デラックスマーガレット</td><td>1971冬</td><td></td><td>冬の夜話　恐怖怪異集</td><td>文・武田武彦
絵・伊勢田邦貴</td><td></td></tr>
<tr><td rowspan="7">りぼん</td><td>1965.1</td><td>❶</td><td>ろうそくの消えるとき…鏡の中の少女</td><td>文・武田武彦
絵・斉藤寿夫</td><td></td></tr>
<tr><td>1965.4</td><td>❷</td><td>ろうそくの消えるとき
青い火の玉</td><td>文・武田武彦
絵・伊勢田邦彦</td><td></td></tr>
<tr><td>1965.10</td><td></td><td>ろうそくのきえるとき…めくらの魔女</td><td>文・武田武彦
絵・石原豪人</td><td></td></tr>
<tr><td>1965.12</td><td>❸</td><td>こわいお話　死神がくれたろうそく</td><td>文・武田武彦
絵・伊勢田邦彦</td><td></td></tr>
<tr><td>1968.9</td><td></td><td>デターッ妖怪大特集！！</td><td>武田武彦？</td><td></td></tr>
<tr><td>1970.5</td><td></td><td>恐怖</td><td>文・佐藤有文
絵・石原豪人他</td><td></td></tr>
<tr><td>1970.8</td><td></td><td>地獄のパノラマ</td><td>文・佐藤有文
絵・水木しげるほか</td><td></td></tr>
<tr><td rowspan="2">少女コミック</td><td>1969.4</td><td>❶</td><td>血をすう腕</td><td>原作・中岡俊哉
絵・菅原わたる</td><td></td></tr>
<tr><td>1968.8</td><td></td><td>吸血鬼は生きている</td><td>文・斎藤守弘
絵・菅原わたる</td><td></td></tr>
<tr><td>実話恐怖コミック</td><td>1994.4</td><td>❶</td><td>現代妖怪図鑑</td><td>え・福井典子</td><td></td></tr>
</table>

❸ 恐怖の百歳少女にダンヒルとロジーの二人が遭遇。一見、ただの美少女だが、姿を消したかと思うと、突如近くに出現し、老婆に変身。必ず目撃者を殺すという。別の書籍では三百歳少女になっている場合がある。挿絵は斉藤寿夫だが、この人は秋田書店の『秘境シリーズ』などで中岡との仕事がある。『マーガレット』の怪奇記事でも描いている。

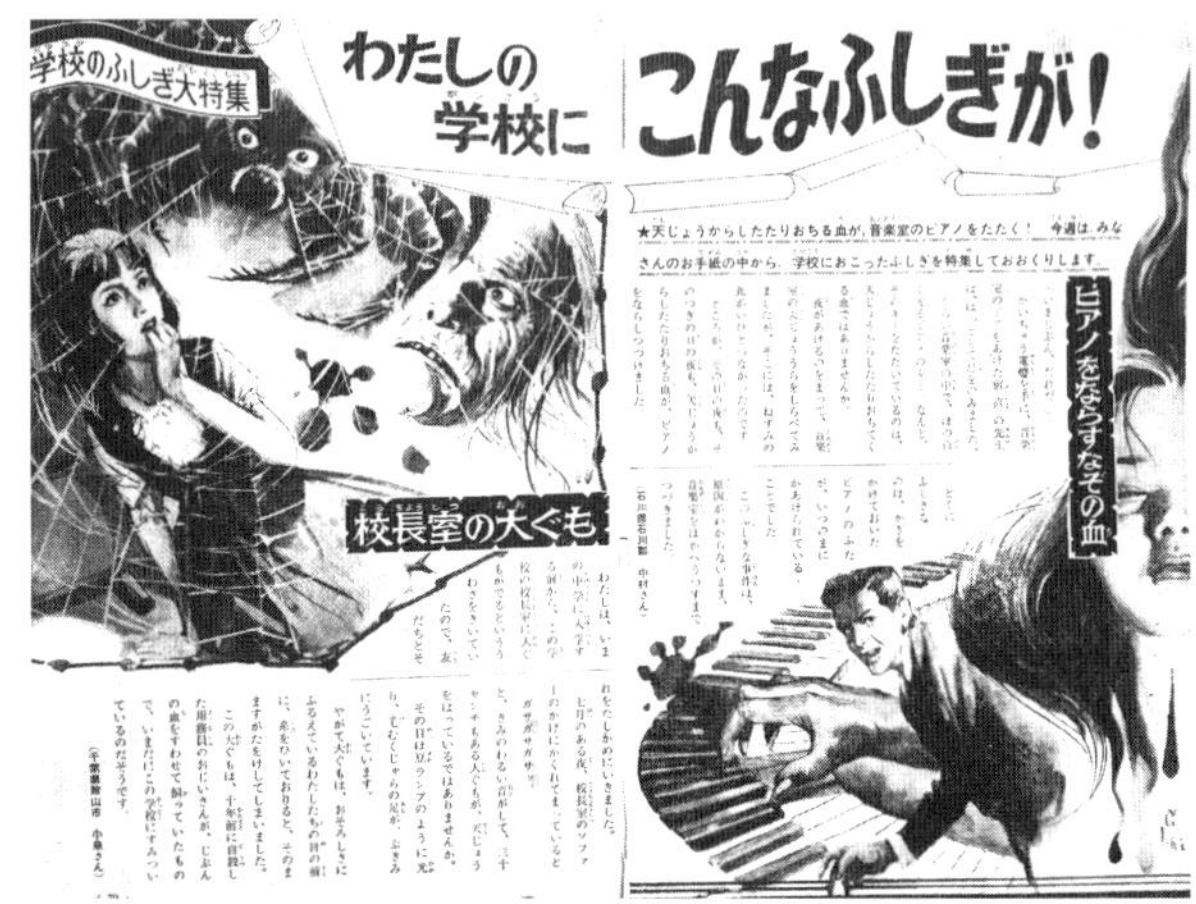

『週刊少女フレンド』(1966.11.1)「わたしの学校にこんなふしぎが！」中岡俊哉　絵・石原豪人

『少女フレンド』(1971.5.25)「アマゾンの美少女」中岡俊哉　絵・斉藤寿夫

別冊少女フレンド（一九六五年創刊）

創刊から二年ほどは中岡俊哉と斎藤守弘が大活躍。一九六五年七月号に科学ライター・佐伯誠一の手による「世界のゆうれい」（絵・楳図かずお）が掲載された。佐伯は科学的な記事は得意であったが、荒唐無稽な記事は多くなかった。それが迫力不足と判断されたかどうかは不明だが、秋号から担当は斎

『別冊少女フレンド』(1966.5)「ほんとうにでた世界のおばけコンクール」斎藤守弘　絵・石井勝利

世界の魔女コンクール

子どもをたべる魔女

ギリシアの魔女ミドンは、子どもをとってたべるおそろしい魔女。気にいった子どもを見つけると、やさしく声をかけ、なかよしになる。やさしい顔をした女の人なので、これがおそろしい魔女だとは、だれも気がつかない。

「あっちへいって、あそびましょう。」

子どもの手をひいて、人気のないところへつれていき、

「さあ、ここでいいわ。」

にっこりわらったその目が、あやしく光ったと思うと、みるみるうちに口がさけ、子どものうでにかみつく。ふきだしたまっかな血を、おいしそうにぺろぺろなめまわし、さっとすがたをけしてしまうので、なかなかつかまらない。

ミドンは、子どものころ、やき場のちかくでそだち、死人の血をなめたことから、こんなおそろしい魔女にかわってしまったのだといわれる。

■ギリシア■（38）

『別冊少女フレンド』(1966.6)「世界の魔女コンクール」斎藤守弘　絵・石原豪人

日本全国ふしぎめぐり

ぶきみなよび声

ことしの二月、友だちと教会へいったときだった。
「お蔵……お蔵……。」
二どよばれて、青山蔵子さん（十二さい）は、あたりを見まわしたが、だれもよんでいるようすはない。
「お蔵……お蔵……。」
こんどは耳もとで大きな声でよんでいる。けれども、まわりにいる人は、なにもきこえないのか、しずかにおいのりをしている。

それから三日後、家のそばの道をあるいていると、うしろから、またたれかのよぶ声がする。

ひょいとふりむくと、顔にやわらかい布のようなものが、ふわりとあたった。

それから、蔵子さんの顔はいっぺんに年をとり、まるで三十さいの女の人のようになってしまった。

長崎市でおこったふしぎなできごとだ。

長崎県

（48）

文／斎藤守弘　絵／石原豪人

『別冊少女フレンド』(1966.7)「日本全国ふしぎめぐり」斎藤守弘　絵・石原豪人

東京都

いちょうのばけもの

わたしは父といっしょに、古いビルの管理室にすんでいます。このビルは、夜になると、サッサッと竹ぼうきではくような音がきこえてきます。

はじめは気にしなかったのですが、あまり毎日つづくので、ある夜、音のする方へしのんでいくと――。女の首のついた木の枝があるいてくるのです。サッサッという音はそれがこすれる音でした。

ばけものは、「けけけ。」とわらいながらビルの一室にきえました。わたしたちも、おそるおそるそのへやへはいったとき、とつぜん青白い火の玉がおそってきて、ゆかにうちたおされてしまいました。

このばけものは、ビルのわきにあるいちょうの大木の精だといううわさです。

東京都大田区　原田信子さん（十三さい）

東京都　大田区

『別冊少女フレンド』(1966.9)「わたしはおばけを見た！」斎藤守弘　絵・石原豪人

藤守弘となった。記事で紹介された妖怪は、後に水木しげる、佐藤有文、山内重昭の単行本に登場し、現在も名高いものが多い。特に重要な記事の連続である。決してこの時代が「水木一人勝ち」などではなかったことは、理解できると思う。[4]

❹「おばけニーナ」を呼び出せるポーランドの魔女ニーナ、子供を食べるギリシャの魔女ミドンなど。

❺ 東京都の墓地に現れた「目・鼻・口のない赤ちゃん（見た人は目の病気になる）」、長崎で起きた「ぶきみな呼び声（聞いた人は歳をとる）」など。

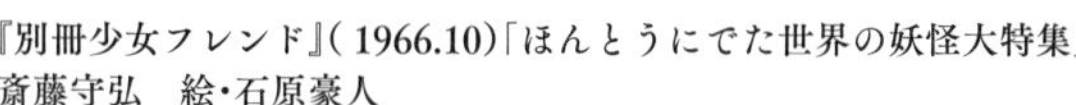

『別冊少女フレンド』(1966.10)「ほんとうにでた世界の妖怪大特集」
斎藤守弘　絵・石原豪人

❻「魔界の生きもの（ユーゴスラビア）」「神木のたたり（ガーナ）」などの怪奇エピソード。

❼「死体にむらがるばけもの（群馬県富岡市）」「いちょうのばけもの（東京都大田区）」「まっかな顔の大怪物（岩手県盛岡市）」「ざしきぼっこ（青森県八戸市）」「さかさばしら（和歌山県新宮市）」ほか。

❽「吸血女」「雷獣」「モズマ」「狼女」「硫黄人間」「バララ」「こうもり男爵」[5]ほか。後に斎藤自身が記す『別冊少年キング』（少年画報社）の記事と、佐藤有文の『世界妖怪図鑑』で紹介されるものが多い。

❾「がしゃどくろ」「じゅぼっこ」「首かじり」などの初出。[6]水木しげるに与えた影響はあまりにも大きい。これだけの情報を持っていた斎藤守弘が、一冊の妖怪図鑑も残さなかったこと

『別冊少女フレンド』(1966.11)「あなたのそばにいる日本の妖怪特集」
斎藤守弘

は非常に残念である。

なかよし（一九五五年創刊、刊行中）月刊誌

一九六四年頃より、真樹日佐夫、紅ユリ子、久米みのるなどの怪奇記事が単発掲載された。一九六六年二月から中尾明の怪奇記事が連載されたが、妖怪学史的にはあまり重要ではない。それ以外では、水木しげる画の「がしゃどくろ」が載ったくらいのものである。（なお、一九六三年三月以前は未調査であることを申し上げておく。）

集英社

週刊マーガレット（一九六三年創刊、刊行中）

創刊号から長期に渡り怪奇記事（「ふしぎだがほんとうだ！」ほか）が載ったが、無記名のものが多く、妖怪学史的に重要なものは少ない。他の本で見ない話が多いが、恐怖度はやや薄い。後に単行本にまとめられたりもされておらず、今後の研究が必要だろう。

❶ ゴーゴンが登場する物語。囲み記事で、「くも男」「食神樹」「ケニアのおばけ雲」が登場。

別冊マーガレット（一九六四年創刊）

創刊時より怪奇記事があり、一九六五年より武田武彦の「世にもふしぎな物語」開始。武田の連載は

『マーガレット』(1965.1.10)「ふしぎだがほんとうだ！　年をぬすまれた少女」無記名／絵・斉藤寿夫

タイトルが変更になりながらも、読み物、漫画などが一九七二年まで掲載された。北川幸比古の記事も多い。挿絵は斉藤寿夫、伊勢田邦彦がメインで、『少女フレンド』とはまた違う魅力があった。漫画家が挿絵を描いたものもあったが、迫力はやや落ちる。

一九六五年六月号に山内重昭が怪奇記事を残したのは特筆すべきであろう。

❶ 石原豪人が挿絵に起用された。「墓あらし（英国）」「水鬼（米国）」「えてもの（日本）」。斎藤守弘への対抗意識が感じられる記事。

❷ 「影ぼうし（日本）」「おんぶおばけ（日本、小さな女の子だが、おんぶすると老婆に変身）」「黒衣の妖婆（英国、正体はカラス）」「やもり老人（日本）」が登場。

石原と斉藤の挿絵も素晴らしい。武田が書いた妖怪図鑑もまた他の作家とは違うものがで

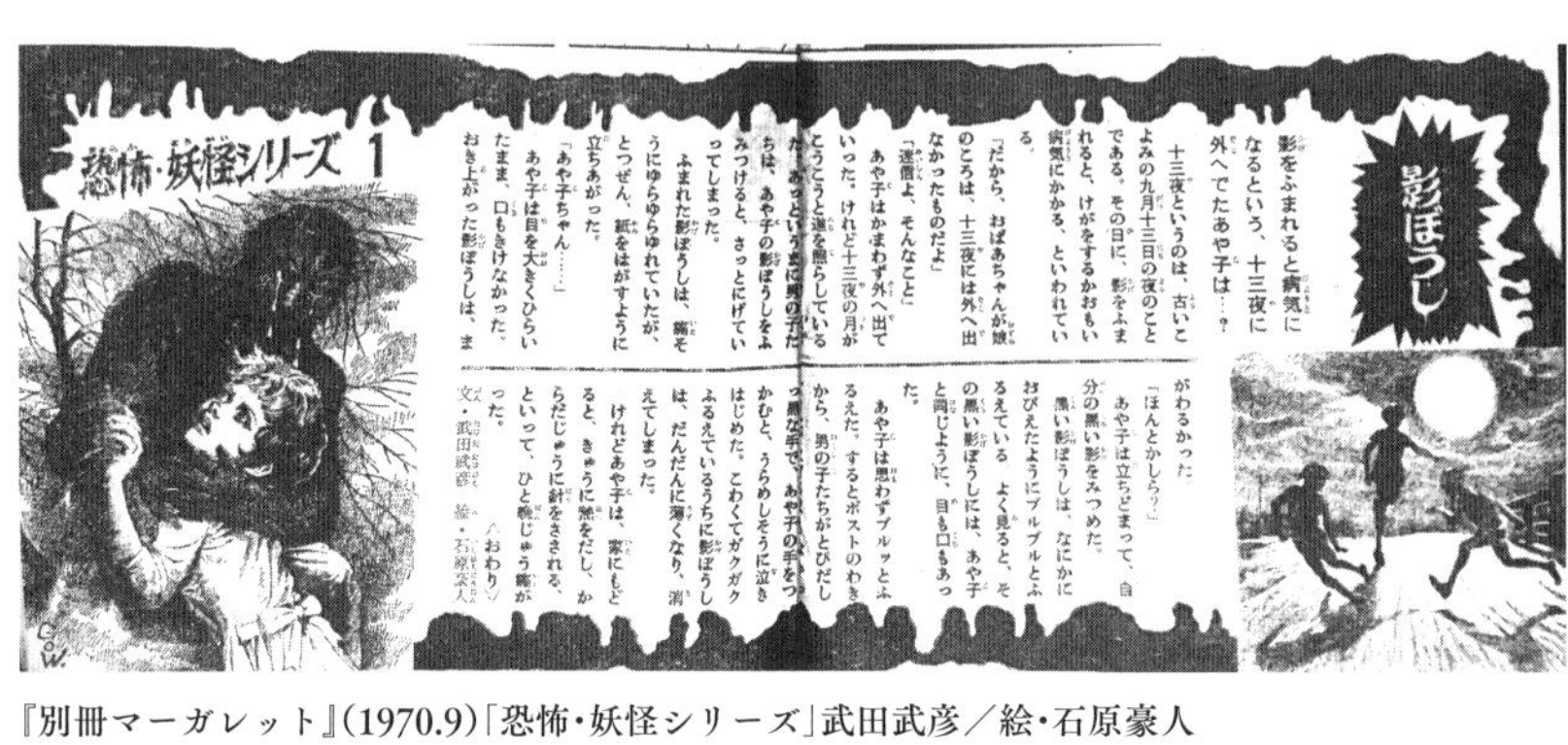

恐怖・妖怪シリーズ 1

影ぼうし

影をふまれると病気になるという、十三夜に外へでたあや子は…？

十三夜というのは、古いこよみの九月十三日の夜のことである。その日に、影をふまれると、けがをするかおもい病気にかかる、といわれている。

「だから、おばあちゃんが娘のころは、十三夜には外へ出なかったものだよ」

「迷信よ、そんなこと」

あや子はかまわず外へ出ていった。けれど十三夜の月がこうこうと道を照らしている

がわるかった

「ほんとかしら？」

あや子は立ちどまって、自分の黒い影をみつめた。

黒い影ぼうしは、なにかにおびえたようにブルブルとふるえている　よく見ると、その黒い影ぼうしには、あや子と同じように、目も口もあった。

あや子は思わずブルッとふるえた。するとポストのわきから、男の子たちがとびだした。あっというまに男の子たちは、あや子の影ぼうしをふみつけると、さっとにげていってしまった。

ふまれた影ぼうしは、痛そうにゆらゆらゆれていたが、とつぜん、紙をはがすように立ちあがった。

「あや子ちゃん……」

あや子は目を大きくひらいたまま、口もきけなかった。おき上がった影ぼうしは、まっ黒な手で、あや子の手をつかむと、うらめしそうに泣きはじめた。こわくてガクガクふるえているうちに影ぼうしは、だんだんに薄くなり、消えてしまった。

けれどあや子は、家にもどると、きゅうに熱をだし、からだじゅうに針をさされる、といって、ひと晩じゅう熱がった。

〈おわり〉

文・武田武彦　絵・石原豪人

『別冊マーガレット』（1970.9）「恐怖・妖怪シリーズ」武田武彦／絵・石原豪人

きたであろうと考えると、雑誌記事のみの活動だったのは惜しい。

❸　石原の起用でインパクトは強くなったが、扉絵からして人間の眼球が飛び出ており、年少者には「不気味な特集」になってしまったのではないか。もっとも、「フレンド＝こわい」という印象に比べれば大人しいものだが。

デラックスマーガレット

一九六九年から一九七二年まで武田による連載があった。小説や絵物語、詩なども含む。

りぼん（一九五五年創刊、刊行中）月刊誌

一九六四年にりぼんスリラー劇場が連載開始。その後、複数のライターによる怪奇記事が掲載。一九六五年より武田武彦の怪奇記事が開始。一九六九年

頃からその手の記事は減った。この傾向は少年誌・少女フレンド・秋田書店の『まんが王』『冒険王』とも符号している。(なお、『りぼん』の一九六三年三月以前は未調査である。)

❶ 東京都港区葵町付近の洋館に住むドロシー・ホプキンスばあさんが米国滞在中に体験したエピソード。

❷ ドロシー・ホプキンスばあさんが香港で体験したエピソード。

❸ どこにでも出没するドロシー・ホプキンスばあさんの米国での話だが、なんと彼女は病死(ウケが悪かったらか)。この時代の『りぼん』読者はかなりの高齢になっていると思われるが、ネットでも話題にされたのを見たことがない。このまま埋もれさすには惜しいキャラクターだ。

小学館

少女コミック(一九六八年創刊、刊行中　隔週→週刊)

中岡俊哉、斎藤守弘の怪奇記事が掲載された。

❶ 中岡の妖怪漫画。絵は菅原わたるで、楳図かずおそっくりの画風である。

桃園書房

実話恐怖コミック

❶ 「現代妖怪」という触れ込みの記事としてはかなり早い時期のものであると思われる。「口裂け女」「テケテケ」「夜歩く二宮金次郎」「学校の花子さん」が登場。次号にも同じ特集があったのだが、雑誌自体が廃刊となったため、広がりには欠けた。

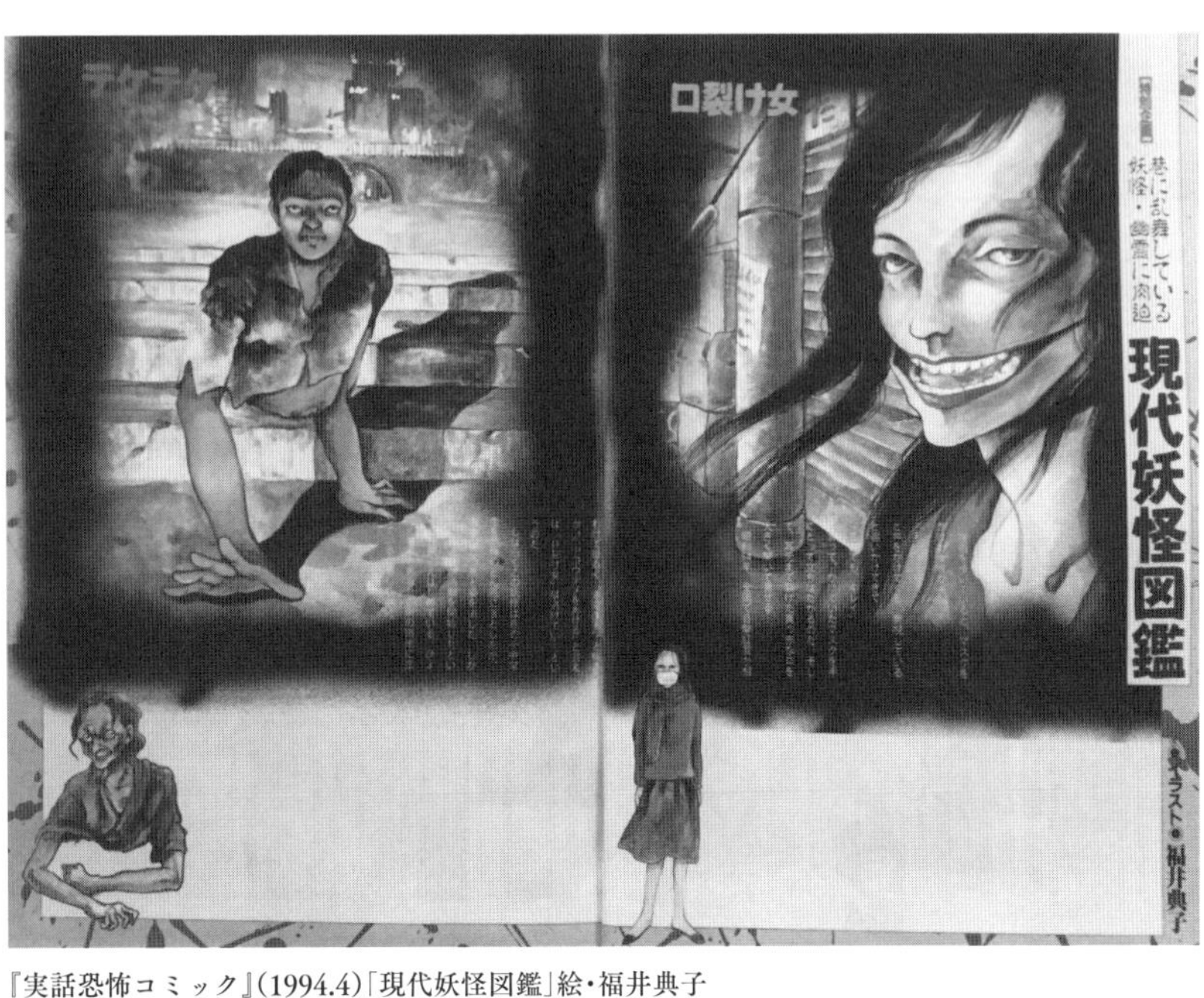

『実話恐怖コミック』(1994.4)「現代妖怪図鑑」絵・福井典子

影響

と言うわけで、大雑把な紹介しかできないのが残念だが、雰囲気だけでも伝わっただろうか。少女雑誌は怪奇記事以外にも、『フレンド』には楳図かずお、『マーガレット』には古賀新一の漫画が連載された「こわい」本だった。

後に、中岡の記事は秋田書店や黒崎出版で単行本に再編集され、楳図の漫画は秋田書店サンデー・コミックスなどで単行本となり、ヒットした。オカルト・ブーム前夜の雰囲気を醸成させる存在であったわけだ(その点、集英社ものは少し弱い)。

さらに一九六八年の『世界のモンスター』(秋田書店)への斎藤守弘の妖怪記事掲載に始まり、一九七〇年代以降に量産された「妖怪図鑑」へ与えた影響力は大変大きい。「こわい記事」の潜在的な影響力が結実したのが「オカルト・ブーム」であったとも言える。

一方、単行本の隆盛とは裏腹に、少女雑誌の「こわい」記事は、一九七〇年代以降は極端に減ってしまったのが、寂しい限りである。

一九八〇年代に入ると怖さを売りにした少女雑誌が創刊されるのだが、それはまた別の流れになる。誰かがまとめてくれることを期待して、この辺で筆を置くとしよう。

（幕張本郷猛）

注

［1］斎藤守弘の別名。『UFO手帖』の有江富夫氏の記事に拠る。「人魚のミイラはほんものか」「鬼になった少年」など。

［2］たまに中岡の休載があり、執筆者が久米みのる、原淳一郎、武田武彦、八木基克、吉田一史、石川雅章（がしょう）、森田有弘、森有文、森右文などに単発交代したことも。森田と森は佐藤有文の別名風だが、確証はない。

［3］中岡が言っていた連載期間は少し盛りがある。また、中岡の自伝ではフレンドでの連載開始時に付けた筆名とのことであったが、実際は一九六四年一月の『週刊少年マガジン』に中岡俊也名義の記事が掲載されている。一九六三年には無記名ながら中岡のものと考えられる怪奇実話が『少年マガジン』『少年キング』等に存在する。

［4］その意味で、一部に見られる水木しげる以外をB級扱いする姿勢は絶対に承服できない。

［5］一九六七年から『少女フレンド』にて「怪盗こうもり男爵」という漫画（作・飛鳥幸子）が連載されていたが、関連は不明。

［6］同人冊子「3分でわかるおおかむろ」（ふしぎあん・作）によると、この特集が水木しげるのおおかむろの挿絵の元ネタであるという（紹介文は佐藤有文由来）。

参考文献

文中で触れたものは省略した。

・岡本和明・辻堂真理　二〇一七『コックリさんの父　中岡俊哉のオカルト人生』
・二〇一七『UFO手帖』2.0　Spファイル友の会
・二〇〇一『怪』vol.0011　角川書店

怪物画本の新聞広告

コラム

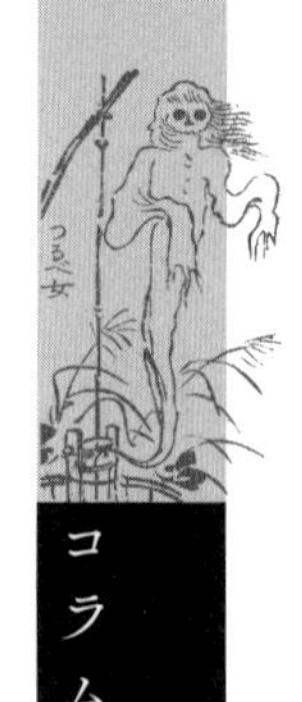

『怪物画本』は、明治一四年（一八八一）刊行された妖怪の絵を主題にした版本で、[1]李冠光賢という画家が享和年間に描いたものを、鍋田玉英が摸写[2]して版を起こし、刊行したものだと記されている。

描かれている絵は、ほぼ鳥山石燕によるものと同様の構図で、原図が彩色されたものであったのか、すべての図が色刷りで版行されている。画中に妖怪の《呼び名》以外の文字は記載されていない。

各図に添えられている《呼び名》には石燕のものとは若干の差違が見られるが、乖離したものは少なく、[3]石燕の作品を光賢が摸倣したものが原本だったのではないかと考えられる。

『怪物画本』は、藤澤衛彦が自著でしばしば図版紹介をしていたので、昭和以後はこちらの情報のみが断片的に先行参考された結果、《いやみ》[4]や《吹っ消し婆》など、『怪物画本』の《呼び名》のほうが用いられることが多く、一九六〇～九〇年代を通じ、多用されてゆく流れにも繋がった。

図に掲載したのは、『東京絵入新聞』（一八八三年一〇月二三日）の紙面に、広告のひとつとして並んでいた例である。

発行当時の『怪物画本』の宣伝文句がうかがえると共に、石燕のことが何も出て来ないこと、珍しい題材の画集だったことなどを読み取ることが出来る。また、この広告では版元として記されているのが安田恒太郎[5]（広文堂）で、初版と目される『怪物

画本』にある和田茂十郎（金幸堂）とは異なるのも、当時の出版状況を調べるための情報として小さいながらも気になる点である。

（氷厘亭氷泉）

注

[1] 奥付には「享和二戌年集画　故人李冠光賢／摸写画工　鍋田玉英／出版人　和田茂十郎」とある。享和二年（一八〇二）は、鳥山石燕による一連の版本『画図百鬼夜行』（一七七六）～『百器徒然袋』（一七八四）より後の年代である。

[2] 鍋田玉英（一八四七～?）浮世絵師。橋本周延（一八三八～一九一二）の門人で、初期は延春の号を用いていた。明治後期まで作例は見られる。

[3] 石燕の《狂骨》や《青行灯》が『怪物画本』では《つるべ女》や《青女房》という名になっていることなどが大幅な乖離の例として挙げることは出来る。絵としては同じもの。

[4] 水木しげるの書籍には、現在も『怪物画本』の名称を踏襲した妖怪がいるが、該当するのは藤澤衛彦の紹介例に限られ、画像妖怪分野での藤澤衛彦からの影響の多大さがわかる。本書第二部一八〇頁・第三部三六四頁も参照。『新公論』（一九一一年四月号）の紙面に用いられている手描きの小間絵も、添えられた《呼び名》などから『怪物画本』が粉本で、石燕が直接には用いられていないことがわかる。

[5] 広文堂のもの（一八八三）は奥付に「十六年六月求刻」とある。広文堂にも『狂歌百人一首図絵』（一八八五）『文晁山水画譜』（一八八八）など、金幸堂と同じく復刻ものの出版が確認出来る。

○歌舞伎新報　第三百五十五号　十月廿三日出版
○新富座二番目筋書○客者評判記
東京銀座四丁目十六番地　歌舞伎新報社

○怪物畫本　李冠光賢書　鍋田玉英摸彩色入美本一冊　定價四十五錢
此書者日本開闢以來近世に至る迄奇〻妙々の畵を集めし珍書なれバ恐ろしき中にも興ありてくりかへし見れどもあくことなかるべし故に諸君陸續購求可被下候
日本橋區鐵砲町廿五番地　安田恆太郎

曾て弊店販賣する處の金庫益製造に精神を凝

『東京絵入新聞』（1883年10月23日）広告

参考文献

・稲田篤信・田中直日（編）一九九二『鳥山石燕　画図百鬼夜行』国書刊行会
・湯本豪一　二〇一八『妖怪絵草紙』パイ インターナショナル
・小林鶯里　一九三六『出版界三十年』文芸社
・British museum　怪物画本 1883 https://www.britishmuseum.org/collection/object/A_1973-0723-0-110

弐 紹介者と妖怪
妖怪解説の種
藤澤衛彦フォロワーを中心に

鳥山石燕の『画図百鬼夜行』に始まる妖怪画やそれを元にした鍋田玉英の『怪物画本』などを取り入れ、妖怪に対する独自の解説文を入れた。雑誌記事に掲載される場合、イラストが必要になるので、雑誌媒体の参考資料としてこの体裁が上手く噛み合った。鳥山石燕の妖怪画がまとめられるのは、一九六七年の田中初夫編の『画図百鬼夜行』まで待つことになるので、それまでは、お話を重視する記事は、「妖怪名彙」『随筆辞典4　奇談異聞編』を、図版を重視する記事は、『妖怪画談全集』を参考にした。

妖怪解説の元資料

一九六〇年代雑誌記事を中心に妖怪を含む、怪奇記事が多く掲載された。その記事の元資料として使われたものは、柳田國男「妖怪名彙」（一九五六）、柴田宵曲『随筆辞典4　奇談異聞編』（一九六一）と並んで藤澤衛彦『妖怪画談全集』（一九二九）などが挙げられる。[1] 柳田國男は日本各地の伝承上の妖怪を柴田宵曲は随筆として書かれた怪異や妖怪を取り扱ったのに対して藤澤衛彦の『妖怪画談全集』は

妖怪画談全集の基礎知識

では、『妖怪画談全集』とはどのような本だったのか、より詳しく見ていきたい。『妖怪画談全集』は、一九二九年から全一〇巻で刊行予定だったが、実際に刊行されたのは藤澤衛彦の日本篇（上・下）、アレキサンダー・ワノフスキーのドイツ・ロシア篇、過耀艮の支那篇の計四冊のみで続巻の刊行はなかった。藤澤衛彦が風俗史学者であるため、研究書のように思われる方もいるかもしれないが、実際には妖怪画とキャプション、怪奇な話を掲載した物語集という体裁である。水木しげるが解説・図版ともに参照にしていることで現在では有名である。

他にも内容見本から見られる残り六冊と全貌は、タゴールの印度篇、グラントのイギリス篇、ラコックのアメリカ篇、ベルモンス・ボルネのフランス篇、スパルビンと藤澤衛彦の比較妖怪学、藤澤衛彦の世界妖怪史と続く予定だった。比較妖怪学と世界妖怪史は藤澤衛彦が直接編著者に入っていたので、期待値が高い。全巻刊行されていたら、現行の妖怪解説に変化もあったことであろう。

藤澤衛彦自身も『妖怪画談全集』刊行の一九二九年には、妖怪に関して積極的に活動している。この年は、『猟奇画報』が創刊された年でもある。日本化物カリケチユア集という巻頭のグラビアとして琴古主・瀬戸大将・寝ぶとり・風の神・小豆あらひ・雷獣・ブロッケンの幽霊・セントエルモの火・於菊蟲などが紹介された。同誌では海外図版も大量に掲載されていた。『妖怪画談全集』と地続きの方向性と言える。『中央公論』八月号には、「国際妖怪座談会」という『妖怪画談全集』の関連企画として、藤澤衛彦のほか、比較妖怪学のスパルビン、ドイツ・

ロシア篇のワノフスキー、アメリカ篇のラコックなどがかみなりと鬼（悪魔、怨霊）について語っている。続いて『アトリエ』八月号・特集「怪奇画号」の「怪奇芸術座談会」でも藤澤衛彦が座談会に参加、企画当初は柳田國男も参加予定だった。

藤澤衛彦の影響を見る

『妖怪画談全集』刊行の翌年一九三〇年には、既に『講談雑誌』吉例七月増刊「世界新軟派奇聞集」「妖怪画譜」という企画で『妖怪画談全集』が転載されている。藤澤衛彦からの引用表記や関連記載はなし。キャプションの文面や画像の詞書の削除なども同一である。[2]紹介されている妖怪は吹つけし婆・産女・二口女・飛頭蠻・狐者異・塗佛・天井下り・異爺味・網剪・長壁・ぬつへつほふ・雨降小僧・雪女・高女。直後からその図版を紹介する部分に着目され、転用されている点は興味深く、この傾向は一九六〇年代以降の妖怪記事や一九七〇年代以降の妖怪図鑑などにも繋がっていく。『妖怪画談全集』を中心とした藤澤衛彦を参考にした人物として斎藤守弘と宮崎惇を紹介したい。

◆斎藤守弘[3]

水木しげるや佐藤有文の妖怪解説に強く影響を与えた人物。独創性が強い妖怪を多く取り扱っているが、一九六五年五月『ぼくら』「日本のおばけ　世界のおばけ」の時点で『妖怪画談全集』の紹介妖怪を多く採用していた。その中にかわずじょろうが取り上げられている。これは『妖怪画談全集　日本篇上』「匹夫の誠心劔に入って靈を顕す」の図版を元にイラストが描き起こされており、後年佐藤有文や宮崎惇もこれを化けガマとして取り扱っている。[4]また、ドイツ・ロシア篇の「奥歯を覗ふ怪物「歯痛殿下」」と思しき歯ぬきがいこつを一九六五年九月『まんが王』「おばけの正体」一一月『別冊少女フレンド』「世界のおばけコンクール」で取り扱っている。[5] また、天井なめの解説に天井のしみのことを両方の記事で書いている。これも『妖怪画談全集 日本篇上』の「古屋敷・古堂の天井にしみあるは此怪物の嘗めし跡」という藤澤衛彦の解説から来ている。余談であるが、うわんの墓場の主であるという解説は佐藤有文に大きな影響を与えている。[6]

◆宮崎惇[7]

一九六六年八月『週刊少年マガジン』「大妖怪のすべて」で山海経を取り扱っている。全てが『妖怪画談全集 支那篇』に掲載されていることから参考にしたことがわかる。その他のページでは、斎藤守弘も紹介した化けガマを始め、多くの日本篇上で取り扱われている妖怪が紹介されている。中でも「興福寺の大妖怪」というパートでは、茶わんちご・高ぼうず・あずきとぎ・ぬれがみ・火炎ぼん・いかり鬼・からかさ小僧が紹介されていて、日本篇上の「茶碗兒の化物」の冒頭に記載されている妖怪と一致していたことからも『妖怪画談全集』を参照にしていることが分かる。続く九月『週刊少年マガジン』「世界の妖怪大百科」でも多く日本篇上から採用していると見られ、ここでもばけがまが紹介されていたが、こちらは日本篇上「岩國山の怪」からの採用である。このように『妖怪画談全集』を図版だけではなく、本文まで確認し、記事を書いている反面、怪光線で捕鯨船をおそうどくろ海龍など独自性のある妖怪も紹介していて、記事のバランスが素晴らしい。

雑誌記事から書籍へ

一九七〇年代は妖怪図鑑を含む雑誌媒体での怪奇記事が減少する傍らで、一九六〇年代に蓄積された妖怪知識が書籍にシフトしていく。

基本的には媒体が変わっても作り方は大きく変わらない。ただし、雑誌記事の方がのびのびと創作妖怪や誇張された解説が跋扈していたが、抑え気味になった。更に、水木しげるが立て続けに妖怪図鑑をアップデートし、取捨吸収していったことで、情報も画一化していくことになる。ここでは、書籍で藤澤衛彦を参考にした水木しげる・山田野理夫（やまだのりお）・佐藤有文の三名にスポットを当てたい。

◆水木しげる[8]

初期の妖怪画報の記事である『週刊少年サンデー』の「ふしぎなふしぎなふしぎな話」（一九六六）の時点で「妖怪名彙」と『妖怪画談全集』の掲載妖怪を多く採用している。判別上の大きなポイントは山鬼の図版、ふつけしばばあという名称、くびれ鬼などがあげられる。妖怪解説としての完成は、一九七〇年代の山田野理夫の『東北怪談の旅』（一九七四）・『おばけ文庫』（一九七六）の妖怪の話を取り入れた『水木しげるお化け絵文庫』（一九七五〜一九七六）を待つことになる。

◆山田野理夫[9]

山田野理夫は図鑑による妖怪の紹介をした作家ではないが、『東北怪談の旅』・『おばけ文庫』と数多く、『妖怪画談全集』を参考にして、妖怪話を創りあげた。それらを水木しげるが採用し、現代の妖怪解説に大きな影響を与えた。

◆佐藤有文[10]

藤澤衛彦が採用した妖怪を多く取り扱っている。

右：鳥山石燕は爺相ではないが、左：鍋田玉英は髭面に描いた。

『怪物画本』など図版資料としての取り扱いが多いが、佐藤有文が『日本妖怪図鑑』で取り上げている『怪物画本』の中で「らいごう」の図版だけは藤澤衛彦も取り上げていないので、原本を参考にした可能性もある。また、佐藤有文の妖怪解説はオリジナリティが高く、解説から影響の判別は難しいが、ぬれ女の解説は『妖怪画談全集』と同じ内容のものを使っている。

三者共に藤澤衛彦の影響の確認ができたので、個々の妖怪の事例も確認しておきたい。ここでは、いやみ・うわん・わいらの三体の変容を記す。

○いやみ（否哉）

『妖怪画談全集　日本篇上』で藤澤衛彦は、『怪物画本』のものを載せて異爺味と字を当て、「すべての肉體は女にして面相のみいやな爺相の怪」というキャプションを付けた。

その解説から山田野理夫は、『東北怪談の旅』で「イヤミ」という話を組み立て、水木しげるが解説に採用している。[11]更に遡ると鍋田玉英『怪物画本』での水面の顔は確かに口髭のある男顔だが、鳥山石燕『今昔百鬼拾遺』の水面の顔は皺のある顔ではあるが、爺というよりは婆のようにも見える。石燕の画中の解説文からは、女性の身体で爺の顔というような性質は読み取れない。鳥山石燕→鍋田玉英→藤澤衛彦→山田野理夫→水木しげるという伝言ゲームが完了している。

○うわん

鳥山石燕が描いた絵からの連想で、藤澤衛彦は『妖怪画談全集　日本篇上』で「古屋敷にウワンといふきびの悪い叫びを上げる怪」という解説を入れている。この解説から山田野理夫は、古屋敷に現れる無気味な叫び声の妖怪として話を書いたと思われる。『東北怪談の旅』では青森県の話とされているが、藤澤衛彦の解説を元にしているので、いやみと同じく創作性の高い話である。この話は『お化け絵文庫』以降、水木しげるの妖怪解説にも取り入れられている。

佐藤有文も『日本妖怪図鑑』でうわんと聞こえてすぐにうわんと返さないと棺桶に引きづり込む墓場の主とある。この設定は特撮番組『行け！牛若小太郎』に活かされている。

うわんという声を上げるという気味の悪い声をあげるという藤澤衛彦の解説に山田野理夫と佐藤有文が独自のアレンジを加えて、それぞれが更に使われるといういやみとはまた異なる事例である。

○わいら

山田野理夫のわいらは『おばけ文庫2　ぬらりひょん』に掲載されている。藤澤衛彦『妖怪画談全

佐藤有文『日本妖怪図鑑』のわいらには羽が生えている。

集　日本篇上』「奥山に棲むワイラは好んでモグラを掘り食ふ」から膨らませ、茨城県の医者野田元斎がもぐらを食っているのを見たという話にしている。

藤澤衛彦→山田野理夫→水木しげるとわいらの解説の正当な流れであるが、山田野理夫の話が作られる前の水木解説では「わしのようなするどいつめと、ライオンのようなきば、うしのような顔のおそろしい妖怪だ。この妖怪が、鳥なのか、けものなのか、いまだにわかっていない。山おくを歩いていると、いきなりあらわれておそってくる。」（一九六八年十二月『週刊少年マガジン』増刊「水木しげる日本妖怪大全」）と図版から独自の解説を載せている。

「水木しげる日本妖怪大全」の解説は佐藤有文の解説と石原豪人の描くわいらの羽が生えているデザインにも影響を与えたと考えられる。羽が生えているわいらは「鳥なのか、けものなのか」という一文から産まれたのではないだろうか。

佐藤有文の解説は次のようにある「ライオンとクマのようなからだ、手足にワシのような鋭いつめをもっている。また、二つの羽もあるので、いったい鳥なのか猛獣なのか見分けのつかない妖怪だ。ふつうは、山の奥の岩のあなの中に巣をかまえて、鳥やけものなどたべているが、はらがへると人間をおそって骨までたべつくしてしまう」とある。藤澤衛彦の影響を受けて話を作り出した山田野理夫。その話を採用して自身でデザインから想像した解説を放棄した水木しげる。水木しげるの放棄した解説を取り入れた佐藤有文と三者三様に絡み合いわいらは人を襲い、空を飛んだ。

妖怪解説の種は萌芽する

これらの藤澤衛彦から始まる妖怪解説の変容は、ほんの一例に過ぎない。藤澤衛彦が作り出した『妖怪画談全集』が重宝された背景としては、雑誌での妖怪図鑑記事が多く掲載され始めた一九六〇年代に、鳥山石燕の『画図百鬼夜行』シリーズの図版を知ることができるまとまった一冊が無かったことが、少なからずある。一九六七年に田中初夫編の『画図百鬼夜行』刊行後の一九六八年四月の『ぼくら』の大伴昌司構成の「ずばりせいぞろい！　日本の一〇〇大妖怪[12]」では、『妖怪画談全集』で触れられていない「しょくいん」（燭陰）などの妖怪が追加された。更に一九六八年七月の『冒険王』の斎藤守弘構成の「日本妖怪名鑑」では、それまでの斎藤守弘固有の妖怪はなく、解説に一部『妖怪画談全集』からの影響や斎藤独自解説も見られるが、「いつまで」（以津真天）や「とうに」（苧うにの誤読）、ここでも「しょくいん」（燭陰）などが鳥山石燕の構図も同じ形で取り上げられた。

また、『画図百器徒然袋』の妖怪は、『妖怪画談全集』に準拠している。器物の妖怪が多く取り上げられるようになるのは、更に一九九二年の国書刊行会による『画図百鬼夜行』での『画図百器徒然袋』の全収録まで待つことになるが、田中初夫編『画図百鬼夜行』の刊行で大幅に紹介できる妖怪数が増えてきたことにより、多くの妖怪が知られるようになる。

一九七〇年代の時点で水木しげるは藤澤衛彦に限らず、北川幸比古・山田野理夫などの紹介した妖怪たちを妖怪図鑑に組み入れ、一九八〇年代に一連の妖怪事典、一九九一年には集大成ともいえる『日本妖怪大全』とバージョンアップを繰り返し、多くを集約した形で継続して妖怪を紹介し続けた。柳田國男、柴田宵曲、藤澤衛彦などが紹介した妖怪解説の種は斎藤守弘や宮崎惇だけではない多くの雑誌記事の執筆者や山田野理夫のように妖怪の物語を創作する人々を介して水木しげるが集約することで現在の妖怪解説の基本ができた。しかし、水木しげるの妖怪解説は、実際の伝承を蒐集したものと創り出されたものが混在している状態なので、妖怪一つ一つの解説の変容を丁寧に解釈していく必要がある。

（式水下流）

注

［1］柳田國男「妖怪名彙」と柴田宵曲『随筆辞典4　奇談異聞編』は児童文学作家の北川幸比古が参考にしていることは『列伝体　妖怪学前史』第二部「北川幸比古」一六八頁を参照。水木しげるや山田野理夫も「妖怪名彙」を多く参考にしている。藤澤衛彦の著作に関しては『妖怪画談全集』の他に『図説日本民俗学全集』（一九六〇）も斎藤守弘、水木しげる、山田野理夫などが参考にしている。

［2］『妖怪画談全集』では、『今昔画図続百鬼』以降の詞書のある妖怪は詞書を削除されている。また、ぬつへつほふ・雨降小僧・雪女・高女は巻頭の折り込みで順番も『妖怪画談全集』と同じに掲載されている。

［3］［5］　斎藤守弘に関しては本書第二部二一八頁でも触れている。歯ぬきがい骨に関しても同項で記載している。いずれにしても藤澤衛彦の携わった本を斎藤守弘が参考にしていたことは間違いない。

［4］『妖怪画談全集　日本篇上』の出典元は『怪異前席夜話』巻三である。

［6］　佐藤有文の藤澤衛彦の直接の影響に関しても触れるが、斎藤守弘の創り出した妖怪の設定を佐藤有文が流用する事例はこのうわん以外にも多く存在する。

［7］　宮崎惇（一九三三～一九八一）は小説家・漫画原作者。斎藤守弘も参加していたSF同人誌『宇宙塵』にも参加していた。ふくしま政美『聖マッスル』の原作やさいとう・たかを『ゴルゴ13』の幾つかのエピソードの原案・協力もしている。SFや時代物の記事の中に妖怪の記事の執筆も見られる。

［8］　一九六七年田中初夫編の『画図百鬼夜行』の刊行前なので、水木しげるも「ふしぎなふしぎなふしぎな話」で取り扱った妖怪は『妖怪画談全集』と「妖怪名彙」から採用している。水木しげるに関しては『列伝体　妖怪学前史』第三部「水木しげる」二一四頁を参照。

［9］　山田野理夫も水木しげると同じく『妖怪画談全集』と「妖怪名彙」を参考にしている。山田野理夫に関しては『列伝体　妖怪学前史』第二部「山田野理夫」一七四頁を参照。

［10］　佐藤有文は藤澤衛彦だけでなく、雑誌記事での妖怪紹介に尽力した斎藤守弘の影響も強いため、水木しげるや山田野理夫のようにストレートに藤澤衛彦の影響を判別することが難しい。佐藤有文に関しては『列伝体　妖怪学前史』第三部「佐藤有文」二三〇頁を参照。

［11］　男の子が姉と間違えて声をかけた着物姿の女性が振り返ると爺の顔をしていたという筋である。

［12］　本書第二部一五八頁で詳細を記載。

参考文献

・伊藤慎吾・氷厘亭氷泉（編）二〇二一『列伝体　妖怪学前史』勉誠出版
・藤澤衛彦　一九二九『妖怪画談全集　日本篇上』中央美術社
・藤澤衛彦　一九六〇『図説日本民俗学全集　第四　民間信仰・妖怪編』あかね書房

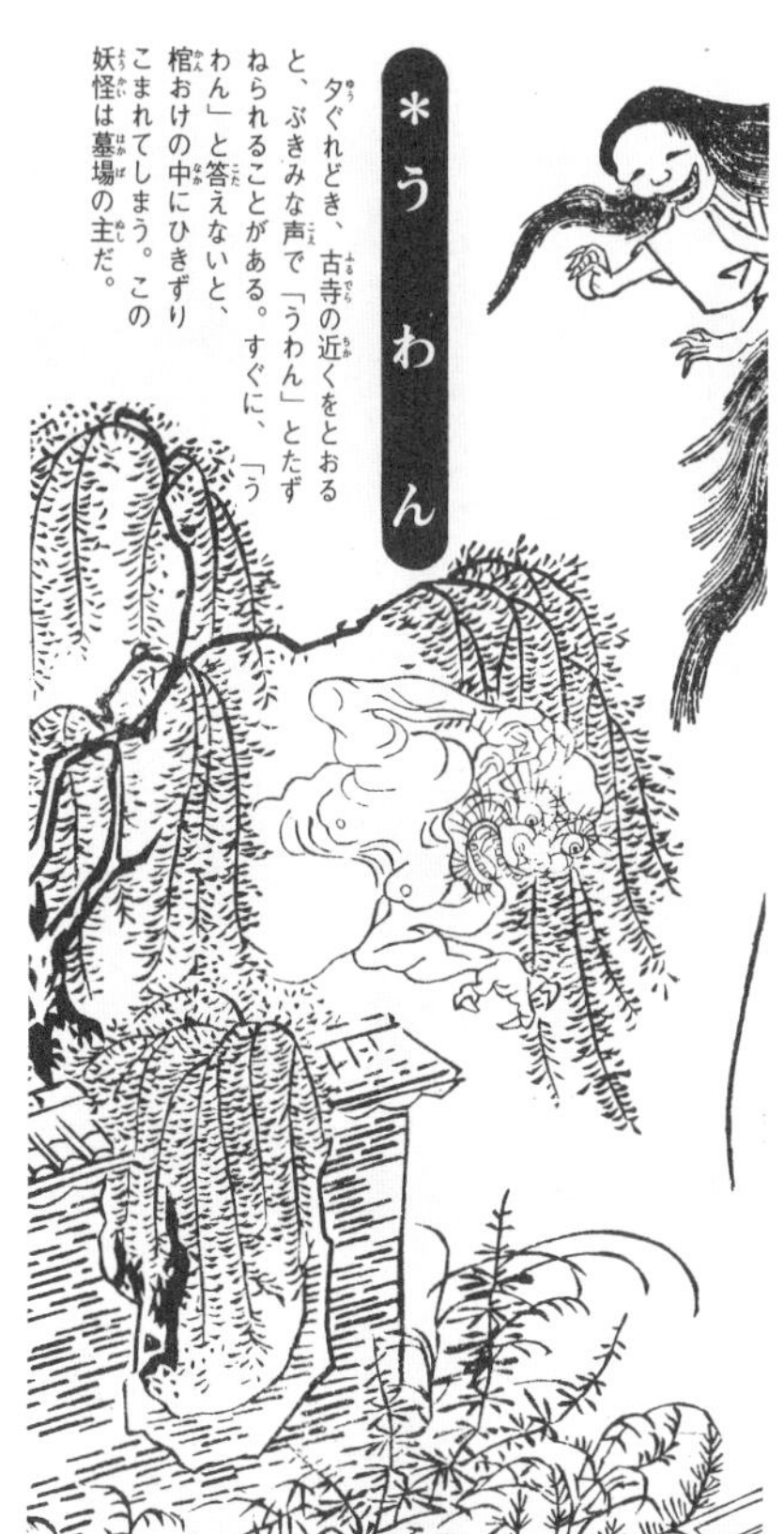

右：『別冊少女フレンド』1966年11月　斎藤守弘「あなたのそばにいる日本の妖怪特集」
左：佐藤有文『日本妖怪図鑑』
それぞれのうわんの解説に「墓場の主」という表現があることから、斎藤守弘から佐藤有文への影響が分かる。

『冒険王』1968年7月　斎藤守弘「日本妖怪名鑑」うわんなどと一緒に燭陰が描かれている。

弐 紹介者と妖怪

ぬらりひょん変遷史

ゼロから生まれた無限の解説

「ぬらりひょん」は、妖怪をさほど知らない人にも知名度が高い有名妖怪と言える。加えて伝承にない妖怪であるためか、時代が下るにつれて多くの属性が付け加えられており、妖怪解説の変遷を表すよい事例となっている。

現代「ぬらりひょん」の生みの親、藤澤衛彦

ぬらりひょんに「解説を付けた」代表例として特に古いものに、藤澤衛彦『妖怪画談全集　日本篇上』（一九二九）が挙げられる。そこでは鳥山石燕『画図百鬼夜行』の画像を引用し、「まだ宵の口の燈影にぬらりひよんと訪問する怪物の親玉」とキャプションが付いている。藤澤が何を根拠にしてこの解説を付けたは不明だが、このキャプションはかなり後の時代まで多大な影響力を及ぼすことになった。

もちろん、「ぬらりひょん」を紹介した書籍が他になかったわけではない。江戸期に書かれた喜多村信節『嬉遊笑覧』は化物絵の例としてぬらりひょんの名前を挙げており、こちらは何度も翻刻されている。同じく菅江真澄『雪の出羽路』では化物坂と呼

ばれる坂に出る化物の例としてぬらりひょんを挙げている。[1]『大言海』（一九三二〜）は『嬉遊笑覧』を引いた上でぬらりひょんに「滑瓢」と当て、「瓢箪鯰ノ如キ、ツカマエドコノナキ化物」とのみ記述している。[2]図像で言えば、河鍋暁斎『暁斎百鬼画談』（一八八九）には名前こそ書かれていないもののぬらりひょんのような形をした化物が描かれており、これは粕三平『お化け図絵』（一九七三）などにも紹介されている。鳥山石燕『画図百鬼夜行』も一九六七年には田中初夫編のものが渡辺書店より出版された。しかし、そもそもぬらりひょんは「おとろし」「わいら」などと同じく狩野派において狩野元信が祖とされる化物尽くし絵巻[3]と呼ばれる絵巻群の画題の一つであり、絵の模写を主として広まっているため解説を付けるという発想は江戸期においてはそもそもない（一部例外はあるが、少なくともぬらりひょんに関して解説が付けられた資料は現在発見されていない）。化物尽くし絵巻自体が出版物上にはあまり記録されなかったという側面もあるが、結果、これらの資料では「ぬらりひょん」が何者かを解説する事は不可能かつ必要性もなく、藤澤衛彦によるキャプションと後述の水木しげるの解説が独り歩きした形となった。

水木しげるとその影響

藤澤を受けて水木しげるは、『週刊少年マガジン』一九六七年六月一八日号「墓場の鬼太郎　大妖怪ショッキング画報」でぬらりひょんを「いそがしい夕ぐれどきに、ぬらりひょんと、みょうなものが家にはいってくる。あとでさがしてもいない。」と紹介した。同年一〇月一日号の「墓場の鬼太郎」ではぬらりひょんが敵として登場、一九六八年九月一五日号「決定版日本妖怪大画集」では「夕方、人びとがいそがしくばたばたしているときに、表から音もなくのそりとあらわれて、家の中にはいりこむ、気味のわるい妖怪だ。妖怪の総大将ともいわれている。」としている。「妖怪の総大将」という言葉はこの後も妖怪図鑑などで使用され、「ゲゲゲの鬼太郎」月曜ドラマランド版やアニメ第三期シリーズ（どちらも一九八五）以降ではこの記述を元にぬらりひょんを強敵として据えている。現在一般に知られているぬらりひょんイメージはこれらの水木解説およびそれを元とした他の妖怪本の影響が強いだろうか。[4]

山田野理夫の『おばけ文庫2　ぬらり　ひょん』（一九七六）では、和歌山の太田信衛という学者の庵で殿様の前にぬらりひょんと名乗る者が現れる。そこではぬらりひょんは「日がおちるころ山家でいそがしくしているとき、あらわれる」とされており、水木の解説を元に創作された物語であることが伺えるが、水木しげる『日本妖怪大全』（一九九一）では逆輸入する形でこの話を紹介している。

白川まり奈『妖怪天国』（一九九四）では水木解説を前提とした上で『聖城怪談録』の「時枝勘右衛門宅異人を見る事」（家に見慣れぬ男が入ってくる話）を挙げてぬらりひょん出現の記録とし、「神の落ちぶれた姿だという説もあり、そうすると前身は「客人神」ということになるだろうか。」と考察した。この説は漫画『地獄先生ぬ〜べ〜』（『週刊少年ジャンプ』一九九五年八号掲載分）においても使用された。

化物尽くし絵巻の一般化

高田衛監修『画図百鬼夜行』（一九九二）は、渡辺書店版以来となる『画図百鬼夜行』の翻刻であった。しかしここでは、「ぬうりひょん」と読み、

「う」は「ら」の誤刻か」としている。[5] 村上健司『妖怪事典』（二〇〇〇）はこれを受け、「一般にはヌラリヒョンの名前で知られるが、ヌウリヒョンが正しいようである。」とした。[6] これは結果的には誤りであったが、後者でぬらりひょんの人の家に上がり込むといった記述が古い資料になく藤澤の解説が

真倉翔・岡野剛『地獄先生ぬ〜べ〜』文庫版6巻「ペテン師妖怪!?ぬらりひょんの巻」

絵からの想像にすぎないのではないかと疑問視しているのは大きな転換点であった。

同年、国書刊行会より出版された『妖怪図巻』（二〇〇〇）あるいは『続・妖怪図巻』（二〇〇六）は、これまで単一もしくは断片的にしか紹介されていなかった狩野派化物尽くしを複数掲載した書籍であった。高田衛監修『画図百鬼夜行』では解説中に佐脇嵩之『百怪図巻』の名前が挙がった程度であったが、ここに来て「化物尽くし絵巻」の具体的傾向と、ぬらりひょんを描いた絵巻が石燕のみではない事が広まる土台ができたと言える。[7]

伝承におけるぬらりひょん

時代は少し戻るが、『自然と文化』一九八四年秋季号での平川林木「山陽路の妖怪」では、「一名をヌラリヒョンとよばれる海坊主は、備讃灘に多い。

化物尽くし絵巻におけるぬらりひょんの一例（『続・妖怪図巻』「化物づくし・湯本C本」）

頭大の丸い玉が浮かんでいるのを、船を寄せて捕ろうとすると、ヌラリと外ずれて底に沈み、またヒョンと浮いてくる。何度捕ろうとしても、沈んでは浮き上がって人をからかう。」とあり、これまでの例とは全く異なる。他の伝承資料において類似の事例が確認できないため詳細は不明だが、「ぬらりひょん」という言葉自体はとらえどころのないものを表す表現としてあり、化物尽くし絵巻の絵あるいは藤澤や水木が語ったぬらりひょんとは別物だろう。しかし「ぬらりひょん」と呼ばれる伝承の例としては珍しいためか、千葉幹夫『全国妖怪事典』（一九九五）にも引かれ、高田衛監修『画図百鬼夜行』、『妖怪図巻』などでもぬらりひょんの解説中で触れられている。

　立石憲利・吉備中央町図書館編『岡山「へその町」の民話』（二〇一七）では岡山県吉備中央町で「ぬうりひょん」の話が伝わっていたとする。「案田に「ぬうりひょん」という妖怪がいたと言います。海坊主のように頭は禿で、眼鼻のないお爺さんです。袈裟を着ていますが、僧侶ではありません。年が暮れる多忙な時を狙って勝手に家に上がり込み、かってに茶を沸かし、飲むのだそうです。」としているが、内容に加えて呼び方が「ぬうりひょん」である事も含め、伝承であったとしてもごく近年生まれた

ものとみなしてよいだろう。[8]

増殖するぬらりひょん

『妖怪事典』以降での変わった例では、村上健司が文章を担当する『写真で見る日本妖怪大図鑑』（二〇〇五）においてぬらりひょんは「仲間うちの寄り合いがあると、独特な節まわしで歌う事がある。歌はうまいと評判。」とある。本書は当時の映画『妖怪大戦争』のキャラクター図鑑も兼ねており、ぬらりひょんを演じたのが忌野清志郎であることから洒落で付け加えられたものである。さすがにこの部分は他の妖怪図鑑では見られないが、同書の「いつもは頭が良いことを隠して、てきとうなことしか話さない」とする解説は近藤雅樹監修『お化け大図鑑』（二〇一一）にも使われている。

また近年のインターネット上においては、ぬらりひょんが百鬼夜行絵巻で先頭に書かれておりそれが総大将説の由来であるとする言説が見られる。正確な出所は不明だが、漫画『ぬらりひょんの孫』（二〇〇八〜）の冒頭の語りを誤解したものだろうか。しかし、山口敏太郎『日本の妖怪大集合200』（二〇〇五）や森野達弥監修『リアル妖怪大図鑑』（二〇一

近年は海に出るぬらりひょんと絵巻のぬらりひょんを（意図的なものも含め）合成した形で紹介する事典・図鑑類もある。上は千葉幹夫・石井勉『おもしろ妖怪学100夜』（2016）より。

九）など、この説を取り入れた妖怪図鑑も存在する。

本項目では特に後世の影響が強い解説に絞って紹介してきたが、個々の漫画・特撮での登場はもちろん、近年の研究を踏まえているが経緯が複雑だったためか新たな誤解が含まれた解説など、ぬらりひょんの属性は今なお増え続けている。冒頭でぬらりひょんは妖怪解説変遷の事例になると述べたが、変遷の経緯までがある程度明らかになっている現代においては、その本がどのようなスタンスで書かれているかを推測可能とする材料としても使用できるだろう。

（御田鍬）

椎橋寛『ぬらりひょんの孫』1巻「魑魅魍魎の主となる」

注釈・参考文献

［1］「ぬらりひょん、おとろし、野槌なんど百鬼夜行することあり」とあるが、実際にその土地に伝承があるというよりも、菅江真澄あるいは話者が知っている化け物の名前を挙げたとみるのが自然だろう。

［2］「滑瓢」の表記やこの解説が何によるものかは不明だが、「瓢箪鯰」から連想されたものだろうか。『広辞苑』の解説もほぼ同様だが、こちらでは加えて井原西鶴『好色敗毒散』において「うその精」を形容する表現として使われている例を挙げている。

[3] 化物尽くし絵巻の来歴や比較については現在においてもあまり研究が進んでいないが、有用な参考資料としては『妖怪図巻』の他に木場貴俊『怪異をつくる』（二〇二〇）などが挙げられる。また、ぬらりひょんは化物尽くし絵巻の他に『大石兵六物語絵巻』でも描かれるがここでは割愛する。

[4] 村上健司『妖怪事典』、『妖怪図巻』多田克己解説など、家に上がり込むという解説は佐藤有文『日本妖怪図鑑』（一九七二）が最初ではないかとする本もあるが、水木しげるの記述がより早い。

[5] 「う」のようにも読めるが、実際には「ら」の変形の範囲だろう。

[6] 解説を流用している水木しげる・村上健司『日本妖怪大事典』（二〇〇五）では「ぬらりひょん」表記となり、「ヌウリヒョンが正しい」の記述は削除されている。

[7] 鳥山石燕が佐脇嵩之の絵を直接の参考にした（あるいはその逆）とする説やそれらを化物尽くし絵巻の代表のように扱う説は二〇一〇年代以降においても妖怪を紹介するムック本等でしばしばみられるが、実際には（散逸したものも含め）多数存在する化物尽くし絵巻の中で特別性や直接的な関連性を示す事は難しい。

[8] ぬうりひょんの報告者が運営しているホームページ「吉備中央町の田舎暮らし」(https://okayama-yaso.jimdofree.com/)では「茶の相手をしてくれりゃぁ豊作を保証しよう」と語ったとしている。また同ホームページで掲載されている「こそこそ岩」の物語は少女の妖怪が青い血の少年を魔王に捧げるなど『新編ゲゲゲの鬼太郎』の「妖怪こそこそ」が翻案された形になっており、こちらも妖怪資料が現地の伝承に取り込まれた例として興味深い。

『大石兵六物語絵巻』のぬらりひょん（国立歴史民俗博物館ホームページ(https://www.rekihaku.ac.jp/education_research/gallery/webgallery/ooishi/ooishi_04.html)より。

紹介者と妖怪

妖怪図鑑と濱田増治

商業美術の樹立者は妖怪リデザインのご先祖

商業美術のスタートダッシュ

濱田増治（はまだますじ）（一八九二～一九三八）は、図案家・商業美術デザイナー。兵庫県うまれ。[1] 太平洋画会などで洋画を学び、東京美術学校在学中の大正前期から新聞雑誌での図案や漫画、広告や店舗デザインを手掛けるようになる。一九二六年に日本商業美術協会を結成し《商業美術》ということばと役割を積極的に世間に鼓吹（こすい）した。主な編著に『現代商業美術全集』（全二四巻、一九二八～一九三〇）などがある。

増治／ますじ／麻須路

《商業美術》ということばを文字のごとく《生み出した》のが、この濱田増治である。

東京の銀座に事務所を構え、店舗や企業の看板・イルミネーション・広告・ショーウインドの実作に限らず、純粋美術に対抗しうる商業美術の意義や理論をやや驀進（ばくしん）気味に展開しつつ、四七歳で急逝した[2]人物だが、同時に創作初期～中期には、当時数多く創刊発売されていた幼児・児童向けの絵本や雑誌の

図案家[3]・漫画家としても活躍していた。

衛彦さんとおなじ畑

チルドレン社やポケット講談社[4]などから発売された当時の誌面や付録（双六など）には、濱田増治の署名が、彼の手描きデザイン文字と共に散見出来る。そこでときどき名前が一緒に並んでいたのが、藤澤衛彦（一八八五～一九六七）である。

濱田増治
日本広告倶楽部『産業美術』(1940)

大正前期の藤澤衛彦は、明治大学での同窓生・富岡皷川が起業・創刊した『新少年』（平和出版社）という雑誌で編集記者として活躍しており、幼児・児童向けの絵本や雑誌、教育雑誌などでの顔がむしろ後年まで繋がる活躍のメインであった。

そのような浅からぬ関係からか、関東大震災前後に藤澤衛彦が同好の伝説研究者向けに二度創刊した『伝説』[5]にも、濱田増治は挿絵を依頼されている。

石燕妖怪をリデザイン

濱田増治が依頼されたのは《妖怪の絵》だが、ひとつ画期的なことがここで生み出されている。

一九二六～一九二七年に『伝説』[6]誌上で連載された「日本妖怪画集」[7]では（おそらく衛彦チョイスであろう）鳥山石燕の描いた画像や、各地の伝説に見られた伝承の《妖怪》たちが題材になっている。

第1期の『伝説』1巻1号（1918）での蘆谷蘆村「酒倉の妖魔」に濱田増治が描いた挿絵のひとつ。黒猫を抱いているウイッチたちが描かれている。

特に、《天井嘗》や《日和坊》など、石燕の画像妖怪は《原図そのまま》に描くのではなく画家の手によってリデザインした、あたらしい絵として掲載したことを特筆することが出来る。

つまり、一九六〇年代から水木しげるなどが長年用いていった《妖怪の絵を描く》手法と、ほとんど同じものが、既にここで完成しているのである。

基本的に、藤澤衛彦の著書では、自己の所蔵する資料図版が駆使されることが特色のひとつにもなっており、それは《原図そのまま》用いられている。『伝説』の誌面（あるいは時期が前後する『猟奇画報』や『妖怪画談全集』）でも同様なのだが、この「日本妖怪画集」は、リデザイン（あるいは新規デザイン）した妖怪の絵を主題とした点で、前後する著書とは異なった形式が用いられていた。

同時並行して掲載されていた「日本伝説画集」[8]では、蠱惑な美女の絵柄に特徴がある橘小夢（一八九二〜一九七〇）や童画で知られる岡本帰一（一八八八〜一九三〇）が絵を担当しており、描き手選抜の衛彦チョイスも炯々と光っていたようである。

時期を考えてみると、これらは『民間伝承』誌上での柳田國男による「妖怪名彙」の連載（一九三八

～一九三九）より先に立っており、民俗学と風俗学の違いといった対極とも異なる――現代の妖怪図鑑の形式に用いられるような《妖怪の描き方》自体の誕生と見ることは大いに可能である。

空席となった文明

しかし、たまたま誕生した《資料原図紹介》以外の手法――つまり《原図摸写にとどまらない描き下ろし画像での紹介》というかたちでの妖怪解説が、すくすく育つ兆候(きざし)は、ほぼ見られなかった。

濱田増治は同時期から、商業美術という存在を世の中に認知拡大させる運動[9]に邁進することになり、児童誌から離れ技術や理論が著述の中心になってゆく。また、藤澤衛彦もこの手法の積極的な活用機会に巡り逢わなかったようで、このときのイラストを『図説日本民俗学全集』（一九五九～一九六一）などに参考図版の一枚として再利用はしているが、「日本妖怪画集」形式の企画を独自に再現・新規展開することはなかった。

同様に、大正～昭和中期に、鳥山石燕の絵に描かれた妖怪たちがまとまって紹介される機会[10]も、明治までの期間とおな

濱田増治「山の巨人」（『伝説』1巻5号）
「日本妖怪画集」の連載の1枚。この絵は知切光歳『図聚天狗列伝』西日本編（1977）の34頁にも転載されているが、クレジットなどが無く、時代も作者もわからない曖昧な参考図版となっている。

じく非常に乏しかった。藤澤衛彦、あるいはそれ以外のルートからいくつか断片的に、他の画像妖怪たちと共にそれらが多量に送り出され、第三者にあたる送り手[1]たちによって、一九二六年の「日本妖怪画集」と似た形式で、さらに大きく普及・反響をつづけはじめるのは、濱田増治が《天井嘗》を描いてから約四〇年の歳月が過ぎてからであった。

（氷厘亭氷泉）

注

［1］追悼文集として編まれた濱田絹子『八房の梅』（一九四一）の年譜では「明治二十五年十月十五日播州揖保郡大津村に生れ」とあり、「明治三十六年」に大阪に移ったとある。このため、出身地としては「大阪府」が用いられることもある。

［2］一九三七年六月、京北実業学校での講義中に脳溢血で倒れ、一度回復したが、翌四月に再発後、一一月二七日に急変他界した（『八房の梅』五頁）。

［3］「麻須路」という署名は初期に見られ、大正七年（一九一六）ごろの『中学生』（研究社）や、日本伝説学会『日本伝説叢書』の第二期会員募集時の広告文にも挿絵担当者としてこの筆名が掲載されている。同時期の『中学生』には野尻抱影や礒萍水（礒清）による記事も見られる。

［4］ポケット講談社は、成海堂の原田繁一が経営しており、『ポケット講談』や『少年少女』、『少女物語』、『少女の国』、『乗物画報』など各種幼児・児童向け雑誌を発行していた。成海堂は雑誌『科学』をはじめ藤澤衛彦との仕事は多く、『伝説』にも広告を出している。ポケット講談社で藤澤衛彦が記事、濱田増治が作画などで同時期の誌上に関わっていた具体例には一九二二年創刊の『少女物語』などがある。

［5］『日本伝説叢書』刊行開始に合わせて藤澤衛彦が一九一八年に創刊したプロトタイプ版の第一次『伝説』の一巻一号では、蘆谷蘆村「西洋怪譚　酒倉の妖魔」に《ウイッチ》たちの挿絵を提供している。

［6］一九二六年に再始動した『伝説』の寄稿執筆者には、伊東忠太・小寺融吉・牛山充などがいる他、植物学者の白井光太郎（一八六三〜一九三二）童話研究者の蘆谷蘆村（一八八六〜一九四六）など第一次『伝説』と共通する寄稿者もおり、交流や購読の関係が地つづきだったことがわかる。神話や伝説の独自すぎる解釈で知られる木村鷹太郎（一八七〇〜一九三一）もプロトタイプ版では寄稿しており、交流が見られる。

［7］「日本妖怪画集」は、一巻一号（天井嘗）三号（日和坊）四号（船幽霊）五号（山の巨人）三巻二号（雪女）が掲載されている。一巻五号では表題を欠く。なお妖怪の解説文は藤澤衛彦の記事と対応させている回（船幽霊、雪女）もあれば、田瀬

月奢（げっしゃ）による回もある。本書四一五頁参照。田瀬月奢は詳細不明人物だが、藤澤衛彦の別名義である可能性が高い（『列伝体　妖怪学前史』勉誠出版、二〇二一。二百七頁）。

[8]「日本伝説画集」は画家が毎回変わり、一巻二号（橘小夢・吉田御殿）三号（岡本帰一・物臭太郎）が掲載されるが、突然に四号では方針が資料原図紹介になり長沢芦雪（ながさわろせつ）（一七五四〜一七九九）の《山姥》の図が用いられ、解説も美術史学者の相見香雨（あいみこうう）（一八七四〜一九七〇）が担当した。

[9]『帝国工芸』四巻五号（一九三〇）では、濱田増治ら商業美術の面々が記事を寄せる中に、藤澤衛彦の「郷土工芸に関する伝説序説」という断片エッセイのような文も見ることが出来る。「郷土工芸特集号」であることから呼ばれたと推測出来るが、活動初期から藤澤・濱田に仕事関係があると考慮すると、どちら主導かは明瞭ではないがコネクションがハッキリつづいていたことが見られる。

[10]『画図百鬼夜行』や『百器徒然袋』といった版本での鳥山石燕の妖怪たちは、そのデザイン来歴や全体像を既に把握していた藤澤衛彦・吉川観方を除けば、用いたところで共通した説明内容が存在しなかったという部分が非常に大きい。そこには石燕の作品自体が、先行する絵巻物の《原図そのまま》ではないリデザイン、あるいは創作だったことも関係してくる。

[11]『列伝体　妖怪学前史』の第二部・第三部がこれにあたる。本書の第二部一五八頁・一八〇頁も参照。

濱田麻須路「丁髷と赤髯」(『中学生』大正7年2月号)
黒船来航の時代を描いた全6コマの漫画の3コマめ。石鹸を菓子と勘違いして、念のため加熱殺菌したところ、あわがもくもく。「切支丹の魔法にかけられたわ」と驚き、裏山に石鹸を埋めたサムライの一幕。

参考文献

・一九二六〜一九二七『伝説』一巻一号〜三巻二号　日本伝説学会
・一九一八『伝説』一巻一号〜二号　日本伝説学会
・氷厘亭氷泉　二〇一三「日本妖怪画集」（『大佐用』二七〜二八号）妖怪仝友会
・濱田絹子　一九四一『八房の梅』
・日本広告倶楽部　一九四〇『産業美術』日本広告倶楽部
・伊藤慎吾・氷厘亭氷泉（編）二〇二一『列伝体　妖怪学前史』勉誠出版

弐 紹介者と妖怪
学研の学年誌

少年少女オカルトの巨大惑星

編集傾向

中学一年コース（一九五七年創刊、一九九九年廃刊）

『中二』『中三』も同様に、一九六四年頃から怪奇記事が増え始め、その後、中岡俊哉[1]、斎藤守弘が登場した。イラストや写真を効果的に使用したその内[2]容は、後に『チャンピオン・コース』や立風書房の『ジャガーバックス』で大きく発展することとなった。当時、他の雑誌で売れっ子だった真樹日佐夫、[3]

小山内宏、木星王（鈴江淳也）の記事も見られた。

一九七〇年代後半には中岡の記事は無くなったが、斎藤守弘は神奈備明[4]の筆名で、平成の時代まで健筆を奮った。

❶ 時期から見てかなり初期の悪魔記事である。これ以前の悪魔関連といえば、酒井潔（一八九五～一九五二）の『悪魔学大全』（桃源社からの復刻は一九七一年）、セリグマン『魔法』、澁澤龍彦の著作くらいしかなかった時期である。間羊太郎、佐藤有文よりも早い。斎藤が妖

『中学一年コース』(1970.9)「これが妖怪のすべてだ！」無記名　絵・南村喬之

『中学一年コース』(1974.11)
「怪奇全科　悪魔」絵・秋吉巒

怪・悪魔関連の単行本を残さなかったことが残念でならない。

❷
立風書房の『世界妖怪図鑑』のプロトタイプ的な記事だ。佐藤有文の無記名での仕事である。「キーコ」「クー」「火事妖怪」「濡れ女」など後の図鑑にも登場しない妖怪十八種を含む。翌年には立風書房の妖怪図鑑二冊の執筆を開始しているので、一つの契機となった可能性のある記

コース一覧

誌名	号数	No.	記事名	筆者・内容	備考・影響等
四年の学習	1972.9		お化けなぜなぜ問答	文・佐藤有文 絵・今橋さとし、山崎英介	
六年の学習	1969.8		もの知りまめ事典 日本のおばけ・世界のおばけの巻	資料・笹間良彦 文・きりぶち輝 絵・永見ハルオ	
中学一年コース	1968.10	❶	エッヘン！悪魔様のお通りだい	文・斎藤守弘 絵・石原豪人	
	1970.9	❷	これが妖怪のすべてだ!!	無記名 絵・南村喬之	
	1971.2		妖怪伝を推理する！	絵・柳柊二	
	1972.3		地獄	資料・荒股宏 斎藤 絵・秋吉・南村	
	1974.7		夜きみの教室は呪われる!?	絵・田村元	
	1974.11	❸	怪奇大全科　悪魔	絵・秋吉巒	『悪魔学大全』を参考
	1975.2		恐怖！人狼のナゾに挑戦	文・山川隆 絵・石井浩	
	1985.8	❹	真夏の午前0時きみの教室は呪われる!?	絵・田村元	
	1986.9		実話特集　真夏の夜のミステリー	絵・田村元	
	1990.8	❺	90夏ミステリー最前線	記名なし 絵・杉尾輝	読者体験談
	1991.1	❻	私にもある！恐怖体験		読者体験談
中学二年コース	1969.2		吸血鬼	資料・竹上明、荒股宏	
	1969.7		四次元の動物たち	資料・荒股宏、竹上明 絵・山本耀也	
	1970.6		悪魔　この黒い世界	資料・竹上明、荒股宏	
	1970.7		現代の恐怖！アマゾンの怪談	文・中岡俊哉 絵・石井治	『魔の川アマゾン』
	1970.9		のろい	文・司宮大輔、荒股宏	
	1971.9		悪魔	無記名（佐藤有文）	『世界妖怪図鑑』
	1974.6		悪魔が誘いにやってくる!!	無記名 絵・杉尾輝利	
	1986.11	❶	大都会をさまよう亡霊たち！	文・長田修一 絵・杉尾輝利	読者体験談
	1986.12		動物霊がキミをねらう!!		
	1990.9	❷	わたしの超常体験		読者体験談

中学三年コース	1968.5	❶	ところ変わればおばけも違う	文・斎藤守弘 絵・山本耀也	
	1969.5		魔女の世界	文・間羊太郎 絵・石井治	
	1969.11	❷	トラの霊が人間にのりうつる!?	文・吉田禎吾	
	1970.8		ガイコツのっけてヒュードロロ	絵・田村元	
	1970.11	❸	ビックリ民俗学　生き霊、犬神、キツネつき	文・吉田禎吾 絵・樋口太郎	
	1974.5		魔女の世界	文・団精二	
	1984.8	❹	いつかきみにもこんな恐怖が迫る!?	協力・ムー編集部	読者体験談
	1987.8		わたしのミステリー体験		読者体験談
	1988.11	❺	学校の怪談	無記名 絵・塚本真久	読者体験談
高校コース	1957.8		全国高校生　わが郷土の妖怪伝説	読者投稿	
高1コース	1967.8		本朝妖怪絵図	資料・土屋有 絵・立石紘一	『日本妖怪図鑑』
	1970.8		妖怪万国博	文・土屋有	『世界妖怪図鑑』
	1971.3	❶	悪魔の世界	構成・佐藤有文	『世界妖怪図鑑』
	1974.8	❷	全国高校ミステリー		
	1975.4		世界怪奇博物館　吸血鬼ドラキュラの秘密	文・佐藤有文	
	1975.5		世界怪奇博物館　狼人間の伝説と秘密	文・佐藤有文	
	1975.6		世界怪奇博物館　夢魔の正体	文・佐藤有文	
	1980.1	❸	みちのくの雪女	文・佐藤有文 絵・田木宗太	
高2コース	1966.8		妖怪出没地域探訪	文・井之口章次	
	1972.2		昔の鬼・現代の鬼	記名なし （佐藤有文？）	『日本妖怪図鑑』
	1973.7		ドラキュラは生きている！？	絵・石原豪人	
	1972.8	❶	現代怪奇ミステリー実話	土屋有	
	1979.9		吸血鬼恐怖の大事典	文・佐藤有文 絵・足立三愛	
高3コース	1970.1		私の挑戦	文・水木しげる	
	1970.8		怪異譚の系譜	文・山田野理夫	

『中学三年コース』(1969.11)「トラの霊が人間にのりうつる!?」吉田禎吾

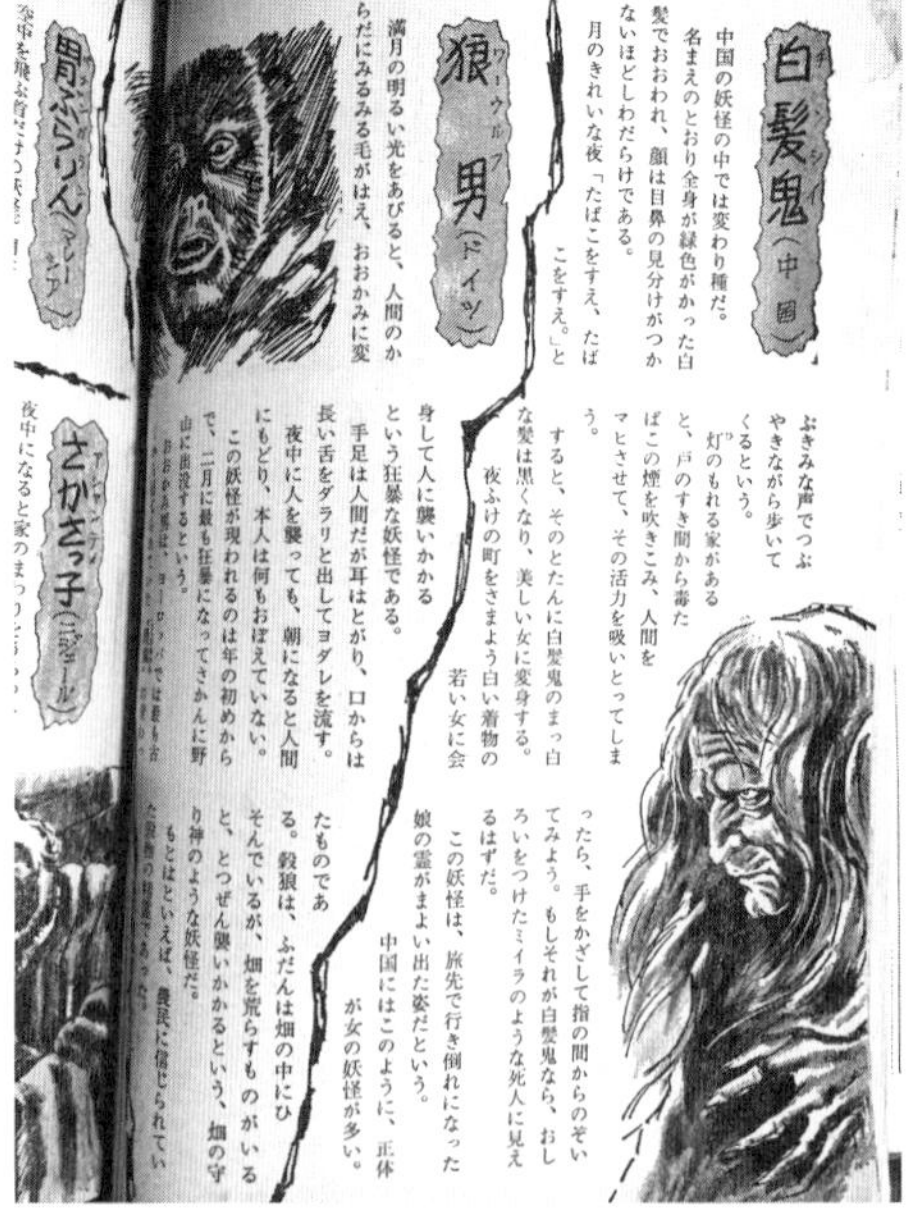

『中学三年コース』(1968.5)「ところ変わればおばけもちがう」斎藤守弘　絵・山本耀也

事だ。

❸　間接的ではあるが、『悪魔学大全』の酒井潔と秋吉巒（あきよしらん）の時代を超えた共演。秋吉は間羊太郎や佐藤有文との仕事が知られているが、中岡俊哉や斎藤守弘の記事でも描いている。『不思議な雑誌』（相互文芸社）の表紙も担当していた。

❹　霊安室に現れた吸血鬼、ベートーベンが肖像

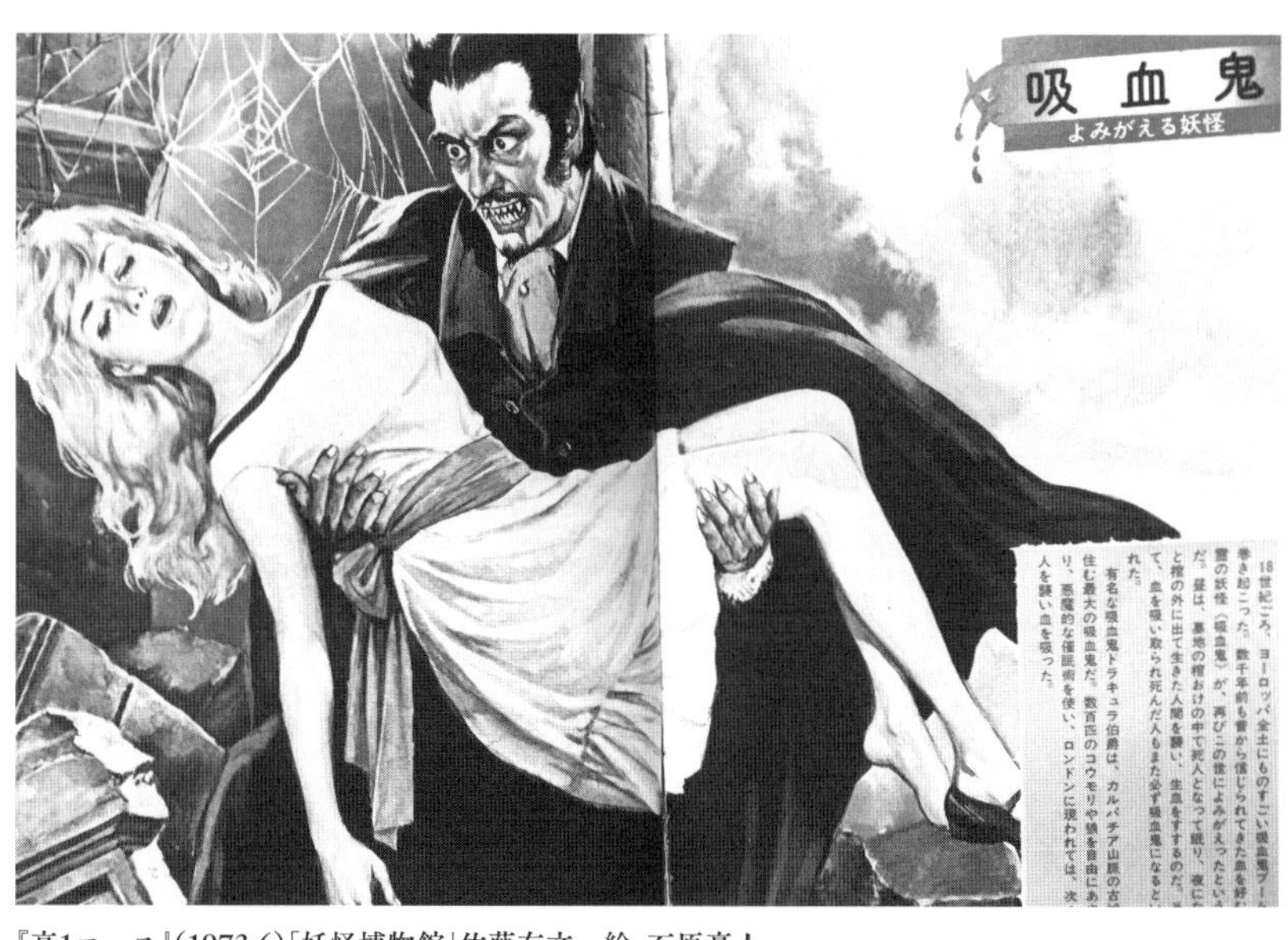

『高1コース』(1973.6)「妖怪博物館」佐藤有文　絵・石原豪人

画から抜け出しピアノを弾く噂など。読者投稿記事。『ムー』の発売元なので「学校の怪談」的な記事の対応は早かった。後のブームを下支えした存在だ。

❺ 三本足のリカちゃんとかけっこをした同級生の話（前年のエピソード）、学校の怪談など。

❻ 自宅で見た妹そっくりの化け物、広島で二度目撃されたのっぺらぼう。学校の怪談情報も集められている。

中学二年コース（一九五七年創刊、一九九九年廃刊）

❶ タクシー運転手が目撃したという男の顔が車内にフロントから飛び込み、車内を飛び回ったあとに、リア・ウインドウから消えた事件。成仏できなかった霊で結論が出されているが、今なら新妖怪「飛び顔男」と名付けられるだろう。

『高２コース』(1972.8)「ゴートムの死霊館」
土屋有　絵・山本耀也

『高１コース』(1977.5)「地底魔人 ドグマの復讐」
佐藤有文　絵・山本耀也

❷ 学校の怪談やまじないなどの投稿を集めた記事。花子さんに関する情報、カシマさん（カシオさん）に関する情報も。

中学三年コース（『中学コース』改題、一九六〇年創刊、一九九九年廃刊）

❶ 斎藤守弘による妖怪エピソード。少年雑誌の図鑑記事ではスペース不足で省略されていた話が読める。「白髪鬼（チンシイ）」「さかさっ子」「胃ぶらりん」「首なし騎士」など。

❷ 学者の記事もあり、油断はできない。

❸ こういうのは追悼目的の全集が出ても収録されないのではないか？　そういう意味では貴重である。

❹ 東名高速に現れた人面犬、北海道に現れた幽霊自動車など。

❺ 理科室に現れた首なし幽霊など。いわゆる学

『ヤングエース』（学研、1968年5月創刊号）

『怪奇ミステリー』（学研、1972）佐藤有文著

校の怪談だ。ベートーベン、花子（みよの場合もあり）、四時ばばあも紹介されている。

高1コース（一九六三年創刊、一九九九年廃刊）

高1、高2コースで特筆すべきは、佐藤有文である。佐藤が怪奇小説に取り組んだ「骨なし村」「緑の魔人（地底魔人ドグマ）」「地底魔人ドグマの復讐」「守宮館（やもりかん）」、米国『アメージング・ストーリーズ』誌から紹介した「地底人デロの大陰謀[5]」「宇宙人アトラン来襲す」などが掲載された。妖怪記事では佐藤が土屋有の名で書いた「妖怪万国博」が、その後『世界妖怪図鑑』に流用された（ベータラーなど）。

❶ 扉からして『世界妖怪図鑑』そのまま。魔術師や道具の紹介、悪魔王国など。立風書房ジャガーバックス誕生前夜を感じさせる。

❷ 全国の高校に伝わる奇怪な話。生物部の副部

『世界の恐怖怪談』(学研、1977)荒俣宏・武内孝夫著『恐怖！幽霊スリラー』(学研、1974)斎藤守弘著

長がカエルに解剖された話など。

❸　佐藤有文には珍しい「ですます調」による雪女の話。雪女の台詞が『怪奇ミステリー』のゴートム館の女主人のようで、ファンには嬉しい記事だろう。

高2コース（一九六三年創刊、一九九九年廃刊）

❶　三話収録。『怪奇ミステリー』（学研）で名高い「ゴートム館」を含む。館の画像が紹介されている。海外誌を漁れば、元の話が判明するかもしれない。

高3コース（一九五八年創刊（改題あり）、一九九九年廃刊）

受験が本格化する学年なので、雑誌のエンターテインメント性は低くなり、大学情報、受験情報、合格の秘訣などの記事が目立つ。とはいえ、息抜きも必要だからか、佐藤有文の怪奇小説、山田野理夫や

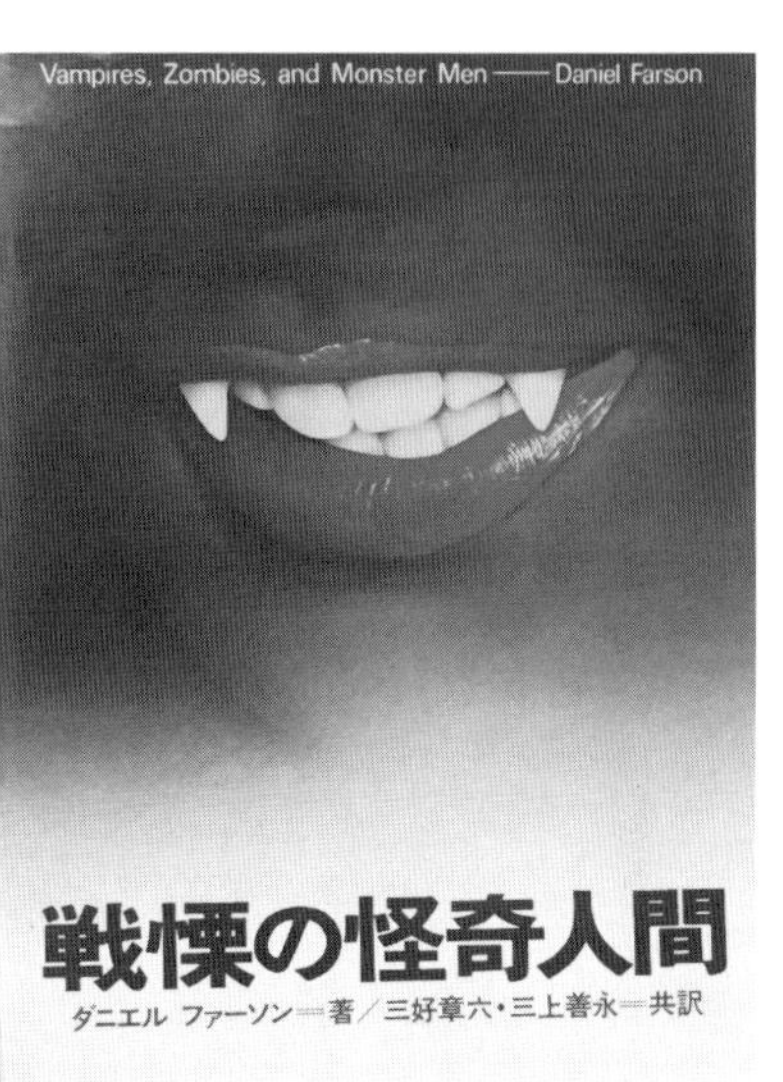

超常世界への挑戦シリーズ『戦慄の怪奇人間』（学研、1976）ダニエル・ファーソン著

水木しげるの記事も掲載された。この『高3コース』は古書での入手が、他の学年に比べて非常に難しい。

以上、ざっと紹介してみたが、[6]後に『ムー』にも参加するライターの執筆が多い。ジャンルとしては妖怪もの以外にも、「秘境」「海賊」「古代文明」「スパイ」「円盤」「心霊現象」などの記事が毎月のように掲載された。それらの記事に一定の手応えがあったのだろうか、学研は一九六八年に『ヤングエース』（一九六八年五月～八月）なる雑誌を創刊した。同誌は小学館の『ボーイズライフ』と同傾向の月刊誌。怪奇記事に加え、小説やヤング向け読み物を掲載した。結局、わずか4号のみで『小説エース』に吸収合併され消滅した。後の『ムー』がその初期にはオカルト＋アニメの雑誌であったことを思えば、『ヤングエース』は早過ぎた『ムー』であったとも言える。中岡俊哉、斎藤守弘、土屋有（佐藤有文）らが執筆していることも符合する。

影響

ここで結論めいたものを書くとすると、やはり『コース』はオカルト記事の充実度が素晴らしい。小学館の学年誌の記事は、『入門百科シリーズ』『なぜなに学習図鑑』として結実した。同様に、『コース』のオカルト記事は『ジュニアチャンピオンコース』[7]、『ユアコース』[8]、子会社・立風書房の『ジャガーバックス』を誕生させた。学研は児童向け図解本発行元として、小学館と共に二大巨頭の一つであり、衝撃度に関しては小学館を含む他社を圧倒していた。特にロングセラーとなった佐藤有文の妖怪関連本は増刷を重ね、その内容の充実度は現在も話題となる程影響力が強い。その後に続く妖怪図鑑の方向性を決定的にしたと言える。それだけの書き手を揃えていたのだ。

さらに、学研に所属していた土屋紀夫氏（佐藤有文と付き合いがあったという）が、後に講談社に移って企画したのが『ドラゴンブックス』である。[9]この怪奇児童書誕生の経緯は学研・立風書房から講談社に跨る一大潮流であり、[10]『コース』の貢献度はとてつもなく大きい。また、一九七〇年代後半の『超常世界への挑戦シリーズ』『S・Fファンタジア』も再評価されるべきであろう。

そしてその後はご存じのオカルト専門誌『ムー』登場（一九七九年創刊）となるわけだ。

その実績と影響力からして、まさに『コース』は「オカルト界の巨大惑星」である。

これらの流れを理解するためには、『コース』を再評価する作業がどうしても必要になる。具体的事例を挙げての検証が、だ。そのためには中途半端な「懐かしのオカルト」は捨て去り、次の段階へ進むべきであろう。

（幕張本郷猛）

注

［1］中岡はあまりにも出番が多かったため、変名での記事も残した。後に出番が減ったのは、オカルト専門誌『ムー』の創刊が影響しているのであろう。

［2］『列伝体　妖怪学前史』の斎藤守弘の記事において「情報パッケージ」（挿絵や写真を効果的に用いて濃縮した文章を使った視覚的記事。斎藤の命名による）を斎藤単独の功績のように書いてしまったが、大伴昌司との相互の影響もあったと考えた方がより自然であろう。

［3］作家（一九四〇～二〇一二）。世界怪奇スリラー全集『世界の謎と恐怖』を残した。真樹と怪奇記事が結びつかない旨の発言をたまに見るが、前掲の書は『少年クラブ』（講談社）に連載された怪奇記事の再編集である。妖怪記事も多くはないが残している。

［4］『ムー』では前衛科学評論家と名乗っていたので、正体はすぐに知れたが。

［5］佐藤以前の地底人デロに関する紹介としては、『ボーイズライフ』（小学館）一九六七年三月号の南山宏による「地球ガランドウ説」がある。その後、『週刊少年マガジン』に「R・シェイバーの異常体験手記」（訳・南山宏）が一九七一年二～五月に掲載された。

［6］とてもこの量の文章では無理である。学研には総集編を期待したい。

［7］佐藤有文『怪奇ミステリー』『世界のなぞ世界のふしぎ』、斎藤守弘『超科学ミステリー』、中岡俊哉『わたしは見た　死後の世界』などがある。

［8］荒俣宏・武内孝夫『世界の恐怖怪談』、斎藤守弘『恐怖！幽霊ミステリー』『人体の怪奇大百科』『なぞの四次元』などがある。

［9］『この本は怪しい！』（洋泉社、一九九七）より。

［10］講談社は『週刊少年マガジン』における「決定版シリーズ」、『ぼくら』の佐藤有文の記事が『ドラゴンブックス』に通じるし、『週刊少年サンデー』（小学館）との切磋琢磨（両誌とも執筆者は殆ど同じであったが）が果たした役割も大きいだろう。

参考サイト

・eBay Auction　https://www.ebay.com/

・国立国会図書館　https://www.ndl.go.jp/

紹介者と妖怪

妖怪に見たる科学

おばけの正体に触れる

妖怪博士の迷信打破

井上円了（いのうええんりょう）は、[1]『迷信解』で「諺に「幽霊の正体見たり枯れ尾花」とあるごとく、つまらぬものを見てただちに天狗なりと思うものである」と書き、天狗に憑かれることを精神が異常を起こした状態であり、雪隠（せっちん）の化け物、舟幽霊、雪女等などと共に幻視、妄覚によるものと判断した。また、天狗の頭蓋骨や爪はイルカの骨や石器として解釈している。このような事例は、『妖怪学講義』で既に理学・医学・心理学などの科学的なアプローチで細かく分類され、各項目に相応する事象や妖怪を列挙している。例えば、第二類の理学部門の第八種（変事編）には、カマイタチが紹介されている。この部分の記述ではカマイタチという妖怪が、出血を伴わない切傷を作っているのではなく、空気中の真空状態によるものと否定している。[2]

ところが、このカマイタチの原因を真空とする説は現代では疑似科学として否定されている。この説は当時の科学知識では常識的に解釈されていたが、実証されたものではなかった。カマイタチに関しては、現代では俗説となってしまったが、当時の常識で井上円了によって打破された迷信は多く、その啓蒙は現代でも通じる十分な成果であった。

物理学者の化け物教育

カマイタチの原因を真空とする説は、戦前一九二九年の『改造』新年号で寺田寅彦(てらだとらひこ)が[3]「化物の進化」で「この説は物理学者には少しふに落ちない。たとえかなり真空になってもゴム球か膀胱か何かのように脚部の破裂する事はありさうもない。これは明らかに強風のために途上の木竹片あるいは砂粒のごときものが高速度で衝突するために皮膚が截断されるのである」と否定している。

カマイタチの事例のように妖怪に対して科学的解釈を行った寺田寅彦だが、「化物の進化」の冒頭で、「人間文化の進歩の道程において発明され創作されたいろいろの作品の中でも「化物」などは最もすぐれた傑作」と評した。[4]また、妖怪を科学的に解釈する事に対しての反感も織り込み済みで、科学的解釈が一通りできたとしてもその現象の神秘は無くならないことを表現している。これは実際にカマイタチの原因が真空ではないという否定として寺田寅彦の説も実証されていないために、完全な否定に至っていないことからも理解できる。実証を伴った否定は、一九七〇年まで待つことになる。

気象庁監修の『気象』通巻一六〇号高橋喜彦「かまいたち」、同誌通巻一六一号田村竹男「新潟県における「かまいたち」調査」によるもので、筋肉が緊張して張った状態で、皮肉が裂けることを原因であることが指摘されている。この説によって、カマイタチの原因が真空であるという説は否定されたが、

1927年『科学画報』1月号のかまいたち。山東京伝『浮牡丹全伝』の挿絵で歌川豊広の「窮奇図」を掲載

このように別の可能性が示されることも含めて寺田寅彦は妖怪を楽しんでいたように思える。

雑誌記事に書かれたおばけの正体

寺田寅彦がカマイタチの原因を真空という説を否定した六年前の一九二三年『科学画報』が創刊された。一九二七年一月号では歌川豊広の「窮奇図」を掲載し、「ごく稀ではあるが路上で小旋風が起こり、その脚などに、刃物で切ったやうな負傷をすることがある。古来これを鼬の仕業と思ひかまいたちと言つた。勿論これは、真空を生じたために皮膚が破れたのであって、獣とは関係がない。図は昔の迷信時代に描かれた、かまいたち」と解説されている。この時点で未だカマイタチの原因が真空であるとする説が、科学の雑誌でも根強く信じられていたことが分かる。『気象』での否定には更に二三年を要した。

『科学画報』という雑誌は、妖怪を主に取り扱っていた訳ではないが、雑誌として九州に伝わる海の怪火である不知火や山中で自分の影が霧に大きく映し出されるブロッケンの妖怪なども雑誌記事としては早い段階で取り上げている。藤澤衛彦[5]も科学的な解釈は特に書かれてはいないが、「化ける獣」とい

う連載記事を執筆し、この雑誌で吸収した知識を展開していく。一九四七年一一月の『科学の友』「妖怪変化・迷信を解く」という座談会の企画で不知火やセントエルモの火、ブロッケンの妖怪についても触れている。『妖怪画談全集　ドイツ・ロシア篇』にも掲載されているテグナーの描く人魂がハート型をしていることを指摘し、国によって人魂の形がことなるという話をした。

1952年『少年』7月号で子供たちにハート型を示す藤澤衛彦。

一九五二年『少年』七月号でも藤澤衛彦と江戸川乱歩が、読者の子供たちに向けてお化けや幽霊は本当にいるのか、質疑を行い、人魂の正体を尋ねられると、魚や肉が腐敗で発生する燐であると指摘し、ここでも国によって人魂の形が異なり、テグナーの描いた人魂は、ハート型をしていると示した。その他、雪女は木に雪が積もったものが正体という話やブロッケンの妖怪についても触れている。

その後、一九六四年七月の『週刊少年サンデー』に「昔話を研究しよう」という連載も二回で終了し、その間に雑誌のおばけに関する記事は、北川幸比古[6]や斎藤守弘[7]などのSFを得意とする作家たちに代替わりしていく。『週刊少年サンデー』では、まさに藤澤衛彦と入れ替わるように一九六四年八月の三三号で佐伯誠一[8]の解説で「おばけの科学」という記事が掲載されている。人魚の正体がジュゴンであるという説の他、人魂・セントエルモの火・不知火・ブロッケンの妖怪と『科学画報』から藤澤衛彦の流れを継承している。

続く一九六五年には斎藤守弘が『ぼくら』五月号に「科学であかすおばけのしょうたい　日本のおばけ・世界のおばけ」でも矢張り、人魂やブロッケンの妖怪を取り上げる流れは踏襲しつつも寺田寅彦が「怪異考」で解釈した頽馬(たいば)についても触れている。[9] 海坊主や船幽霊も海上の霧に投影された影、奇病や錯覚など、幅広い解釈の中に絡新婦や天井下りの正体を忍者としたり、「ひとだまをつくろう」というコーナーを追記したりと読者層である子供たちに興味を持たせる外連味のあふれる記事となっている。それは同年の『まんが王』九月号「おばけの正体」でも轆轤首や一つ目小僧など同様の解釈を書きつつも新たに黒坊主や天井嘗、歯ぬきがい骨なども追加された。[10]

このように戦前から雑誌によって啓蒙された科学は、一九六〇年代には子供たちにも伝わり、おばけの正体としての情報は流布されていったのである。

現代も解釈されるおばけの正体

こういった科学が啓蒙される過渡期に幼少期を過ごした荒俣宏(あらまたひろし)[11]も寺田寅彦の解釈を妖怪解説に取り入れている。二〇一九年の『アラマタヒロシの妖怪にされちゃったモノ事典』では、ブロッケンの妖怪・雷獣と並んで、カマイタチ、孕(はら)みのジャン、頽馬と寺田寅彦が「怪異考」「化物の進化」で取り上げた妖怪が取り上げられている。その内容は一貫して寺田寅彦の解釈に留める。カマイタチの解説が顕著であるが、現行科学でどのように解釈されているか否かを重視するのではなく、カマイタチは空気中の真空が引き起こしているとされていたが、本物の物理学者である寺田寅彦がそれを否定したという記録を他の事例と併せて収集と紹介をすることに意義を感じる。荒俣宏の孕みのジャンの解説の文末で「妖怪への関心は、やがてこうした災害の予防につながるかもしれない」と締めている。[12] これは、寺田寅彦が「化物の進化」で書いている「人間と化け物とは永遠の進化の道程をたどって行くもの」に通じる意義である。

妖怪の科学的な解説は、多田克己(ただかつみ)[13]も得意としている。特に気象に関しての造詣が深く、初の著作となる一九九〇年の『幻想世界の住人たちⅣ　日本篇』では、頽馬の解説で寺田寅彦が、その原因を空中放電であるという推察をしたことに触れている。また、一九九九年の『百鬼解読』で、燭陰(しょくいん)[14]の解説として何新『神々の起源』を引き、北極圏以北の夏と冬の昼夜の交代やオーロラの現象を神格化したものと書いている。燭陰と同様に中国に伝わる巨大な鳥・鵬(ほう)に関しても二〇〇八年の『妖怪画本　狂歌百物語』で熱帯のモンスーンを神格化したものと書いている。

先行する雑誌記事の執筆者や荒俣宏や多田克己のように在野の立場から科学的な解釈に基づいて妖怪を紹介する場合、実際に提唱された説を組み込む形になるが、近年では分子生物学の武村政春(たけむらまさはる)、古生物学者の荻野慎諧(おぎのしんかい)、脳神経内科医の駒ヶ嶺朋子(こまがみねともこ)などが専門分野から独自の観点で妖怪を取り扱っている。

こうした潮流は、寺田寅彦が危惧する妖怪の科学的な解釈への反感とは無縁のように思えるが、科学的な解明をしたところで妖怪は所詮存在しないと面白可笑しく紹介する方向性と実存を信じていたのにとがっかりするという方向性が現在でも存在している。[15] 妖怪を科学的に解釈されることで「妖怪は、ホラーの対象でなくなり、好奇心の対象に変わる」と

荒俣宏は書いている。井上円了の迷信打破も寺田寅彦の科学的に妖怪を解釈することもエンターテインメントとして楽しむことを阻害するものではない。実際に語られた妖怪たちの一つの解釈として何だか分からなかった妖怪たちが解明されていくことを今後も楽しんでいきたい。

（式水下流）

注

［1］　井上円了（一八五八〜一九一九）は仏教哲学者・教育者。近代的な科学知識をもって俗信や迷信の打破に尽力した。俗信や迷信の中には妖怪譚も含まれ、独自の「妖怪学」を打ち出したことから「妖怪博士」と称されることもある。『列伝体　妖怪学前史』第一部「井上円了」一〇頁参照。

［2］　カマイタチ＝真空という説は明治時代の常識的な科学知識であったことは、廣田龍平『妖怪の誕生』に詳しい。

［3］　寺田寅彦（一八七八〜一九三五）は物理学者。夏目漱石の弟子であり、随筆の名手としても知られる。「怪異考」で孕のジャンや頽馬・ギバ、「化物の進化」でカマイタチなど幾つかの妖怪を科学的な視点で解釈をした。

［4］　「化物の進化」では科学的な解釈の他に友人のNが創作した「川沿いのある芝地を空風からかぜの吹く夜中に通っていると、何者かが来て不意にべろりと足をなめる」という「三角芝の足舐り」や「城山のふもとの橋のたもとに人の腕が真砂のように一面に散布していて、通行人の裾を引き止め足をつかんで歩かせない、これに会うとたいていはその場で死ぬ」という「T橋のたもとの腕真砂」の記述がある。物理的実在を信じないながらもこれらに化物への憧憬を感じている点も興味深い。

［5］　藤澤衛彦（一八八五〜一九六七）は風俗史学者・伝説研究者。『妖怪画談全集』の解説が、水木しげるなどの妖怪解説に影響を与えたことで知られる。ブロッケンの妖怪や怪火などに関して科学的な解釈の対談記事も残している。『列伝体　妖怪学前史』第二部「藤澤衛彦」一二四頁参照。

［6］　北川幸比古（一九三〇〜二〇〇四）は児童文学作家。児童向けのSF作品を翻訳・執筆した。おばけを題材にする本は、多く執筆はしていないが、著書『おばけを探検する』に代表される日本各地のおばけの話が残る場所を雑誌で紹介した。『列伝体　妖怪学前史』第二部「北川幸比古」一六八頁参照。

［7］　斎藤守弘（一九三二〜二〇一七）は怪奇作家。水木しげる以前に少女雑誌などで多く、妖怪図鑑形式の紹介記事を書いた。がしゃどくろなどの斎藤守弘が創作した妖怪たちは、水木しげるや佐藤有文などに流用され現代も生き続けている。『列伝体　妖怪学前史』第二部「斎藤守弘」一四四頁参照。

［8］　佐伯誠一（一九三一〜一九八四）は科学評論家。「学習まんがふしぎシリーズ」や雑誌記事でおばけの記事を書いている。おばけに関する著作に関しては、本書第三部三三八頁にも記載有り。

［9］ 頽馬やギバは馬を殺す魔風とされる。突風が吹き、馬のたてがみが一筋一筋に立って、細い糸のようなあかい光がさし込み、馬はまもなく死ぬという。寺田寅彦は「怪異考」の中で空中放電現象と解釈している。

［10］ 藤澤衛彦の影響を強く感じる。黒坊主や天井嘗は『妖怪画談全集　日本篇上』、歯ぬきがい骨は『妖怪画談全集　ドイツ・ロシア篇』の「奥歯を覗ふ怪物「歯痛殿下」」及び『図説日本民俗学全集　四巻　民間信仰・妖怪編』に掲載されている。『ぼくら』の記事の海坊主・船幽霊の解釈や『ぼくら』『まんが王』両誌に書かれた一つ目小僧に関して京都大学附属病院の単眼の赤ん坊の標本を記載するなどの共通点もある。

［11］ 荒俣宏（一九四七～）は小説家・博物学者・妖怪研究家。妖怪を博物学的な観点から収集・紹介している。中には南方熊楠や寺田寅彦の解釈の引用もある。著書である『帝都物語』には寺田寅彦も登場する。

［12］ 孕みのジャンは寺田寅彦の郷里でもある高知県高知市の海上でジャーンという音が聞こえるとしばらく不漁が続くという。寺田寅彦は「怪異考」でその正体を地震による地鳴りと解釈し、不漁の原因を短週期の震動であり、この一連の怪異が起きることを地震の前兆であることを示唆した。

［13］ 多田克己（一九六〇～）は妖怪研究家。雑誌『怪』の連載や著書『百鬼解読』で鳥山石燕の描いた妖怪たちの絵解きを行う他、国書刊行会の『絵本百物語』や『狂歌百物語』などの妖怪画の版本の復刻に尽力し、解説を添えた。二〇〇〇年よりカルチャーセンターの講師を務め、講義でも気象や生物学などの科学的な解釈を取り入れることがある。

［14］ 燭陰は、鳥山石燕『今昔百鬼拾遺』に人面龍身で描かれている神獣。中国の『山海経』が元で以下のように書かれている。鍾山の神で目を開くと世界は昼になり、目を閉じると夜になる。息を吹けば冬になり、息を吹くと夏になる。身の丈は千里（四〇〇〇キロ）で赤い身体をしているという。

［15］ 二〇二二年岡山県浅口市の圓珠院に所蔵されていた「人魚のミイラ」を科学的調査するプロジェクトが発足され、二〇二三年に最終報告がされるとメディアでは造りものや工作品と実際の人魚ではないことを面白可笑しく取り上げられ、圓珠院の住職が「本物だ」「偽物だ」と言われて人魚に申し訳ないと話したという。

参考文献

・伊藤慎吾・氷厘亭氷泉（編）二〇二一『列伝体　妖怪学前史』勉誠出版
・東雅夫（編）二〇一一『文豪怪談傑作選・大正篇　妖魅は戯る』ちくま文庫
・廣田龍平　二〇二二『妖怪の誕生　超自然と怪奇的自然の存在論的歴史人類学』青弓社
・荒俣宏　二〇一九『アラマタヒロシの妖怪にされちゃったモノ事典』秀和システム
・多田克己　一九九九『百鬼解読　妖怪の正体とは？』講談社ノベルス
・多田克己（編）二〇〇八『妖怪画本　狂歌百物語』国書刊行会

弐 紹介者と妖怪

旺文社の学年誌における幽霊妖怪記事

学研と競った総合誌で健闘

『豆単』で知られる赤尾好夫が一九三一年に創立したのが、旺文社だ（当時は歐文社）。『中学時代』は一九四九年に創刊、一九五六年に学年ごとに分割。雑誌のサイズは学研の『コース』と同じで、その内容も共通性が高い。学習記事、受験情報、芸能情報、ノン・フィクション読み物、時事情報、成長期の悩み、小説、漫画、怪奇記事などが掲載されたが、記事傾向・内容の変遷も『コース』と似通っている。創刊直後は、武者小路実篤の記事が掲載されるなど、硬いイメージの雑誌であった。その後、入江徳郎の明朗小説が連載されたり軟化が続き、一九六八年からは目次に水森亜土のイラストが採用され、明るい雰囲気の雑誌になって行く。一九六〇年代中盤辺りからは、海外ノン・フィクション記事の翻訳が載るようになった。[1] 付録にも怪奇小説が付くなどし始め、その後、斎藤守弘、北川幸比古、篠田八郎の記事が掲載された。一九六七年頃からは、「世界の謎」や「怪談」の記事が毎号のように登場。オカルト・ブームの頃には複数の怪奇記事が見られたが、一九七六年頃よりその手の記事は減った。

『中一時代』(1967.8)「日本のおばけ西洋のオバケ」指導・今野圓輔

中一時代（一九六四年『中学時代一年生』から改題、一九九一年廃刊）

❶ おばけの特徴（幽霊寄り）。「作られたお化け」ではウルトラマンも含む。

❷ ぬえ（日本）、死神（北ヨーロッパ）、ヘビ女（ボルネオ）などビッグ6と世界のかわったお化けの都合12種が登場。

❸ 魔女の歴史、セーレムの魔女事件など。

❹ 白木茂[2]による記事。「首じめ」「火ふき」「緑目の少年」など、馴染みのない海外妖怪がレア。

❺ 五つの予言から探る人類の滅亡。ノストラダムスのブーム以前である。大抵のオカルト・ブームの解説は、「日本沈没→コリン・ウィルソンの『オカルト』→ノストラダムスの大予言→ユリ・ゲラー

記事一覧

誌名	号数	No.	記事名	筆者・内容	備考・影響等
中一時代	1967.8	❶	日本のおばけ西洋のオバケ	指導・今野圓輔	
	1969.8	❷	世界の怪物ビッグ6	構成・水気隆義	
	1970.8	❸	魔女は生きている！？	文・北川幸比古、笹本桂生	
	1971.8	❹	はたして幽霊はいるか？	文・白木茂	
	1972.7	❺	衝撃の予言!!　人類の滅亡日近し!?	無記名	
	1972.8	❻	海にひろがる恐怖となぞ	無記名	
	1973.2		知られざる中国の秘境	文・岡本俊雄（中岡）	
	1973.8		出たァユーレイがホラそこに!!	文・中岡俊哉	京葉道路、幽霊アパート
	1974.8		キミの学校に幽霊は出ないか	文・中岡俊哉	
	1975.1	❼	幽霊屋敷!?	文・中岡俊哉	
	1978.8 付録		20 世紀最後の謎	文・佐藤有文	
中二時代	1966.1 付録		世にもふしぎな物語	斎藤守弘他	
	1969.8		でたーっ!!　どれがこわい世界のおばけ	絵・中村猛男	ドラキュラ、四谷怪談他
	1971.8		海の怪奇	文・永野敏朗（中岡）絵・林朝路	
	1972.8	❶	怪奇と恐怖への招待	構成・中岡企画	
	1973.2	❷	中国には自然の不思議？歴史にはナゾがいっぱい	無記名（中岡？）	
	1973.8	❸	ナゾがいっぱい　日本怪奇列島	文・鈴江淳也 絵・小悪政夫	構成・メタモルふぉーず
	1973.12	❹	いまなお起きている四次元のミステリー	文・中岡俊哉	
	1974.1	❺	冬の怪奇	文・岡島正道（中岡変名）	
	1974.1 付録		20 メートルの大ミミズに襲われた!?	文・中岡俊哉	
	1976.8	❻	夏休みドキュメント・コーナー	文・佐藤有文	
	1976.12	❼	’76 総決算びっくり10 話		
中三時代	1971.6	❶	南ベトナムに兵士の幽霊が出る!?	文・小田哲郎	
	1973.7		民話に生きるおばけの話	文・名取三喜	
	1973.11		かぐや姫は宇宙人だったノダ！？	文・斎藤守弘	
	1974.8	❷	サマー・スリラー・シアター	文・草川隆	
	1975.8	❸	あの世からの使者	文・斎藤守弘	
	1977.11		ギョッ、見つかった!? 人魚のミイラ!?		

高一時代	1967.11		超能力は16歳がピークです	文・斎藤守弘	
	1970.5		魔女狩り	文・斎藤守弘 絵・金森達	
	1977.2		吸血鬼ドラキュラは生きている!?		
高二時代	1974.9		日本にも悪魔はいる	文・草川隆	
	1976.4		あなたのそばにも霊体が…	文・中岡俊哉	
小学時代五年生	1977.7	❶	恐怖実話　雨のシトシト降る夜（略）	文・中岡俊哉 絵・藤井康文	
	1977.10	❷	棺の中の魔女・ハルツ山の狼	文・武田武彦 絵・斉藤寿夫	原作・ゴーゴリ、マリヤット

の超能力→映画『エクソシスト』→中岡俊哉の心霊写真・コックリさん→つのだじろうの漫画」で済ますケースが多い。『少年マガジン』の決定版シリーズや漫画雑誌の妖怪記事を後のオカルト・ブームの始祖とする研究も増えてほしいものだ。

『中二時代』(1974.9)「エクソシスト25問25答」

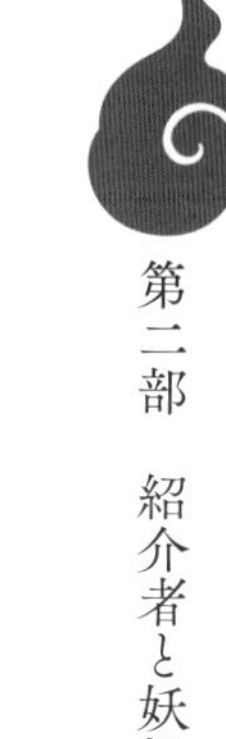

❻記名がないが、亡霊の「ヒヒヒッ」の声で中岡の記事だと判る。ケムバ航海士、グン老人など、中岡節が炸裂。日本と世界の海の七不思議あり。日本の方では海坊主と濡れ女が登場。

❼町田市の新築住宅に現れた亡霊。そこへ中岡も駆けつけ、霊を目撃。「私のところに除霊の依頼が来るけど、霊能力ないのに、私が出来ると思って相談が来るんだよねえ」という愚痴も。

中二時代（『中一時代』と同様）

❶「日本列島妖怪地図」が掲載。妖怪の絵が水木しげるそのままで、水木→中岡の流れは非常に貴重。べとべとさんの解説が、「人どおりの絶えた大雪の日に、とっくりをさげて現れる、酒が大好きな妖怪」となっている。他には「妖怪の生息地（山、道、家・屋敷、海、川）」による分類など。「どくろガニ」、「瀬坊主」、「瀬女」なども登場。

次のページにはズバリ、「世界妖怪図鑑」という記事があるが、残念ながら「世界妖怪地図」はなく、流し気味の内容。

❷「自然災害を起こす巨大トンボ」「五年に一度生まれる牛人間」。チベットの妖怪「雪女」が家を覗くと、決まって不幸が起きるという。

❸ＵＭＡと亡霊事件中心。『怪奇ミステリー』『世界の恐怖怪談（ベンスンの「塔のなかの部屋」が素晴らしい）』（共に学研）において、水滴が滴る挿絵が超個性的だった小悪の作品が見もの。

❹北海道の幻の里、死霊のさまよう天城山、人が消える恐怖の伊江島の三本だが、囲み記事の「船形山の天狗のような巨人」の紹介が貴重。他の本では詳しいエピソードは省略されていた

『中二時代』(1973.8)「日本怪奇列島」文・鈴江淳也　絵・小悪政夫

のだ。

❺三話で構成。チベットに現れる妖怪「雪ん子」。見た人は死ぬと伝えられているが、グアンジン老人は雪の降る夜に目撃してしまい、五日後に死亡。同じ話が、『中学二年コース』に「恐怖!!白い魔の世界」なる記事で、中岡の中国名名義で掲載されている。

❻ボーリー館の幽霊、室蘭本線・有珠鉄橋の亡霊ほか。「日本列島幽霊怪奇現象地図」つき。

❼研究家が選ぶ一九七六年の怪奇事件ベスト10。妖怪との関連は薄いが、個性が出ていて興味深いので紹介しよう。

●中岡俊哉（超常現象研究家）

①クロワゼットの透視②ペーター・フルコ

ス③掛け軸の目が開いた④ブラジルのＵＦＯ事件⑤イタリアの心霊事件⑥ネッシー⑦フランスの蒸発事件⑧チベットの雪男⑨ドイツでキリスト像から血の涙⑩カリブ海上空でＵＦＯ事件

この年の『水曜スペシャル』でのクロワゼットの透視を選ぶところが、中岡らしい。

●佐藤有文（四次元現象研究家）

①ドラキュラの正体②クロワゼットの透視③自身を予知する虹④掛け軸の目が開いた⑤立川市の四次元アパート⑥ローズマリー・ブラウンのレコード発売⑦パリの殺人鬼⑧ネッシー⑨エジプトの花嫁を引き摺り込む穴⑩オリバー君

佐藤は出演した『日曜特バン』を一位に選出。この年佐藤は、『報知新聞』に「四次元博物館」、翌年には「にっぽん四次元旅行」を連載。その後、それらをまとめたワニ・ブックスの単行本がヒットし、テレビ出演が急増した。

●毛利健（海外超常現象研究家）

①米国の死後の世界研究②クロワゼットの透視③アマゾンの巨人族④西ドイツの悪魔憑き事件⑤アフリカのサル少年⑥ＵＦＯ、テレビカメラに映る⑦ネッシー⑧人類はアジアで発生⑨インカ帝国最後の群発見⑩ＦＢＩ、捜査に催眠術使用

●斎藤守弘（科学評論家）

①オリバー君②クロワゼットの透視③中川温泉の金属音④鮫の襲撃⑤夢に現れた宇宙人が描いた怪文字⑥立川市の四次元アパート⑦クッシー⑧天上寺の不審火⑨滋賀県の寒天状の雨⑩地軸のぐらつき

●楳図かずお（漫画家）

①クロワゼットの透視②立川市の四次元アパート③ＵＦＯ④人工遺伝子⑤地震⑥五つ子誕生⑦

サマー・スリラー・シアター

科学万能の現代でも、解明できないふしぎなことがある。ここに紹介した話を、キミは信じられる？

文・草川　隆

①千町ヶ原の怪奇
②基地の亡霊
③海の吸血女
④子供の間

①千町ヶ原の怪奇

深夜の足音

亡者の群れ

『中三時代』(1974.8)「サマー・スリラー・シアター」文・草川隆

中学生の犯罪（ここまで）

中三時代（『中一時代』と同様）

❶ 高さ2mの「戦士の像」がヒッチハイクした事件など。佐藤有文の単行本で知られる霊だが、別のエピソードである。

❷ 草川隆[3]による四話からなる読み物。「海の吸血女」として、長崎県で行商人が遭遇した「磯姫」のエピソード収録。美女で、子供を抱いてくれとせがみ、血を吸う化け物。

❸ オーストリアで起きた死人軍隊事件（吸血鬼）ほか。

高一・高二時代

オカルト記事はあるが、妖怪関連は多くない。中一～高二時代の一九八〇年以降は筆者も調査できていない。

蛍雪時代

あまりにも敷居が高く、未調査。

小学時代五年生（一九七五年『小学時代』創刊。その後『小四』『小五』『小六』に移行）

斎藤守弘、佐藤有文、南條武などの記事が見られる。

❶　青森県に出現した「雨女」。幽霊の一種だが、「泣き女」「海女（うみおんな）」に続く命名が中岡らしい。

❷　映画『妖婆・死棺の呪い』でも知られるゴーゴリのジュブナイル。マリヤットの作品の方は、主人公が船乗りで、回想から始まるのは良いのだが、結末が尻切れトンボ。

影響

児童向け単行本の展開が弱かったため、学研や小学館に比べると印象は薄い。（『旺文社文庫』を発刊した努力は買えるが。）

しかし、オカルト界の事件を総括する「'76総決算びっくり10話」は好企画だったし、時事ネタ込みの「ベトナムの幽霊兵士」など優秀な記事を残した点は評価されるべきであろう。学研『コース』との切磋琢磨による効果などは見えにくいだろうが、忘れるべきではない。

なお、付録に怪奇記事が多い。総チェックは容易ではなく、研究者泣かせの雑誌だ。（幕張本郷猛）

注

［1］　単発でなら、「おもしろい物いみの話（井之口章次）」「世界の幽霊さまざま（綿谷雪（わたたにきよし））」「こわい幽霊こわくない幽霊（池田弥三郎）」といった記事もある。

［2］　作家、翻訳家（一九一〇～一九七七）。少年画報社、集英社などでノン・フィクション記事を書いた。講談社『世界の名作怪奇館』、旺文社ジュニア図書館などで、怪奇もの翻訳単行本を残した。

［3］　作家。『とてもこわい幽霊妖怪図鑑』（朝日ソノラマ、一九

七四)、『幽霊と妖怪の世界』(長岡書店、一九八〇)などの著作がある。

参考サイト

・旺文社
https://www.obunsha.co.jp/

・国会図書館典拠データ検索・提供サービス
https://id.ndl.go.jp/auth/ndla/

弐 紹介者と妖怪

妖怪事典編纂履歴

舟を編み上げた人々

妖怪の情報を網羅的に掲載した「妖怪事典（妖怪辞典）」は、これまで様々な書籍が出版されてきた。この項目では、文章を主体として妖怪の情報を纏めた出版物を妖怪事典として取り上げ、[1] 時代や著者による相違・発達についてまとめてみよう。

研究者による初期の妖怪事典

初期の妖怪事典の中で最も代表的なものは、民俗学者の柳田國男（やなぎたくにお）が『妖怪談義』において記した「妖怪名彙」であろう。『妖怪談義』自体は昭和三一年（一九五六）に刊行されているが、「妖怪名彙」はそれ以前、昭和一三年（一九三八）六月から一四年（一九三九）四月にかけて雑誌『民間伝承』に連載されていた記事が元になっている。数にして八〇種の妖怪について記されているが、一部の項目について引用・参考文献が明記されていない（各地の民俗学者が柳田に送った報告からそのまま記載された例もある）ため、原典の追跡が困難になっている。[2]

「妖怪名彙」が後世に与えた影響は大きく、例えば漫画家の水木しげるが自身の作品に登場させた子

泣き爺や砂かけ婆などの人気キャラクターは、この「妖怪名彙」の記述を元にして創作されている。

しかしこれよりも前、昭和一〇年（一九三五）に著された、日本で最初の妖怪事典と言うべき資料が存在する。それが佐藤清明の『現行全国妖怪辞典』である。岡山県出身の博物学者である佐藤清明は民俗学や植物学などを研究した人物であり、柳田や南方熊楠、牧野富太郎などと交流があった。民俗学においては特に方言の研究に注力し、妖怪や植物の方言名彙を広く収集していたが、その研究成果の一つとして纏められたのが『現行全国妖怪辞典』である。『現行全国妖怪辞典』には三六〇種の妖怪が掲載されているが、あくまで方言収集の観点から集められたものであり、妖怪自体の解説はそれほど詳しくない。また地域性にも偏りがあり、佐藤の出身地である岡山県の事例が最も多いのも特徴である。柳田も「妖怪名彙」にて『現行全国妖怪辞典』を参考にしており、スネコスリ、タンタンコロリン、シダイダカといった項目は『現行全国妖怪辞典』を引用元としている。

佐藤清明『現行全国妖怪辞典』（1935）中扉

昭和五〇年（一九七五）には日野巌と日野綏彦の共著による『日本妖怪変化語彙』が刊行された。日野巌は植物病理学の権威であり、東京帝国大学農学

部において白井光太郎の指導の下で学んだ科学者である。[3] 植物学を研究する傍らで妖怪にも目を向け、『日本妖怪変化語彙』だけでなく大正一五年（一九二六）には『趣味研究　動物妖怪譚』、昭和五三年（一九七八）には『植物怪異伝説新考』を刊行している。日野が著した『動物妖怪譚』を読んでから妖怪の方言を集めるようになったと記しており、日野も『日本妖怪変化語彙』のはしがきで、妖怪の語彙を纏めた資料として柳田の「妖怪名彙」と佐藤の『現行全国妖怪辞典』を挙げている。妖怪の収録数は前出の二点に比べると遥かに多いが、藤澤衛彦の『妖怪画談全集』や吉川観方の『絵画に見えたる妖怪』などを参考資料として扱っている影響もあり、項目の中には鳥山石燕の『画図百鬼夜行』や『画図百器徒然袋』、竹原春泉の『絵本百物語』など、本来は民俗学の領域に含まれない妖怪も多数収録されている。

研究者の手による初期の妖怪事典はこの三点が代表的なものであるが、[4] これ以降に文字情報を主体とした妖怪事典は長く刊行されなくなり、その代わりに「妖怪図鑑」と呼ぶべき、画像資料や挿絵を主体とした一般向け書籍が主流となっていく。昭和四三年（一九六八）に水木しげるの「日本妖怪大全」が『週刊少年マガジン』十二月増刊号に掲載されたが、これが後に続く『水木しげるの妖怪事典』『水木しげるの続・妖怪事典』や、『妖鬼化』『日本妖怪大全』などの水木による妖怪図鑑の初期型と見なされている。これ以降、水木や中岡俊哉、佐藤有文などによる図鑑形式の妖怪・怪奇本が多数刊行され、一般層（特に子供たち）はここから多くの妖怪情報を学んでいくことになる。

一般にも読まれる事典へ

そして平成七年（一九九五）、児童文学作家の千葉幹夫による『全国妖怪事典』が刊行された。千葉は昭和六二年（一九八七）の『別冊太陽　日本の妖怪』に「県別妖怪事典」を掲載し[5]、また昭和六三年（一九八八）の『日本民俗文化資料集成　妖怪』の中で「全国妖怪語事典」を発表したが、『全国妖怪事典』はこれらの内容に増補修正を加えて刊行されたものである。日野の『日本妖怪変化語彙』から約二〇年も経ってから編纂された、民俗学領域における妖怪事典であった[6]。日本全国を地域ごとに章で分け、更に都道府県ごとに項目を分類して掲載する形式となっており、各項目末尾に引用元の文献が示されている。前述した三点の妖怪事典が付録資料であったり一般に流通しなかった書籍であったりした点を考えれば、初めて一冊の書籍として広く読まれた妖怪事典であったといえるだろう。

平成一二年（二〇〇〇）には村上健司による『妖怪事典』が刊行された。これはそれまでの妖怪事典が民俗学（特に方言）の領域を主体とした事典であった点と比べると、『画図百鬼夜行』『絵本百物語』などに描かれた画像妖怪や、怪談・奇談本に登場する怪異・妖怪なども意識的に採用している点が大きな特徴である。あくまで民俗学の一分野の事典であった従来のものと異なり、妖怪それ自体を主体とした事典はこの『妖怪事典』が初めてだといえる。そのため、この『妖怪事典』は民俗学に限らず、広く妖怪を知りたいという一般層に受容され、現在に至っても重版を重ね愛好されている。

平成二五年（二〇一三）に刊行された『日本怪異妖怪大事典』（小松和彦（こまつかずひこ）監修、小松和彦・常光徹（つねみつとおる）・

山田奨治・飯倉義之編集）は、民俗学における妖怪事典としては最多の情報量を誇る事典である。この事典は、国際日本文化研究センターが平成一四年（二〇〇二）にインターネット上で公開したデータベース「怪異・妖怪伝承データベース」に集約された妖怪事例を元にして編纂されたものである。データベースの事例は民俗学の学術雑誌記事を中心に、都道府県史の民俗編や『日本随筆大成』所載の近世の随筆・日記などに記録された怪異・妖怪について纏められているが、『日本怪異妖怪大事典』はそれを単に書籍化するだけでなく、各項目内でより詳しい解説や考察が盛り込まれている。一般に向けての書籍ではなく、より専門書としての利用が意識された事典であるといえる。

　平成三〇年（二〇一八）には、従来のものとは毛色の異なる妖怪事典が刊行された。朝里樹による『日本現代怪異事典』である。これは平成二九年（二〇一七）に同人誌として書かれたものを商業出版物としてリライトしたもので、内容としては第二次大戦以降の昭和～平成にかけての都市伝説や「学校の怪談」、インターネット上で語られた怪談などに注目した事典である。従来の妖怪事典の中でも「トイレの花子さん」「口裂け女」などは取り上げられることもあったが、比較的新しい現代の妖怪・怪談を広く蒐集した書籍としては、これが初めてのものであった。『日本現代怪異事典』も刊行から広く読まれ、令和元年（二〇一九）には『副読本　日本現代怪異事典』が刊行されるなどしている。

　そして令和三年（二〇二一）から順次刊行されたのが、最新の妖怪事典である『日本怪異妖怪事典』シリーズである。『日本現代怪異事典』を執筆した朝里樹が全体を監修し、北海道・東北・関東・

中部・近畿・中国・四国・九州沖縄の八地域ごとに、それぞれの執筆者が都道府県別に妖怪事例を纏めたものとなっている。情報量としては従来の事典よりも更に多く、主に民俗学領域からなる「伝承妖怪」と、絵画や芸能、物語などに由来する「画像妖怪」を区別しつつも双方とも取り上げているのが最大の特徴である。

蓄積と洗練

現代に至るまでに刊行された妖怪事典をひと通り並べてみたが、時代ごとに事典が扱う妖怪の領域が少しずつ変わってきているのが見えてくる。初期の妖怪事典は主に民俗学、特に方言を研究する一環として纏められたため、その妖怪の性質などはあまり重きを置いていなかった。しかし、児童向けに妖怪や怪奇を扱った書籍が多く刊行され、一般層における妖怪の人気が高まった結果か、妖怪そのものに注目した事典が刊行されるようになった。そういった事典においては民俗学領域の妖怪（伝承妖怪）だけでなく、絵画や物語に登場する妖怪（画像妖怪）も意識的に蒐集されている。しかし、伝承妖怪と画像妖怪を並列して記録したことで、本来は異なる領域で語られていた両者が同類のものであるという認識が加速したという側面は否めない。この点について、村上健司の『妖怪事典』は各項目を物語・創作・絵・伝承・随筆の五つに分類して番号を付与することで、属性の異なる妖怪の混合を避けようとしている。

妖怪事典を執筆した人々はそれ以前に刊行された事典を参考にしつつ、より洗練された事典を編み出そうとしてきた。初期事典三冊の執筆者がそれぞれの事績を参照しつつ書き上げているほか、千葉幹夫や村上健司もそれぞれの事典の「あとがき」で従来の事典への認識を記している。最新の事典である『日本怪異妖怪事典』シリーズも同様であり、各巻の執筆者たちはこれまでの妖怪事典を参考にして、それらの特徴・長所を引き継ぐような形式で記している。例えば「地域別に事例を整理する（『全国妖怪事典』）」「各項目に参考文献を提示する（『妖怪事典』）」「事例に関連する別項目へ誘導する（『日本怪異妖怪大事典』）」などである。また懸念点であった伝承・画像の混在については、画像妖怪を県別の章とは異なる「その他」の章に纏めることで、伝承妖怪との差異を明示できるようにしている。妖怪事典という一ジャンルを取り上げても、そこに研究と普及の変遷が見て取れるのである。

（毛利恵太）

注

［1］「妖怪事典（辞典）」と双璧をなすものとして、画像資料や挿絵を多く含む「妖怪図鑑」に類する書籍も多数存在し、一般における妖怪認識に与えた影響も非常に大きい。特に水木しげるが『水木しげるの妖怪事典』や『日本妖怪大全』などの形で纏めた妖怪画とそれに付随する解説が後世に与えた影響は計り知れないだろう。他にも多田克己『幻想世界の住人たちⅣ〈日本編〉』のほか、変わり種としては『萌え萌え妖怪事典』『萌える！妖怪事典』などもあるが、ここではあくまで文字情報を主体とした「妖怪事典（辞典）」を取り上げることとする。

［2］「妖怪名彙」に収録された妖怪の引用元については、小松和彦校注の『新訂　妖怪談義』（角川文庫）に詳しいが、コナキジジなど検証が不十分な項目も存在する。コナキジジについては香川雅信「「妖怪名彙」のコナキジジ」（『怪』三八号）及び『日本怪異妖怪事典　四国』の「コナキジジ」（三五頁）を参照。

［3］日野巌と佐藤清明については『列伝体　妖怪学前史』第一部の「日野巌　方言収集で繋がる妖怪辞典の縁」（五八頁）においても詳述されている。

［4］妖怪事典そのものではないが、昭和三一年（一九五六）には民俗学研究所から『綜合日本民俗語彙』が刊行されている。民俗学の用語をまとめた事典だが、妖怪に関係する語彙も多く掲載されている。

［5］「県別妖怪案内」の冒頭には「この県別妖怪案内は柳田國男監修『綜合日本民俗語彙集』及び今野圓輔（こんのえんすけ）編著『日本怪談集　妖怪編』を中心に後述の資料を参考に県別に分類したものである」（『別冊太陽　日本の妖怪』一三一頁）と記されている。

『別冊太陽　日本の妖怪』については『列伝体　妖怪学前史』第三部の「妖怪学名彙　別冊太陽『日本の妖怪』」（二七〇頁）においても詳述されている。

［6］この前年の平成六年（一九九四）には、歴史家の笹間良彦（ささまよしひこ）による『図説日本未確認生物事典』が刊行されている。こちらは妖怪の中でも生物的なものを中心に、江戸時代までの古典資料や随筆の情報を、画像資料や笹間自身の手による挿絵と共に紹介した内容となっている。

参考文献

・朝里樹　二〇一七『日本現代怪異事典』自費出版
・朝里樹　二〇一八『日本現代怪異事典』笠間書院
・朝里樹　二〇一九『日本現代怪異事典　副読本』笠間書院
・朝里樹（監修）氷厘亭氷泉（著）二〇二一『日本怪異妖怪事典　北海道』笠間書院
・朝里樹（監修）寺西政洋、佐々木剛一、佐藤卓、戦狐（著）二〇二二『日本怪異妖怪事典　関東』笠間書院
・朝里樹（監修）御田鍬、木下昌美（著）二〇二二『日本怪異妖怪事典　東北』笠間書院
・朝里樹（監修）高橋郁丸、毛利恵太、怪作戦テラ（著）二〇二二『日本怪異妖怪事典　近畿』笠間書院
・朝里樹（監修）寺西政洋（著）二〇二三『日本怪異妖怪事典　中部』笠間書院
・朝里樹（監修）毛利恵太（著）二〇二三『日本怪異妖怪事典　中国』笠間書院
・朝里樹（監修）闇の中のジェイ（著）二〇二三『日本怪異妖怪事典　九州・沖縄』笠間書院
・小松和彦（監修）二〇一三『日本怪異妖怪大事典』東京堂出版
・笹間良彦　二〇一八『図説日本未確認生物事典』KADOKAWA
・佐藤清明資料保存会（編）二〇二一『博物学者佐藤清明の世界附録「現行全国妖怪辞典」』日本文教出版
・多田克己　二〇一三『幻想世界の住人たちⅣ〈日本編〉』新紀元社
・千葉幹夫（編）二〇一四『全国妖怪辞典』講談社
・日野巌　二〇〇六『動物妖怪譚　下』中央公論新社
・水木しげる　一九八一『水木しげるの妖怪事典』東京堂出版
・水木しげる　一九八四『水木しげるの続・妖怪事典』東京堂出版
・水木しげる　二〇一四『決定版　日本妖怪大全　妖怪・あの世・神様』講談社
・村上健司　二〇〇〇『妖怪事典』毎日新聞社
・柳田國男（著）小松和彦（校注）二〇一三『新訂　妖怪談義』角川学芸出版
・妖怪事典制作委員会（編）二〇〇八『萌え萌え妖怪事典』イーグルパブリシング
・妖怪事典制作委員会（編）二〇〇九『萌え萌え妖怪事典　零』イーグルパブリシング
・TEAS事務所　二〇一三『萌える！妖怪事典』ホビージャパン
・TEAS事務所　二〇一五『萌える！妖怪事典　伝承編』ホビージャパン

弐 紹介者と妖怪

青年誌・一般週刊誌における妖怪関連記事の歴史

よく言えば日本風俗史の生き証人だが

時期にビデオ装置が普及していなかったこともあり、「生きた資料」となっている。

一方、一九七〇年代末から漂う「明るく生きなきゃ人生損だ」と言わんばかりの雰囲気はキツい。

青年誌は少年雑誌や学年誌を読んでいた人間が青年期に向けて通る道であり（ヌード・グラビア目的だろうが）、様々な記事にはバイクやアウトドアなどの話題と共にオカルトものも含まれた。

一般週刊誌の方は、大きく言うと、政治、経済、投資、性風俗産業などの話題が加わる。話題の心霊

編集傾向

冒頭二誌は、創刊直後から、謀略事件発生後の価値観や学園紛争があった時代の空気が感じられる。やたらとスパイ関連記事が多い。

日本の風俗は一九六〇年代中盤以降に、ビートルズ来日、ニュー・ロック誕生、グループサウンズ・ブーム、サイケデリック・ムーブメントなど一大変革を遂げた。当該誌に於けるグラビア・ページでのそれらの露出は、新聞より理解しやすく、この

プレイボーイ

1989・ホラーな夏特集

狂気の国・日本の闇にうごめく黒い恐怖！どんどん小声で友達に話してください

わたしたちはなぜ、幽霊を怖がるのだろうか？ 本来、自分自身も霊魂から成っているというのに、物質世界がそれを忘れさせてしまう――。

この夏、あなたの魂で読んでほしいホラーな話を4編お届けしよう。

日本最新怪談集

霊があなたを呼んでいる…

赤ん坊頭の巨大イモ虫霊

知り合って半年、ふたりにとって初めての夏のことでした。お互い、恋の初心者だったふたりは夏の計画を立てることも忘れて、毎日のように公園の木陰でデートを楽しんでいたのです。

ですから、どこかふたりでリゾート地にでも行きたいね、と彼が言い出した時には、すべては手遅れのように思えました。案の定、彼がいくら電話しても、どのホテルも予約でいっぱいでした。

きっと神様が、ふたりはまだ泊まりがけで遊びに行っちゃいけないって言ってるんだわ。私は自分にそう言い聞かせました。しかし神様は私たちに部屋をひとつ空けてくださったのです。

「ヒトミ、キャンセルが出たぞ！」

彼は電話口でそう叫ぶと、浦安にある有名なホテルの名前を口にしました。私たちはディズニーランドに行けることになったのです。

その日は朝から夢のように過ぎていきました。ディズニーランドは子供の頃に読んだ絵本のようでしたし、彼がとってくれたホテルも、おとぎの国のようでした。チェック・インをすませ、ボーイさんが荷物を運んでくれるのをぼんやりと眺めていると、とても幸福で贅沢な気分になったものでした。

「こちらです」とボーイさんに通された部屋は海側のツインでした。室内は白で統一され、ベランダから入ってくる日差しに包まれた高価そうな調度品を見ていると、私は気が遠くなりそうでした。

「どう、気に入った？」

『週刊プレイボーイ』(1989.8.8)「日本最新怪談集　霊があなたを呼んでいる…」

事件などの記事が載ることもある。

集英社

週刊プレイボーイ（創刊一九六六年、刊行中）

創刊から暫くはスパイ関連記事が目立つ。心霊記事、妖怪記事ともテンションは低い。荒俣宏が書いた『日本妖怪巡礼団』は同誌の連載であった。アラン・ハイネック博士が来日した際には、対談相手に斎藤守弘を選ぶなど人選は良かった。

一九八九年以降は怪談記事に独自性が見られる。

❶ 赤ん坊頭の巨大イモムシ霊など、他の本では読めない話がある。独自性が高い記事は良い。

❷「四年前に人面犬を取り上げた実績を持ち、ますます権威のあるものになりつつある本誌」の怪談特集らしい。ここでいうC級怪

青年週刊誌一覧

誌名	号数	No.	記事名	筆者・内容	備考・影響等
週刊プレイボーイ	1970.4.7		《悪魔》のSEX知ってる？	悪魔の下僕・間羊太郎	
	1972.2.29		真冬の米子で子連れ幽霊騒動		佐藤有文『怪奇ミステリー』
	1974.3.12		ソンコ・マージュ心の対話　w/水木しげる		原始生活へのリスペクト
	1975.5.8		怖いデスネ～！〈お化け一族〉アドレス帳		
	1986.10.7		子猫・ペットブームに警告！	おそるべき動物霊のたたり	
	1988.2.2		ボクの街の怪奇伝説	構成・マツアミ青年団	
	1988.6.7		ゾンビを見た男	映画『ゾンビ伝説』原作者のインタビュー	
	1986.6.14～1989.1.17		日本妖怪巡礼団	荒俣宏	
	1989.8.8	❶	日本最新怪談集　霊があなたを呼んでいる…		
	1990.7.31	❷	1990年夏、C級怪談大特集!!		
	1991.5.7	❸	伝説の妖怪・かっぱは宇宙人だった!?	取材・WPB行橋かっぱ調査班	
	1991.8.20,27	❹	暑さも吹っ飛ぶ、すっごい怪談オンパレード！		
	1992.8.4		納涼スペシャル　ニッポンの妖怪大行進	構成・田中聡 イラスト・かすやたかひろ	
	1993.8.24,31		夏の怪談！ささやく幽霊たち		
	1994.3.8		実録！マンションの怪談		
	1994.9.27	❺	世界カッパ伝説	文・田中聡　監修・荒俣宏	
	1994.12.6	❻	JRに巣食う「妖怪」は本当にいた！	取材・大場勝一、依光晃宏	
	1995.8.22,29		真夏の「怪奇現象」の楽しみ方		
	1996.8.6	❼	'96夏・日本一怖～い怪談		
	1996.10.15～1997.5.6,13		新・妖怪巡礼団	荒俣宏	
	1997.8.19,26		すっごく怖い！　怪談'97		

週刊プレイボーイ	2000.7.25		真夏の怪談ミレニアムスペシャル		
	2001.8.7	❽	サーファーたちを襲う真夏の怪奇現象	コラージュ・村上光延	
	2001.8.21		真夏の怪談ITスペシャル		
	2002.8.20,27		真夏の怪談2002日韓共催スペシャル		
	2005.9.6		濡れる怪談2005・夏		
	2010.8.23,30		南洋の妖怪「ケンムン」って何だ？	取材・南洋妖怪調査隊	
	2015.8.3		実話怪談2015夏	編集・黒木あるじ、黒史郎、伊計翼	
週刊平凡パンチ	1966.8.22		今日泊亜蘭氏の横浜バイパス幽霊探検		
	1972.8.7,14		広がる化神魔サマの呪い		
	1974.12.16	❶	ザ・チャレンジャー　種村季弘	構成・パロパロ・パンチ	
	1975.6.9	❷	日本の性神		
	1975.9.8	❸	ザ・チャレンジャー　水木しげる	構成・パロパロ・パンチ	
	1975.11.3	❹	ザ・チャレンジャー　中岡俊哉	構成・パロパロ・パンチ	
	1984.11.12		おばけぇ…!!　岩手県遠野地方の妖怪たち	水木しげる	
	1985.7.15	❺	東京妖怪譚		
週刊大衆	1967.4.6		幻想と怪奇を描く水木マンガ		
	1970.8.26	❶	昭和元禄　幽霊目撃体験記	座敷わらしの目撃談	
	1971.8.26	❷	全国徹底調査「お化けが絶対に出る場所」		

恒例・夏の大恐怖シリーズ

恒例になった『週刊プレイボーイ』の夏の怪談特集。[illegible]年前には最初に人面犬を取り上げた実績を持ち、ますます権威あるものになりつつある。そして今年お届けするのは、最近とみに増加中のC級怪談。いわば下等な幽霊や妖怪たちの実態だ。どうも今年の夏は低級な浮遊霊がそこここに出没しそうな気配が……。

動物霊、口裂け男、下等妖怪などが続々出現！

踊る警官人形

カーネル・サンダースの呪いという話をご存知だろうか。5年前、阪神タイガースが優勝した年のこと。大阪全体がお祭り騒ぎになり、特にミナミの繁華街は狂乱の無法状態になった。そのとき、ある酔っ払いの集団がケンタッキーフライドチキンの店の前にあったカーネル・サンダースの人形をおもしろがって道頓堀川に投げ込んだという。

それ以来、川に投げ込まれたカーネル・サンダースの人形の呪いで、阪神は決して優勝できなくなった、という話だ。

あながちバカにできる話ではない。なぜなら、大きな灯籠や墓石、あるいは等身大の人形といったものには得てしてさまよっている低級な浮遊霊が住みつくことがよくあるからだ。

この話も、そのことを念頭に置いて読んでほしい。

◆証言1　群馬県太田市・佐々木[illegible]さん（タイヤショップ店員・[illegible]歳）

「友だちから聞いた話です。群馬は警察官の人形が多い県で、国道沿いによく立ってるんですよ。あれ、けっこう不気味なもんですよね。あれが動くっていうんですよ。

場所はどこだかはっきりしないんだけど、国道50号線のど

40

199年夏、C級　特集!!

『週刊プレイボーイ』(1990.7.31)「1990年夏、C級怪談大特集!!」

談とは、「下等な霊や妖怪たちの実態」[1]だという。渡良瀬川に出現する捨てられた警官人形が人を追いかけ、踊る。佐賀市のマンションに現れたタニシの霊、新島に出現し、人間に「バーカ、死ね」という人面犬、沼津市のラブホテルで起きた女性が突然おはぐろになる現象（江戸時代の女性の呪いらしい）、横浜市の口裂け親父など。ややおふざけの感じられる内容だが、ユニークではある。

❸ 福岡県行橋市に突如現れたミステリー・サークルと、新たに出来た現地の「今川河童駅」を河童宇宙人説に結びつけた記事。現地取材も確証は得られず。提唱した北村小松（きたむらこまつ）[2]への言及は無し。斎藤守弘、佐藤有文、南條武の単行本でも題材とされた話なのだが、平成以降の妖怪ファンには浸透していないのだろうか。使用されて

巻頭納涼特集
暑さも吹っ飛ぶ
すっごい怪談オンパレード!

今年も夏真っ盛りですね。恒例の怖い話の特集です。霊魂の存在を信じる人も年々増えてきているようですが、特定の間違った方向には進まないでほしい。そんな願いもこめて、伝統的な怖い話を集めてみました。

歯をむき出した人面のタコが!

ひと頃、人面犬や人面魚などの"人面ブーム"があった。しかしこれは、そういったいい加減な噂とはまったく異質な真面目な話なので、そのつもりで読んでほしい。
サイパンはダイビングのメッカのひとつだ。初心者からベテランまで数多くの日本人がダイビングを楽しんでいる。そのサイパンで目撃されたバケモノ、いや悪霊か、それが人面ダコだ。
埼玉のOL・B子さんはパック旅行でサイパンに行き、ホテルのダイビングスクールに入った。インストラクターは頭を金色に染めた太った日本人と、カタコトの日本語を話すヘンな外人のふたりで、最初、浅瀬で練習してからボートで沖合に連れて行かれて水深5㍍まで潜った。
最初は耳抜きがうまくいかなくてちょっと苦しかったB子さんだったが、お魚がたくさんいて、すっごくきれいで感激した。

歯をむき出した人面のタコが!
悪霊を呼ぶ留守番電話が!

『週刊プレイボーイ』(1991.8.20, 27)「暑さも吹っ飛ぶ、すっごい怪談オンパレード！」

いる河童の図版が「平凡社」のものと言うのは皮肉か。

❹サイパンで目撃された「人間の顔に八本の足がついた人面ダコ」(戦争の犠牲者?らしい)。ワープロにとりついた幽霊、ネパールで買った木彫りのたたりなど。❻の記事に見られるように、諧謔精神が感じられる雑誌なので、どこまで信用していいのか私には分からない。とはいえ、ユニークではある。

❺日本妖怪巡礼団の一員であり、『妖怪と怨霊の日本史』(集英社新書)などの著作もある田中聡の記事。河童の歴史と世界の河童がまとめられている。

❻当時、JR東日本と文藝春秋(雑誌記事「JR東日本に巣くう妖怪」)で争われた裁判への便乗企画。霊媒師をJRの駅へ同行させ、各駅

を見て回る取材。ギャグのつもりなのだろうが、サッパリ面白くない。

❼　臨海副都心に現れたカップルを襲うゾンビなど。

❽　九十九里浜のK海岸での怪奇。「防空頭巾を被った女の子が下半身にしがみついてきた」エピソードなど。

平凡出版

週刊平凡パンチ（一九六四年創刊、一九八八年廃刊）

創刊から暫くはやはり、スパイ関連記事が目立つ。一九七二年にカシマさんの噂[3]を記事にするなど貴重な成果も残したが、[4]全体的に妖怪記事は少なめ。評価できるのは、一九七〇年代中盤の「ザ・チャレンジャー」くらい。小学館の『週刊F6セブン』、集英社の『週刊プレイボーイ』に「頑張れ平凡パンチ」なる特集を組まれてしまうなど、一橋グループとは相性が悪かったか？　一九八三年にサラリーマン雑誌風にリニューアルし、その後雑誌サイズ自体が変更になったりした挙句、廃刊となった。

❶　『吸血鬼幻想』（薔薇十字社）の著作で知られるドイツ文学者・種村のインタビュー記事。澁澤龍彦、野坂昭如もコメントを寄せている。

❷　道祖神の特集。「日本性神マップ」つき。明らかに興味本位の記事だが、紹介事例は豊富。

❸　水木しげるのインタビュー。いちいち言う事が素晴らしい。「自分はマンガ家じゃなくて、夢想家、空想家としてほしい」「妖怪は捨てられる運命。後世に伝える役割を日本の主から指名された」。この境地に至るのは筆者には無理である。

127 平凡パンチ

連載企画 第五十一回

1 ラウンド

カッパとオ××コしちゃいけない

THE CHAL-LENGER

平凡パンチ 126

ザ・チャレンジャー〈行動する顔〉

《主》の指令で妖怪を描き妖怪ランド建設を計画する夢想家

水木しげる

妖怪を描いて第一人者。日本祖先の幻想生活の伝承者として、ヌシから指名されたと自任する水木しげる氏が、今度は戦争体験をふまえた『お父さんの戦記』（河出書房新社）を出版。ラバウルの原住民に、妖怪とかわらぬ夢を表明した。一見、無関係なこの両者を結ぶ通底器は何か？　マジメに迫ってみたゾ。

『週刊平凡パンチ』(1975.9.8)「ザ・チャレンジャー　水木しげる」

129 平凡パンチ

連載企画 第五十九回

1 ラウンド

科学をもてあそんだのは『朝日』だ

THE CHAL-LENGER

平凡パンチ 128

ザ・チャレンジャー〈行動する顔〉

生来の反抗心と持続力で精神力学の日本定着をめざす超常現象研究家

中岡俊哉

去年、日本中を席巻した〈スプーン曲げ〉は、大『朝日』の大反キャンペーンまで引きおこした。が、その後も、超常現象への関心は根強く続いている。この道二十五年。持ちまえの反抗心と持続力で、国際的にも有名な研究家になった中岡俊哉が、みずから明かす"薄明の科学"の実体を、ここに収録。曲がるか、曲がらないか、読んでみてくれ。

『週刊平凡パンチ』(1975.11.3)「ザ・チャレンジャー　中岡俊哉」

連載企画 第15回
1 ラウンド
反俗思想で仕事していないョ！
ザ・チャレンジャー〈行動する顔〉
反インテリの旗を掲げて独自の《ワンダー・ランド》を構築する
種村季弘
『錬金術』『アナクロニズム』『怪物の解剖学』などの著書で知られる作家・種村季弘が、もっかヤングたちのあいだで秘かなブームを呼んでいる。
——何が一体、それほどまでに若者の心をとらえるのか…!?〈スーパー・インテリ〉と呼ばれる彼の頭の中を解剖してみた。
THE CHALLENGER

『週刊平凡パンチ』(1974.12.16)「ザ・チャレンジャー　種村季弘」

❹ 中岡のインタビュー。演歌が好きな中年であるのは好印象。だが、妖怪の話は一切なし。

❺ 最新の目撃情報から妖怪を推理。スケートボードに乗った「妖怪すけ坊主」、忘れられたフリスビーの妖怪「ふりすび」、ぬらりひょんに取って代わった妖怪のボス「妖怪浜虎」など。ジョーク記事だが、『プレイボーイ』の諧謔記事同様にさっぱり面白くない。

月刊POCKETパンチOH!

新書サイズの青年向け雑誌が一九六〇年代後半から多数刊行されていた。妖怪学史的にはまったく重要ではないが、あまり研究されていない分野である。

一九七五年九月号「日本の妖怪10傑」

阿部主計や折口信夫の著作を参考にした文に柳柊二が挿絵を付けたもので、出来は良い。

双葉社

週刊大衆

心霊記事はたまにあるが、女性誌に比べれば大人しいものだ。中岡俊哉の単行本を出していた出版社なので、関連記事が、たまに有る。

❶マンションバラバラ殺人現場で聞こえるノコギリの音、緑風荘での座敷わらし目撃談。

❷中岡俊哉が目撃した御殿女中に連れられた座敷わらしなど。今野圓輔がコメント。ヒバゴンが類人猿の幽霊として紹介されているのは珍しい。

ミスター・アクション（一九七四年創刊、一九七九年廃刊）

中岡俊哉の記事が多いが、[5] 妖怪記事はほとんどない。

一九七六年八月号「秘められた日本の伝説」

がいこつくじら、巨人伝説、鬼伝説、天狗伝説など。イラストが充実している。「日本の伝説地図」つき。運玉義留（うんたまぎるー）や雪のサンタ・マリアなど。松谷みよ子、藤澤衛彦などの本が参考文献として挙げられている。

読売新聞社

科学読売

一九六一年七月から一九六二年十月まで斎藤守弘の記事「SとFの間の物語」が連載された。妖怪関連は二つ。

一九六二年八月号「⑩　人魂の正体見たり」

人魂の正体を推理し、複数の説を提示している。

一九六二年十月号「⑪　幻の騎士と白装束の女」

石工が見た仙女の大群、緑色のジャケットを着た老婆の魔力。カンバーランドの幻の騎兵隊など。

週刊読売

斎藤守弘は同誌にて、一九六二年から翌年にかけて「それでも事実だ」を連載、一九六四年には「新科学座談会」に参加するなど縁が深い。

一九七七年八月一三日号

「納涼ワイド特集夏の夜にゾッとする話」水木しげるの「私は死者に引っぱられた」、キャシー中島の小坪隧道（ずいどう）の霊ほか（女性誌より対応が遅い）。

新潮社

旅

一九七五年八月号　「海の怪獣図鑑」絵・上山ひろし

イラストの迫力が良い。サイレン、人魚、クラーケン、海坊主、怪獣目撃談も。

旅行雑誌、山岳雑誌にも怪奇現象の記事が載ることがある。「旅行あるある」「山男あるある」といったところか。

講談社

週刊現代

一九七五年七月十日号　「全国縦断新顔がいっぱい！今夏のオバケの住所録23」

客席がまばらだった新幹線が突如満席になり、自分の荷物が消える怪現象。車内を歩きまわったところ、元の状態へ戻ったが、体験者が恥を忍んで車掌に告げたところ、「これで三度目です」と言われたという。他に釧路のキノコの幽霊など。

影響

学年誌や少女雑誌に比べると派手さには欠け、単行本にもならないケースが多く、影響力が見えづらい。ただし、『プレイボーイ』は独自に集めた怪談を載せ、ややドサクサ気味だが、ユニークな新型妖怪を登場させた。この点は評価できる。[6]

男性誌全般に言えることとしては、女性誌に比べて、怖いもの見たさの部分が弱い。特に口裂け女関連の報道に顕著だ。当然ながら影響力は小さく、妖怪学史に大きな足跡などは残していない。

しかし、無視出来ない記事があるにはあるのは悩みどころだ。「お化けの噂」は時代の移り変わりに左右されない。継続している雑誌は引き続き注視する必要があるだろう。

（幕張本郷猛）

注

[1] C級の定義が強引である。言い訳にも聞こえる。

[2] 作家（一九〇一～一九六四）。空飛ぶ円盤関連の記事を残した。

[3] 松山ひろし（都市伝説蒐集家、主著『3本足のリカちゃん人形』二〇〇三、イースト・プレス刊）の調査による。筆者が直接参考としたのは、『謎解き　都市伝説』（ＡＳＩＯＳ＋廣田龍平著、彩図社、二〇一二）より。一九七二年八月七・一四日合併特大号の「ワイドジャーナル」（五六～五七頁）に収録。情報提供・廣田龍平氏より。

[4] もちろん、現在の視点での話である。

[5] 残念ながら心霊・超能力記事中心。しかし無記名ながら一九七七年一月から八月号に「海外の怪電波・珍電波」という記事があり、一九六〇年代の中岡の児童書を思わせる怪獣情報などが楽しめる。また、一九七七年八月号には長須賀俊征（中岡の変名?）なる人物がクロワゼットの透視を題材にした小説を書いている。警察に感謝されなかったイライラをぶつけたのだろうか。

[6] 『平凡パンチ』は、一九八九年二月に『ＮＥＷパンチザウルス』なるタイトルで復刊されたが、今回は調査できなかった。

紹介者と妖怪

「予言獣」とその周辺の人々

収集家から研究者まで

豊年と疫病の予言をしたとして瓦版に記録された「アマビエ」が、コロナ禍で疫病退散のシンボルとして一気に広まった事は記憶に新しい。しかし元をただせば、瓦版としてわずかに残っているだけの「アマビエ」の存在を我々が知れたのも、かつてこのような瓦版を収集・分析してきた人々がいたためである。ここではアマビエを始めとした「予言獣」が注目されてきた歴史について振り返ってみたい。

瓦版・新聞収集家たち

アマビエが描かれた瓦版に関して言えば、現在は京都大学図書館の「新聞文庫」に納められているが、この新聞文庫を寄贈したのは、後に滋賀県の郷土史家として『近江今昔』などを記す中神利人（中神天弓）であった。[1] 中神はかつて朝日新聞の記者であったが、[2] 新聞資料の収集家としても知られており、宮武外骨『文明開化』『明治奇聞』などに多数の資料を提供している。[3] 一九二五年には中神のコレクショ

ンが軽井沢で「新聞展覧会」として展示されたようで、既に三千部以上のコレクションがあったという。[4]

アマビエと同様に予言をした記録が瓦版に見られる「くたべ」や「スカ屁」は、『保古帖』と呼ばれる資料にある。[5]これは瓦版や引札、番付表や絵画など、[6]幕末から明治初期にかけてのさまざまな出版物を手当たり次第に貼りつけ保存したもので、その総数は実に千数百点におよぶ。出所ははっきりしないが、少なくとも明治に入ってからは所蔵元であった大阪船場の古書店「鹿田松雲堂」の手が加わっている。『なにわ古書肆鹿田松雲堂　五代のあゆみ』（二〇一二）によると当時松雲堂を営む鹿田静七（二代目）は、まだ珍しかった新聞や月刊雑誌の販売など積極的に新しい事業を試みていた。そして静六はある時から出版は店員に委託して「全力を古典籍の蒐集と販売に傾ける」ようになり、古書展の開催、あるいは大阪市史のための資料を集める「大阪史談会」の設立などに携わる。そのため「松雲堂の二階は文化人サロンの観を呈し」ていたようだ。

なお『保古帖』は現在は大阪府立中ノ島図書館が所蔵しておりホームページ上の「おおさかeコレクション」でも全て確認可能となっている。

中神利人（『近江の説話覚え書』）

鹿田静七（『なにわ古書肆鹿田松雲堂　五代のあゆみ』）

『保古帖』に貼られたくたべとスカ屁
（http://www.library.pref.osaka.jp/site/oec/index.html）

瓦版資料の公開とアマビエの広まり

アマビエを現代においていち早く世間に知らしめたのは、『日本新聞発達史』などの著作で知られる、元新聞記者であり新聞学者の小野秀雄[7]であった。小野自身もまたコレクターとしての一面があり、何人かの協力者と共に瓦版を収集していたことが『かわら版物語』（一九六〇）の序文に述べられている。この『かわら版物語』こそが、現代の出版物としてアマビエを掲載した最初期のものである。ただし同書ではアマビエを「興味本位の瓦版」「迷信に訴えたり、興味以外何の価値もない報道や珍事奇減少で、もっぱら読者の興味をそそろうとする瓦版」の一つとし、動物が化けた話や神仏の霊験、あるいは同じく予言をする「クダン」などと並列で紹介しているが、それぞれについて特別な考察を行っているわけではない。

その後、水木しげるは『水木しげるの続・妖怪事典』（一九八四）でアマビエを妖怪の一つとして描き、後に『悪魔くん ノストラダムス大予言』（一九九三）などにもアマビエを登場させている。時代は下るが、後にアニメ「ゲゲゲの鬼太郎」五期（二〇〇七）では準レギュラーとして登場したので、そちらで存在を知った方も多いだろうか。[8]

さて平成に入ると、主に研究者の側からアマビエなどに言及される機会が増える。佐藤健二「クダンの誕生」（『国立歴史民俗博物館研究報告』五一（一九九三））では予言をするクダンに関連したものとしてアマビエやくたべ、スカ屁などが挙がり、常光徹『学校の怪談 口承文芸の展開』（一九九三）でも同様にクダンや人面犬、アマビエや「クダベ」（『保古帖』ではなく『道聴塗説』を引用している）、「神社姫」といった予言をする妖怪がまとまって紹介された。水木しげるは後者を元に「妖怪・土俗神」（一九九四～一九九六）[9]にクダベや神社姫を描いており、「予言獣」とこそ呼ばれないものの予言をする妖怪の存在は少しずつ広まっていった。

「予言獣」概念の広まり

そしてアマビエ達にとって重要な転機となるのが、学芸員であった湯本豪一の妖怪収集である。湯本が勤務する川崎市市民ミュージアムでは一九九三年に「妖怪展」を実施し、アマビエや同じく予言をする三本足の獣「山童」の資料を展示した。[10]だがそれに限らず、湯本は何十年にもわたり妖怪に関する資料（根付や広告、おもちゃなどあまり一般には顧みられないようなものを含めて）を収集している。[11]そんな湯本は明治期の妖怪に関する記事を収集する過程で、「あまびこ」に関する記述を複数発見した。その結果から湯本は『明治妖怪新聞』（一九九九）や「予言する幻獣」（『日本妖怪学

「妖怪展」で公開された山童（『予言獣　現代に蘇る百鬼夜行』）。早稲田大学演劇博物館の所蔵品であり、展示以前では『太陽コレクション　かわら版・新聞』（1978）にも掲載されている。

長野栄俊「予言獣アマビコ・再考」が掲載された『妖怪文化研究の最前線』の表紙は同論文で紹介された『連城亭随筆』の「あま彦」となっている。

大全』（二〇〇三）において、「アマビエ」は「アマビコ」の誤転記ではないかとする説や、それらの三本足といった共通点について述べている。特に「予言する幻獣」では冒頭で「アマビコもそんな予言獣の一つである」との記載があり、以降は川崎市市民ミュージアム企画展「日本の幻獣」（二〇〇四年）や『日本幻獣図説』（二〇〇五）を通じて、予言する幻獣「予言獣」という言葉はアマビエのようなものを表す語彙として学術的・一般的に広まる事になる。[12]

その後は長野栄俊「予言獣アマビコ考」（『若越郷土研究』四九巻二号（二〇〇五））、長野栄俊「予言獣アマビコ・再考」（『妖怪文化研究の最前線』（二〇〇九））、常光徹「予言をする妖怪」（『渋谷近世』一七号（二〇一一））など、予言獣一般に関する研究がすすめられ、さらにコロナ禍のアマビエブーム以降は各地に眠っていた予言獣の資料も次々と公開されるようになった。

そしてコロナ以降、アマビエは妖怪掛軸作家「大蛇堂」のtwitterでの書き込みに端を発し、最終的にいくつかの寺社では祀られるなど予想外の広まりを見せるわけだが、それらについては既に論文が複数存在するためここでは省略する。ただ一つ述べるとするならば、このようなアマビエや予言獣の広まりは、研究者、作家、そして偏執的なまでの収集家、この三つのどれが欠けても起きえないものであっただろう。

（御田鍬）

注

［1］ https://rmda.kulib.kyoto-u.ac.jp/collection/shimbun

［2］ 余談だが、朝日新聞記者時代は柳田国男の同僚であり『滋賀県方言集』作成の際に資料を提供したようだ（柳田国男『退読書歴』（一九三三））。

［3］ 宮武外骨『文明開化二　広告篇』（一九二五）、宮武外骨『明治奇聞　四』（一九二五）。

［4］ 『新旧時代』第一年九月第七冊（一九二五）。

［5］ 細木ひとみ「疫病流行を告げる「クタベ」と越中立山に現れた理由」『富山県［立山博物館］研究紀要』二七号（二〇二一）。

［6］ 『大阪府立図書館紀要』第三六号（二〇〇七）。

［7］ 小野は『かわら版物語』執筆時点で日本新聞学会会長であり上智大学教授であった。

［8］ 湯本が言及する「三本足」という属性はまだ広まっていなかったためか、水木作品でアマビエが明確に三本足として描かれたものはない。

［9］ PHP研究所の『小説歴史街道』、『歴史街道』に連載。一九九七年に『カラー草紙　妖怪・土俗神』として単行本化された。

［10］ 『予言獣　現代に蘇る百鬼夜行』（一九九三）。

［11］ 湯本豪一『妖怪あつめ』（二〇〇二）。コレクションは現在では広島県三次市で「三次もののけミュージアム」として展示・保管されている。

［12］ 正確には、湯本が予言獣という語を最初に使用したのは『妖怪と楽しく遊ぶ本』（二〇〇二）の中で長野栄俊は「予言獣」の語について、瓦版収集家である中山榮之輔が最初に使用した語であり、中山のコレクションを展示した川崎市市民ミュージアムの二〇〇一年の展示「呪いと占い」へと引き継がれたことを指摘している。なお『予言獣大図鑑』

参考文献

・長野栄俊　二〇二二「アマビエのかわら版を読む」『季刊悠久』一六四号

紹介者と妖怪

三大女性週刊誌における妖怪関連記事

怖けりゃなんでもあり

編集傾向

芸能人情報、生活情報、不安を感じさせるもの・怖いもの（心霊事件、水子霊、悲惨な目にあった人物・事件、鬼嫁・鬼姑）、まじない関連（占い、宝くじ必勝法など）などの話題が中心の雑誌である。小中学生が購入するような雑誌ではないが、病院や床屋の待合室で読んだ経験がある方は多いだろう。

小学館

週刊女性セブン（一九六三年創刊、刊行中）

怪奇記事は多いが、妖怪関連はやや弱い。一九八九年には心霊写真偽造事件を起こした（詳しくは触れないが、事件被害者遺族の感情を逆撫でしかねない内容であった）。

平成以降は、いわゆる都市伝説系の記事が見られる。心霊写真、怪談関連では、稲川淳二、宜保愛子（ぎぼあいこ）の活躍が目立つ。その一方、宜保に対しては「大槻

『週刊女性セブン』(1976.7.28, 8.4)「にっぽん怪獣大図鑑」絵・水木しげる

教授の疑問に答えよ」という記事が載るなどした。

❶ 緑風荘（りょくふうそう）でのレポート。女性記者は白い影らしものを目撃。宿主の五日市さんは「女性には見えないという言い伝えがあるが、見えたんだったか」とのことで、貴重な証言と記録である。座敷わらしは取材しに来た人間の前に現れた例が多く、少年雑誌や学年誌でも度々取材対象となった。

❷ 「イノゴン」「雪男」「みずち」「クッシー」「ツチノコ」「大蛇」「ヒバゴン」「かみきり」「カイコモグラ」など。にっぽん怪獣年表付き。かみきりが怪獣扱いなのがユニークである。表にあるように、資料提供が妖怪系作家なので、このような展開に？

❸ 当時、恐怖の対象となった「口裂け女」だが、芸能情報同様に速報性が高い。日本マスコミ史に残る事件だ。

一方、幽霊事件が起こるたびに引き合いに出される芸能人が不憫だ。この傾向はどの女性誌にも共通。

❹ 悲しい事件も情け容赦無く記事にされる。中岡俊哉は「そう見えるだけで、違う」と否定。

❺ 見た目のインパクトがあるため、妖怪ミイラもしばしば記事となる。

女性週刊誌一覧

誌名	号数	No.	記事名	筆者・内容	備考・影響等
週刊女性セブン	1968.7.17		私は沼面をわたる老婆の亡霊を見た！	長生郡の幽霊譚	中岡俊哉『世界の怪奇画報』
	1968.8.7	❶	午前2時　私の背後に立った白い影は…	緑風荘の座敷わらし	
	1973.8.22		大阪/『ねえ、指名して～』焼死したホステスが夜ごと	千日前火災被害者の亡霊	
	1973.8.29		日本中のこわ～いおばけ幽霊総登場！		
	1976.7.28, 8.4	❷	にっぽん怪獣大図鑑	資料・斎藤、山田、佐藤、水木	絵・水木しげる、柳柊二
	1979.7.12	❸	口裂け女は山本陽子！？		
	1986.8.7	❹	岡田有希子さんのテレビ幽霊は嘘だった！		
	1987.3.26	❺	あれま！出たッ！カッパのミイラ	撮影・岡田明彦　協力・UTAN編集部	佐賀県伊万里市の田尻邸所蔵
	1987.5.14		伝説のミイラたち	撮影・岡田明彦　取材・岩戸佐智夫	
	1987.8.27		怨念の人魚ミイラ	撮影・岡田明彦　取材・岩戸佐智夫	新潟県柏崎市・妙智寺　実吉達郎コメント
	1987.12.3		霊界探検ゲーム		
	1989.2.2		恐怖新聞！猫バーグに臓物スープ	『消えたヒッチハイカー』より	
	1989.2.16		恐怖怪異談　ビデオに呪いの怨霊が！		
	1989.2.23	❻	恐怖怪異談　「ミミズ・ハンバーガー」!?	都市伝説	
	1992.10.15	❼	出た！三本足のリカちゃん人形！	都市伝説	
	1992.11.26		提言・山口昌男（文化人類学者）		
	1994.8.11		呪いのわら人形がいまバカ売れの怪！		
週刊女性自身	1963.7.22	❶	恐怖の手記シリーズ③　私は死霊の手からのがれたが	津市集団水死事件	斎藤守弘『幽霊ミステリー』今野円輔『日本怪談集　幽霊編』
	1968.7.3	❷	実験レポート　東京の幽霊屋敷を探訪する！		
	1968.7.29, 8.5	❸	あっ！これはだれの手？	心霊写真	中岡俊哉『世界の怪奇画報』
	1969.10.18		コカ・コーラは歯をとかすか？	都市伝説	当時の他誌(他紙)切り抜きが見られる。
	1972.8.26	❹	これがまだある日本残酷奇習だ！		山田野理夫がコメント。
	1973.12.8		指先から虫を出す驚異の秘術！		佐藤有文『霊魂ミステリー』
	1975.5.29		雪男はUFOに乗った宇宙人だった	Gambi出版の翻訳記事	

週刊女性自身	1975.7.10		恐怖！　全国怪奇地帯現地探検ルポ	氷見市の一尺爺さん他	
	1976.6.10		ゾーっとしない？いま日本各地に起こっている100の異常現象		
	1977.7.21	❺	テレビ局の怪談　幽霊番組担当者が次々に死んでいった		
	1979.7.5		全国に猛威！『口裂け女』のデマ	都市伝説	
	1980.9.11		八代亜紀のそっくり幽霊出現で大騒ぎ！		
	1981.7.23	❻	オバケ・妖怪！全員集合!!	水木しげるの資料に準拠	
	1984.7.26		30年前の水子の霊がいま……	水子霊	
	1986.7.22		この夏の怪奇　岡田有希子さんテレビ幽霊騒動の謎		
	1988.7.5	❼	聖子に衝撃！新曲ビデオに悪霊の怪		佐藤有文がコメント。
	1991.8.20	❽	身も凍る！私の「恐怖体験」66話！		
	1996.9.24	❾	いまドキッの怪談2	都市伝説	耳食いじいさん他
	1997.8.19, 26		'97年版学校の怪談	学校の怪談	青い瞳の人形、理科室のポンタ
週刊女性	1968.10.26		現地取材・驚異の心霊手術		
	1971.7.3	❶	可愛い神霊さん、おばんです	文・水野泰治	座敷わらし
	1976.8.24, 31		出たーあ！全国最新お化け情報		
	1978.6.27		怪奇　この能面は生きている		
	1979.7.3	❷	口裂け女の正体を徹底追跡！		
	1979.8.7		恐怖の「口裂け女」ついに逮捕!?		
	1981.1.1		宮司が語る「水子霊」のたたりとは？		水子霊
	1981.8.4		恐怖！　全国から集めた81真夏の怪	協力・企画集団Q 絵・福田典高	
	1984.12.8	❸	不気味な心霊写真は霊界からのメッセージ	佐藤有文インタビュー	
	1987.12.15	❹	いまなぜかブーム！『日本の妖怪』大図鑑	水木しげる資料	

❻都市伝説系の記事も見られるが、口裂け女の事件とは比較にならない程速報性が落ちている。

❼ある程度ブームになってから取り上げられた題材も多く、その手の記事に新味は少ない。取材に行って小学生に聞くくらいの手間は掛けて欲しい。

読者体験談

無責任に読むなら、「読者体験談」は割合に面白い。勿論、信憑性の保証は出来ないが。[1] 一九九一年八月にはタクシー運転手から集めた怪談が掲載された。雑誌表紙に「ネグリジェ妖怪」とあり、期待したが、「様子のおかしい女がタクシーを利用した」ことを大袈裟に書いているだけ。[2]「妖怪誕生なんて勘違いから発生したのかも」などと考えさせてはくれるが、いい加減なものだ。

光文社

週刊女性自身（一九五八年創刊、刊行中）

「ルルドの泉」や「ヨランダ姫の心霊写真」を取り上げるなど、一九六〇年代中盤からその手の記事が掲載され始めた。逝去した有名人の招霊も多く、福沢幸雄（ふくざわさちお）やスカルノ大統領、川井稔などが記事にされた。心霊手術系の記事も多い。

❶津市で起きた中学生の集団水死事故。目撃されたという「防空頭巾を被り、モンペをはいた女性集団の霊」。テレビ番組『限界超常ファイル』の取材で報じられたように、事実ではなかったようだ。長期間、信ぴょう性を持って語られた事件ゆえ、何とも罪作りな話だ。[3]

❷浅草・曹源寺に現れるという河童を追った記事（現れずに終わる）。二つの囲み記事「東京

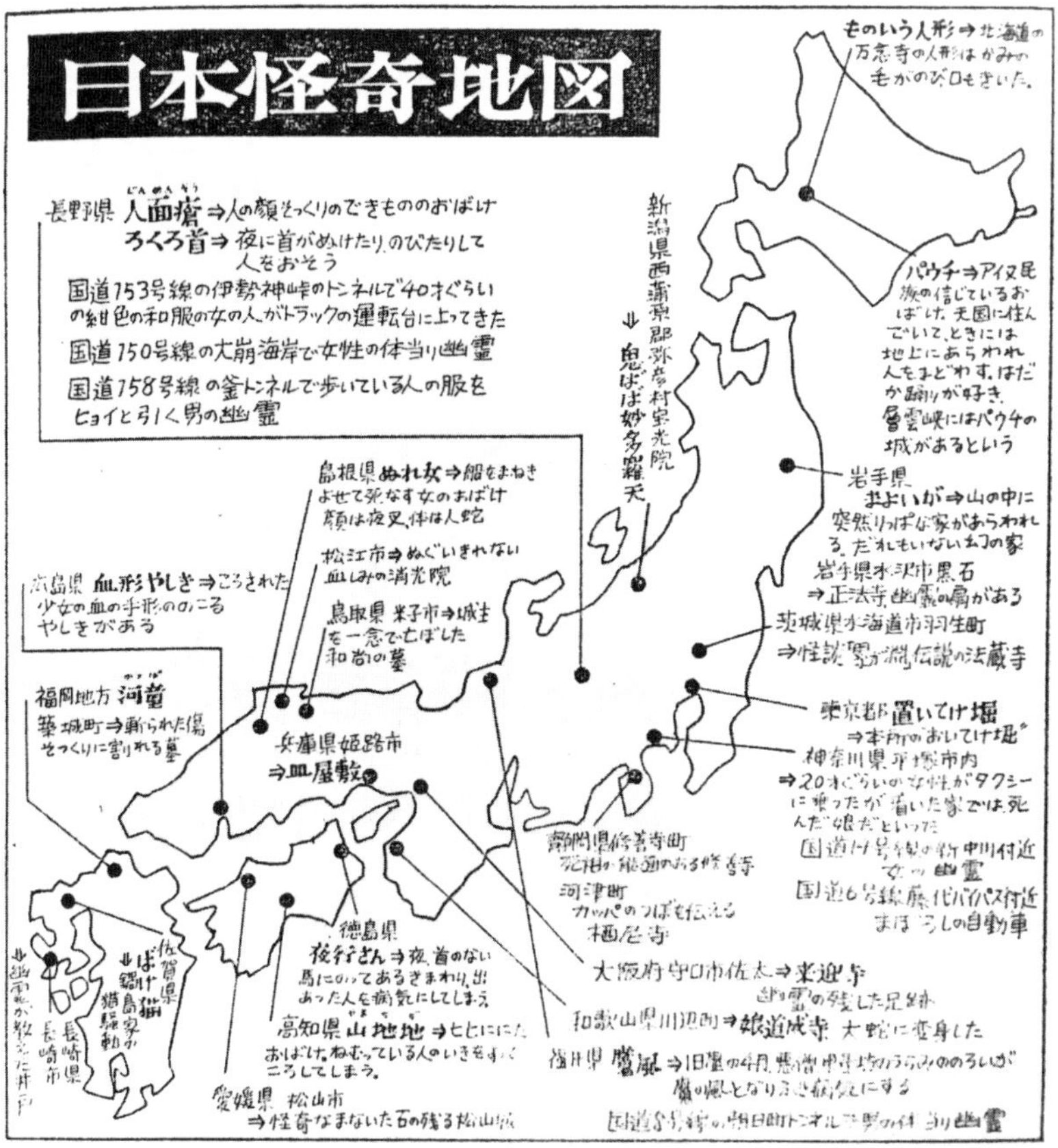

『週刊女性自身』(1968.7.3)「東京の幽霊屋敷を探訪する　日本怪奇地図」

オバケ地図」での「首がヒョロヒョロのびる坊さん（地下鉄荷谷駅下車）」「カッパの囁き（台東区松が谷37）」、「大阪オバケ地図」での「砂かけババア（市電谷町4丁目下車）」などが面白い。「噂」をまとめたものだという。ただし、今となっては出典不明な話であり、スッキリとしない。

❸ 兵庫県加古川中学の三年二組の卒業記念写真（一九六七年十月撮影）において、H君の肩に謎の手が乗っていた事件。TBSのテレ

『週刊女性自身』(1968.7.29, 8.5)「あっ！これはだれの手？」

ビ番組『おはようにっぽん』でも取り上げられ、話題となったもの。[4] 六月に山陽本線に飛び込み自殺した女生徒の手ではないかと騒がれた（手だけが行方不明とされたが、記事の調査ではそういう事実はなかったとのこと）。H君とその女生徒が仲が良かったためと伝えられたが、事実ではなく、「後ろに立っていた生徒が肩に手を置いたかもしれないが、記憶が曖昧」というオチ。記事によってはきちんと調べてあったりもするので、雑誌の評価は難しい。

❹ 各地に残る奇習。五島列島に伝わる河童憑きを払う河童払いなど。

❺ 一九七五年八月六日の『お昼のワイドショー』「カメラが捕らえた妖怪、怪音…泥田坊の呪い！」[5] 放送後、スタッフが不審な連続死を遂げた事件の記事。番組は「戦時中、信州のある村で軍が航空基地建設のため、農民の土地を奪った。反抗した農民は殺され、土地を追われた人は餓死したり、自殺者も出た。その怨念が泥田坊となり……」と

いう内容だったようだ。放送後、二ヶ月のうちにスタッフ四名が急死。急遽、日本テレビ常務の発案により、伊勢神宮へ安全祈願をして事件は沈静化した。

しかし、総務局長はクリスチャンであったため、参りを断ったが、二ヶ月後に急死したという。水木しげるは「お岩さんならお参りに行くが、泥田坊は行かないでは祟りがある」とコメント。

怖の手記シリーズ③

私は死霊の手からのがれたが…

ある水難事件・被害者の恐ろしい体験

夏が来ても、ここ三重県津市の海岸には人っ子ひとり見えません。そのわけをはじめて公開いたします。

梅川弘子（21才）

戦災の犠牲者を埋めた浜辺。その死者たちのアブラによって枯れた松の根

「弘子ちゃん、あれを見て！」私のすぐそばを泳いでいた同級生のSさんが、とつぜん私の右腕にしがみつくと、沖をじっと見つめたまま、真っ青になって、わなわなとふるえています。

その指さすほうをふりかえって、私も思わず、「あっ！」と叫んでSさんの体にしがみついていました。

私たちがいる場所から、20～30メートル沖のほうで泳いでいた友だちが一人一人、吸いこまれるように、波間に姿を消していくのです。

すると、水面をひたひたとゆすりながら、黒いかたまりが、こちらに向かって泳いでくるではありませんか。私とSさんは、ハッと息をのみながらも、その正体をじっと見つめました。

黒いかたまりは、まちがいなく何十人という女の姿です。しかも頭にはぐっしょり水をすいこんだ防空頭巾をかぶり、モンペをはいておりました。

白い顔が近づいて

夢中で逃げようとする私の足をその手がつかまえたのは、それから一瞬のできごとでした。

思いきり足をばたばたさせて、のがれようとしましたが、足をつかんだ力はものすごく、下へ下へ

橋北中学水難事件とは、昭和30年7月28日、三重県津市立橋北中学の一年生の女子[illegible]が、市内の海岸で、海水浴中に水死した事件で、責任を問われた先生たちの裁判は話題を呼んだが、結果は不可抗力であるとして、無罪の判決がくだされた。筆者は助けられて生きのこった9人のうちの1人。

運命の7月28日を前に、死者の霊安かれと女神像に祈る梅川弘子さん

『週刊女性自身』(1963.7.22)「私は死霊の手からのがれたが…」

❻ 水木しげるの資料を元にしたと思しき記事だが、投げやりな表現が目立ち（「ですって」など）、既存の資料に頼った記事は一気にテンションが下がったものとなる。

❼ 松田聖子の新曲[6]「マラケッシュ」のビデオに霊が映っていると大騒ぎ。霊視をした佐藤有文は、「これは悪霊です。しかしどうして聖子さんに……」と首をひねったが、歌詞に目を通し「あっ」と息をのんだ。歌詞にある「妖しい瞳」「水晶球」[7]が、霊波を呼ぶ

キーワードになったのだという。松田聖子もこの騒ぎを知ってお祓いをしたらしい、というお話。

❽「ゴキブリを食べさせるなどいじめた同級生が自殺、その後ゴキブリに襲われた」などという投稿を含む。インパクト重視なのだろうが、ちょっとひどい。「その後ゴキブリは現れなくなった」で済ます感性がおかしい。

❾都市伝説系の記事も見られるが、余程の衝撃的な話題でもない限り基本的に後追いなので、口裂け女のときと比べると速報性は弱い。

主婦の友社

週刊女性（一九五七年創刊、刊行中）

前述二誌に比べるとやや大人しいが、❶の記事など印象に残るものもある。

❶緑風荘の五日市さんのインタビューを含む（長者という扱い。座敷わらしのご利益というニュアンスか）。そして、「座敷わらしは現実の問題」という価値観を持つ地元で働く若い女性。当該女性は東京で大学に通った過去を持ち、ミス・ユニヴァース次点に選ばれた経歴があるなど、現代的、都会的な面が強調されている。記事は「こんな田舎でも地域に根付いて生活できる、人生がある」という方向性なのだろう。確かに彼女の言う通り、「田舎の就職先は農業、役所、教師くらいしかない」のかもしれない。とはいえ、彼女の仕事は家業の事務であり（親族なので待遇が良い可能性がある。別に悪いことではないが）、妹も都会の大学に通っている状況から、恵まれた家庭環境であると判断出来るし、他の地方出身者との比較にはなり

週刊女性

可愛い神霊さんおばんです

陸奥の長者と座敷わらし

あなたに会う旅 ⑫

あなたは夕暮れどき、誰かが身近にたたずむ気配を感じて、キョッと振りかえることはないか。誰もいない。吹く風の音ばかり――。霊魂はいったい存在するのか。東北の山奥の村では、いまでも童子の神霊が出現する（？）。

岩手県 金田一村にて

幼かった昔、寝物語に聞いた恐しい鬼や可愛い森の妖精の伝説は岩手県の山奥・金田一村に今もなお生を続けていた。

『週刊女性』（1971.7.3）「可愛い神霊さん、おばんです」

づらいのではないか。なのに「若いなら自分で働く場所を作るくらいの気概を持つべき」という意見はキツい。記事としては強引さが目立つ。しかし何と言っても特筆すべきは、この記事を書くために筆者は緑風荘に泊まって、座敷わらしらしきものを目撃していることだ。記事の直接の主題とは外れた部分だが、取材が丁寧だ。

❷ 口裂け女の足取り地図付き。

❸ 佐藤有文のインタビュー。なんでも心霊写真のせいにしたがる奥さん。この手の人は多い。現代は「不安とノイローゼ症多発時代」とばっさり。「霊魂＝遺伝子」と言う哲学。

❹ 資料・コメントに水木しげる。大阪で開催された『女性のための妖怪講座』（主宰・亀井澄夫）に、若い女性が押し寄せるなど妖怪ブームであるという記事。貴重な記録である。

影響

興味本位、商売本位の「テレビのワイドショー的」な雑誌だが、ビデオ装置普及以前の世の中の事象に関してはそれなりに頼りになる。[8] 言ってみれば、女性週刊誌に載る＝ブームという見方ができる。特に口裂け女報道時の迅速性、狂乱は特筆ものだ。また、心霊写真ブームの発展に果たした役割も大きい（勿論、負の面もある）。ネット受け売りライター志望者を除き、学ぶところが大であろう。

（幕張本郷猛）

注

［1］ 他の雑誌で体験談を複数回書いた人間が、非常に物議を醸す人物であった例があり、全部が全部、信用できるものではない。

［2］ なぜか女性誌には目次（または表紙）と記事とでタイトル等が異なるものがある。この記事は表紙にネグリジェ妖怪とあるが、本文中にその記述はない。

［3］ なお、当該記事前々回の「恐怖の手記シリーズ①」での霊に対する表現に問題があったようで、この号でお詫びが掲載されているのが確認できる。しまらないねえ。

［4］ 当時、他の週刊誌でも話題になった事件だが、「心霊年鑑」のようなものが存在しないため、忘れ去られた記録となってしまっている。

［5］ 一九七七年の記事だが、文中では「昨年の夏放送」と書かれており、テレビ番組表とはズレがある。泥田坊の呪いのせいであろう。

なお、同人冊子「3分でわかる大かむろ」の著者・ふしぎあんから「一九八二〜四年頃に「あなたの知らない世界」の特番があり、妖怪を紹介するミニコーナーがありました。紹介された妖怪は泥田坊、沼御前、鉄鼠で、水木しげるも出演していたが、細かな内容は失念」という情報をいただいた。日付、番組タイトルが確認できていないので、これ以上は書けないが、引き続き調査したい。もし一九七五年の再放送映部分があったのなら、フィルムが現存している可能性もあるわけだ。なお、未確定情報を含むので、調査の参考とされること自体はやぶさかではないが、事実のように引用されるのは、現時点ではやぶさかだ。（……という表現は通常、しねえよなあ）

［6］ 松田聖子は「大宅文庫」の雑誌記事一覧で最も見出しになった回数が多い人物とされた（現在は不明）。一九九五年一一月の同誌の記事「女に嫌われる女！」では松田聖子は二位だが、殆どの芸能人がフル・ネームで記載されるなか、二十位までのうち四名の表記は「景子さん」「聖子」「りえ」「明菜」で

ある。まったく、報道稼業にゃ呆れるばかり♪。

［7］「歌詞によって霊が呼び寄せられるなら、ヘヴィ・メタルのレコードはどうなるんだ」と言いたくもなるが、一方で佐藤有文の生真面目な考えが感じられる素晴らしい記事だ。

［8］国会図書館における全文検索は順調に進展している。それによって、前著でも紹介したテレビ番組『恐怖　死美人の帰宅』が「昭和45年度富士フィルムドラマ色彩部門技術賞」を受賞していたことが判明（日本映画撮影監督協会『映画撮影』一九七一年三月号より）。

女性週刊誌の全文検索はまだだが、今後進展してゆけば、貴重な逸話も簡単に知ることが出来るようになるだろう。単行本広告や書評まで拾ってしまうのが悩みのタネだが。

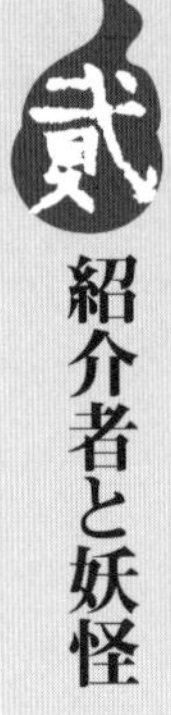

紹介者と妖怪

「現代怪異」

学校の怪談からネットロアまで

現代怪異と言う語が普及したのは何といっても『日本現代怪異事典』の影響だ。

作者は朝里樹（あさざといつき）。一九九〇年、北海道に生まれ公務員として働く傍ら、在野として怪異・妖怪の収集・研究を行っている。ネーミング的には松谷みよ子『現代民話考』[1]に影響を受けているはずだ。民話に複数の立場があったように、怪異もまた同様の状況になっている。世の中の執筆陣や出版社は新しいキャッチーな言葉、「新たな革袋」を求めているのかもしれない。術語は本の売れ行きなどとも関連するだろう。

こうしてかつての妖怪たちは「新たな革袋」に入れられて普及させられている。ただし中身が新しいかというと、そうでもないのだ。

怪異は妖怪の代替語でもある。怪異という流行語に載って、需要と供給が一致した。「戦前のこっくりさんにはじまり、トイレの花子さん、口裂け女、ベートーベンの怪などの学校の怪談、そして二〇〇〇年前後にインターネット上で登場する怪異たちまで、主に戦後（昭和二〇・一九四五年）の日本を舞

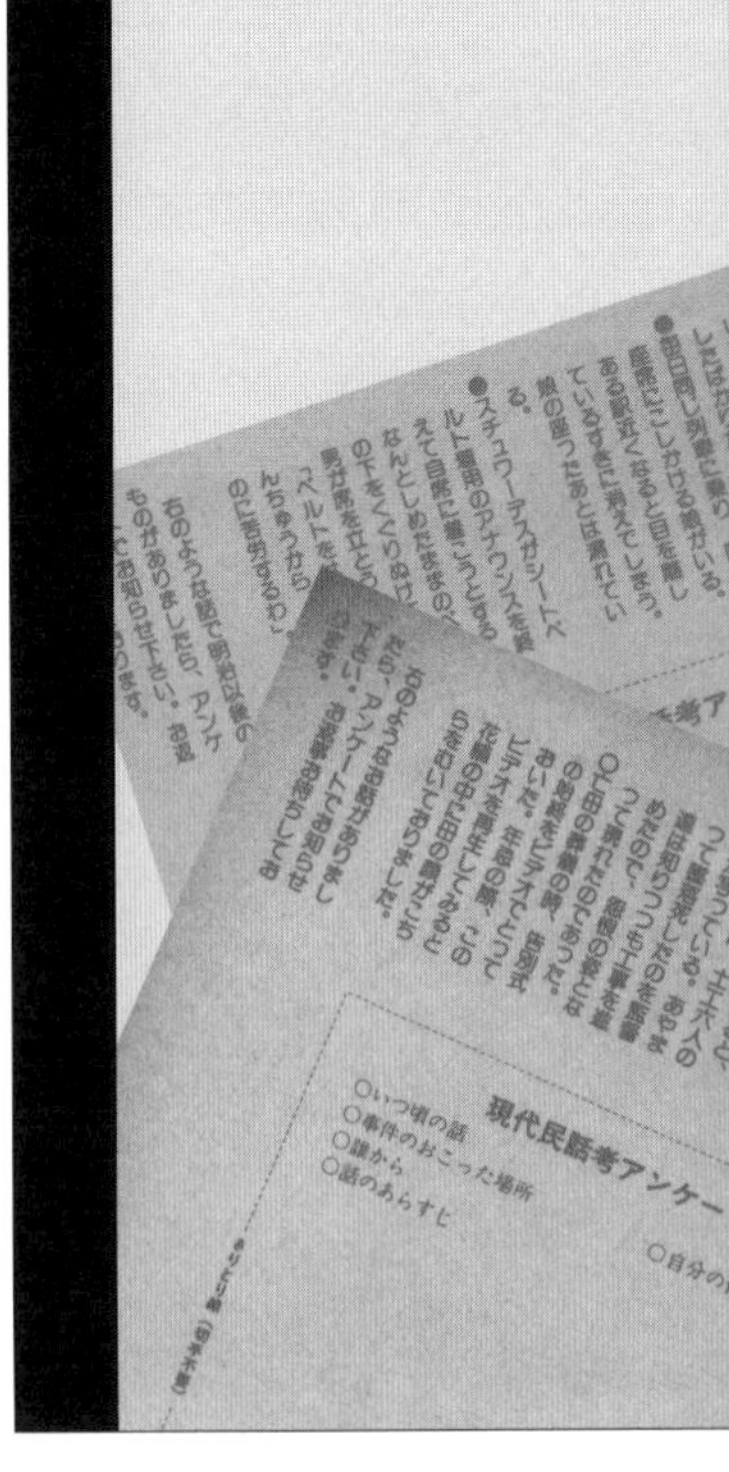

台に語られた一千種類以上の現代怪異を紹介する、怪異ファン必携の1冊!」とのキャッチコピー。

しかしよく考えてみれば、こっくりさんやトイレの花子さん、口裂け女、学校の怪談、インターネット上の怪異、はそれぞれ文化的に研究がなされてきたのである。

現代怪異事典を構成するもの

現代怪異とはなんなのか。事典を構成するものを見ていこう。

朝里樹『日本現代怪異事典』（笠間書院、2018）

『日本現代怪異事典』にはまず民俗学において「世間話」と呼ばれてきた事例が集まっている。廣田龍平の指摘を引用しよう。

> 「現代怪異」という用語は耳慣れないが、従来ならば「都市伝説」や「現代民話」、あるいは「学校の怪談」などとして括られてきた対象がこの用語でまとめられている。それゆえ、実に正統的な意味で、本事典は「世間話の事典」である。他方で、本事典は「妖怪事典」の一種でもあり、さらに妖怪事典における近年の潮流を示しているものでもある。

妖怪事典については本書の該当する論[2]を読んでもらいたい。

「世間話」と呼ばれてきた話群が多く掲載されている。世間話とはその名の通り日常の談話だが、キツネやタヌキに化かされたりして道に迷った話などの、身近でリアリティのある話がここに含まれる。たとえば、フィクションとして楽しまれ、「むかしむかしあるところ」を舞台にした昔話とは分けられるのである。都市伝説とは、世間話の一種として研究されている。その呼び方はアメリカの民俗学者のJ・H・ブルンヴァン『消えるヒッチハイカー』の邦訳の際に誕生した。また、ドイツ民俗学の訳語で『現代伝説』というものある。うわさ話やゴシップやネットロアも見られる。

次に「学校の怪談」である。これも世間話の研究あるいは、都市伝説の下位ジャンルと捉えても良いが、『日本現代怪異事典』にはよく学校の怪談がのっている。テケテケやトイレの花子さんが有名だ。もともとは常光徹が学校の世間話として、聞き書きしたものを、編集者のアイディアにより、学校の怪談という署名で出したり日本民話の会から同名の児童書を出すことにより、ブームが起きる。

実は学校の怪談は、ハガキで投稿されたネタがとても多い。そもそも常光の学校の怪談以降、ブームとなった学校の怪談の集め方も読者投稿なのである。松谷みよ子の『現代民話考』もハガキ投稿で、『日本現代怪異事典』にも多数引用されている。

また、最近の廣田龍平の調査により、新たなことが分かった。それは学校の怪談という話群はそれ以前の漫画雑誌の投稿欄に見られるということである。

そして目玉が「ネットロア」であろう。

「ネットロア」は、主に2ちゃんねる（現在5ちゃんねる）の書き込みが膨大に使われている。これが、知られてはいたし、論文も書かれてはいたが、まだまだ膨大なネットロアはそのまま放置されており、潜在的に需要があったのである。朝里はネット時代の申し子であったともいえる。ネットロアは、「くねくね」や「八尺様」や「コトリバコ」といった怪異や妖怪が中心になって研究が牽引されている(朝里は人々の間で真実として語られているものを集めているとしており、やはり世間話的なものが中心だ。インターネットの説話には「昔話」のように、フィクションと分かって楽しむ「意味怖」などもあるがそうしたものは載っていない)。

そうした研究の最先端との合致がこの事典の素晴らしいところであるといえよう。

朝里が一番普及をさせた世間話、つまりは現代怪異の中で特に普及させたものは、こうしたネットロアであろう。

また、上記はお気づきのとおり、世間話として捉えられるとは言いながら、話の中から書き留められた訳ではなく、雑誌やWEBに「投稿」された話が多いということも指摘しておきたい。

朝里樹の活躍

『日本現代怪異事典』を同人誌で出すも発売後数分で完売になっていた。反響は大きかったし、もちろん世間話の研究者たちも欲しがった。

Twitterでやりとりをしてくれていた研究者間所瑛史[3]が飯倉義之と繋ぎ、世間話研究会の支援のもと同人誌の増刷、販売をした。同時に異類の会主宰で、本書の執筆者でもある伊藤慎吾が笠間書院を紹介した。当時、異類の会は、『妖怪憑依擬人化の文化史』という本を出したことで笠間書院の人とはつながりがあった。本の推薦文は常光徹で、これも飯倉義之からの流れである。[4]

そして、本の売れない現代において怪異とも呼べる大ヒットをする。

これが元で朝里監修の事典が出版される流れができあがる。その後、朝里は監修者としての仕事もするようになった。研究者のコラムが使われるものの、執筆陣は基本的に民俗学者以外から選ばれていった。

とくに日本全国の地域別の事典である『日本怪異妖怪事典』（全八巻）は妖怪クラスターと非常に相性が良かった。

現代怪異は変容する
――新耳袋を取り入れた現代怪異

結論からして、現代怪異とは、基本的に投稿されて楽しめる段階になった怪異：民俗学でいう所の世間話の総体ということになる。

もっといえば、朝里が「これは現代怪異」とお墨付きをあたえたものが現代怪異と言ってもいいだろう。たとえば、インタビューで次のように答えている。

朝里　この事典では、「怪異」とは普通ではないこと、常識から逸脱していることと定義しています。たとえば都市伝説の「ベッドの下の男」はおもしろい都市伝説ではありますが、普通の人間がやろうと思えばやれる範囲なので、怪異ではない。そのように「怪異」は普通に生きていたら絶対にみえてこない、この世界の向こう側だと思っています。それが覗けるというロマンが、怪異にはあります。」

（バラバラの怪異を並べ、つなげる……朝里樹が語った怪しいものの集め方・愛し方／「続・日本現代怪異事典」刊行記念　https://web-mu.jp/column/22494/）

このあたりは朝里の独自の考えが表れているところだろう。つまり、「都市伝説」や「世間話」と「現代怪異」は同じものではない、という彼なりのこだわりがあるようだ。つまりかつて民俗学で研究されてきたジャンルとの差異化が叫ばれている。

そして、『続・日本現代怪異事典』で「実話怪談」が使われていることは言及しておこう。『新耳袋』や『超怖い話』というシリーズから引用されている。民話としても再話が強すぎると資料として使えないことが多いが、実話怪談も話を聞いた人の著作物でもあり、創意工夫を交えて書かれたものである。このあたり民俗学者は資料の扱いに悩みそうだが、実は前作でも常光徹が再話したものが使われている。学校の怪談には読み物としてリライトされたものも入っており、厳密には常光の著作物なのであるが、他の広く流通し作者が分からない話と並んで載っている。

時代が代わり、朝里の一〇年後、二〇年後にも『日本現代怪異事典』は読まれているだろう。これからも朝里が書き続ける限り、現代怪異は、変容していく。

民俗学者ができなかったこと

今日において、怪異妖怪とは創作コンテンツのためにある。イラストや漫画、ゲームなどのコンテンツのためにその情報は求められている。でなければ、あのように売れるはずがない。事例がたくさん載った事典はクリエイターにとって重宝される。民俗学者は、聞き書きした資料を提供し、事典やデータベースの提供者としてのみ必要がられている。少し残念だ。

もっと言えば、『日本現代怪異事典』のようなものを民俗学者はどうして出せなかったのか。確かに前述のように、同人誌と商業出版の傍で関与はしていたが、現実問題としてできなかった。これは言い訳はいくらでもできるが、反省すべき点である。

一方で、朝里を含む「妖怪オタク」は着実に成果を上げている。ある種の遊び——それは同人誌的でもある——の部分が結果として素晴らしい。それは例えば、現代怪異事典の過剰なまでのババアの羅列や、好きな妖怪を入れようという意気込み。ほかの『日本怪異妖怪事典』も事典にもかかわらず著者の個性がこれでもかと出ている。選んだ妖怪とその書きぶりで、凡そ誰が書いたか分かるくらいに文体や内容がオリジナリティを持っている。事典で個性が出せると誰が思っただろうか。

こうした長所はアカデミックな視点からは短所にもなりえる。在野の妖怪研究者はもう民俗学者を名乗るメリットはないだろう。名乗るのを遠慮しているという向きもあるが、楽しいことにならないとわかっているからだ。「現代怪異」とはその資料群と、それらを並べて類型を作るという手法は、ほぼ民俗学であった。ただ、おそらく民俗学を名乗ると途端に面倒臭い批判が（SNSなどで）ついてしまうのだ（むしろそうした妖怪オタクを民俗学者として捉え評価するくらいな土俵を提示すべきなのではないか。考えてみよう。かつては水木しげるが日本民俗学会に入会していた。現代の日本民俗学会にそうした人を受け入れる土壌があるか）。[5]

妖怪と同じように怪異も普及するにしたがって、民俗学者不在のコンテンツになっていくだろう。いや、もうなっているのだ。そうした現状自体をも把握しておくべきだ。眼前の事実を受け止め、研究に変える度量こそが、民俗学者には肝要であろう。（永島大輝）

注

［1］　本書第二部一二三頁参照。

［2］　本書第二部二三六頁参照。

［3］　間所瑛史（一九九五〜）は、民俗学者、学芸員。彼が私の論文を朝里に送ってくれたことで「赤い靴の怪」が立項されて、永島大輝は本文中にも登場することになる。

［4］「【推薦】日々増殖する現代の怪異の　確かな見取図常光　徹氏（『学校の怪談』著者・国立歴史民俗博物館・総合研究大学院大学名誉教授）　日々増殖する現代の怪異を捕捉し、その世界の輪郭を描くのは容易なことではない。なにより、膨大な資料群を前に誰もがたじろいでしまう。この課題にあえて挑戦し、確かな見取図を創り上げた著者の、並々ならぬ熱意に敬意を表したい。怪異の現状を視界に収める有力な指標が提示された。（後略）」

［5］　ここでの妖怪オタクについては『日本怪異妖怪事典』シリーズの著者プロフィール参考の事。皆現時点でX（旧Twitter）にて活動している人たちである。基本的に氷厘亭氷泉を萃点としてネットワークが形成されている。そして民俗学者を名乗らない。例外的に高橋郁丸が肩書に民俗を持っている。引用すると「新潟県生まれ。新潟妖怪研究所所長。新潟県民俗学会理事。新潟市里潟環境ネットワーク会議アドバイザー。新潟国際情報大学非常勤講師。その他、新潟県内の市町村史の民俗編調査執筆委員を多数務めた。」とある。そして高橋のプロフィールにある「妖怪は文化だ」をキャッチフレーズに、著作物や妖怪イラスト展、講演会などで新潟の文化・伝承の普及に努めている。」という記述からは、民俗学側からも文化や信仰と絡めなければ妖怪について言及しづらかった名残ともいえる。目的に関して、民俗学者はどうしても経世済民という語に表されるような社会に有意義なことをしなければという意識が強い。たとえしかし、自身の興味関心のある事柄を調べるという基本的な営みとのつながりが絶たれてはいけない。民俗学にも多様な立場があるように民俗学に対する関わり方にも多様なものがあってよいはずだ。

参考文献

・ASIOS、廣田龍平　二〇二一『謎解き「都市伝説」』彩図社
・朝里樹　二〇一八『日本現代怪異事典』笠間書院
・朝里樹　二〇一九『日本現代怪異事典　副読本』笠間書院
・朝里樹　二〇二一『日本怪異妖怪事典　北海道』笠間書院
・朝里樹監修・氷厘亭氷泉『日本怪異妖怪事典　関東』笠間書院
・朝里樹監修・高橋郁丸・毛利恵太・怪作戦テラ　二〇二一『日本怪異妖怪事典　中部』笠間書院
・朝里樹監修・寺西政洋　二〇二三『日本怪異妖怪事典　中国』笠間書院
・朝里樹監修・寺西政洋・佐々木剛一・佐藤卓・戦狐　二〇二二『日本怪異妖怪事典　東北』笠間書院
・朝里樹監修・御田鍬・木下昌美　二〇二二『日本怪異妖怪事典　近畿』笠間書院
・朝里樹監修・毛利恵太　二〇二三『日本怪異妖怪事典　四国』笠間書院
・朝里樹監修・闇の中のジェイ　二〇二三『日本怪異妖怪事典　九州・沖縄』笠間書院
・朝里樹　二〇二三『続・日本現代怪異事典』笠間書院
・京極夏彦　二〇一八「地平の彼方と椽の下」（東アジア恠異学会編『怪異学の地平』）臨川出版
・廣田龍平　二〇一七「書評　朝里樹著『日本現代怪異事典』」（「世間話研究」二五・二九号）
・廣田龍平　二〇二三「『学校の怪談』以前の事　1980～90年代ホラー漫画雑誌の読者投稿に関する基礎調査」

弐 紹介者と妖怪

その他女性誌における妖怪関連記事

口裂け女協奏曲

編集傾向

女性週刊誌の続きである。編集傾向は三大女性週刊誌とほぼ同じ。

講談社

ヤングレディ（一九六三年創刊、一九八七年廃刊）

中岡俊哉関連の記事が多い。心霊記事が多く掲載され、妖怪関係にも興味深いものを残している。

❶ 徳島県で実際に信じられていた犬神。タブーゆえの取材の難しさが感じられる。[1]

❷ 北海道釧路市（弟子屈町から屈斜路湖へ通じる路上）で目撃された「高さ50センチの白いキノコの幽霊」が紹介されている。目撃者は農協の女性職員。月夜を除き、女性の前だけに年間を通じて出現したという。棒で叩こうとして陰部に激痛が走り、失神した女性がいたらしい。このお化けはトイポクンオヤシであると思われる。[2] 平野威馬雄の『お化けの住所録』（二見書房　一九七五）で読んだ人もいるだろう。

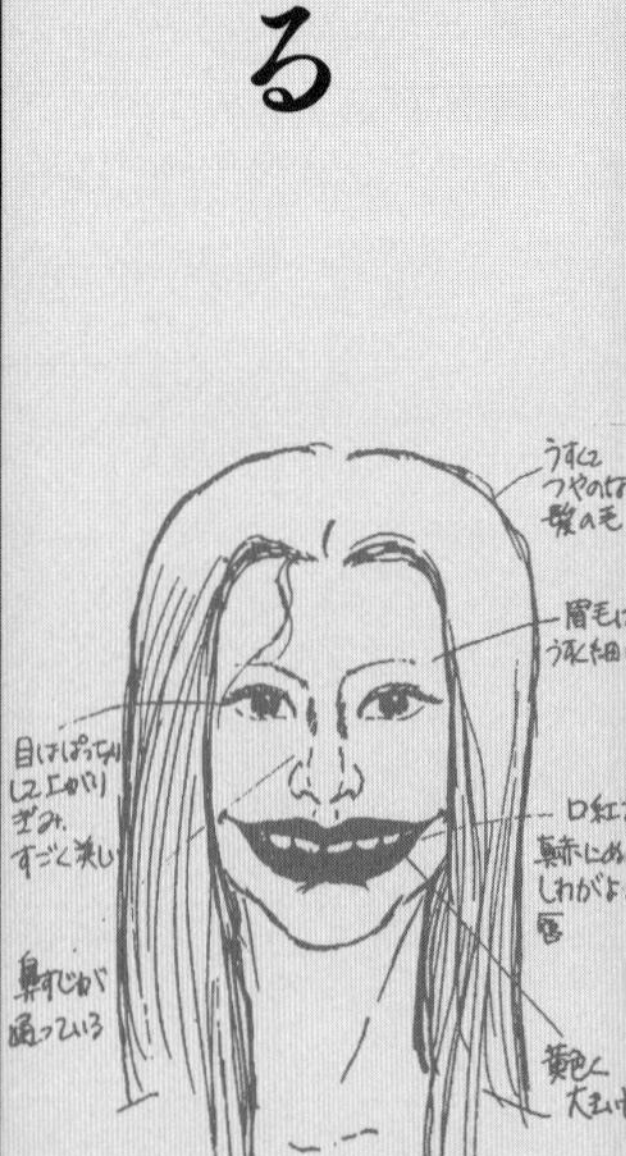

また、七月に津市の海岸で目撃された防空頭巾を被った幽霊（?）、山口県新南陽市室尾海岸で目撃された人魚、宮崎県串間市都井岬沖で漁師が目撃した人魚のエピソードも紹介されている。

幽霊・お化けからの"暑中見舞"

北海道発 被害者続出！ちょっとエッチなおばけキノコ

その夜……。

同僚と酒を飲み、酔った早田郁夫さん（23歳）が、釧路市郊外の夜道を一人で歩いていると、後からヒタヒタついてくる足音がする。

ビクッとして、振りかえると、ただ闇が広がるだけで誰もいない。

今夜は少々酔っぱらったかな、と思った早田さん、これはビールの飲みすぎだ、余分な水分をださなければというわけで、道端に立ち止まって、欲求のおもむくまま、シャーッと放尿開始。

つい鼻歌が出る。そのときまたヒタヒタと足音がし、ピタッと彼の脇でとまった。

彼が振りむいたとき……。

「そう、背の高さ一メートルほどのフワフワした白いキノコのようなものが、闇の中にボーッと浮きあがっているんですよ」

それはジッとせず、クラゲのようにもぞもぞ動きつづけていた。早田さんのすぐかたわらで、まるで彼を無視するように……。

ギクッとして、おしっこがとまってしまった。

気味が悪い。

しかし、そこは酔っている勢いで、誰かが白い布をかぶって、いたずらしているのだろうと思い、

「この野郎、驚かすもんじゃない」

と、ポカリと頭のところを一発おみまいした。

けれども手ごたえはない。白いキノコはただグニャリとしてとても人間の頭とは思えない。

そのとたん、だしっぱなしの早田さんの男性自身に鋭い、激痛がおこり、彼はあまりの痛さに、股間を押さえて飛びあがった。もう七転八倒の苦しみようである。

股間を押さえて路上を転げまわり、ふと気がついたところにもなく、痛みも嘘のように治っていた。

今年五月のことである。

北海道釧路市で起きた〝チン事件〟で、この白いキノコに襲われたのは早田さんばかりではない。もう五十数人も目撃者がいて、キノコに〝悪さ〟をするものはみな、早田さんと同じ目にあっているという。

釧路在住の〝もの知り〟がこう明かす。

「どうやら、このキノコは道祖神で、つまり男根のお化けらしいですな。だから女性にはめっぽうやさしくて、このあたりでは、白いキノコに追っかけられた娘は、必ず近いうちに良縁をえて、お嫁にいけるというております」

〝おチンチン〟のお化けに追いかけられるくらいだから、結婚後の夫婦生活も円満そのものとか。

残念ながら若い女性の被害者には取材できず、良縁が降るように舞い込んでいるという話の真偽は確かめられなかったが、いずれにしても、あまり恐くないお化けの話……。

『ヤングレディ』（1975.8.11）「背筋も凍る！幽霊・お化けからの暑中見舞い」絵・福田隆義

❸ そのキノコの幽霊だが、一九七五年五月にも目撃例があったという記事だ。目撃者（男性）は釧路市郊外の路上で遭遇。白い布を被ったいたずらかと思い、キノコをポカリとやったところ、股間に激痛を感じてしまい、苦しんでいるうちにその姿は消えていた。当時、実に五十数人の目撃者がいたと言う。地元の事情通は「道祖神で、女性はこのお化けに遭遇すると良縁に恵まれる」とコメント。気になる事件だが、地元で町おこしとして「良縁祈願　トイポクンオヤシ饅頭」が発売されたということもなく、北海道のお化け地図などにもその後も含めて、見る機会はない。勿論、当該の妖怪がトイポクンオヤシだと断言はでき

女性誌一覧

誌名	号数	No.	記事名	筆者・内容	備考・影響等
ヤングレディ	1965.7.19		あっ！ 霊魂がそこをさまよっている 全国調査	水子霊、富士鉄跡に現れる親子の霊	斎藤守弘『超科学ミステリー』
	1969.7.28		69にっぽん幽霊地図		
	1970.11.30	❶	女の性を呪う　犬神さまの声が聞こえる！		池田弥三郎コメントあり
	1973.8.13	❷	特別企画/恐怖！　必ず幽霊に出会う旅100	キノコの幽霊目撃談　絵・本條美佐子	平野威馬雄『お化けの住所録』
	1975.8.11	❸	背筋も凍る！幽霊・お化けからの暑中見舞い	キノコの幽霊、目撃者写真付き	
	1975.9.1		幽霊に取り憑かれた日本版「エクソシスト」一家		佐藤有文『日本幽霊百科』
	1976.2.23	❹	オヨヨ！　河童、人魚、竜のミイラが発見された！		
	1976.3.29		金沢発・男と女の顔を持つ怪奇ミイラ出現		
微笑	1973.1.3	❶	えっ！これが霊魂絵画？		中岡俊哉『恐怖の心霊写真集』矢追純一『世界怪奇名所案内』
	1979.6.16		恐怖の口裂け女の全足取り！	半年前、岐阜に出没？	
	1979.7.14	❷	口裂け女本誌に寄せられた全証言！		
	1982.7.17		奇怪！人面の犬が日本列島北上中	都市伝説	
	1986.8.30		ここに行けばお化けに会える!?	監修・中岡俊哉	
週刊平凡	1970.8.13		池田弥三郎さんの実家が倒産！		
	1970.8.20		怨霊　日本怪奇地図		
	1970.10.11		人形の髪がズルズル伸びて来た！	お菊人形、購入者のコメント	
	1972.8.17	❶	現実に起こった戦慄の怪奇・10話	文・中岡俊哉 絵・石原豪人	
	1979.8.2		口裂け女が姫路市内についに出た!?		
	1979.08~10		いま、ここで、現実に起きている怪奇ミステリー	文・佐藤有文	

週刊明星	1968.8.10		現代の怪奇ドキュメント	京都・深泥池の女幽霊ほか	
	1975.8.3	❶	キャシー中島を襲った恐怖・謎の手形	キャシー中島	平野威馬雄『日本怪奇名所案内』
	1976.7.25		日本列島お化け最新情報一挙公開！		
	1976.8.22	❷	日本縦断幽霊最新カタログ		
	1987.8.27		『怪奇』体験記		
セブンティーン	1969.9.2	❶	あなたのそばにこんな不思議が！		
	1975.8.12	❷	最新版　日本ゆうれい地図	絵・小泉澄夫	
	1979.7.3	❸	口裂け女のおっとろしい正体は!?	絵・柳柊二　資料提供・平野威馬雄	
	1979.8.28	❹	ちょっと怖い話	構成・遠藤まもる	
	1980.8.19	❺	お化け・妖怪カタログ	構成・堀井雄二　絵・大川清介	

ないが、事件そのものがあまり騒がれておらず、妙な話である。

❹　こういった怖いもの見たさの記事が女性誌に目立つ大きな特徴だ。

読者体験記

一九七八年七月、八月に「夏の夜の怪奇」として

『ヤングレディ』(1973.8.13)「恐怖！必ず幽霊に出会う旅100」絵・本條美佐子

掲載された。妖怪系の話ではない。[3]

祥伝社

微笑（一九七一年創刊、一九九六年廃刊）

ノンブックス発行元ゆえ、中岡俊哉の出番が多い（心霊写真や守護霊など）。だが、妖怪関連記事はさっぱりである。怪奇記事より、タイトルを読みあげることすら憚られる性的記事で知られる。[4]

『微笑』(1973.1.3)「えっ！これが霊魂絵画？」

❶　四谷のPL画廊で公開されたヘティ・フレディクソン夫人（一九二二～一九九四）の「呪いの館」。絵が変化を遂げるという曰くつきのもの。当時、テレビ番組『11PM』でも紹介された。ジェレミー・ベンサムの蝋人形と共に特別番組にも登場。最近はこれらを取り上げる記事を見ない。この不思議な絵については、矢追純一の著書『世界怪奇名所案内』（二見書房、一九八一）に詳しい。

❷　当時大騒ぎとなった事件だが、編集部に寄せられた読者の手紙は七〇三通に及び、専用電話がなりっぱなしであったという。日本マスコミ史に記録される特殊な事件であったことが分かる。出没地域一覧つき。

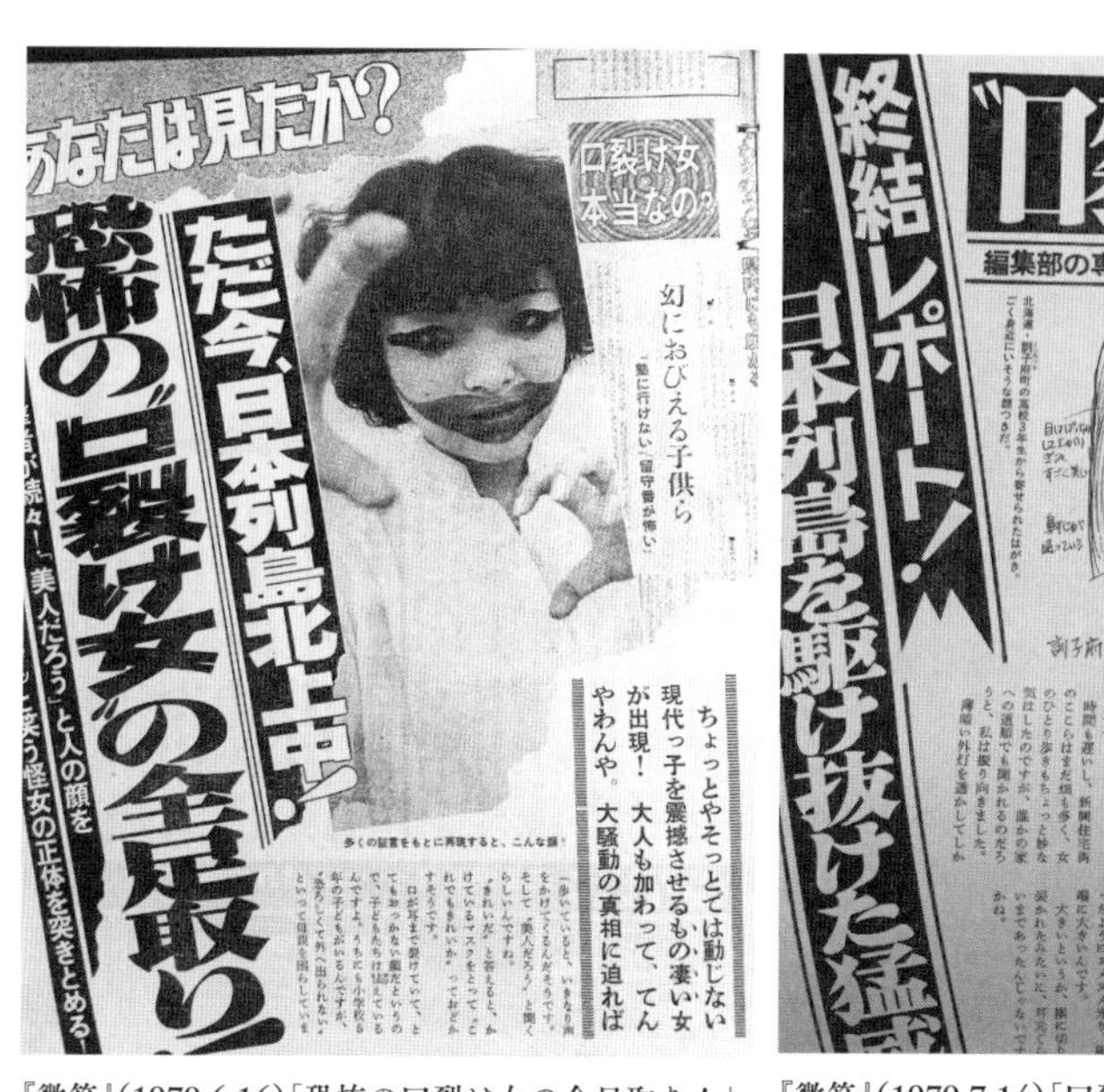

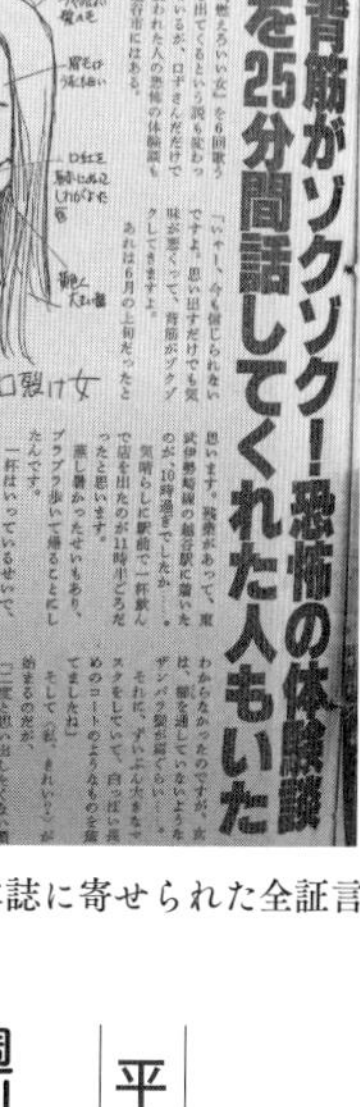

『微笑』（1979.6.16）「恐怖の口裂け女の全足取り！」　『微笑』（1979.7.14）「口裂け女本誌に寄せられた全証言!」

平凡出版＊とりあえず女性誌に分類した。

週刊平凡（一九五九年創刊、一九八七年廃刊）

心霊記事は『週刊明星』より多く、一九七九年には佐藤有文の連載があったが、「女性」と名のつく週刊誌に比べると迫力はない。

❶ 石原の挿絵はいつも迫力満点。同号では「神秘！加賀まり子の死児が霊界から生みの親に呼びかけ」という記事があり、中岡はそちらにも登場。芸能人に対する思いやりが微塵も感じられない記事は、読んでいて複雑な気分だ。

平凡（月刊誌　一九四五年創刊、一九八七年廃刊）

芸能人関連のオカルト記事は多少あるが、特筆すべきものはない。むしろ、一九六六年八月号から一九七〇年三月号に連載された楳図かずおの漫画「高校生記者シリーズ」（後年、『恐怖』として単行本に

『平凡』（1968.6）楳図かずお「奪われた心臓　その１」

『平凡』（1969.12）楳図かずお「笛が呼ぶ謎　その１」

まとめられた）の方が重要である。妖怪テーマも数編、ある。

集英社 ＊とりあえず女性誌に分類した。

週刊明星（一九五八年創刊、一九九一年廃刊）

『週刊平凡』と同じく、毒が薄い。

❶かの有名なキャシー中島による逗子トンネルの霊現象の話が掲載された。平野威馬雄『日本怪奇名所案内』（二見書房、一九七六）での紹介の方が知られているであろう。

❷読者体験記。下田で目撃された小豆婆（アズキババア）の話など。信憑性はともかく、ユニークな話である。各誌がそれぞれやればいいのである。

明星（月刊誌　一九五二年創刊、刊行中）

『平凡』と同様。水木しげるの漫画や芸能人の怪奇体験が載ったりもしたが、妖怪関連は無い。

『週刊セブンティーン』(1979.7.3)「口裂け女のおっとろしい正体は!?」絵・柳柊二

週刊セブンティーン（一九六八年創刊、刊行中）

あまりその手の記事は多くない。芸能人の霊体験エピソードが目立つ。筆者の若い頃は芸能ノリが強い雑誌という印象だったが、最近のものはファッション誌に見えてしまう。

❶ 座敷わらしを見た中学生の体験談ほか、日本怪奇地図つき（福岡県・冷水峠に現れる怪猫など）。

❷ 読者投稿記事。「地図」もあり。奈良県の竜王権現に現れる青大将はいくら写真に撮っても写らないという。

❸ 全国出没マップ付き。カミソリ、カマ、サングラスなどの地域によって異なる情報、三人まとめて現れた例（一九七八年秋、岐阜。初登場とされている）など。別称「カミソリ女」「カマ切り女」も紹介。デマにすぎないと結論付け

は進むが、実際に東京で見たという話がラストに登場し、なかなか楽しめる。

❹読者投稿を元に構成。東部東上線に乗った東京の読者のエピソードが興味深い。読者体験は若い人の方が面白い。嘘も多いだろうが。

❺「東西パロパロ近況報告」なるパロディ記事。「あの人は今」の妖怪編。「雪女」の近況は、映画『復活の日』に影響されて南極にわたり、南極隊員のアイドルになってブロマイド売り上げナンバーワンなのだそうだ。これも一種の妖怪記事だが、学年誌同様、妖怪の迫力が薄れて行く傾向が見て取れる。

影響

本稿で取り上げた雑誌は『週刊セブンティーン』『明星』を除いて、廃刊となってしまった。貴重なエピソードの多くは、平野威馬雄の単行本への収録が目立つくらいで、忘れられた存在となってしまっている。

つまり、そういった雑誌[5]の記事からも、学ぶべきことはまだまだある。勿論、記事の多くはインターネット掲示板の書き込み同様、出典は明確ではない。かなり怪しげな「噂」の類も多い。

だが、本稿の目的は「伝承に基づく妖怪情報」でも、「実際に起きた妖怪事件」でもない。「どう妖怪情報が扱われてきたか」である。妖怪や幽霊は余程の大騒ぎにならない限り、三大新聞などには載りにくい。一方、週刊誌は「売れれば良い」「興味本位」「刹那的」であるがゆえに、結果として当時の世俗を反映する貴重な記録となっている。

特に、口裂け女事件の報道において顕著であり、研究者の全部入手は当然であろう。今後、妖怪文化を研究する人間にとっては宝の山であると言える。

（幕張本郷猛）

注

［1］まだこの頃は、明治・大正・昭和初期生まれの人間が多数健在であった。承知の通り、戦後、日本の「生産手段」「流通体制」「家電」「住宅設備」は急速に発展したが、人間そのものの発達はそうは行かず、まして地方の感覚は明治・大正と地続きである。風俗や風習に前時代の名残りがあるのも仕方無かろう。

［2］ネットにおいて闇の中のジェイ氏（笠間書院『日本怪異妖怪事典　九州・沖縄』の著者）より、「アイヌに伝わる妖怪トイポクンオヤシではないか」との指摘を頂戴した。国会図書館で検索すると、「知里真志保『えぞおばけ列伝』（ぷやら新書刊行会、一九六一）を発見。同書に拠ると、樺太に現れる妖怪で、男女の別があるという。

［3］7月25日号「まさか…!背筋がゾーッとする夏の夜の怪奇」（一二五～一二八頁）には稲川淳二で名高い少女人形の怪談が収録されている。

［4］例えば、「オナニー快感図鑑＝体位・指使いの5段階!」「フェラチオ＝舌使い、のど使い大図鑑」「悦楽!シックスナイン秘図」「交合が見える!見られる!体位30大図鑑」など。入力する人間の身になってほしいものだ。

［5］本稿で取り上げきれなかった雑誌はまだあるまだある。『ティーンルック』（主婦と生活社）一九六九年七月二九日号の「怪談シリーズ後編　ボクは本当に幽霊を見た!!」という記事には、渡辺茂樹（ワイルドワンズ）が語る「貨物列車に飛び込んで自殺した女性がいた。車掌は切断された遺体を回収しようとしたが、女性は水をくださいと訴えてきた。女性は手を使い、上半身だけで這うように車掌を追いかけてきたので、電柱に登って難を逃れた（大意）」というエピソードが掲載。今でいうテケテケの早い時期のもの。まだまだ秘められた話はありそうだ。

参考サイト

・http://walraven.org/hetty/hetty.html

紹介者と妖怪

展示される画像妖怪たち

博物館・美術館での妖怪展示の流れと傾向

増える妖怪展示

博物館や美術館あるいは公共機関、または大小の商業施設など、多様な場面で《妖怪》を主題にした企画展示や展覧会は行なわれている。

近年では「大妖怪展」[1]（二〇〇〇）「幽霊・妖怪画大全集」[2]（二〇一二）「大妖怪展　土偶から妖怪ウォッチまで」[3]（二〇一六）などが、日本各地を巡回した大規模《妖怪》展示として挙げられる。

現在のような展示が、各地の博物館で広く行われるようになった歴史上の通過点としては、兵庫県立歴史博物館「おばけ・妖怪・幽霊」（一九八七）や国立歴史民俗博物館「異界万華鏡――あの世・妖怪・占い――」[4]（二〇〇一）がしばしば挙げられる。

特に後者に準拠した展示は、《妖怪》が描かれた作品、記述された資料ダケではなく、民間信仰や近現代を含めた伝承も組み込む傾向（地誌・随筆や、世間話や伝説、習俗の展示）を生んでおり、博物館・郷土資料館などを中心に《地域と妖怪》を主題にした展示の参考モデルとなっている。

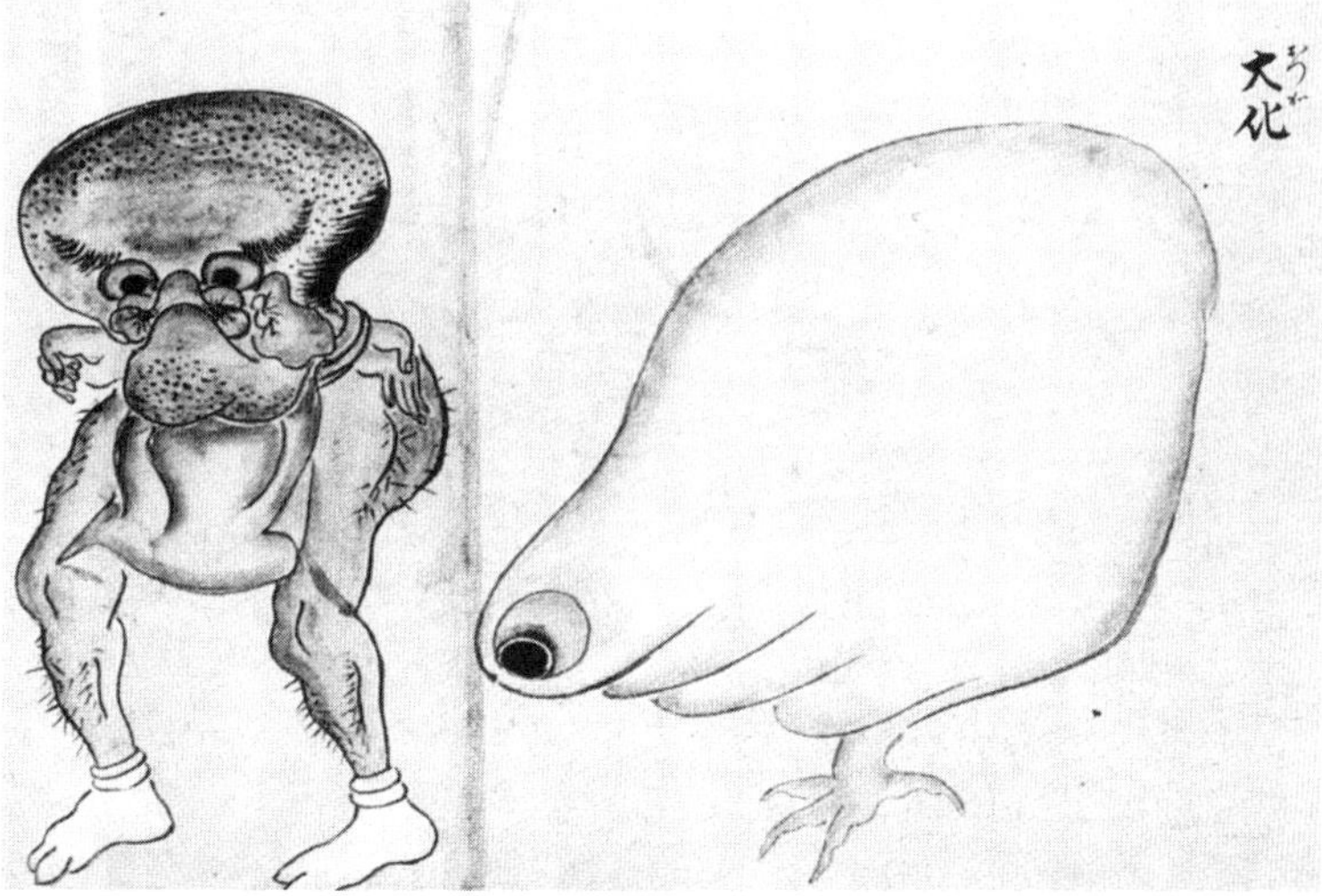

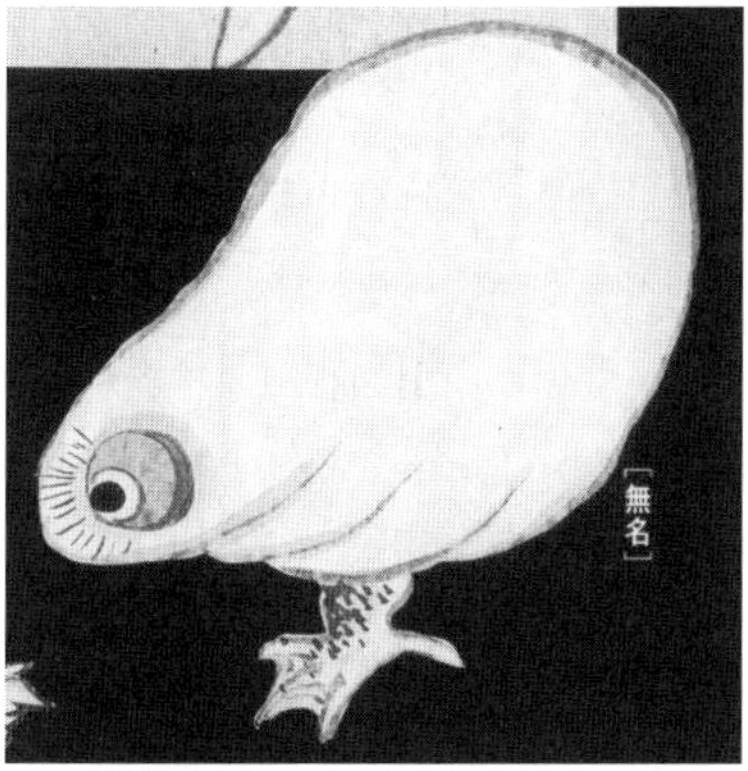

上　『化物絵巻』の《大化》(国立歴史民俗博物館『異界万華鏡』2001)
下右　方郁『百物語化絵絵巻』の《ちからここ》(湯本豪一『かわいい妖怪画』2015)
下左　尾田郷澄『百鬼夜行絵巻』では無記名(別冊太陽『日本の妖怪』1987)

この20年近くで、展示を通じて紹介される絵巻物も次々に増加し、妖怪も増えていった。2001年頃から展示されるようになった大化(おっか)は、いそがし・苦笑(にがわらい)などのように百鬼夜行絵巻に描かれた絵を単独に切り離しリデザインしたとみられる妖怪のひとつである。赤い妖怪が素材と見られるが赤く描かれず大抵は白っぽく彩色され、しっぽも見られず、かなり異なる特徴の別個の画像妖怪になっている。2010年代に《ちからここ》という呼び名で描かれている事例が確認され、《らちもない》(《大化》の左にいる、顔から足の生えた妖怪。この絵巻物では無記名)や《かすくらい》など他の複数の絵巻物で確認出来る呼び名が多い点から、《ちからここ》のほうが先行・周知された呼び名の可能性が高くなったが、まだ《ちからここ》も《大化》も確認例はそれぞれ1件ずつしかない。

浮田一蕙『婚怪草紙』(『Storytelling in Japanese Art』2011)
メトロポリタン美術館に所蔵される狐たちを描いた絵巻物。狐の牛車の前後には、着物をすっぽりかぶって前足だけで逆立ちして尾を立てる特徴的な狐たち(図では手前左や中央奥)が何匹も描かれている。この特徴的な姿勢が百鬼夜行絵巻の赤い妖怪にすがたが似ているとも目されており、田中貴子も別冊太陽『妖怪絵巻』(2010)で、一蕙が百鬼夜行絵巻に属する絵に模してこの狐たちを描いたのだろうかと示している(119頁)。しかし、なぜ狐に特にその扮装をさせて何体も描いたのか、あるいは実際の人間の行列にこれと似る形式の者がいたのか、前後関係を含め発想自体の動機や意味は、赤い妖怪が何であるかわからないのと同様、まだ不明瞭でもある。

飾られがちなのは

いっぽう、現代に数多く見られる《妖怪》を主題とした展示は、二〇世紀中盤にかけて催された藤澤衛彦（ふじさわもりひこ）も資料協力した国技館でのおばけ大会[5]や、吉川観方（よしかわかんぽう）による百貨店などでの資料展示など[6]にも淵源を求めることが可能であろう。

特に、観方（かんぽう）の《妖怪展示》は、近年の大規模な巡回展示においても共通性の度合いが特に高い。

その濃厚さの要因は、吉川観方コレクション（佐脇嵩之（さわきすうし）『百怪図巻』や伊藤若冲（いとうじゃくちゅう）『付喪神図』など）がいずれも内包されている点にある。特に「幽霊・妖怪画大全集」は、同コレクションが展示物の主体であり、その性質や傾向は、過去の観方による展示の実質再生継続と称して良いものである。

二〇一六年の「大妖怪展」も、ゲームやアニメで展開された『妖怪ウォッチ』（二〇一三〜）や縄文時代の土偶を、現代と太古の《妖怪表現》の例としているが、最中（もなか）で言えば皮のようなもので[7]、展示の主核（あんこ）は中世〜明治の絵画作品の妖怪たちである。

展示への向き不向き

博物館・郷土資料館に《地域》と《妖怪》を主題とした展示のかたちも増えたことは確かだが、展示可能な民俗事例や、独自資料を多数保有していない限り、展示物による差違は出しづらい。

博物館・美術館・商業施設などで展開されたもの、あるいは海外で行なわれたもの[8]を展示物から眺めてみても、そのほとんどは先述のように中世〜明治の絵画作品——絵巻物や錦絵・絵草紙など、創作者たちによる画像妖怪たち[9]で占められているのである。

これは、《展示》という形態と、ほぼ無形の《妖

怪》の伝承の相性が良くない点に由来するが、《展示》を通じて、広くひとびとが眺める・理解する機会を獲得しているのは、荒大な《妖怪》の領内の、ホンのひとにぎりの妖怪たちでしかないわけである。

　逆に《展示》での《妖怪》についての論理的解説は、広義のイメージや民俗学上の妖怪の定義についての概説や、作品に描かれた個々の妖怪の伝承的な解説ダケのことが多く、歴史紹介も鳥山石燕→井上円了→柳田國男→水木しげるのように直線的なものが引き合いに出される事が多い。

対象作品にあわせる焦点

　絵巻物や錦絵・絵草紙の《妖怪》たちへの関心そのものが世上に高まっていることは、平凡社の別冊太陽シリーズに[10]『妖怪絵巻』（二〇一〇）や『妖怪図譜』（二〇一四）が発行されていった流れからもうかがえる。これらはいずれも、絵画作品での妖怪に対し、明確に焦点を当てたものである。

　内外の展示における《妖怪》解説については、先述したように、絵画の上での妖怪を、無理矢理に民俗学的な伝承に当てはめるように位置づける結果、ときどきチグハグなものが出て来たりするわけだが、《妖怪》という中心・概説に戻ってから個々を再び説くのではなく、それぞれの作品・分野の観察に特化することにより、チグハグさを解消している流れも、二〇一〇年代以後は整い始めている。

　太田記念美術館の[11]日野原健司などは、展示に際し菱川師宣・奥村政信など初期の浮世絵師たちや、歌川豊国・葛飾北斎や勝川春英、そこに影響を受けた歌川国芳とその門人たち――など、描かれた妖怪たちの傾向や継承関係によって段階をこまかく分けた解説を設けている。

Dämonen im Dachgebälk（『Japanische Gespenster』1980）
フェリックス・ティコティンのコレクションにある、肉筆による徳川時代の絵で、「梁（うつばり）の上の妖怪」と海外で仮題がつけられている。妖怪を描いたこの揃物は33枚あるようだが、いずれも文字のない一枚絵で、この頭頂や顔が赤い梁上の2体の妖怪を含め、大半の背景情報は未詳。（これらの肉筆画が歌川国芳の絵であるかについては特に確証はない。御田鍬による『列伝体 妖怪学前史』227頁での解説も参照）1980年、ドイツのケルン市立東洋美術館に出品された際の図録では「unsigniert」（署名なし）とは明記されており、梁の上の大きな妖怪に人間の男女が驚いて行灯も倒れた――と《家鳴り》のような妖怪を意図したのか見たままのみの叙述に徹している。この妖怪が番（つがい）であるという解説は、ここにも原典にも見られない。

特に、石燕の前後段階を複数の線から解説している構成は、従来の石燕の妖怪を絶対的な始点・中心点にして画家たちの描いている画像妖怪たちの相互関係が曖昧になってしまいがちだった「直線的だがチグハグ」な典型解説[12]から脱した内容を持って来る。

このように、近世〜現代を単純な直線で結んでいない例は、石燕の妖怪そのものが、後続の浮世絵師たちの作品の中でありふれたものになるほどに継承されていた形跡がほとんど見られない、という《妖怪》に限定されない観察実態にも即したものである。

分野の特化も進行形

時代や分野に縛られない資料を広範に蒐集した湯本豪一(ゆもとこういち)コレクション[13]で構成される二〇一九年開館の日本妖怪博物館（三次もののけミュージアム）や、牧野忠精(まきのただきよ)『異類異形編』[14]（一七七九）など独自な特徴を持つ妖怪絵巻たちを毎年夏期に企画展示しつづけている耕三寺博物館は、展示物に特化要素があると共に定期的に《妖怪展示》を行なっている施設として挙げることが出来る。

また、内外ともに博物館や公共機関を主体に、収蔵品データベースをインターネット公開する取り組みも拡大しつつあり、《妖怪展示》そのものも、時期や場所・分野に縛られず、さらに別の側面が増えて来る可能性の幅も大きい。

（氷厘亭氷泉）

注

[1]「大妖怪展」は、二〇〇〇年に福岡県立美術館、で開催され、岐阜市歴史博物館、大丸ミュージアム神戸、大丸ミュージアム京都を巡回した。

[2]「幽霊・妖怪画大全集」は、二〇一二年の夏に福岡市博物館で開催され、翌年に大阪歴史博物館、そごう美術館（そごう横浜店）を巡回した。

[3]「大妖怪展　土偶から妖怪ウォッチまで」は二〇一六年に江戸東京博物館、あべのハルカス美術館で開催された。

[4]「異界万華鏡」に準拠した展示は、香川県歴史博物館「あの世・妖怪・占い——異界万華鏡——　讃岐異界探訪」（二〇〇二）長野市立博物館「あの世・妖怪——信州異界万華鏡」（二〇〇三）高知県立歴史民俗資料館「あの世・妖怪・陰陽師——異界万華鏡・高知編」（二〇〇三）が行なわれている。この展示様式の傾向はその後も、城陽市歴史民俗資料館「オバケモノノケ——異界からの使者——」（二〇〇四）愛媛県歴史文化博物館「異界・妖怪大博覧会——「おばけ」と「あの世」の世界——」（二〇〇七）南丹市立文化博物館「妖怪大集合!!」（二〇〇八）茨城県立歴史館「妖怪見聞」（二〇一一）秋田県立博物館「妖怪博覧会　秋田にモノノケ大集合!」（二〇一七）栃木県立博物館「異界〜あなたとふいにつながるせかい〜」（二〇二二）大阪歴史博物館「異界彷徨——怪異・祈り・生と死——」（二〇二三）京都文化博物館「異界へのまなざし　あやかしと魔よけの世界」（二〇二三）などにつづいている。

[5]国技館での展示には、「日本伝説お化け大会」（一九三一）

「伝説名宝大会」（一九三三）などに藤澤衛彦（日本伝説学会）が資料協力している（橋爪伸也『化物屋敷』中央公論社、一九九四。一〇二〜一一〇頁）。会場での立体展示の題材の多くは、当時の一般の《妖怪》イメージだった歌舞伎や浮世絵に縁の深いものが、ほとんどを占めるが、藤澤衛彦が関与している結果、それらとそこまで交わっていなかった鳥山石燕を中心とした画像妖怪があらたな題材として加わる流れが見られる。

[6]『妖怪』（京都アドコンサルト、一九六八）は、観方コレクションの展示図録として発行された。同書の序文には、九州・四国・中国の諸都市を巡回展示するとある。

[7] 三井記念美術館「大妖怪展――鬼と妖怪そしてゲゲゲ――」（二〇一三）も、現代にあたる箇所を《水木しげる》単体に設定した展示で、似た傾向の包み方をした展示である。

[8] 近年の海外の展示図録などは以下のものが挙げられる。『Yôkai :Bestiare du fantastique japonais』（Maison de la culture du Japon à Paris、二〇〇五）『Yôkai :Fantastique art Japonais』(Nouvelles Editions Scala、二〇一七）『Enfers et fantômes d'Asie』(musée du quai Branly、二〇一八）『Japan supernatural :ghosts, goblins and monsters 1700s to now』（Art gallery NSW、二〇一九）『Yôkai :Ghosts, Demons & Monsters of Japan』（Museum of New Mexico press、二〇一九）。また、国際交流基金の文化交流事業で湯本豪一監修による海外巡回展示「妖怪大行進：日本の異形のものたち」（二〇二一〜）や、日本スペイン外交関係樹立一五〇周年記念事業として二〇一八年には『Yōkai : Iconografía de lo fantástico ／妖怪：想像のイコノグラフィー　日本の超自然的イメージの起源としての百鬼夜行』という展示も行なわれている。いずれも絵画や工芸・民芸品が主体である。現代の創作物や美術品をプラスアルファとして組み合わせる展示傾向も日本と同様である。

[9] 練馬区立石神井公園ふるさと文化館「江戸の妖怪展」（二〇一四）や、国立歴史民俗博物館「もののけの夏――江戸文化の中の幽霊・妖怪――」（二〇一九）などは逆に、近世の画像妖怪のみが明確に採り上げられた展示である。

[10]『太陽』（一九七五年八月号、平凡社）は、妖怪の特集号であるが、絵画作品の紹介に特化した内容など、実態としては二〇一〇年代の二冊と内容傾向は完全に重なっている。

[11] 日野原健司「浮世絵版画に描かれた妖怪たち」（『江戸妖怪大図鑑』二〇一四。七〜一四頁）など。春英の妖怪たちの作例影響は本書第三部三一三頁・三一七頁も参照。

[12] 例えば、横須賀美術館「日本の「妖怪」を追え！」（二〇一三）の鳥山石燕の解説には「これらの絵本によって妖怪というキャラクターが多くの人々に浸透することとなった」（図録一八頁）とあり、石燕前後の作品群や、藤澤衛彦などの紹介による一般普及の流れが見られず、「多くの人々」が近世・現代どの時代を示しているのか曖昧である。

[13] 日本妖怪博物館では、二〇二三年の秋季に館外からの出展物を含め百鬼夜行絵巻の関連作品をあつめた「百鬼夜行へようこそ！　絵巻からおもちゃまで」という企画展示も行われた。湯本豪一コレクションの特徴の一端については、本書第二部二五九頁・第三部三一八頁も参照。

［14］『異類異形編』には、独自デザインの画像妖怪たちが百体以上描き込まれている。それぞれに《呼び名》は添えられてなく、通し番号が個々に割り振られているのみである。牧野忠精（まきのただきよ）（一七六〇～一八三一）は越後長岡藩主。雨竜（あまりよう）（螭竜）の絵で広く知られ、画才に長けていた。（怪作戦テラ・高橋郁丸・毛利恵太『日本怪異妖怪事典　中部』笠間書院、二〇二二。四〇四・四〇六頁）

参考文献

・Eiko Kondo 一九八〇『Japanische Gespenster』Museums für Ostasiatische Kunst , Museen der Stadt Köln

・二〇〇一『大妖怪展』朝日新聞社

・二〇一二『幽霊・妖怪画大全集』幽霊・妖怪画大全集実行委員会

・二〇一四『江戸妖怪大図鑑』太田記念美術館

・二〇一六『大妖怪展　土偶から妖怪ウォッチまで』読売新聞社

・Masako Watanabe　二〇一一『Storytelling in Japanese Art』Metropolitan Museum of Art

・二〇一三『百鬼夜行へようこそ！　絵巻からおもちゃまで』湯本豪一記念日本妖怪博物館（三次もののけミュージアム）

・氷厘亭氷泉　二〇二〇「広春の百鬼夜行絵巻」『大佐用』一八九号　妖怪仝友会

・氷厘亭氷泉　二〇二一「画像妖怪の三角形」『大佐用』二三五～二三七号　妖怪仝友会

・国際交流基金ホームページ「事業内容を知る／文化芸術交流「妖怪大行進：日本の異形のものたち（海外巡回展）」
https://www.jpf.go.jp/j/project/culture/exhibit/traveling/yokai_parade.html

参　創作者と妖怪

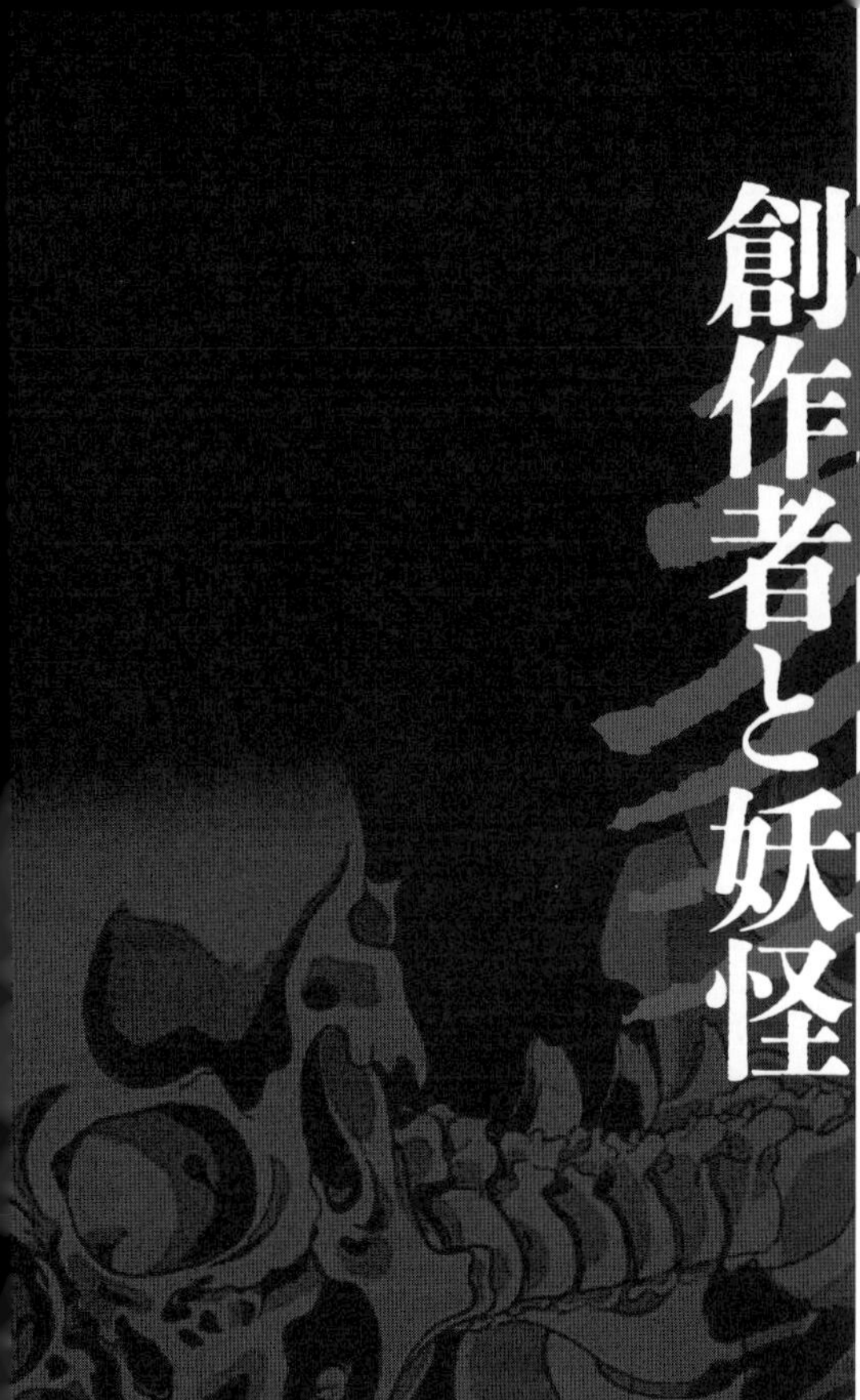

『オトギ漫画 海底探検』（一九三四）綱島亀吉（島鮮堂）が発行した横綴じの漫画。坊っちゃんとクロポチが冒険をして「海の化物」たちとわたりあう。化け蟹などに虐げられていたイカくんの説明によると、この大きな怪魚は「海の化物の王様」で、輝く金の舟を大事に持っている。——氷泉

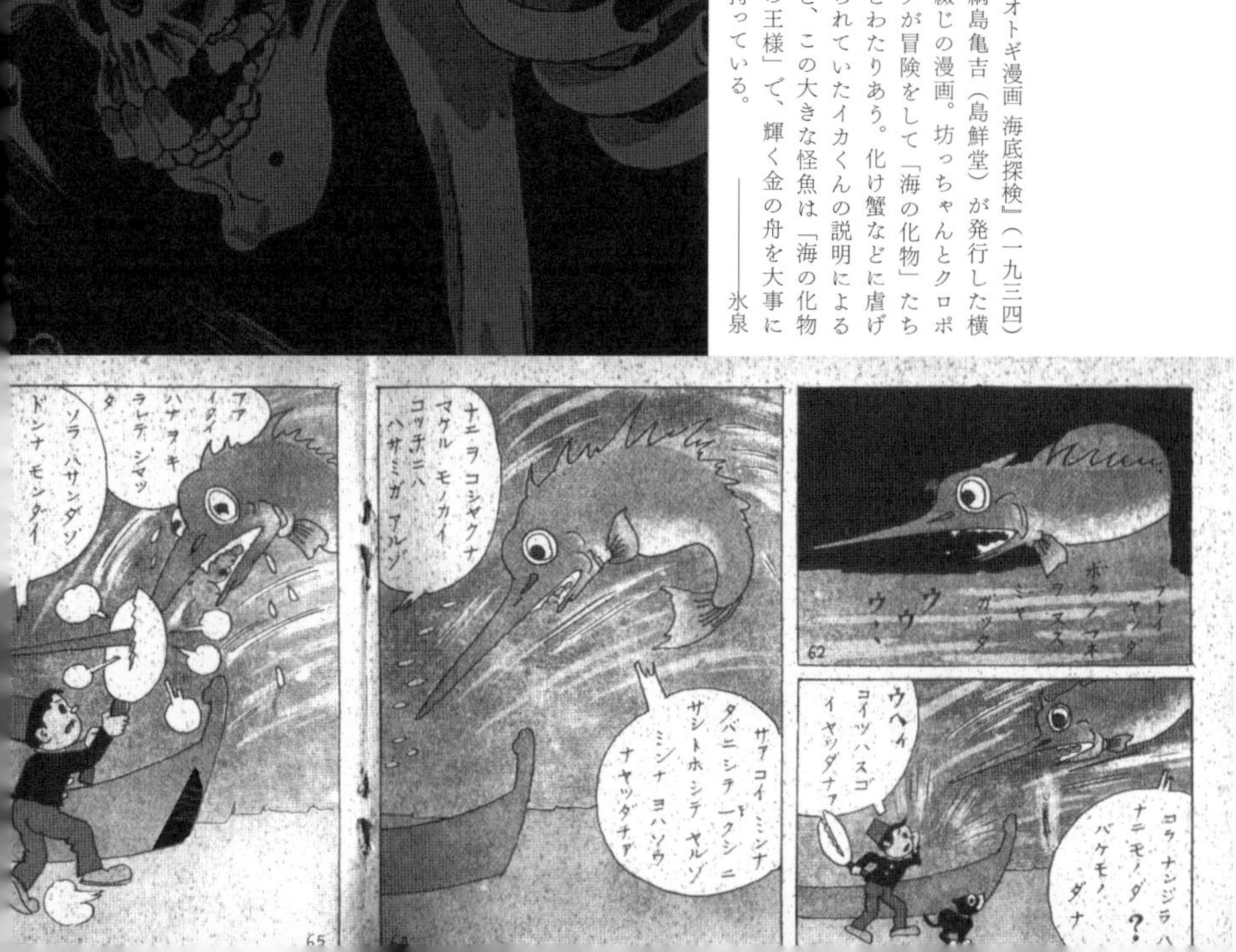

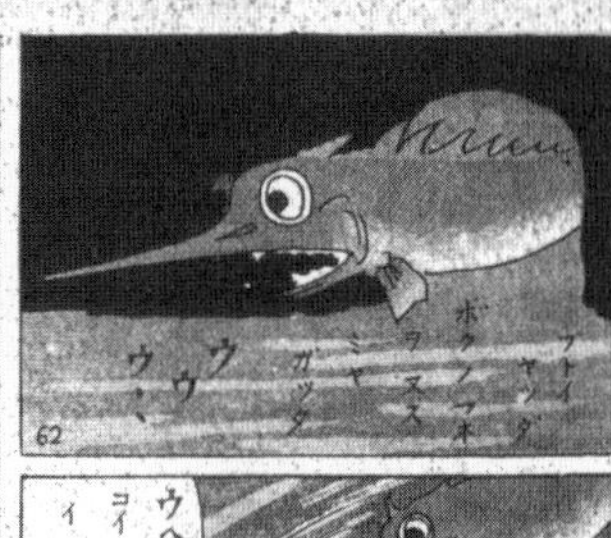

参 創作者と妖怪

妖怪は創られる

水木しげるとがしゃどくろから見る変遷

式水下流

一九五〇年代以前の妖怪は、柳田國男(やなぎたくにお)『妖怪談義』に代表される日本の各地で伝承されたものと藤澤衛彦(ふじさわもりひこ)『妖怪画談全集』のように鳥山石燕(とりやませきえん)らによって描かれたものとして研究・紹介された。[1] そこから雑誌記事や漫画などの娯楽作品で妖怪たちは元の伝承や図版に持っていなかった特性を付与され、新たな妖怪たちも創作されていく。その中心にいたのは水木しげるだった。[2]

一九六〇年代には、水木しげるの漫画『墓場の鬼太郎』(一九六五〜一九六七)[3]・『悪魔くん』(一九六六〜一九六七)が『週刊少年マガジン』で、『河童の三平』(一九六八〜一九六九)が『週刊少年サンデー』で連載、それに併せる形で妖怪を紹介する画報記事も多く掲載された。更に『悪魔くん』(一九六六〜一九六七)、『河童の三平』(一九六八〜一九六九)の実写化、『ゲゲゲの鬼太郎』(一九六七〜一九六九)のアニメ化によって映画・テレビ番組での妖怪作品も増えていく。[4]

一九七〇年代に入ると水木しげるは『妖怪なんでも入門』(一九七四)『東西妖怪図絵』(一九七五)

『お化け絵文庫』（一九七五〜一九七六）といった妖怪図鑑を多く刊行する。そこに紹介されている妖怪たちは基本的には伝承された妖怪・近世までの絵画に描かれた妖怪がほとんどを占めるが、解説は藤澤衛彦や山田野理夫などの作家が創作した話が組み込まれている事例もある。また、『悪魔くん』の実写化に伴い、葛飾派の「百々眼鬼」という図版から自ら創作した百目は、実写版ではガンマーとして登場した。その他、バックベアード・がしゃどくろ・じゅぼっこ・首かじり・はたおんりょうなど水木しげる以前に雑誌の妖怪記事で活躍していた北川幸比古や斎藤守弘といった作家が紹介した妖怪たちも妖怪図鑑に取り入れた。[5]雑誌記事や妖怪図鑑に紹介された創作妖怪たちの多くが自然に淘汰されていく中、これらの妖怪たちは、近世以前に紹介された妖怪と混在することによって、現代まで生き永らえ、小説や漫画、ゲームといった分野で登場し続けている。その中で特に登場する機会の多いがしゃどくろを中心に妖怪が創作されてきた変遷を見ていきたい。

昭和に創られた妖怪がしゃどくろ

がしゃどくろは、一九六六年一一月の『別冊少女フレンド』「あなたのそばにいる日本の妖怪特集」で斎藤守弘がイギリスの幽霊譚から創作した妖怪である。その後、一九六七年九月の『なかよし』「これはびっくり！　へんなおばけちゃん」で水木しげるはがしゃどくろのデザインに歌川国芳の浮世絵に[6]描かれた巨大な骸骨を取り入れた。さらに一九七二年に佐藤有文も『日本妖怪図鑑』でがしゃどくろの図版としてその浮世絵を掲載した。ここまででがしゃどくろの解説とそのビジュアルは完成されるが、一九七〇〜一九八〇代でのがしゃどくろが創作作品に登場する機会は少ない。水木しげるも『東西妖怪図絵』や『水木しげるの続・妖怪事典』（一九八四）ではがしゃどくろを紹介しているが、紹介されていない妖怪図鑑も多い。また、一九七〇年代は前述の通り、妖怪が登場する特撮テレビ番組も増えていくが、がしゃどくろの登場は『行け！牛若小太郎』（一九七四〜一九七五）のみである。これは、一九七〇年代の特撮テレビ番組が『仮面ライダー』（一九七一〜一九七三）をはじめとする等身大ヒーローが主流であったことが根底にあり、がしゃどくろのような巨大な妖怪は時代のニーズにそぐわなかったものと考えられる。その中での『行け！牛若小太郎』のがしゃどくろはイレギュラーな存在で、全一五六話一話完結でそれだけの数の妖怪を登場させる必要があり、佐藤有文『日本妖怪図鑑』から多くの妖怪が採用された。がしゃどくろはガシャガシャという音を立てるなど記載に忠実であるが、中には名称だけ採用された妖怪もいるので、サイズ感は大した問題ではなかったのであろう。

水木しげるが創り出した妖怪の一般化と新しい潮流

一九七〇年代後半は、『スター・ウォーズ』（一九七七）、『機動戦士ガンダム』（一九七九）などによりロボットや地球外生物といったSF的なモチーフにトレンドがシフトしていった。また、妖怪デザインや解説の認識が、妖怪＝水木しげるに一本化されていき、一九八〇年代の妖怪創作は、水木しげるのほぼ独占状態となった。がしゃどくろの登場も三度目のアニメ版『ゲゲゲの鬼太郎』（一九八五～一九八八）第七一話「妖花の森のがしゃどくろ」とそのコミカライズ版『最新版ゲゲゲの鬼太郎』（一九八五～一九八七）、『ゲゲゲの鬼太郎　鬼太郎地獄編』（一九八七）と水木しげる一色になっている。[7]

その一方で一九九〇年代に入ると水木しげるの妖怪に寄せないようにする動きが見え始める。『忍者戦隊カクレンジャー』（一九九四～一九九五）は「ブロンクスの妖怪」をデザインコンセプトに掲げ、がしゃどくろも迷彩柄の今までにない形に落とし込んだが、選定されている妖怪たちはがしゃどくろも含めて水木しげる『日本妖怪大全』（一九九一）から多くを採用している。[8]

新しい流れが生まれ始める中で水木しげるの影響は以降も色濃く残っていく。椎橋寛（しいばしひろし）『ぬらりひょんの孫』（二〇〇八～二〇一二）は、ぬらりひょんが総大将という基本設定自体が水木しげる踏襲路線で、京妖怪の幹部として登場するがしゃどくろも歌川国芳の浮世絵に近い姿で描かれている。藤原ここあ『妖狐×僕SS（いぬぼくシークレットサービス）』（二〇〇九～二〇一四）髏々宮（ろろみや）カルタの妖怪姿もせり上がる巨大ながしゃどくろの姿である。がしゃどくろの基本的な構図は歌川国芳のものと正面からせり上がるように描かれるパターンで妖怪図鑑や漫画・ゲームでほとんど差異が無く描かれているので、姿形を見てがしゃどくろと分かるものがほとんどである。[9]

妖怪ウォッチと知識の広がり

二〇一三年『妖怪ウォッチ』では、水木しげるとは別路線の現代的な妖怪たちが登場した。『妖怪ウォッチ』はゲームに留まらず、アニメ・漫画とメディアミックスされ、一大ブームを巻き起こす。翌年の『妖怪ウォッチ２』では、古典妖怪という括りで油すましやおとろし等、伝承された妖怪や描かれた妖怪が取り入れられていく。その中でボス妖怪としてガシャどくろが登場する。デザインは旧来のものに準拠しているが、ガシャはカプセルトイの販売機の俗称から取られている。[10] 目はにこにこしているように描かれているが、これは歌川国芳の浮世絵で描かれた髑髏の眼窩を表現したものである。[11] オリジナルの要素は取り入れられたが、がしゃどくろという妖怪の知名度と形の定着化がここでも見て取れる。また、二〇一三年にはフィギュアメーカーの海洋堂から「妖怪根付　鬼太郎百鬼抄」でがしゃどくろがフィギュア化されている。[12]

『妖怪ウォッチ』による妖怪人気と妖怪知識の広がりを意識して製作されたのが特撮テレビ番組『手裏剣戦隊ニンニンジャー』（二〇一五〜二〇一六）である。この作品では浮世絵などに描かれた妖怪を再現性の高いデザインで登場させたが、がしゃどくろのデザインはオリジナル色が強いものとなった。[13] また、原ゆたかによる児童書『かいけつゾロリのようかい大うんどうかい』（二〇一五）でも妖怪たちが組体操でがしゃどくろを作るというシーンがあり、当時の子どもたちにがしゃどくろという存在を知

らしめている。[14]

その後も城平京の同名小説を原作とする漫画、片瀬茶柴『虚構推理』（二〇一五～）、特撮テレビ番組『妖ばなし』（二〇一七～二〇二三）、漫画『妖怪戦葬』（二〇一九～二〇二三）とお馴染みの姿を大きく変えずにがしゃどくろは登場し続けていく。ついには、『ONEPIECE』ワノ国編の第九三三話「武士の情け」では白骨化した剣士ブルックが、がしゃどくろに間違えられるというシーンまで存在する。

『かいけつゾロリのようかい大うんどうかい』のカバー下の裏表紙。組体操でがしゃどくろを作った妖怪たちの名前が書いてある

ここまで書いて小説上でのがしゃどくろの登場が見当たらないことに気がつく。元々、図版上のインパクトが強調された妖怪である点は勿論、京極夏彦の登場により、小説に妖怪を取り扱う際はその妖怪の情報を深く掘り下げる傾向があり、がしゃどくろは原典を辿ると昭和に創作された妖怪であるため小説で取り扱うのが難しい妖怪である点は間違いないが、昭和・平成と蓄

積された設定を風野真知雄『耳袋秘帖　南町奉行と餓舎髑髏』（二〇二二）という時代小説で取り上げられていたことに注目したい。著者が、がしゃどくろという妖怪の発生と展開を前提として、がしゃどくろを取り扱ったか否かは作中では判断できないが、がしゃどくろに限らず創作された妖怪の知識が深く根付いている事例に他ならない。[15]

注

［1］藤澤衛彦がつけた妖怪の解説自体が創作性の高いものであるが、多くの妖怪解説に取り入れられた。『列伝体　妖怪学前史』第二部「藤澤衛彦」二二四頁参照。

［2］『列伝体　妖怪学前史』第三部「水木しげる」二二四頁参照。

［3］一九六五年からの不定期連載。一九六八年のアニメ化に伴い、一九六七年『週刊少年マガジン』四六号「妖怪毛羽毛現の巻」から『ゲゲゲの鬼太郎』に改題。

［4］映画では、一九六八〜一九六九年の大映の妖怪三部作は水木しげる作品と共に妖怪ブームを牽引し、一九七〇年代には『変身忍者嵐』（一九七二〜一九七三）『白獅子仮面』（一九七三）『超神ビビューン』（一九七六〜一九七七）など妖怪を敵役とした特撮テレビ番組が多く製作された。

［5］『列伝体　妖怪学前史』第二部「コラム　少年少女雑誌の怪奇記事とネタ元」一五二頁参照。

［6］「相馬の古内裏」と通称される浮世絵。正式な題名は無い。題材となった山東京伝『善知安方忠義伝』では、複数の骸骨が現れるシーンなので、一体の巨大な骸骨という表現は歌川国芳の創作である。「がしゃどくろ」との関連性は当然ない。

［7］一九八〇年代のアニメ版『ゲゲゲの鬼太郎』と『コミックボンボン』に掲載された『最新版ゲゲゲの鬼太郎』のがしゃどくろは後頭部が長くなっており、『エイリアン』（一九七九）を彷彿とさせる。また、下半身を蟷螂のように表現している。『ゲゲゲの鬼太郎　鬼太郎地獄編』では、妖怪図鑑のデザインが踏襲されている。

［8］藤田和日郎『うしおととら』（一九九〇〜一九九六）や真倉翔・岡野剛『地獄先生ぬ〜べ〜』（一九九三〜一九九九）といった水木しげるのデザインや設定を踏襲しない漫画作品や水木しげるの影響を受けつつも小説による新たな妖怪表現を開拓した京

極夏彦の『姑獲鳥の夏』（一九九四）でのデビューもこの時期である。

［9］スタジオジブリのアニメ映画『平成狸合戦ぽんぽこ』（一九九四）では、がしゃどくろと明示されていないが、百鬼夜行のシーンで歌川国芳の浮世絵をモチーフにした巨大な骸骨が登場する。ゲームのがしゃどくろ事例としては、『真・女神転生デビルサマナー』（一九九五）以降の女神転生シリーズ、『ウィザードリィ外伝Ⅳ』（一九九六）、『キャッスルヴァニア　暁月の円舞曲』（二〇〇三）、『大神伝』（二〇一〇）などで確認ができる。

［10］オリジナルの妖怪が基本的に登場する。現代の不可解なできごとが登場する妖怪の仕業という設定である。現代的に描かれているが、伝承される妖怪の性質に近い創られ方をしている。ムリカベや一旦ゴメンといった伝承上の妖怪かつ水木しげるデザインのパロディのようなものも登場する。

［11］歌川国芳が眼窩まで写実的に髑髏を描き、水木しげるもそれを完璧に模写したために、他にも左目の端の黒い点が目玉のように見えるためか『ゲゲゲの鬼太郎』の六度目のアニメ化（二〇一八〜二〇二〇）では、左目が描かれている例もある。

［12］『ゲゲゲの鬼太郎』のがしゃどくろのフィギュア化はそれ以前にも何度かされているが、妖怪のフィギュアを多く手掛けた海洋堂のがしゃどくろという点は印象的である。また、カプセルトイとして登場したがしゃどくろが、翌年ゲームでカプセルトイの販売機を回すキャラクターとして描かれる点は面白い。

［13］がしゃどくろは図版の印象が強いので、独自のデザインで表現されることは少ないが、『大復活祭』（一九九七〜一九九八）などのみなぎ得一の一連の作品や藤栄道彦『妖怪の飼育員さん』（二〇一五〜）のがしゃどくろもオリジナル色が強い。

［14］がしゃどくろを構成する妖怪たちは本の中で書かれている。佐藤有文『日本妖怪図鑑』で紹介されたびろーんなども含まれている。

［15］風野真知雄は一九五一年生まれ、二〇二一年には七〇歳を超えたベテランである。耳袋秘帖は『耳袋』の著者根岸鎮衛を主人公として時代小説シリーズ。がしゃどくろの他に姑獲鳥や犬神、火消婆などの妖怪も取り扱っている。『耳袋秘帖　南町奉行と餓舎髑髏』では作中瀧夜叉姫のことにも触れるくだりがある。

参考文献

・伊藤慎吾・氷厘亭氷泉（編）二〇二一『列伝体　妖怪学前史』勉誠出版
・式水下流　二〇二四『特撮に見えたる妖怪』文学通信
・式水下流　二〇二三「特撮に見えたる妖怪　時代ごとの様相」『怪と幽』vol.013

創作者と妖怪

異魔話武可誌のおかんじょろ

勝川春英の妖怪たちの普及格差in江戸

近世の画像妖怪たち

近世には肉筆・木版を含め多数の妖怪が描かれている。物語や説話あるいは目撃談をハッキリ背景に持つ妖怪も存在するが、圧倒的に多いのは「かたちが描かれたダケ」の妖怪たちである。

中には「かたち」と共に「呼び名」や、チョットした「せりふ」や「プロフィール」を付与されている妖怪もいるが、それは描かれた《作品》に依存しなければ成立しない内容が多く、山姥（やまんば）や狐火（きつねび）のように《作品》から離れても通じるようなキチンとした背景は持ち合わせていない。

『百鬼夜行絵巻』に描かれた個々の妖怪や、豆絵などのおもちゃ絵に描かれた妖怪たちなどのような、「呼び名」も存在しない、そのような妖怪たちは、伝承がある妖怪とは全く異なる、絵画の上で描かれた、画像要素しか持たない妖怪たちなのである。

《おかんじょろ》も、そんな画像妖怪のひとつで、浮世絵師・勝川春英（かつかわしゅんえい）（一七六二〜一八一九）の手によって描かれたものである。

春英の「いまはむかし」

《おかんじょろ》は、勝川春英によって描かれた版本『異魔話武可誌』[1]（一七九〇）に描かれている。杖をついて歩く座頭さんに、もたれ掛かっている毛の生えたすがたの妖怪が描かれているダケの絵で、それ以上は何もわからない。「かたち」と「呼び名」があるのみの画像妖怪[2]である。

『異魔話武可誌』は、現存点数が極端に少なく、日本では展示紹介される機会がほとんどなかった。[3]美術研究の中でも、海外確認される貴重浮世絵資料[4]としての認識のみが長らくつづいて来た。

序文や奥付も含めた全貌が容易に確認出来るようになったのも、原本を所蔵する大英博物館のデータベースを通じ、ようやく二〇一〇年代に幅広く普及しはじめたというのが正直な部分であろう。

いっぽう、十返舎一九がその妖怪たちを流用して物語や別設定を足した『列国怪談聞書帖』[5]（一八〇二）は、叢書江戸文庫『十返舎一九集』（一九九

おかんじょろ（『秘蔵浮世絵大観』3・大英博物館Ⅲ、1988）
『異魔話武可誌』は1枚の画面に対し薄墨のほかにもいくつか色板が用いられており、《おかんじょろ》は代赭（赤茶）色で摺られている。

七）への収録によって、《おかんじょろ》を含めた妖怪の絵の九割近くは、一九による二次創作という文脈で普及して来た。九割近くというのは一九による再構成の際、巻頭の火鉢を囲んで百物語する子供たち、巻末の宝舟、二枚の妖怪の絵《かき山ごい》と《しょう産坊》[6]が未使用だったためである。

また、《おかんじょろ》には、これとまったく別の《点》もある。

それは二〇〇六年に国立科学博物館で開催された展示「化け物の文化誌」で展示されていた東洋大学附属図書館に所蔵される『妖怪絵巻』[7]という絵巻物に描かれた《於加無女郎》と「呼び名」が添えられた絵である。展示の上では、特に何も解説されていなかったが、肉筆の絵巻物にも《おかんじょろ》を描いている例が存在したことが、江湖に突然《点》として再出現した稀有な瞬間であった。

春英の妖怪知名度

『異魔話武可誌』は、改題と見られる『怪談百鬼図会』[8]の名で江馬務『日本妖怪変化史』（一九二三）の挿絵に用いられたことから、長らく部分的に知られて来たが、そこでの使用例は幽霊[9]（いぼ屋の死霊）大入道（市坊主）二点のみで、ここを起点にした普及拡大も、文字通り部分的だったと言える。

また、妖怪研究の中では一九九〇年代まで、『怪談百鬼図会』＝春英『異魔話武可誌』という作品と画家の関係についての認識もほとんど無かったのではないだろうか。[10]

以上のように、『異魔話武可誌』は、全貌が近年ようやく普及しはじめたのに対し、勝川春英自身の作品については、それに先んじて二〇〇〇年代以後、アダム・カバット『江戸化物草紙』（一九九九）な

どでの紹介・翻刻を通じて、『妖怪一年草』（一八〇八）『化物の娵入』（一八〇七）など、絵草紙の挿絵を通じた当時の江戸での受容についての面が大きな広がりで認知されて来た。

歌川国芳『化物忠臣蔵』（『生誕200年記念 歌川国芳展』1996）
国芳による春英デザイン応用の一例。たとえば早野勘平の家の場面を描いた六段目は、左のような勝川春英『妖怪一年草』（アダム・カバット『江戸化物草紙』1999）に見られるデザインが無作為に使われている。

九徳斎デザインの継承

勝川春英は、武者絵・役者絵など錦絵を数多く手掛けた他、九徳風[11]（「九徳斎の画風」の意味で春英の号「九徳斎」に由来する）と称されるほど独特の狂画の才覚があり、歌川国芳はそこに学んで自身の作品の参考にしていたとも伝えられている。

　その狂画の一角に相当するのが、春英が絵草紙で描いた妖怪たちであり、[12]その九徳斎様式は国芳の描く『源頼光館土蜘作妖怪図』や『化物忠臣蔵』、『化皮太鼓伝』など――狂画や絵草紙に登場する妖怪たちに受け継がれ、それは芳虎・芳艶・芳藤・芳員・芳幾といった門人たち、または歌川国貞[13]・広重の門人たちの手掛

勝川春英の大判錦絵作品（『浮世絵大家集成 春好・春英』1932）
おべんじょをのぞき込んでいる図柄は『異魔話武可誌』の《がんばり入道》と全く同じものだが、錦絵には妖怪の「呼び名」記載はなく、春英の落款しか文字情報がない。

けた錦絵・豆絵にも、画像妖怪の基本デザインとして明確に継承されているのである。

しかし、そのなかに『異魔話武可誌』[14]の妖怪たちはほとんど前面に含まれて来ない。これは鳥山石燕や竹原春泉斎が版本で独自に展開させた妖怪が、ほとんど《誰もが知っている定式の妖怪》として錦絵や歌舞伎・絵草紙（近世文化の三角関係の内側）あるいはそこに直結する川柳・落語などを通じて継承されてこなかったのと同じである。

『浮世絵大家集成　春好・春英』（大鳳閣書房、一九三二）に掲載されている図版（四「化物絵」）からは、大判錦絵として単独に刷られた《がんばり入道》も存在したことが確認出来るが『異魔話武可誌』との展開の前後関係についても、詳しいことは何もハッキリしていないのが現状ではある。

《おかんじょろ》たちは描き継がれていないが、絵草紙での九徳斎デザインな妖怪たちは、絵草紙・錦絵・おもちゃ絵に幅広く描き継がれていたという独特の状況は、それ自体、文字情報が空白で非常に広大な《線》の曠野（こうや）である近世〜現代までの画像妖怪の流れを理解してゆく上で、ひとつの大事なオアシスなのではないだろうか。

（氷厘亭氷泉）

注

［1］奥付に「補助　勝川春章」と師匠である春章の名も記載されているが、具体的にどう助筆・分担参加していたかは不明。

［2］《こはだ小平次》《鐘が淵》《うぶめ》《海ぼうず》など、内容が判明する伝承要素を持つ妖怪も描かれている。

［3］一九八五年「大英博物館浮世絵名作展」にて、展示されたことは確認出来る（『翻刻　十返舎一九作『列国怪談聞書帖』』一〇三頁）。『Japanese Prints』（七九頁）では《血おんな》の図版と共に書誌情報が紹介され、海外では知られていた。

［4］『秘蔵浮世絵大観』三（一九八八）では、白黒で全図も参考収録しているが、表紙や序・奥付は省略されている（二一二〜二一五頁）。浅野秀剛（あさのしゅうごう）によるキチンとした解説・画題の翻刻（二九五〜二九六頁。「らんとう　ひょろぼん」など）もあるが、一九翻刻に継承されていない（鹿倉秀典→棚橋正博は、墓所を示す「乱塔（らんとう）」の箇所を「□んみう」としている）。

［5］『列国怪談聞書帖』には《黒河怪異（くろかわのかいい）》《粟津野のどくろ》《鬼ぼうず》が逆に新規追加されてもいる。

［6］《しょう産坊》は『妖怪萬画』二（青幻舎、二〇一二。七九頁）に収録されているが、「呼び名」の情報記載がページ上になく不案内となっている。同書は統一書名も『異摩話武可誌』としており、やや不精確である。

［7］東洋大学附属図書館にある『妖怪絵巻』は、妖怪たちのデザインが個々に描かれる構成の絵巻物。主に狩野家系統の妖怪だが、鳥山石燕・勝川春英の版本から採ったと思われる妖怪も見られ、現在確認される絵巻物の中では相当特異な選抜構成になっている。画家は不明（御田鍬は、筆致の違いから複数人かとしている）。妖怪の呼び名が変形していたり（ぬらりひょん→奴羅利栗（ぬらりぐり）、ふらり火→里羅利火（りらりび））摸写の過程で絵がバイオ改造されてしまったかのように奇抜に崩れていたりするものも多い。『妖怪見聞』（茨城県立歴史館、二〇一一。三〇〜三三頁）や『存在の謎に挑む　哲学者井上円了』（東洋大学附属図書館、二〇一二。四四〜四五頁）で全巻の写真が収録された。

［8］大英博物館には『怪談百鬼図会』の元題簽を持つ後摺（あとずり）と見られる本も所蔵される。一九による序や、『列国怪談聞書帖』での《古家の怪》→《凪浦の怪女》、《こはだ小平次》→《佐伯友尾》などの「呼び名」変更はこれにも見られる。刊年記載はない（『秘蔵浮世絵大観』三。二九六頁）が現在、大英博物館データベースでは一七九八年とされている。天明四年（一七八四）の刊行とする仲田勝之助（なかだかつのすけ）による勝川春章作品目録もあるが現物は未詳。江馬務も所持については不明である（『翻刻　十返舎一九作『列国怪談聞書帖』』一〇一〜一〇九頁）。『Japanese Prints』（一九八〇。七九頁）の解題に基づく大英博物館の付記

では、Charles Gillot『Collection Ch. Gillot, Deuxième Partie』（一九〇四。五〇頁）Louise Norton Brown『Block Printing and Book Illustration in Japan』（一九二四。一六四頁）に『怪談百鬼図会』の書名で紹介され、認識されていたとも解説されてもいる。両者とも刊年は無記載。シャルルコレクションの本では《いぼ屋の死霊》が図版掲載されている。

[9]　括弧内が原典の呼び名。江馬務が《大入道》と紹介した《市坊主》を、水木しげるはそのまま《大入道》として使用した。水木しげるが活用した『異魔話武可誌』由来の妖怪はこれのみであり、複数ルート（吉川観方や藤澤衛彦）から紹介された鳥山石燕・岡田玉山・竹原春泉斎との普及の差が明確にある。

[10]　ウィキペディアに「異魔話武可誌」の項目が設置されたのは二〇一五年二月（『画図百鬼夜行』、『絵本百物語』は共に二〇〇七年八月の時点で設置されている）である。藤澤衛彦などを通じ石燕・春泉斎が妖怪の研究・紹介・創作の基本条項となったのに較べ、《妖怪の創作者》として春英を同列規模に扱う《点や線》が過去ほとんど設けられていなかったことは実感出来るだろう。

[11]　仲田勝之助（編）『浮世絵類考』（岩波書店、一九四一。一一九頁・一九五頁）。「画法に奇巧ありし人にて、古きをたづねて新しき図を工むこと妙なり」（一二〇頁）ともある。

[12]　アダム・カバット『江戸滑稽化物づくし』（一五八～一五九頁）日野原健司「国芳の戯画——そのアイデアの源流」（二三四～二三六頁）。本項で示したような春英からの国芳の影響については絵草紙・浮世絵の解説では一般的になりつつある。本書第二部二九六～二九七頁も参照。

[13]　歌川国貞（三世歌川豊国）のものとされる肉筆の席画に、春英の『妖怪一年草』の妖怪たちを大量に描いたものがあり、ティコティン美術館に収蔵されている（Jaron Borensztajn『Ghosts and Spirits from the Tikotin Museum of Japanese Art』二〇一二。七五頁）。同様な具体例の他の国貞作品は未確認。国貞は英一蝶に私淑していたことが知られるが、妖怪デザインを春英の絵草紙から学んでもいたのだろうか。

[14]　『異魔話武可誌』の妖怪デザイン作成に勝川春英が用いた可能性のある粉本（源琦などによる、円山家に伝わる妖怪絵巻物）についての考察は、木場貴俊『怪異をつくる』（二四六～二五〇頁）も参照。

参考文献

・Jack Hillier, Lawrence Smith　一九八〇『Japanese Prints 300 Years of Albums and Books』The Trustees of the British Museum
・鹿倉秀典　一九九四「翻刻 十返舎一九作『列国怪談聞書帖』」『館林叢書第三巻 江戸時代の秋山文庫』館林市立図書館
・棚橋正博（校訂）一九九七『十返舎一九集』国書刊行会
・一九三二『浮世絵大家集成 春好・春英』大鳳閣書房
・一九八八『秘蔵浮世絵大観』三・大英博物館Ⅲ　講談社
・British museum　Ima wa mukashi 異魔話武可誌 https://www.britishmuseum.org/collection/object/A_1979-0305-0-163-1
・British museum　Kaidan hyakki zue　怪談百鬼図会 https://www.britishmuseum.org/collection/object/A_1938-1008-0-12-1

・二〇〇六『化け物の文化誌――化け物に注がれた科学の目』国立科学博物館
・アダム・カバット 一九九九『江戸化物草紙』小学館
・アダム・カバット 二〇〇三『江戸滑稽化物づくし』講談社
・日野原健司 二〇一一「国芳の戯画――そのアイデアの源流」『破天荒の浮世絵師 歌川国芳』NHKプロモーション
・木場貴俊 二〇二〇『怪異をつくる』文学通信

Hyakki yagyo(『Ghosts and Spirits from the Tikotin Museum of Japanese Art』2012)
注13で挙げた肉筆画。淡彩で仕上げられている。右に並べたように、国芳の事例とおなじく『妖怪一年草』の画像妖怪たちでほぼ占められている。国貞本人の作なのかも含め、製作された時代はハッキリしないが、九徳斎デザインを踏まえて描かれた絵画であることだけは確かな事実である。春英が描いている『妖怪一年草』のなかにも、最上段真ん中の画像妖怪などのように、やや特徴のある蓮の葉のような耳のデザイン（蓮っ耳。本書第一部75 ～76 頁参照）に近いものを確認することが出来るが、魔王・悪魔が描かれる系統の絵巻物との互いの影響関係はまだ明確ではない。他に春英の画像妖怪たちには蝸牛の渦のような特徴の耳のデザインも散見され、ここで並べたなかでも最下段真ん中の画像妖怪をはじめ確認が可能である。

創作者と妖怪

玩具に見えたる妖怪

集める・飾る・遊ぶ

妖怪展示から見る妖怪玩具

二〇一九年、湯本豪一（ゆもとこういち）が蒐集した約五〇〇〇点もの妖怪コレクションで構成される日本妖怪博物館（三次もののけミュージアム）が開館した。そのコレクションには、妖怪が描かれた肉筆の絵巻や錦絵や版本から根付などの工芸品、玩具、果てはパチンコ台まで幅広い年代と種類のものがある。[1]

その日本妖怪博物館で二〇二二年には、「あそべやあそべ　妖怪おもちゃわ～るど」という展示が開催されている。この展示ではおもちゃ絵やすごろく、カルタなどの紙ものや郷土玩具、駄菓子屋や玩具屋で売られていたような駄玩具など江戸時代から現代に至るまでの妖怪玩具が展示された。こうした妖怪の玩具を展示する傾向は一九八七年の兵庫県立歴史博物館の特別展「おばけ・妖怪・幽霊」で既に見られる。天狗・鬼・河童・狐などの面、妖怪カルタ、妖怪郷土玩具として埼玉県越谷の船渡人形・一本足傘、東京都浅草の亀山のお化けとも呼ばれる飛んだり跳ねたり、[2]三重県四日市の大入道の紙人形、[3]兵庫県の神戸人形、高知のしばてんと権九郎狸の起き上がり小法師、熊本県のおばけの金太と妖怪の郷土玩具としてよく知られた物が展示された。[4]更に二〇〇〇年に福岡・岐阜・神戸・京都で巡回された朝日新聞社主催の「大妖怪展」では、これらに加えて妖怪をモチーフにした凧や愛媛県宇和島の牛鬼の人形、[5]三重県の四日市の大入道も祭りの山車を象った人形など種類も豊富になっている。また、湯本豪一蔵の妖怪双六や川崎市民ミュージアム所蔵のおもちゃ絵なども展示され、二〇〇四年の川崎市民ミュージアムの企画展「日本の幻獣」にも繋がっていく。

収蔵された玩具の来歴を探る

川崎市民ミュージアムの「日本の幻獣」では、後に湯本豪一コレクションとして日本妖怪博物館で展開される錦絵や版本から現代の駄玩具やフィギュアまでの清濁併せ呑む傾向が見えた展示である。現在資料的価値がないようなものや来歴が不明のものでも、時代の変遷や後の調査で資料としての価値が出る可能性まで見越したコレクションの体系といえる。

例えば、「日本の幻獣」で展示された郷土玩具の中に黒い白澤（はくたく）の張子がある。[6]色は黒いが、頭部と腹部に三つずつ計九つの目があり、白澤の特徴があるが、張子自体の来歴は展示の解説ではわからなかった。[7]ところが、二〇二〇年新型コロナウイルスが蔓延するとアマビエのブームが起こり、それに呼応する形で予言獣の系統のものとしてアマビコ・神社姫・クダンなどと一緒に白澤も少し脚光を浴びた。二〇二一年二月兵庫県姫路市の日本玩具博物館のホームページの「今月のおもちゃ」に身体が茶色っぽい類似の張子の白澤が公開された。戦前のもので、琉球張子とある。二〇二二年には白澤では

ないが、琉球張子の検索でネットオークションに一件かかった。湯本コレクションの白澤と似た作りで黒いボディの牛の張子。腹には製造元矢賀宗友の表記。このことからこの黒い白澤は、戦前の琉球張子で矢賀宗友の作品で、腹には、製造元の住所と矢賀宗友の名の記載がある。（湯本豪一コレクションの白澤はこれが剥がれている）白澤は琉球張子の題材として黒い白澤だけでなく、茶系統も作られている。（日本玩具博物館の情報から）黒色の作品は矢賀宗友が好んだ作風と考えられる（前述の牛の張子だけでなく、猪の上に乗った猿や龍の張子も黒で表現されていたものがある）ことが分かった。このように来歴が不明でも収蔵・公開することで情報が積み重なれば、見えてくることもある。妖怪に特化して湯本豪一が幅広く蒐集してきた意義を感じる。

駄玩具としての妖怪

黒い白澤は来歴が不明な資料であったが、駄菓子屋や玩具屋で販売されていたメンコや夜光おばけの紙人形などの駄玩具の資料性に関して見えることはあるだろうか。駄玩具に描かれる妖怪たちは名前も無さそうな妖怪であることが多い。この傾向はその時代に使われていた器物や食べ物・動物がモチーフとなっているおもちゃ絵に近い。また切り離して組み立てる紙人形は立版古（たてばんこ）[8]などに近い性質のものといえる。夜光おばけの種類は正確な販売期間は分からないが、発売時期によって参考にされるものが若干変わっていく。湯本豪一コレクションに見られる「お化け大会」というタイトルで作られたものは比較的古いものと思われる。その中でじゃんけんカードに描かれている妖怪たちは、お岩・化狐・化

図四「じゃんけんカード」（表）

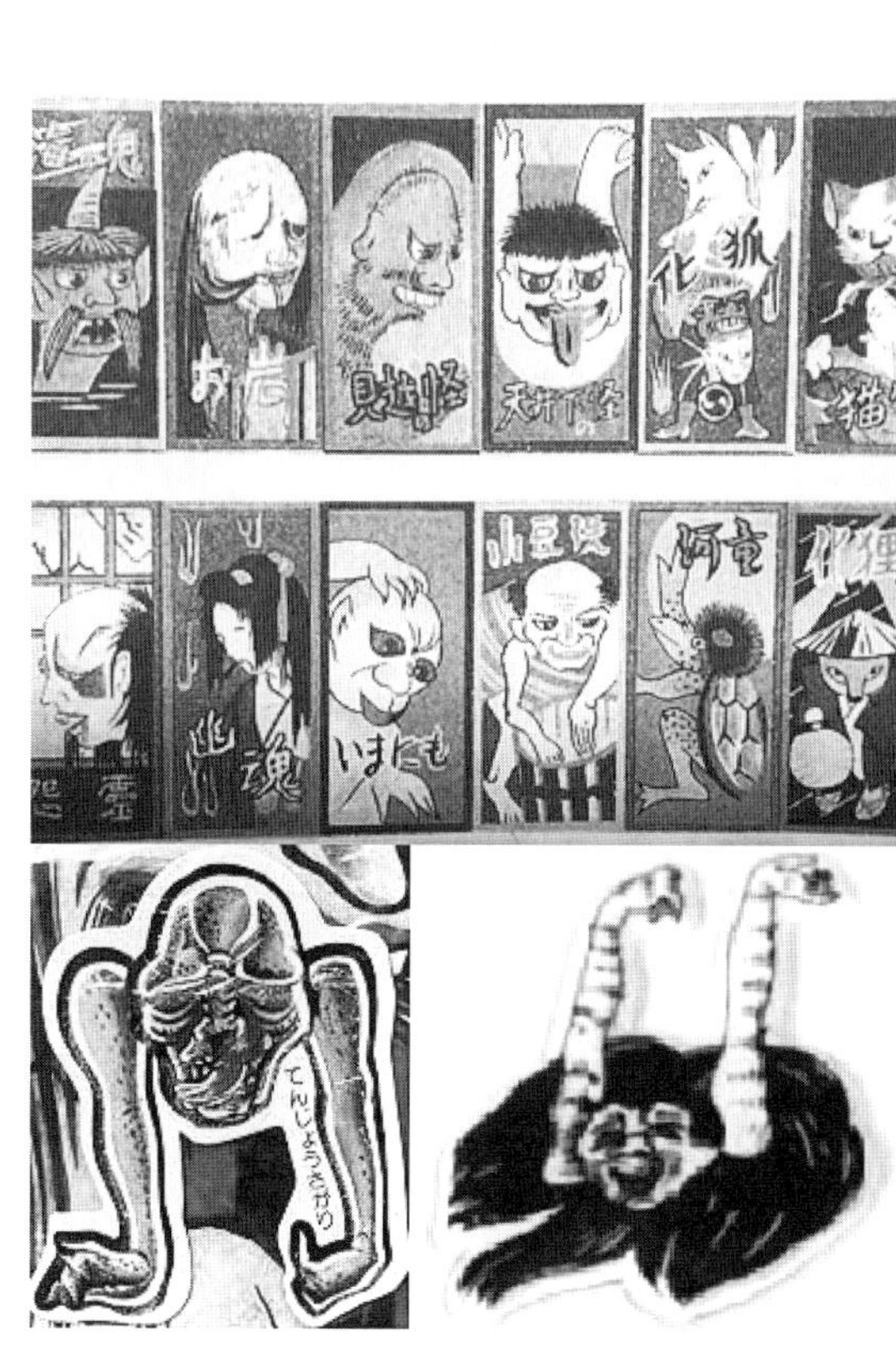

駄玩具での天井下の描かれ方。上図は『怪』vol.0013掲載の湯本豪一コレクションよりじゃんけんカード。下左図は夜光おばけのマグネット。下右図は妖怪シール。

猫・鬼婆・河童など舞台芸能や民話などでポピュラーなもの、小豆洗い・見越・天井下など竹原春泉斎（たけはらしゅんせんさい）や鳥山石燕（とりやませきえん）が元になっているものがあるがその中に「いまにも」という妖怪が描かれている。これは熊本県の今にも坂から来ているものと考えられる。[9] また、天井下はその後の年代の妖怪のシールや「夜光おばけ」[10]というタイトルの紙人形にも登場している。その姿は身体が描かれずに頭から腕が生えているように見えるデザインに変化している。シールのものは鳥山石燕の図版を踏襲しているが、じゃんけんカードのものは大分簡略化したデザインで名前が書いていなければ分からない。

組み立てるタイプの紙人形に関して

は、名前が書いてなく、顔のデザインもホラー色の強い絵柄で書かれているので、天井下と判別するのが難しいが、これも類例を並べることで、天井下だということが分かり、何故か天井下が、何度も選定されている。その後、「夜光おばけ」は、『日本妖怪図鑑』（一九七二）などの佐藤有文しか当時紹介していなかった妖怪も取り扱うようになっていく。駄玩具も他の妖怪をモチーフにした創作物と同様に資料の変遷に即してデザインされていった。

みちかた工房から妖怪フィギュアまで

二〇二二年の水木しげる生誕一〇〇周年の記念展示「水木しげるの妖怪　百鬼夜行展」では、水木しげるが妖怪のデザインを作り出すために使用した祭りの面などが紹介された。その中に呼子のデザインの元になった山梨県のみちかた工房の「やまびこ」が展示されていた。水木しげるは一九六六年の『週刊少年サンデー』三〇号「ふしぎなふしぎなふしぎな話」で天邪鬼の解説として「一本足の子どもの絵は、鳥取地方につたわる民芸である。昔の人が、山の中で天邪鬼に出会って形を作ったものか、山彦をふしぎに思って空想して作ったものかわからない。何百年もまえから、こういう一本足の子どもの形だけがつたえられているのだ」と書いている。[1] また、みちかた工房のやまびこに付属する解説には、「古くは山彦のことを「木魅（コダマ）木魂」と呼び、これが物理的現象であることが、広く一般に知られる迄は、かなり不思議な現象として恐れられたものでした。そんなことから、地方には未だにコダマに関する民話や伝説が沢山伝えられております。ある地方ではコダマは雪入道とか雪ん坊と呼ばれ、一本足の怪物であるとそのイメージをおぼろげながら伝

えております。そして雪の降るときは声をはりあげても、コダマが返ってこないので雪入道はこんな日は、働いていると考えられていました」と書かれている。みちかた工房で多くの郷土玩具を作っていた道方令（みちかたれい）は、妖怪や民話・伝説[12]が好きで自分が蒐集した話をその独自のデザインに落とし込んでいた。道

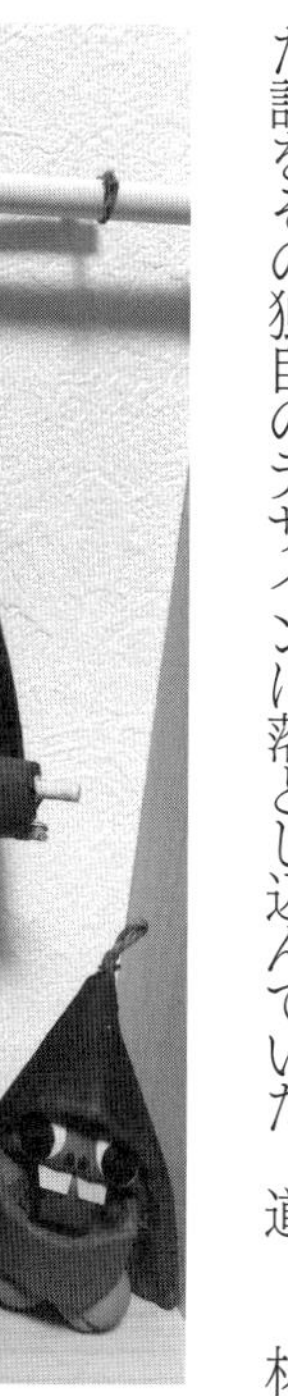

みちかた工房の玩具。やまびこは体つきと土鈴で大きさでも数種類存在する。

方令は二代目を名乗っているが、実際には当代のみの郷土玩具の製作者だった。新たに作られることは残念ながらなくなってしまったが、水木しげるが、呼子のデザインとして郷土玩具のやまびこを採用することで呼子は塩ビ人形やフィギュアなど異なる素材で水木しげるの妖怪の仲間として姿形はそのままに再生産され続けている。

水木しげるの妖怪画の立体はプラモデルやソフトビニール人形や塩ビ人形など様々な形で展開されている。それは現在進行中で作られ続けているが、妖怪のフィギュアの展開としては海洋堂製作の二〇〇〇年の「百鬼夜行妖怪コレクション」[13]からのシリーズも避けて通ることはできない。一九九二年に国書刊行会から鳥山石燕の『画図百鬼夜行』が復刊され、

一九九四年に京極夏彦が『姑獲鳥の夏』でデビューし、その作品で鳥山石燕の妖怪たちを取り上げることで、鳥山石燕とその妖怪たちの認知度は上がった。海洋堂はチョコエッグの成功からフィギュア付きのお菓子（所謂食玩）として妖怪フィギュアのシリーズを展開した。二〇〇一年にも鳥山石燕の描いた妖怪をモチーフにした「妖怪根付」、二〇〇二年は「陰陽妖怪絵札」「陰陽妖怪絵巻」という百鬼夜行絵巻の妖怪たちをモチーフにしたフィギュアシリーズに繋がった。[14] 水木しげるの妖怪画のフィギュア化は漫画の観点で様々な角度から描写されるが、鳥山石燕の描いた妖怪や百鬼夜行絵巻で描かれた妖怪は多くが一つの角度で描かれているものなので、後ろ側からの表現などの創作性が垣間見える有意義な仕事である。[15]

蒐集と記録していくこと

フィギュアのように大量生産で立体的な妖怪玩具が作られていく一方で近年廃絶になった郷土玩具も存在している。例えば因幡五狐（いなばごぎつね）や猩々の面、麒麟獅子などを製作していた柳屋も二〇一四年に廃業している。[16] 元々柳屋は初代田中達之助が因幡地に伝わる郷土玩具を復元・創作したことから始まり、鳥取県のホームページによると作品の復刻版制作への助言などを通じて後進の育成に取り組んでいるとのことなので、因幡五狐なども今後復刻することを願ってやまない。

復刻という観点では遠野の附馬牛人形も廃絶から復刻され、一九九四年に開村された遠野郷土人形民芸村で展示・販売されている。遠野物語をモチーフにした赤い河童や座敷童子など多く種類が存在する。

二〇二三年には静岡県伊東温泉で魔除け人形「どんどろ」も復刻された[17]。その他、奈良県大台ケ原（おおだいがはら）の一本足たたらも廃絶と復刻を繰り返した郷土玩具である。これらはそのままのデザインでない場合もあるが、作品そのものや資料によって風合いを残している。いずれにしても地域に伝わる民話を目で楽しみ、手で触れられる貴重な地域の財産なので、若干形が変容しても生き残って欲しいものである。

とはいえ、人が作るものなので、無責任に続けて欲しいという前に、こういったものが存在することを知り、現地や物産展などでそういったものを見かけたら購入し、記録し、人に伝えていくことが重要になってくる。前述の戦前の黒い白澤に関しては、専門に蒐集や記録をしている人であれば、もっと短時間で把握できたのかもしれないが、正確に情報を把握するために約二〇年の時間を要した。玩具に限らず一つ一つの作品を蒐集し、その時代の背景や製作意図など、その時にしか知りえない情報も含めて記録していき、色々な形の妖怪の創作物が存在していたことを現在だけでなく今後に伝えていく必要性を強く感じる。

（式水下流）

注

[1] 湯本豪一（一九五〇〜）川崎市市民ミュージアム学芸室長を経て、妖怪研究や蒐集を行っている。明治・大正・昭和の計六巻からなる『怪異妖怪記事資料集成』と日本妖怪博物館の開館は長年の資料やコレクションの集大成といえる。湯本豪一やそのコレクションについては、本書第二部二五六頁、二九二頁でも触れられている。

[2] 割竹の台の上に頭に被り物を乗せた張子の人形があり、仕込んであるバネの力で飛び上がった際に被り物が取れる。被り物が取れて化けるということから亀山のお化けとも呼ばれる。亀山は現在の三重県亀山市のことで、見世物の口上の「亀山にて生け捕りました」から来ているといわれる。二〇二四年現在でも浅草の仲見世の「助六」で購入が可能。

[3] 三重県四日市の桶之町（現在の中納屋町）で狸が出没してたびたび人を驚かせたので、これを鎮めるために大入道を制作

したと言われる。つまり大入道自体はお化けを模した人間が作り出したものである。

［4］　黒い烏帽子に赤い顔、紐を引くと目玉がひっくり返り、長い舌をペロリと出すカラクリが仕込まれている。熊本城築城の際、顔立ちが面白く、「おどけの金太」と呼ばれる足軽が酒を呑んで赤ら顔をして人を笑わせたということからきた郷土玩具とされるが、おばけの金太の職人・厚賀新八郎は天然痘などの病除けや魔除けの意味で真っ赤に色づけされたことを推測している。実際、疱瘡除けのために鯛車や猩々の人形など赤い郷土玩具や鍾馗、金太郎などを赤一色で描かれた赤絵が用いられる例がある。

［5］　「うわじま牛鬼祭り」に登場する牛鬼（ブーヤレ）をモチーフにした郷土玩具。赤い首の長い姿の張子で、首に入った竹串で首を動かすことができる。宇和島市にある「よしを民芸店」で製作している。

［6］　張子の解説として「白澤は中国の想像上の神獣で、6本の角と9個の目を持ち、人語を解するという。有徳の治世者の世に出現し、災難疫病を防ぐとされた」とある。

［7］　二〇一三年一〇月のイベント「妖怪卸河岸」に登壇した湯本豪一は、白澤の来歴に関しての質問に対して、「腹の部分に何らかの記載があったと思われる紙が貼ってあったが、骨董屋が入手した時点で散逸していた」と回答。この時点での来歴は不明であった。

［8］　立版古は紙をパーツごとに切り離し立体的に一つ場面を作り出す紙の玩具である。雑誌の紙付録などにも近い。紙を切り離して組み立てる玩具には、お化け行燈もある。お化け行燈は小泉八雲（ラフカディオ・ハーン）も愛好していて松江の小泉八雲記念館のミュージアムショップで復刻版が販売されている。

［9］　今にも坂は、昔この坂で大入道が現れて通行人を驚かせたという話をしていると「今にも」という声がして、その大入道が現れるという。油ずましなどの類と考えられる。その記述としては柳田國男監修の『日本伝説名彙』（一九五〇）や民俗学研究所の『綜合日本民俗語彙』（一九五五）、民族童話研究会の『昔話風土記百選　やさしい民俗学』があるが、今でも知名度が高いとは言い難い話なので、偶然知っていたか、資料から引き出したか判別はしづらいが珍しいものを入れようとする気概を感じる。

［10］　切り離して組み立てるタイプのものや最初から型抜きされていて裏面にマグネットがついているタイプの紙人形がある。そのタイトルの通り、蓄光の塗料がついていて暗闇で光る。組み立てるタイプのものは妖怪名が記載されていないが、マグネットのものには記載されていて、妖怪のデザインが同じなので、照合すると元にした妖怪が判別できる。

［11］　口真似をすることから「ヤマノコゾウ」を「天邪鬼」と同一視されることは柳田國男「妖怪名彙」にもある。鳥取県の民芸とあるが、みちかた工房の郷土玩具は全国に卸されていたようで、鳥取県でも販売されていたことが推測される。筆者が所持しているみちかた工房の郷土玩具だけでも友人の秋田県の旅行の際のお土産で貰ったもの、千葉県の香取神宮前の土産物屋で購入したもの、信濃と箱にかかれたものがある。尚、製作者

である道方令は郷土玩具を土俗玩具と称していた。

[12] みちかた工房の妖怪の郷土玩具で知られているものだけでもやまびこ・ひよりん坊・ももんじい・なんじゃもんじゃ・デイラボッチ・ツチンコ・雪ん子などがある。また、民話に関しても各地の民話の全一〇〇巻にまとめようとした『みちかた大豆本』は残念ながら中部地方の八巻までの志半ばで亡くなってしまった。

[13] 第一弾は牛鬼・ぬっぺっぽう・青坊主・人魚・網剪・狂骨・ぬらりひょん・鎌鼬、第二弾は鳴釜・河童・鵼・輪入道・泥田坊・鉄鼠・獺・天狗・九尾の狐と鎌鼬のように石燕の表記窮奇ではなかったり、牛鬼のデザインに絵巻の蜘蛛のような要素が入ったりと独自性はあるが、全ての妖怪が鳥山石燕の妖怪画を元に構成され、解説は妖怪研究家の多田克己が行った。

[14] 「陰陽妖怪絵札」はトランプ状の妖怪カードと妖怪のフィギュア付き、「陰陽妖怪絵巻」はカードフォルダと大型のフィギュアが付いた。カードで紹介された妖怪は小説家・博物学者の荒俣宏が名付けと解説を入れている。百鬼夜行絵巻の最後に描かれる火の玉を「空亡」と付けたのはこのシリーズからである。「空亡」に関しては、本書第三部三九六頁を参照。

[15] 二〇一三年「妖怪根付　鬼太郎百鬼抄」からカプセルトイの妖怪根付としてシリーズが二弾と三弾は再び鳥山石燕を妖怪フィギュアのシリーズの総指揮をしていた竹谷隆之による「怪森の守」の妖怪根付が二〇二三年に発売されている。また、奥浩哉『GANTZ』の大阪編では、多くの妖怪が登場するが、妖怪の選定や牛鬼の頭部を鳥山石燕のように牛型にし、身体を蜘蛛のようにするなどデザインの点でも海洋堂の妖怪フィギュアの影響を感じさせる事例である。

[16] 因幡五狐は現在の鳥取県に伝わる民話を参考に作られた経蔵坊、恩志の狐、尾無狐、ショロショロ狐、おとん女郎の張り子の玩具。猩々の面と麒麟獅子は鳥取県の民俗芸能で獅子舞の一種をモチーフにした郷土玩具。

[17] どんどろは江戸時代、ウィリアム・アダムスこと三浦按針が、疾病除けのためにトーテムポールを模して祀ったことから作られたといわれる。どんどろの語源は、生命の始まりを意味するよーいどんの「どん」、生命の終わり、「土（どろ）」に帰るという人間の一生を意味している。

参考文献

・二〇〇二『怪　vol.0013』特集・妖怪玩具　角川書店
・二〇一五『怪　vol.0045』KADOKAWA
・一九八七『おばけ・妖怪・幽霊』兵庫県立歴史博物館
・一九九三『妖怪展　現代に蘇る百鬼夜行』川崎市市民ミュージアム
・二〇〇一『大妖怪展』朝日新聞社
・二〇〇四『日本の幻獣』川崎市市民ミュージアム
・湯本豪一　二〇一三『今昔妖怪大鑑　湯本豪一コレクション』

参 創作者と妖怪

児童書・絵本のお化け妖怪

子供たちの妖怪ファースト・コンタクト

一九六〇年代~九〇年代にかけての、少年少女雑誌や児童文庫本におけるお化け・妖怪・怪奇[1]と並行して当時の子供たちに原初的な妖怪体験をもたらしたジャンルに、学校の図書室にも並べられた児童書の存在がある。

民話・昔話としての妖怪

当初、児童書の分野でお化けや妖怪を扱っていたのは、主に昔話・民話を子供向けに記したものや創作童話であった。多くの児童文学者は民話や創作童話の中でお化けや妖怪を用いていた。

児童文学の普及を目的とする日本児童文学者協会の初代会長であった小川未明（一八八二~一九六一）は、ラフカディオ・ハーン（小泉八雲）の講義を受けた生徒の一人である。小川は早稲田大学の英文科で短い期間であったがハーンの講義を受け、同じく講師を勤めていた坪内逍遥から借りた『怪談』を読んで「ラフカディオ・ハーンを論ず」という卒論を提出した。小川の代表作の一つである『赤い蝋燭と人魚』（一九二一）は新潟県中頸城郡大潟

童話 **分福小僧**

—分福茶釜後日物語—

藤澤衞彦

『まだ氣がつかないか、ポン〳〵ポン、これでもかポン〳〵ポン、あゝくたびれた、和尚め、また御馳走の約束を忘れて寢てしまつたと見える、もう我慢が出來ない。』と、腹鼓の手を止めて館林茂林寺の分福茶釜がつぶやきました。すると、本堂の床の下から、

『お腹が空いたの？ では、搏飯をあげませう。』と聲を掛けるものがありますので、分福茶釜が、おどろいて飛んで出て見ますと、床下に、ついぞ見た事のない小坊主が横になつて、おいしさうに搏飯を食べてをりますので、

『あゝたまげた、あなたですね、私の獨語に聲を掛けたのは。』と尋ねますと、

『えゝ、では狸さんですか、我慢が出來ないつて方は。さあ、一つ上げませう。』と言つて、小坊主は、搏飯を分福茶釜にくれました。分福茶釜の狸は、それを氣味惡さうに受取りましたが、それでも、それを一遍、鼻で嗅いで見ますと、嬉しさうに『ありがたう』と禮を言つて、むしやむしや食べてしまひました。そして、

『私は、この寺の分福茶釜になつてる狸ですが、お小僧さんは、どうしてこんな床下なんぞにゐるの？ 一體どんな身のうへなのです。』と親切さうに尋ねました。

『このお小僧さんかね、このお小僧さんは今のところ三界に家なしなんです。昨日までの御主人は諸國遍歴の旅僧でしたが、隣村で死別れました。明日にでもなつたら何處かのお寺へ行つて使つてもらふつもりです。』と正直に答へますと、

『それは好都合です。では、どうです此茂林寺に入られては。和尚さんは忘れつぽい方だが、人柄は大變にいゝ方です。丁度、私は此寺を出ようと思つてゐる

藤澤衛彦「分福小僧」（実業之日本社『小学男生』大正11年2月号）。昔話「ぶんぶく茶釜」の後日談として書かれた創作童話。

町（現・上越市大潟区）の伝説を元に創作されたとされることが多い。[2]

三代目の会長を務めた坪田譲治は、小川や浜田広介（日本児童文芸家協会初代理事長。創作童話『泣いた赤鬼』の作者としても知られている）と並んで児童文学作家・童話作家として評価された人物であった。坪田は自身が顧問を務めていた早大童話会から派生した団体「びわの実会」を創立したが、ここには松谷みよ子や寺村輝夫などが参加していた。

この他にも、四代目会長はかの藤澤衛彦、[3] 九代目会長は川崎大治（『日本のおばけ話』（一九六九）を執筆）、一四代目会長は木暮正夫、[4] 一五代目会長は那須正幹が務めた。[5]

松谷みよ子（一九二六～二〇一五）は

『いないいないばあ』や『オバケちゃん』シリーズで知られるが、『龍の子太郎』や『てんぐとアジャ』などの創作民話や、『日本の伝説』シリーズ（一九七〇、講談社。後に講談社文庫『日本の昔ばなし』（一九七七）、角川文庫『日本の民話』（一九八〇）としても刊行）、『現代民話考』（一九八五）などを執筆した民話研究者としても有名である。特に『現代民話考』は民俗学の研究書としても評価が高く、後の「学校の怪談」の流行にも繋がる内容となっている。

寺村輝夫（一九二八～二〇〇六）は『ぼくは王さま』シリーズや『こまったさん』『わかったさん』シリーズなどで有名だが、民話シリーズとして『寺村輝夫のむかし話』シリーズ（一九七七～一九八二）も執筆している。このシリーズは『おばけのはなし』や『てんぐのはなし』、『おにのはなし』など妖怪を多く取り上げたシリーズであり、後述する山田野理夫の『おばけ文庫』シリーズと並んで子供たちに長く親しまれた。

席巻する「学校の怪談」

一九九〇年代から小学校で大流行した「学校の怪談」や「学校の七不思議」は、民俗学者の常光徹（つねみつとおる）が一九九〇年に刊行した『学校の怪談』シリーズが発端となった。この前段階として、一九七〇年代末頃から全国の小中学校で噂になった「口裂け女」や、一九八九年頃からテレビなどのメディアを通じて知られるようになった「人面犬」など、従来の民話や伝説のような「昔の話」ではない、現代を舞台とした怪談が子供たちの間でも受容されていたが、「学校の怪談」の流行により、「トイレの花子さん」や「二宮金次郎像の怪」、「人体模型の怪」など小学校を舞台とした怪談が全国的な知名度を獲得するようになった。常光の『学校の怪談』は読者である小学生からの投書などもあって多数の事例が集まり、テレビアニメやドラマ、映画など映像化もされた。

「学校の怪談」をテーマにした展開は他にもポプラ社の『学校の怪談』シリーズ（日本民話の会　学校の怪談編集委員会、一九九一）が長く刊行され、また「学校のコワイうわさ　花子さんがきた!!」は一九九四年から書籍とアニメが同時展開され、これも反響を呼んだ。「学校の怪談」の流行以降の他の児童書にもその影響は及び、後述する原（はら）ゆたかや那須正幹もそれぞれの作品の中で「学校の怪談」をテーマとして取り上げた所からもその人気ぶりをうかがうことができる。

「学校の怪談」の流行は子供向けの怪談・ホラージャンル（元々あった子供向け怪奇物とはやや異なる）の隆盛のきっかけとなり、前述した松谷みよ子が責任編集を務めた『怪談レストラン』シリーズ（童心社、一九九六〜）や、『怪異百物語』シリーズ（不思議な世界を考える会、ポプラ社、二〇〇七〜）などの刊行へと繋がっていった。

妖怪が主題の児童書

ここまで妖怪を扱った児童書として、従来の児童文学で定番だった民話・創作童話のジャンルと、新たな潮流として「学校の怪談」から始まった現代の怪談・ホラージャンルを取り上げた。その中でも民話や伝説ジャンルから派生する形で、妖怪そのものを中核に取り上げた児童書も刊行されるようになった。

山田野理夫（やまだのりお）[6]が記した『おばけ文庫』シリーズ（太平出版社、一九七六）はその代表とも言えるもので、自身が収集した怪談や妖怪譚に創作を織り交ぜた内容は後世の妖怪認識に大きな影響を与えた。前述した寺村輝夫の『おばけのはなし』と並んで長く親しまれ、子供たちに受け継がれてきている。

雑誌『別冊太陽　日本の妖怪』（平凡社、一九八七）に「県別妖怪案内」を執筆し、『全国妖怪事典』（小学館、一九九五）を刊行したことで知られる千葉幹夫（ちばみきお）も、児童文学者として『ヘイタロウ妖怪ばなし』シリーズ（小峰書店、一九八七）、『妖怪お化け雑学事典』（講談社、一九九一）、『妖怪の日本地図』シリーズ（大月書店、二〇一二）など、子供向けの妖怪書籍を多数刊行している。[7]

平成以後の児童向け妖怪本としては、原ゆたかが手掛けた作品が最も知られているだろう。代表作である『かいけつゾロリ』シリーズにはたびたび妖怪たちが登場し、主人公のゾロリとともに悪戯（いたずら）や悪巧みをする。『かいけつゾロリのきょうふのやかた』（一九八八）にはドラキュラ、ゴーゴン、オオカミ男、ミイラ男、キョンシーといった海外産モンスターが登場し、『かいけつゾロリのきょうふのサッカー』（一九九三）には、当時の「トイレの花子さん」ブームに便乗した河童たちが子供たちを脅かすという物語になっている。『かいけつゾロリのおばけ大さくせん』（一九九五）にはひゃく目、大入道、あかなめ、あずきとぎ、かみなりじじいなどが登場し、作中でそれら妖怪の解説もされている。『かいけつゾロリのようかい大うんどうかい』（二〇一五）では、多数の妖怪たちが「がしゃどくろ」の組体操をするが、そこには「からかさおばけ」「ちょうちんおばけ」「ばけだぬき」「てんぐ」だけでなく「おとろし」「はたひろ（機尋）」「えんえんら（煙々羅）」「うばがび（姥が火）」など鳥山石燕（とりやませきえん）の描いた

原ゆたか『かいけつゾロリのようかい大うんどうかい』（2015）に登場した、組体操がしゃどくろ。

妖怪や、「みつめこうえん（三目猴猿。『大石兵六物語絵巻』に登場）」「ちくき（竹鬼。「日本の妖怪総探検」など、児童向け妖怪記事や児童書の定番）」「びろーん（『いちばんくわしい日本妖怪図鑑』などで扱われた妖怪）」なども描かれている。

　ゾロリシリーズ以外では、木暮正夫が文を書いた『ブルッとこわいおばけの話』『おとなもブルブルようかい話』『こんやもワナワナばけもの話』といった妖怪・幽霊の怪談本の挿絵を担当している。また那須正幹の『おばけがっこうのユータくん』や、わたなべめぐみの『よわむしおばけ』シリーズ（テレビアニメ『おばけのホーリー』の原作）の挿絵を担当するなど、妖怪やお化けの作品に多数関わっている。

　この他にも、パズルや迷路、選択肢によって物語が展開していくゲームブックの一つである『にゃ

岡田日出子『にゃんたんのゲームブック　ゾクゾクッようかいやしき』（1993）ゴールページ。『稲生物怪録』の最後、魔王が退散する様子をモチーフとしている。

んたんのゲームブック』シリーズ（ポプラ社、一九八五～）も挙げることができる。当初は巻左千夫（まきさちお）（作）・岡田日出子（おかだひでこ）（絵）によって刊行されて、登場するキャラクターも特に出典などのないものが多かったが、大型絵本『にゃんたんのようかいむらへようこそ！』（一九九三）から作・絵ともに岡田が担当するようになり、キャラクターのデザインやストーリーに明確なモチーフが用意されるようになった。[8]『にゃんたんのようかいむらへようこそ！』には「にゃんたんのものしりようかいメモ」というペーパー冊子が付録され、作中にも登場した妖怪たちが解説とともに紹介されている。[9]また『にゃんたんのゲームブック　ゾクゾクッようかいやしき』（一九九三）は『稲生物怪録』を全体のモチーフにして「てんじょうがお」「サボテン手」「石目がに」「さかさくび」が登場するほか、「けうけげん」「しゅのばん」「いっぽんダタラ」「ぬっぺふほふ」など『にゃんたんのようかいむらへようこそ！』と共通する妖怪も登場する。

妖怪を受け取った子供たちが、妖怪の未来を担う

ごく近年の例を見ても、京極夏彦が文章を担当した『京極夏彦の妖怪えほん』シリーズ（岩崎書店、二〇一三～）や、大崎悌造（作）、ありがひとし（画）の『ようかいとりものちょう』シリーズ（岩崎書店、二〇一三～）、学研プラス発行の『お話ずかん　日本のおばけ』『お話ずかん　日本の妖怪』（ともに二〇一五）などが刊行されている。また『ふしぎ駄菓子屋　銭天堂』シリーズで知られる廣嶋玲子が執筆した『妖怪の子預かります』シリーズ（東京創元社、二〇一六～）を、子供向けに再編集した児童書版が二〇二〇年に刊行されるなど、妖怪を用いた児童書は現在も数多く刊行されている。

絵本や児童書は、子供たちが初めて妖怪と遭遇するメディアの一つであり、その内容によって子供たちの基礎的な妖怪イメージも変化する。児童書の妖怪動向に注目することは、それを受け取った子供たちが編み出す妖怪の未来を予測することにも繋がるのであり、今後も目を向けていきたいジャンルである。

（毛利恵太）

注

［1］少年・少女雑誌や児童文庫については、『列伝体　妖怪学前史』第二部の「斎藤守弘」（一四四頁）、「山内重昭」（一六〇頁）、第三部の「佐藤有文」（二二〇頁）、「中岡俊哉」（二三〇頁）、「ジャガーバックス」（二五四頁）、「ケイブンシャの大百科」（二六二頁）などに詳述されている。

［2］小山直嗣（こやまなおつぐ）『続　越佐の伝説』（一九七二）に「人魚塚」という、佐渡の女と潟町（大潟町）の男の悲恋話が紹介されており、末尾に「注　この話は柏崎市にあるお弁、藤吉の悲恋物語「お弁の松」と筋はほとんど同じです。そして浪曲「佐渡情話」の原型でもあり、小川未明の名作「赤いろうそくと人魚」のヒントにもなった話です」（五七頁）と記されているが、これに対して大森郁之助は「「赤い蝋燭と人魚」非再話説一班」（『日本文學論究』三五号）で「話の骨子の佐渡情話との類似は明らかだが、しかし大正十年に発表された未明童話の代表作との繋がりの方はそう訳（わか）り易くないのである」（三〇頁）と反論している。『続　越佐の伝説』の「人魚塚」では「その翌朝、明神さまのがけ下の海岸に若い女の死体が漂着しました。長い黒髪は乱れて白い顔にふりかかり人魚のようでした」（五六～五七頁）としか表現されていないが、これより前に刊行された五十嵐力『趣味の伝説』（一九一三）の「人魚塚」では「たゞ一つ不思議なのは女の死骸が、磯明神の傍の砂の上に、打ちあげられて横たはつて居たことである。死體の腹部には、人魚のやうに細かな美しい赤と銀とを交ぜた色の鱗が生えて居た、美しい顔は、うらめしげに真珠の歯を食ひしばつて、長い緑の髪は藻のやうに乱れて居た」（一四八頁）と表現されている。

［3］藤澤衛彦については『列伝体　妖怪学前史』第二部の「藤澤衛彦」（一二四頁）に詳述されている。

［4］木暮正夫は原ゆたかと共に『ブルッとこわいおばけの話』などの妖怪本を手掛けたほか、『かっぱ大さわぎ』（旺文社、一九七八）から始まる三部作は、アニメ映画『河童のクゥと夏休み』（二〇〇七）の原作となっている。

［5］那須正幹は『ズッコケ三人組』シリーズ（ポプラ社）が最も知られているが、そのシリーズ内で『ズッコケ心霊学入門』（一九八一）、『ズッコケ恐怖体験』（一九八六）、『ズッコケ三人組と学校の怪談』（一九九四）など、たびたび怪奇や妖怪を取り上げている。『ズッコケ山賊修行中』（一九八四）は山奥の隠れ里に住む人々と、彼らの信仰する「土ぐも」が登場し、『ズッコケ妖怪大図鑑』（一九九一）は三人組が暮らす町の団地に怪奇現象が起き、それを調べるうちに郷土資料から江戸時代の化け狸退治の逸話について判明するという内容になっている。

［6］山田野理夫と『おばけ文庫』シリーズについては『列伝体　妖怪学前史』第二部の「山田野理夫」（一七四頁）及び「山田野理夫の怪談収集ノート」（一八〇頁）に詳述されている。

［7］『別冊太陽　日本の妖怪』については『列伝体　妖怪学前史』第三部の「別冊太陽『日本の妖怪』」に詳述されている。また千葉幹夫と彼が記した妖怪事典については本書第二部二三六頁の「妖怪事典編纂履歴」においても触れている。

［8］『にゃんたんのゲームブック』シリーズでは、他にもギリシャ神話や錬金術をモチーフとした『にゃんたんのゲームブック　なぞなぞ魔法のくすり』や、西遊記をモチーフとした『にゃんたんのゲームブック　せんじゅつ山大けっせん』などがあり、岡田が作・絵を担当するようになってから意識的に神話や古典作品をモチーフに採用していった傾向がうかがえる。

［9］「にゃんたんのものしりようかいメモ」には、どどめき（「ぜにどろぼう。てをさしだすと　こぜにがはりつき　めに

かわる」）、すなまきだぬき（「木の上からすなをパラパラおとす」）、てのびあしのび（「山の上からてあしをのばし　ふもとのむらをおそい　ひとをくう！！　てやあしが　じゆうにのびちぢみする　おに」）、にんめんじゅ（「はながひとのかお。けらけらわらう。わらうとおちる」）、つくもがみ（「ものがふるくなると　ようかいになる。ものをそまつにすると　たたられるぞ！」）、ぬらりひょん（「どういうわけか　ようかいのそうだいしょうと　いわれる。かってにひとのいえにあがりこみ　おちゃをのむ」）、ぬっぺふほふ（「くさったにくのかたまり。くさい！！　ねんまつのひとごみのまちにでてきて　あるきまわる。くさくてめいわく！」）、などが紹介されており、藤澤衛彦や斎藤守弘（さいとうもりひろ）、水木しげるや佐藤有文などによって解説されてきた妖怪からの影響を継承している。

参考文献

・朝里樹　二〇一八『日本現代怪異事典』笠間書院

・五十嵐力　一九一三『趣味の伝説』二松堂書店

・伊藤慎吾・氷厘亭氷泉（編）　二〇二一『列伝体　妖怪学前史』

・岡田日出子（作・絵）　一九九三『にゃんたんのようかいむらへようこそ！』ポプラ社

・岡田日出子（作・絵）　一九九三『にゃんたんのゲームブック　ゾクゾクッようかいやしき』ポプラ社

・小山直嗣　一九七二『続　越佐の伝説』野島出版

・常光徹（著）、楢喜八（絵）　一九九〇『学校の怪談』講談社

・寺村輝夫（文）、ヒサクニヒコ（画）　一九七七『寺村輝夫のむかし話　おばけのはなし』あかね書房

・那須正幹（作）　前川かずお（絵）　一九九六『ズッコケ文庫　ズッコケ妖怪大図鑑』

・日本民話の会　学校の怪談編集委員会（編）、前嶋昭人（絵）　一九九一『学校の怪談1　先生にあいにくる幽霊』ポプラ社

・原ゆたか（作・絵）　一九九三『かいけつゾロリのきょうふのサッカー』ポプラ社

・原ゆたか（作・絵）　一九九五『かいけつゾロリのおばけ大さくせん』ポプラ社

・原ゆたか（作・絵）　二〇一五『かいけつゾロリのようかい大うんどうかい』ポプラ社

・平川祐弘（監修）　二〇〇〇『小泉八雲事典』恒文社

・大森郁之助「「赤い蝋燭と人魚」非再話説一班」一九七五（『日本文學論究』三五号）國學院大學国文学会

創作者と妖怪

妖怪の世界へゆく学習まんが

佐藤有文・斎藤浩美らの学習漫画の様式

学習まんがの妖怪

一九八〇～九〇年代にかけて、児童向きに多数の学習まんがが各出版社から発売されていた。当然、題材は小学校の教科に関係して来るものが中心ではあるが、なかには子供たちの興味の集まる題材が採られることもあり、手品・忍術・占いなどの他にも『いる？　いない？　のひみつ』（学習研究社、一九八一）『ゆうれいとお化けのふしぎ』（小学館、一九八二）をはじめ、《妖怪》が登場するものがシリーズに組み込まれることもしばしば見られた。

二種類の傾向

《妖怪》の学習まんがには大きく二種類の傾向がある。一つは昔話[1]・伝説、あるいは古典にみられる作品・説話をストーリー単位で個々に紹介するもの。もう一つは、妖怪たちにはどのような性質・特徴があるかを広く描いたものである。

後者は、学習まんがとしては、この時期に大きく形成されたもので、その下地には一九六〇～七〇年

[2]代にかけて北川幸比古・斎藤守弘・大伴昌司らの雑誌記事に始まり、佐藤有文・水木しげる・中岡俊哉らによって妖怪図鑑が展開された流れを、色濃く受けたものだと言える。

妖怪の世界に行って学ぶ

妖怪図鑑の影響を色濃く受けている学習まんがの例としては、『日本の妖怪なぞとふしぎ』（小学館、一九八三）が挙げられる。

おなじ「学習まんがふしぎシリーズ」で刊行された佐伯誠一（一九三二〜一九八四）の構成による『ゆうれいとお化けのふしぎ』とは、しまあきとし[3]（中島昌利）による作画も共通した姉妹巻のようなものだが、こちらは佐藤有文（一九三九〜一九九九）が担当しており、《びろ〜ん》[4]や《大どくろ》、《三目八面》など、自身の妖怪図鑑で採り上げて来た妖怪たち[5]も、そのまま登場して来ている。

先ほど示したように、どのような性質・特徴があるかを広く概説する内容を採っており、主人公である姉弟と知り合った《ばけちゃん》[6]たちが交流しつつ、《妖怪の世界》にも行き来するというかたちで、妖怪たちに共通する能力・出現環境・形態などを紹介する流れになっている。

また、『ゆうれいとお化けのふしぎ』とほぼ同年代に、実業之日本社からも『おばけ・幽霊のなぞ』[7]（一九八二）という学習まんがが出版されている。

こちらも、主人公である男の子と女の子が、彩色古墳の壁から《妖怪の世界》へ行けることを発見したハカセに同行するという基本構成で、妖怪たちの能力や概説の紹介の仕方は非常に酷似している。

後者は児童書や絵本で活躍していた斎藤浩美[8]による構成、漫画家の田森庸介[9]による作画になっており、

『おばけ・幽霊のなぞ』(1982)
百鬼博士の見つけた装飾古墳の壁のなかに入ることで《お化けの世界》――妖怪たちの世界へ行く場面。《座敷童子》が見本を見せている。人間のすがたのままではキケンなので、主人公のはじめくんは鬼のツノ、ひとみちゃんは狐の耳としっぽをつけている。

監修として西本鶏介[10]が巻末に解説文を寄せている。こちらは専門的に妖怪図鑑を手掛けて来た書き手によるものでないことを考えると、より一層、妖怪図鑑による普及の《点と線》を受け取った結果の《作品》として見ることが出来る。

妖怪図鑑との共通性

これらの学習まんがに一貫して見られた共通点は、あくまで《妖怪の世界》(全国の子供たちの肌感覚に近いであろう共通した現代的な世界観)が主体となっていることで、具体的な地域性(都道府県ごとの特色、個々の妖怪の伝承地設定)の徹底や、研究者[11]の名前を挙げた学説(柳田國男や井上円了)の介入は、ほとんど見られないの

『日本の妖怪なぞとふしぎ』(1983)
シルクハットをかぶった《ばけちゃん》とそのガールフレンド《よう子ちゃん》による妖怪たちの紹介ページのうち河童の一場面。佐藤有文が所蔵していた肉筆資料にある《海ばけ》が、魚に似た河童の仲間として挙げられている。この肉筆資料は《びろ〜ん》たちの原図が載っているもので、御田鍬「いちばんくわしい「びろーん本(仮)まとめ」http://raira314.web.fc2.com/kuwasii.htmlや『列伝体 妖怪学前史』の261頁も参照。

が特徴である。

また、口絵や色刷りページの写真図版が、錦絵や絵巻物の画像妖怪だけなのも共通した特徴である。[12]これは本文に登場する妖怪の傾向とも同調しており、既に妖怪図鑑を通じて膾炙されたものを除くと、民俗学の採集由来の妖怪は極端に少ない。

これらの特徴は、そのまま妖怪図鑑の傾向とも重なっており、妖怪の基本分類(妖怪・変化・幽霊)や、能力・出現環境・形態や、歴史変遷・年表については江馬務と藤澤衛彦による著作を参照(または孫引き)して書かれたものだといえる。

近年の動静

しかし、このような、《妖怪の世界》を通じて性質や概説を行なう形式の学習まんがは、その後の主流定番にはならなかったようで、昔話・伝

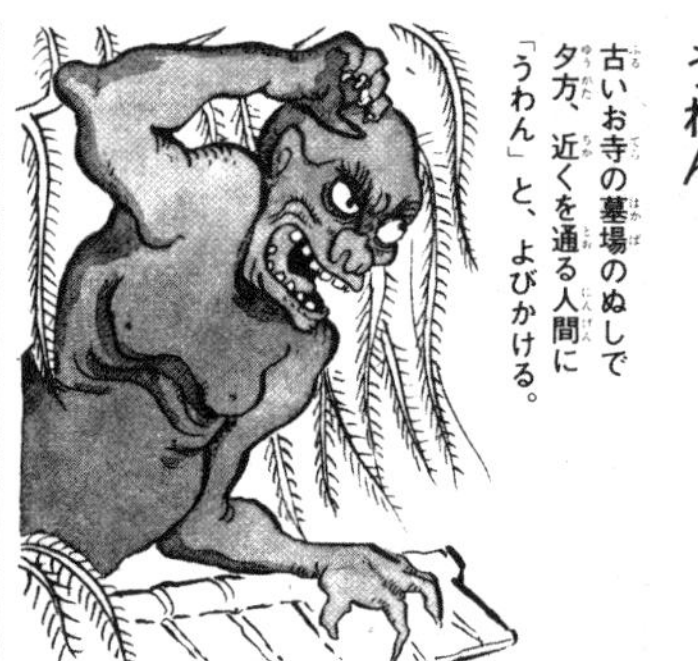

上:『おばけ・幽霊のなぞ』(1982)／下:『日本の妖怪なぞとふしぎ』(1983)
学習まんがとしては佐藤有文のほうが後発なのだが、斎藤浩美が構成に用いた内容自体は佐藤有文の妖怪図鑑を用いたものであるため、この2冊の紹介方法は非常に近く、《うわん》の紹介も当然ほぼ似通っている。(どちらも1960年代に斎藤守弘があらたに添加した《うわん》設定。本書第二部191頁も参照)

説を個々に紹介する形式や、妖怪図鑑と比較しても、長期間出版されつづけるようなかたちでは、ほとんど見られなくなっている。

水木しげるによる『決定版　日本妖怪大全』（講談社、二〇一四）[13]のような形式の妖怪図鑑の中には、概説的な項目や学習まんがコーナーが特に存在していないことは、あまり気にされていないことであるが、現在刊行されている他の妖怪図鑑を見ていても、昔話・伝説・説話を紹介するように《妖怪》をエピソード単位で個々に描く形式のほうが、[14]傾向としては高いようである。その結果、各地の伝承に見られる妖怪たちは、一九八〇～一九九〇年代に較べれば妖怪図鑑・児童書・一般書などで選抜されることもかなり増えている。

しかし、概説的な部分がほぼ持たれて来ていないことにより、それら伝承要素の強い妖怪たちと、妖怪図鑑を通じて一般化されて来た画像妖怪たちとの関係性や区別は、大半の情報の上では曖昧なまま、同質な《妖怪》であるとイメージされ、[15]認識されて普及しつづけている。

《妖怪》たちのなかに、前提の異なる存在が多岐にわたっていることを総括して伝える役割を持った《学習まんが》のような存在は、一九八〇～二〇二〇年代までの間、存在して来なかったのが実情ではなかろうか。

（氷厘亭氷泉）

注

[1] 昔話・伝説を個々に描いた学習まんがでは、『ようかい伝説事典』一～二（学習研究社、一九八六～八八）が広く読まれ、二〇〇〇年代初頭まで新訂版（一九九四）が発売されつづけていた。『妖怪マンガで楽しい古典』一～五（学研プラス、二〇一六）は国文学や芸能での物語を個々に紹介している。

[2] この時期の動向は、本書第二部、および『列伝体　妖怪学前史』（勉誠出版、二〇二一）第二部・第三部に詳しい。

[3] 中島昌利（一九五二～）学習まんがなどで幅広く活躍。一九八三年当時には学習雑誌の『4年の科学』（学習研究社）で『チクタク大ぼうけん』の連載も手掛けており、一九八三年八月号「死を呼ぶ魔の温泉」の回には温泉の学習内容に関連して九尾の狐も登場する。『日本の妖怪なぞとふしぎ』と同シリーズの『楽しい人相手相うらない』（小学館、一九八三）などでは中島昌利名義が用いられており、しまあきとし名義との使い分け理由は未詳。

[4] 本文表記は《びろおん》（『日本の妖怪なぞとふしぎ』七二頁）になっている。《三目八面》の使用変遷は毛利恵太『日本

怪異妖怪事典 四国』（笠間書院、二〇二三。二九七頁）も参照。

[5] 佐藤有文は同時に、《しばすべり》や《化けかたつむり》など、聖咲奇・竹内義和による『世界の妖怪全百科』（小学館、一九八一）に登場した、あらたに妖怪図鑑で生まれた妖怪たちも導入している。

[6] シルクハットをかぶり、ふしぎな壺で暮らしている案内役のキャラクター《ばけちゃん》は『ゆうれいとお化けのふしぎ』から共通出演している。

[7] 『おばけ・幽霊のなぞ』は、一九八五年『まんがお化け話』の第三巻として再構成・再発売されている。そちらでは錦絵などを用いた写真口絵（奥付の資料協力欄には粕三平の名も見える）と欄外のミニ事典（一行解説の豆知識）がなくなった。

[8] 斎藤浩美　児童番組・漫画・アニメ絵本・児童書の制作に携わる。代表を務めていた「ひろみプロダクション」は、実業之日本社の児童書や学習まんがの構成・作画も多数手掛けており、本書もそのうちの一冊。

[9] 田森庸介（一九五一〜）漫画家。『ポポロクロイス物語』やゲームブック『むちゃのねこ丸』などのシリーズで知られる。『むちゃのねこ丸』（一九八八〜一九九六、ポプラ社）や『まほうねこダモン』（二〇一一〜二〇一二、ポプラ社）などの作品には妖怪が素材となったキャラクターも多数登場している。

[10] 西本鶏介（一九三四〜）は斎藤晴輝（一九三五〜一九九七）と共に『絵ものがたり 日本のおばけ話』一年生〜四年生（実業之日本社、一九七九）なども執筆している。絵ものがたりシリーズの挿絵は、池原成利（池原しげと）・甲斐謙二・百田保孝（やまだ三平）はじめ、ひろみプロダクションに当時所属していた手塚プロダクション出身の漫画家たちによって担当されている。

[11] 日野日出志・青木一平『妖怪の大常識』（ポプラ社、二〇〇四）は学習よみものシリーズの一冊として発行されている。内容は文章と挿絵によるもので、第一章「妖怪の基礎知識」に学習まんがのような概説内容があるが、以後は一般的な妖怪図鑑の形式。妖怪研究家として井上円了・柳田國男・水木しげるを具体的に紹介したり（三二〜三三頁）鳥山石燕はかたちのない伝承を絵画化・集大成した絵師と賞揚したり（四六〜四七頁）している点に一九八〇年代との違いを見ることが出来る。しかし、二〇〇〇年代以後のこのような事例は、《紹介者》のフィルターで濾過された一般イメージの上での《妖怪》の語られ方の変質や、民俗学以外の研究者についての言及が稀薄になってしまい、近世の絵巻物や石燕の描いた妖怪がすべて古来から民俗伝承にあるかのように位置づけてしまうなど《研究者》との乖離も逆に色濃くうかがえる。

[12] 鳥山石燕・円山応挙・歌川国芳・河鍋暁斎などの名前は文字としてキャプションなどにあるものの、「妖怪を絵に描いたむかしのひと」程度のもので、単なる画家名表記の枠を一切出ていない。

[13] 水木しげるを直接参照している『21世紀こども百科』（小学館、一九九一）の「おばけ」の項目（八四〜八五頁）も、おとろし・がしゃどくろ・大かむろ・ズゥー……など個々の妖怪を絵と解説で紹介するのみで「妖怪と幽霊とどうちがうの?」

といった部分しか概説は存在しない。増補版（二〇〇二。七〇〜七一頁）も内容や妖怪は同じ。掲載されている妖怪の過半数が画像妖怪である点も問題になってくるわけだが、それらが一般に想像されるような民俗的な地域伝承との関わりがほとんどない――という違いについての概説が学習要素として持たれて来ていないという点に、「描かれた妖怪」から感じられるイメージの、研究の場（研究者）と教育の場（紹介者）との大きな差異をうかがうことも出来るだろう。

[14] 二〇一九年の創刊時から『京都新聞ジュニアタイムズ』で連載されている『マンガ京・妖怪絵巻』（京都新聞出版センター、二〇二一〜）なども、エピソード単位形式の漫画作品として挙げられる。

[15] ぬらりひょん・うわん・おとろしなどの画像妖怪に現在付与されている解説は、現代における妖怪・妖怪図鑑の解説には用いることが可能だが、絵巻物などの過去の作品本体の図像考察に、そのまま用いることが出来るかと言えば無理である。

『アディアンの杖』(1986)
サン電子から発売されたディスクシステム用の算数学習ゲームソフト。説明書のストーリー漫画を中島昌利が担当しており、そこに登場する《よう精》のデザインは、『日本の妖怪なぞとふしぎ』(1983)の《よう子ちゃん》と眼の描き方などに共通点がある。

参考文献

・佐伯誠一（構成）しまあきとし（漫画）一九八二『ゆうれいとお化けのふしぎ』小学館
・西本鶏介（監修）斎藤浩美（構成）田森庸介（漫画）一九八二『おばけ・幽霊のなぞ』実業之日本社
・佐藤有文（構成）しまあきとし（漫画）一九八三『日本の妖怪なぞとふしぎ』小学館
・斎藤浩美（構成）田森庸介（漫画）一九八五『まんがお化け話』三　実業之日本社
・伊藤慎吾・氷厘亭氷泉（編）二〇二一『列伝体　妖怪学前史』勉誠出版

創作者と妖怪

妖怪漫画の生存戦略

その需要と変遷

妖怪漫画がブルーオーシャンだった頃

妖怪漫画を語る上で、水木しげるを外すことはできない。では、水木しげる以前の妖怪が登場する漫画はどのようなものがあったのか、変遷をみていきたい。一九五〇年代は、清水崑が『かっぱ川太郎』（一九五一）、『かっぱ天国』（一九五三〜一九五八）と立て続けに河童を漫画に登場させ、独自の河童の世界観を確立した。[1]同時期に『少年画報』に連載をしていたツヅキ敏三も『かっぱ河次郎』や『かっぱ学校』で河童を題材にしている。『少年画報』では、広島県三次市の『稲生物怪録』の主人公である稲生平太郎を主人公にした杉浦茂『八百八狸』が、一九五五年三月号の付録になっている。[2]

また、漫画を取り扱う媒体として、この時期は駄菓子屋などで売られていた質素な作りの赤本漫画から上製本の貸本漫画へと移行していく。中でも太平洋文庫に注目したい。初期は子供向けの優しい絵柄の作品や歴史上の偉人の伝記漫画が多かったが、[3]次第に怪奇色の強いタイトルを刊行するようになる。

それに伴って、妖怪の名を冠した作品が増えていく。[4]題材に選ばれたものは、化狐、化狸、化猫と歌舞伎や講談などの演芸や映画などで題材にされたものを踏襲し、時代劇の要素も強かった。

このような貸本漫画隆盛の時代に水木しげるが、一九五八年、『ロケットマン』で兎月書房から漫画家デビューする。しかし、この時代の水木しげるの漫画も妖怪が登場する機会はほとんどなく、太平洋文庫と同様に時代のニーズに合った怪奇漫画であった。この怪奇漫画の流れは一九六五年の『墓場鬼太郎』の初期まで続く。[5]

妖怪漫画の誕生と淘汰

一九六七年、アニメ化に伴い『墓場鬼太郎』から『ゲゲゲの鬼太郎』に改題される頃には、鬼太郎が敵妖怪と一話完結で戦いを繰り広げる妖怪退治ものというスタイルは確立されている。[6]

手塚治虫『どろろ』と楳図かずお『猫目小僧』も一九六七年の連載開始の作品であるが、両作品とも妖怪は登場するが、ほとんどの妖怪はオリジナルだった。[7]手塚治虫の虫プロダクション漫画部門でチーフアシスタントを務めた井上智が、『冒険王』で『妖怪小僧』を連載していたのもこの時期である。[8]また、貸本の怪奇漫画の系譜を踏む形で好美のぼるもオリジナルの妖怪が登場する作品を多く残した。[9]一九七三年には『週刊少年サンデー』で永井豪の『ドロロンえん魔くん』の連載が始まり人気を博すが、一九七四年に連載は終了している。[10]一九七〇年代半ばから一九八〇年代にかけては、水木しげるの妖怪漫画を残して、人々の興味は『機動戦士ガンダム』（一九七九）などのロボットや『スターウォーズ』（一九七七）や『エイリアン』（一九七九）など

の地球外生命体といったSFや宇宙へと移行していくことになる。

手塚治虫「特別大画報どろろ妖怪屋敷」『週刊少年サンデー』1968年2・3号より。『どろろ』未登場の鳥山石燕の妖怪が多く描かれている。

妖怪漫画の新しい潮流

このSF隆盛の流れを上手く取り入れつつ、妖怪的なモチーフでキャラクターをデザインしたのが、高橋留美子『うる星やつら』（一九七八〜一九八七）である。[11] また、かぶと虫太郎『ベムベムハンターこてんぐテン丸』（一九八二〜一九八四）は、天狗の子供、テン丸が主人公とする妖怪退治ものであるが、ベムベムハンターというタイトルはSF作品での宇宙怪物の総称BEM（bug-eyed monster）からとっている。[12]

『うる星やつら』を別にして、ここまでの作品傾向としては、妖怪退治ものが主流となっているが、Moo.念平『山奥妖怪小学校』（一九八四〜一九八六）や西岸良平『鎌倉ものがたり』（一九八四〜）のように妖怪が存在する世界に人間と妖怪が共生する作品も作られていく。[13] 一九八五年に『ゲゲゲの鬼太郎』は三度目のアニメ化がされ、原作の通りの妖怪退治の路線は残しつつも、勧善懲悪な展開よりも人間と妖怪との共生を軸とした話が多い。[14]

妖怪漫画のトレンドとは、別に『週刊少年ジャンプ』を中心とした『キン肉マン』（一九七九～一九八七）、『北斗の拳』（一九八三～一九八八）、『ドラゴンボール』（一九八四～一九九五）などのバトル漫画が隆盛を極めたのもこの時期といえる。『キン肉マン』の連載終了後にゆでたまごが手掛けた新連載『ゆうれい小僧がやってきた！』（一九八七～一九八八）は、初期は怪奇色の強い妖怪退治ものだったが、次第に『キン肉マン』的な路線になっていく。[15]

増加する既存妖怪の選定

一九八〇年代半ばには、ＳＦブームは一段落つき、一九九〇年代は少年漫画で妖怪を取り扱う作品が増えていく。その傾向としては、妖怪退治を主軸に置く、少年漫画らしい作品が多い。また、鳥山石燕(とりやませきえん)が『画図百鬼夜行』などで描いた妖怪や柳田國男(やなぎたくにお)が「妖怪名彙」で取り上げた伝承上の妖怪などが多く選定されるようになっていく。これまでは、水木しげると『パタリロ！』の魔夜峰央(まやみねお)『妖怪始末人トラウマ!!』（一九八六～一九八八）[16]を除いて、ほとんどの妖怪漫画は、創作妖怪の占める割合も高く、既存妖怪も河童、雪女、天狗、化け狐などの誰でも知っている妖怪の選定される傾向があった。しかし、水木しげるや佐藤有文(さとうありふみ)らが繰り返し妖怪図鑑などで紹介してきた情報が定着した部分と今野圓輔(こんのえんすけ)『日本怪談集　妖怪篇』（一九八一）や別冊太陽『日本の妖怪』（一九八七）など手に取りやすく読みやすい資料拡充の影響から多くの妖怪が再解釈され、姿を

与えられた。[17]藤田和日郎『うしおととら』（一九九〇～一九九六）では、オリジナルの妖怪も多く登場するが、日本各地に伝承された妖怪も多い。[18]同年代で妖怪を取り扱った作品としては、寺沢大介『WARASHI』（一九九〇～一九九二）、椎名高志『GS美神　極楽大作戦!!』（一九九一～一九九九）も押さえておきたい。[19]他にも真倉翔・岡野剛『地獄先生ぬ～べ～』（一九九三～一九九九）は、妖怪だけでなく、学校の怪談や都市伝説などの所謂現代怪異を取り扱った点でも重要な作品といえる。[20]更に高橋留美子『犬夜叉』（一九九六～二〇〇八）は『うる星やつら』のようにSFの要素に付け足された妖怪的な設定ではなく、登場する妖怪は創作された妖怪であるが、ストレートな妖怪漫画となっている。[21]

知識の広がりと妖怪の多様性

『うしおととら』や『地獄先生ぬ～べ～』の時点で既に水木しげるの妖怪解説に寄らない作品の中での再解釈が、行われるようになったが、これは一九九〇年代の妖怪に関する資料の拡充による妖怪知識の広がりによるものである。[22]知識の広がりに関しての例として、別冊太陽『日本の妖怪』や谷川健一『稲生物怪録絵巻』（一九九四）の影響を挙げておきたい。宇河弘樹『朝霧の巫女』（二〇〇〇～二〇〇七）は、『稲生物怪録』を下敷きにしている。[23]

このような知識の広がりは、新たな形式での妖怪表現に繋がっていく。熊倉隆敏『もっけ』（二〇〇〇～二〇〇九）は、現実的な世界観の中で、妖怪は実存するが見えないものとして表現しつつも、そうした妖怪との共生を描いている。[24]妖怪との共生を

描いた作品は、八〇年代でも紹介したが、二〇〇〇年代を過ぎた辺りから多く見られるようになる。[25] この共生路線の中の一つの傾向として、見られたのが、佐藤友生『妖怪のお医者さん』（二〇〇八～二〇一一）、田中まい『妖怪学校の先生はじめました！』（二〇一四～）、藤栄道彦『妖怪の飼育員さん』（二〇一五～）、忌木一郎／原作：押切蓮介『妖怪マッサージ』（二〇一六～二〇一八）など妖怪を取り扱う仕事が登場する漫画が断続的に発表されているのは面白い。

藤田和日郎署名と『うしおととら』東の妖怪の長「山ン本」

　対して妖怪退治もの、バトル漫画も健在である。[26] 田村光久『妖逆門』（二〇〇六～二〇〇七）は、原案協力が藤田和日郎のため、『うしおととら』の妖怪も登場する。椎橋寛『ぬらりひょんの孫』（二〇〇八～二〇一二）のように『週刊少年ジャンプ』らしい王道のバトル路線の漫画もヒットした。また、水木しげるの妖怪解説や設定、登場させた妖怪も安定して使われている。[27]

　水木しげる以外にも妖怪漫画では時代のトレンドを吸収し、類似する題材の妖怪漫画が発表される傾向が強い。二〇〇八年『萌え萌え妖怪事典』が刊行されると妖怪が可愛らしい女性の姿で描かれるようになり、妖怪退治ものやバトル路線では、ふなつかずき『妖怪少女　モンスガ』（二〇一四～二〇一七）や矢吹健太朗『あやかしトライアングル』（二〇二

〇〜）などに繋がり、妖怪との共生路線では五味ま ちと『ばけじょ』（二〇一七〜二〇一八）、南郷晃太『こじらせ百鬼ドマイナー』（二〇一八〜二〇二〇）のように学園ものに落とし込まれていく。

また、『ダンジョン飯』（二〇一四〜）のヒットにより、十凪高志『妖怪ごはん ～神饌の料理人～』（二〇一六〜二〇一九）、おとうさん『美味しい妖』（二〇一七）、むこうやまあつし『正しい妖怪の食べ方』（二〇一七〜二〇一八）と妖怪を食材とする漫画も相次いで発表される。[28]

このように先行する作品やその時々のトレンドを取り入れつつも妖怪漫画は拡大し、多くの妖怪が一般的に知られるようになった。[29] これからの妖怪漫画がどのような資料やトレンドを参考に変遷していくのか、今後も注視していく必要がある。（式水下流）

注

［1］ 清水崑（一九一二〜一九七四）は、戦後に政治漫画、風刺漫画を描き、河童題材にした漫画で人気を博した。一九五五年には黄桜酒造の初代キャラクターやカルビーの「かっぱえびせん」の前身「かっぱあられ」などの菓子広告も手がけた。

［2］ 『八百八狸』は、同名の講談を物語がベース。太平洋文庫の貸本漫画でも福田三郎『八百八狸』（一九五二）がある。

［3］ 『少年画報』に連載していたツヅキ敏三も都築敏三名義で『かっぱ学校』を太平洋文庫から刊行している。戦前期も講談や昔話をベースにした宮尾しげを、清水対岳坊などの狐狸、河童、鬼、天狗などの登場する作品が多く見られた。

［4］ 清水春雄『満月七尾狸』（一九五五）、社領系明『あばれ海坊主』（一九五六）、堀万太郎『怪奇五光狸』（一九五七）、池田弘『怪光河童寺』（一九五八）など魅力的なタイトルが並ぶ。

［5］ 一九六六年は『悪魔くん』が実写化され、一話完結の妖怪との対決ものの要素が確立されていく。また、鳥山石燕などの資料の蒐集と自ら妖怪の画報記事の展開などでまとめた情報から登場する妖怪の種類が増えていくことになる。『列伝体　妖怪学前史』第三部「水木しげる」二二四頁参照。

［6］ 『ゲゲゲの鬼太郎』の最初のアニメ化は一九六八年。妖怪の配置の基本は鬼太郎の味方になる妖怪は柳田國男「妖怪名彙」などの地域に伝承された妖怪がメインで敵方の妖怪は鳥山石燕が描いた妖怪がメインとなっている。

［7］ 手塚治虫『どろろ』の妖怪は金小僧やマイマイオンバなどオリジナルの妖怪が多いが、九尾の狐や鵺など既存の妖怪も混

在する。九尾の狐や鵺は能などの舞台芸能からの選定と考えられる。また、四化入道という妖怪は、長男である手塚眞が考えた「死毛」という妖怪に鳥山石燕の描いた鉄鼠のイメージも取り入れたものだという。楳図かずお『猫目小僧』は主人公・猫目小僧が猫又の半妖怪という設定以外、登場する妖怪は水まねき、大台の一本足などオリジナルである。

［8］井上智（一九三八～）は、チーフアシスタントとして手塚治虫の『マグマ大使』などに携わった。特撮番組『魔神バンダー』の漫画版や一九六八年の『別冊冒険王』秋季号に映画『妖怪大戦争』の漫画版も描いた。『妖怪小僧』もオリジナル色の強い作品となっている。

［9］好美のぼる（一九二四～一九九六）は、曙出版から『妖怪祭り』（一九六八）、『妖怪一族』（一九六九）、『変身妖怪七変化』（一九七二）などの漫画を描いている。漫画以外にも『日本妖怪クイズ』（一九七四）、『世界妖怪クイズ』（一九七五）なども書いている。曙出版は、白川まり奈（一九四〇～二〇〇〇）も輩出している。曙出版の作品は怪奇やSFの漫画だったが、後に漫画以外でも『妖怪天国』（一九九四）や没後に『白川まり奈妖怪繪物語』（二〇一六）などが刊行された。

［10］『ドロロンえん魔くん』は、雪女の雪子姫や河童のカパエル、かまいたちなどの登場もあるが、基本はオリジナルの妖怪である。アニメ化もされ、宝塚ファミリーランドのイベントも一九七八年、一九七九年で開催されるほどの人気があった。（他の年は『ゲゲゲの鬼太郎』でイベントが開催されていた。）

［11］『うる星やつら』は、ヒロインの鬼型の宇宙人ラム、海王星の女王で雪女のおユキ、クラマ星のからす天狗一族のクラマ姫など一般的な妖怪をモチーフにした宇宙人が登場する。本書第三部三五六頁参照。

［12］原題は『ベムベムハンター』で主人公の名前も天坊だった。また、新連載の煽り文ではSF怪奇コメディと書かれていた。登場する妖怪はオリジナルだが、人間の子供たちはがんばり入道、ぼろかっぱ、油すましというあだ名がついている。

［13］Moo. 念平『山奥妖怪小学校』は、河童、ろくろ首、雪女、九尾の狐など舞台演芸や映像作品に登場する一般的な妖怪を押さえた選定をしている。西岸良平『鎌倉ものがたり』も河童、天狗、化け狸などとともにオリジナルの魔界の魔物や鎌倉の妖怪たちが登場する。モブでよく登場する妖怪の中に百目がいる点にも着目しておきたい。百目は水木しげるが『悪魔くん』で登場させた妖怪で、葛飾派の「百々眼鬼」という絵が元になり、一九八〇年代以降の漫画や特撮作品もよく見られる。

［14］『最新版ゲゲゲの鬼太郎』としてコミカライズもされている。同時期に実写化もされている。また、一九八九年には『悪魔くん』のアニメ化など一九九〇年代にかけて水木しげる作品や妖怪が人気コンテンツであることが再認識できる。

［15］『ゆうれい小僧がやってきた！』はキン肉マン同様に読者応募による妖怪を作品の中に登場させていたので、オリジナル妖怪が基本となっている。初期の妖怪は陰陽入道や蝦蟇あやしといったおどろおどろしいデザインのものだったが、路線変更後は『キン肉マン』の超人のような筋骨隆々の妖怪が主流になっていく。その中にあって主人公・亜鎖亜童子となる恐山百

太郎と琴太郎の師匠は百目仙人である。デザインも水木しげるの百目のオマージュとなっている。オリジナルの妖怪が主流でバトル路線に移行した漫画としては、冨樫義博『幽☆遊☆白書』（一九九〇〜一九九四）もジャンプ漫画らしい系譜である。

[16]『妖怪始末人トラ・貧!!』（一九九一〜一九九三）、『妖怪始末人トラウマ!!と貧乏神』（二〇〇七〜二〇〇九）と続編もある。他にも魔夜峰央は、『妖怪缶詰』（一九八六）という怪奇作品集も刊行されている。妖怪の選定は、うわんやおとろしなど鳥山石燕などが描いた妖怪が多く、設定も水木しげるの『ゲゲゲの鬼太郎』や妖怪図鑑の解説を元にオリジナルの設定を付与していることが、首かじりの選定や女装をした爺顔の否哉の設定などで分かる。また、どうもこうも、あすここ、胴面など尾田郷澄の『百鬼夜行絵巻』に描かれた妖怪も登場させていることから、年代的に別冊太陽『日本の妖怪』の影響も伺える。

[17]　創作された妖怪や一般的な妖怪が選定された背景は、水木しげるとの差別化を少なからず意識してのことと考えられるが、がしゃどくろや百目のように、水木しげるやその解説に流用された創作事例が認識されずに使用されることも見られる。

[18]『うしおととら』の妖怪としてはメインキャラクターであるとらの異名としてわいら・雷獣が挙げられている。また、最大の敵である白面の者は金毛白面九尾の狐をモチーフにしている。鎌鼬が三位一体で人間を転ばし、斬り、薬を塗るという設定や風呂敷のようなものが覆い被さる衾など民間伝承から取られたもの、とらの異名のわいらや雲外鏡など鳥山石燕が描いたものがある。また、東西の妖怪の長の名前は山ン本と神野であり、『稲生物怪録』を思わせる。『うしおととら』を描く際に藤田和日郎は水木しげるの作品は触れないようにしていた旨、二〇一〇年のトークイベント「妖怪なう」で語っている。

[19]『WARASHI』は、座敷童子を主人公とし、鎌鼬やスネコスリ、白うねりなどが味方の妖怪として登場し、野槌や土蜘蛛、酒呑童子、天邪鬼などが敵方の妖怪として登場する。『GS美神　極楽大作戦!!』はオカルト的な題材を幅広く取り扱ったため、妖怪の登場はそれほど多くないが、雪女、化け猫、河童、鎌鼬、天狗、海坊主と九尾の狐が日本で人間に化けた姿である玉藻前をモチーフにしたタマモと一般的によく知られた妖怪が登場する。その中で矢張り百目が登場している。

[20]『地獄先生ぬ〜べ〜』も幅広く伝承された妖怪や描かれた妖怪を登場させている。また、鎌鼬はこちらでも三位一体で登場している。なお、ぬらりひょんを客人神とする解釈は白川まり奈『妖怪天国』の説を採用している。資料拡充の流れを感じるサンプルといえる。

[21]　一九九〇年代は、他にも自然や妖怪との共生を描いた畑中純の傑作『オバケ』（一九九一〜一九九二）、『足洗邸の住人たち』（二〇〇一〜二〇一二）に繋がるみなぎ得一『大復活祭』（一九九七〜一九九八）、九尾の狐や牛鬼、茂林寺の釜の狸などをモチーフにした尾獣が登場する岸本斉史『NARUTO　ナルト』（一九九九〜二〇一四）などが見られる。

[22]　一九六〇〜一九八〇年代にも良質な資料が拡充されているが、それらは水木しげるが主流であり、創作の余地は限られてきた。それが作中でオリジナルの妖怪が創作されてきた一つの

要因と考えられるが、一九九二年には国書刊行会から鳥山石燕の『画図百鬼夜行』の復刻、一九九四年には鳥山石燕の描いた妖怪を取り入れた『姑獲鳥の夏』で京極夏彦がデビューした。その後も国書刊行会や中公文庫、角川ソフィア文庫などが絶版になっていた妖怪の資料を復刻した。一九九七年には『怪』が創刊され、妖怪知識が拡充され、創作の幅が広がった。

[23] 二〇一〇年代以降も『稲生物怪録』は一つのモチーフとして、とよ田みのる『タケヲちゃん物怪録』(二〇一一~二〇一四)、スケラッコ『平太郎に怖いものはない』(二〇一七~二〇一九)などで使われている。

[24] 『もっけ』では、妖怪たちは存在し、人間側の心がけ次第で離れて戴くものとして描かれている。柳田國男『妖怪談義』が作中でも使われ、ミノムシやバタバタなど伝承された妖怪の選定されている。白うねりや煙々羅など鳥山石燕が描いた妖怪にも作中内の解釈をしている。「ワライヤミ」の回は、鳥山石燕が描いた妖怪・否哉の解説文を元に解釈している。

[25] 緑川ゆき『夏目友人帳』(二〇〇三~)、石川優吾『カッパの飼い方』(二〇〇三~二〇一〇)、いけ『ねこむすめ道草日記』(二〇〇八~)、影山理一『奇異太郎少年の妖怪絵日記』(二〇〇八~二〇二二)、佐藤さつき『妖怪ギガ』(二〇一七~二〇二一)など作品を挙げていくときりがない程である。

[26] 平野俊貴・植竹須美男・阿部洋一『少女奇談まこら』(二〇〇六~二〇〇七)、久正人『エリア51』(二〇一一~二〇一七)重本ハジメ『雨天決行』(二〇一三~二〇一四)、柴田ヨクサル『妖怪番長』(二〇一五~二〇一七)、賀来ゆうじ『アヤシモン』(二〇二一~二〇二二)など二〇二三年現在まで妖怪退治もの、バトル路線の漫画は安定して人気の題材である。

[27] 『ぬらりひょんの孫』は、ぬらりひょんが総大将である設定や牛鬼を復讐のために退治した人間が、自ら牛鬼と呼ばれる存在になったという設定やがしゃどくろが登場することなど、少なからず水木しげるの影響がある。奥浩哉『GANTZ』(二〇〇〇~二〇一三)や弓咲ミサキックス『妖怪戦葬』(二〇一九~二〇二三)でもぬらりひょんが強敵として現れ、梅澤春人『妖怪伝奇 Roku69Biロクロックビ』(二〇一五)の輪入道は、ダイヤモンドに等しい硬度を持つ車輪を持つなど水木しげるの作品が印象付けた妖怪像が根付いている。

[28] 系統は異なるが妖怪を食べるではなく、妖怪に食べさせる料理が登場する漫画、妖怪文化研究家の木下昌美監修の木野麻貴子『妖怪めし』(二〇二一~二〇二三)も発表されている。

[29] 尾田栄一郎『ONEPIECE』(一九九七~)のワノ国編で天井下り、濡れ女、輪入道、火前坊などの妖怪をモチーフにしたキャラクターが登場、その後、初期から登場する五老星の内三人が日本の妖怪・牛鬼、馬骨、以津真伝の姿を現した。

参考文献

・伊藤慎吾・氷厘亭氷泉(編) 二〇二一『列伝体 妖怪学前史』勉誠出版

・式水下流 二〇二四『特撮に見えたる妖怪』文学通信

・式水下流 二〇二三「特撮に見えたる妖怪 時代ごとの様相」『怪と幽』vol.013

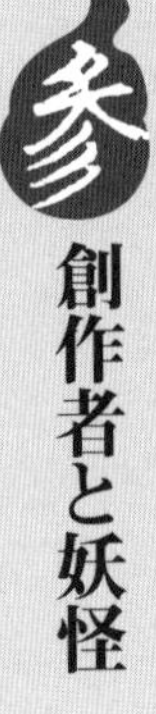

参　創作者と妖怪

高橋留美子

たかはしるみこ（一九五七〜）

SFと妖怪が混在する独自の世界観

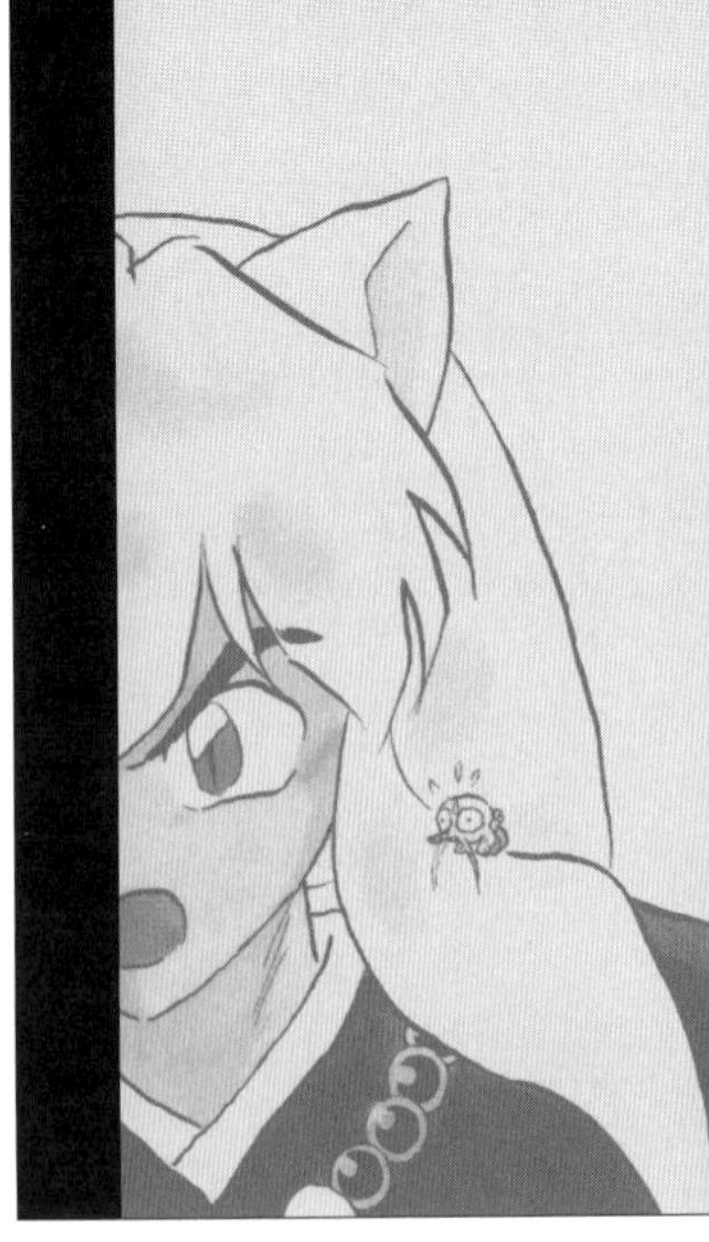

高橋留美子とは

一九七八年から商業誌上で創作活動を始めた高橋留美子は今日においてもなお第一線で活躍している。週刊少年サンデーを中心とする少年向けマンガのほか、ビックコミックスピリッツなどに青年・大人向けの短編マンガをほぼ定期的に掲載してきた。後者は主として平凡なサラリーマンやその家族の日常生活の中に起こった出来事をコミカルに描き、また意外性のあるクライマックスが見事で、高橋留美子作品は短編でこそ本領が発揮されるという評価をよく耳にするが、そう言われるだけの魅力がそこにはある。

さて、今日でも活躍する漫画家であるが、ここでは絶大な人気を誇った一九八〇年代から九〇年代を中心に、妖怪をどのように作品世界に取り入れていったかを見ていこう。

八〇年代作品

高橋留美子は『勝手なやつら』（一九七九）で新

人賞を獲て『うる星やつら』（一九七八〜一九八七）でギャグマンガ家としての地位を確立したわけであるが、後続の『らんま1／2』（一九八七〜一九九六）『犬夜叉』（一九九六〜二〇〇八）とあわせ、みな三〇巻を超える長編作品である。

短編作品も数多く作ってきたが、この時期、妖怪をメインに取り上げることはなかったといってよいだろう。エピソード単位で見ると、一九七九年に少年サンデーに連載されたギャグマンガ『ダストスパート!!』の中には妖怪のモティーフが利用されている。ある海浜の観光地で海坊主の伝承を利用しながら、ゴミを回収する海坊主型メカである［図1］。また「ザ・超女」（一九八〇）では主人公の少女のパートナーとして九尾の狐（ただし宇宙人）が登場する［図2］。このようにSFと妖怪とが混在する世界観は『うる星やつら』にも共通していえることだ。

図1　海坊主型のロボット　『ダストスパート』「マリン。ボーズ'79の巻」

幽霊もまた、ちらほら登場する。「商魂」（一九八〇）は降霊術をする女子高生が主人公である。亡くなった学生たちが幽霊としてたくさん描かれる。「お婆さんといっしょ」（一九八五）もまた祖母の幽霊に取り憑かれるが、その結果、福がもたらされるというものだ。

図2　九尾の狐をモデルとする相棒のマーフィー「ザ・超女」

図3　『うる星やつら』「ディスコ・インフェルノ」

高橋留美子

『うる星やつら』

一九七八年から一九八七年の長期にわたって週刊少年サンデーに連載された『うる星やつら』は高橋留美子の作品の中でも最も知名度の高いものだ。この作品は宇宙人である鬼っ娘ラムと人間の高校生あたるとのラブコメを中心とするドタバタギャクマンガである。

その世界観はSF色が濃厚である。そもそも「鬼」が宇宙人であるという設定であるから、その眷属、ひいては妖怪の中にもまた宇宙人だったというものが少なくない。主要なものとしては天狗、雪女がいる。この世界には妖怪と宇宙人とが共存しており、宇宙人としての妖怪もいれば、ろくろ首や河童、からかさお化けも伝統的な妖怪モティーフとして登場する。さらには西洋のドラキュラやメデューサ、フランケンシュタインまでも当たり前のように出てくる。こうした混在状態の中で時にエピソードの中心に位置づけられたり、ただいるだけのモブキャラとして描かれたりすることがある。

『人魚の森』シリーズ

『人魚の森』シリーズは『うる星やつら』のようなギャグ路線でも、『めぞん一刻』や『ビッグコミック』に掲載される一連のサラリーマン物のような現実的な一市井を描く路線でもない。これまで短編作品として発表されてきたオカルトホラー作品を受け継ぐ大作といえよう。

本作に描かれる人魚は現代日本人のイメージする西洋風メルヘンの住人ではなく、日本の民間伝承にみられる人魚をもとに独自のキャラクター設定を施した半創作妖怪である。つまり八百比丘尼の伝説に

みられるように、日本の人魚は食べることで不老長寿の身になってしまう。人魚自体も基本的に恐ろしいものとして描かれる。そうした日本的な人魚像に基づいてキャラクター造形をしているわけだが、そればかりではなく、オリジナル要素も見られる。すなわち人魚の肉を食べると多くの人間は身体の変化に耐えきれずに死んだり、人魚の醜いなりそこないになったりして、人魚に変身するのはわずかでしかないという設定である。

本作自体はその後の期間をあけながら続編を出すものの、長編、短編含めて、同種のシリアスなホラー作品は、その後、ほとんど作られなくなる。

九〇年代作品

デビュー以来、長編作品のかたわらで次々と短編作品を出し続けてきたが、この時期も相変わらず定期的に発表している。掲載誌は主としてビッグコミックオリジナルやビッグコミックスピリッツである。

この間の短編作品には妖怪モティーフはほとんど現れなくなる。もとより短編作品においては妖怪をあまり描かなかったが、ますますそれは減少する。「Lサイズの幸福」（一九九〇）くらいだろう。その中で座敷童は異色か。妖怪自体よりも、妖怪を通して嫁姑問題を扱っているところに、少年向けとは違う、高橋留美子劇場らしさがある。

それよりもむしろ幽霊がよく登場するようになった。『うる星やつら』など先行作品中では妖怪的な〈お化け〉としての性格が強かったが、死後成仏できない人間として、よりリアリティのあるキャラクター造形がおこなわれている。「百年の恋」「宝塚への招待」「茶の間のラブソング」「１ｏｒＷ」などがそうだ。

この時期は妖怪ネタのファンタジーを『犬夜叉』に注ぎ、短編ではリアリティのある作品を志向していたようである。妖怪よりも幽霊を取り上げるようになるのは、その結果であろうか。

『犬夜叉』

一九九六年に『週刊少年サンデー』誌上で連載を開始した『犬夜叉』は二〇〇八年に完結した。本作品によって当時の一〇代のファンを獲得した。二〇〇〇年に国立歴史民俗博物館で特別展「異界万華鏡」が開催された時、館内の休憩フロアに本作品を置いたところ、子どもたちが熱心に読んでいたことが思い起こされる。子どもから大人まで幅広い支持を得た作品だった。

SFと妖怪が混在した『うる星やつら』、格闘&学園ラブコメをベースにして、ハイスペックなキャラクターを次々に登場させてきた『らんま1/2』とは異なり、本作はSF色がなく、また従来のオカルトホラー路線から脱し、剣士役に主人公を据えた異世界RPGのパーティのようなキャラクター構成の和風ファンタジーとなっている。基本的に妖怪と人間が共存し、また神道や陰陽道などの術が実践される世界である。

この中に登場する妖怪たちの数たるや、従来のるーみっく作品の比ではない。まさに伝統・創作まじえた妖怪たちのオンパレード。伝統的なキツネやタヌキ、カワウソや伝承妖怪の河童や鬼も登場するが、それ以上に創作妖怪が目に付く。ノミ妖怪や邪見（じゃけん）、獣郎丸（じゅうろうまる）、百足上臈（むかでじょうろう）、屍舞烏（しぶがらす）、無女（むおんな）などなど。しかしまったくのオリジナル妖怪かといえば、必ずしもそうではない。九十九（つくも）の蝦蟇（がま）は付喪神の発想と

同じで神変を得た蝦蟇の妖怪だし、肉づきの面は肉付き面の伝説に基づくし、タタリモッケも民間の妖怪に由来する。奈落が狒々の姿で登場するのも狒々が妖怪の一種だからだ。雲母の尾が二本なのは猫又に由来するだろう。

このように、『犬夜叉』は伝承妖怪をモティーフにしながら、そこにこだわらず、自由な妖怪を生みだしてきた作品である。

おわりに

以上、ごく簡単ではあるが、高橋留美子作品に登場する妖怪を概観してきた。

もともとSFギャグマンガを得意としていたが、そこに妖怪を取り込むことで独自の世界観を構築していった。その最たるものが『うる星やつら』である［**図3**］。一方短編作品では九〇年代以降、妖怪はほとんど描かないかわりに幽霊がたびたび登場することとなった。SF色を排した本格的な妖怪マンガである『犬夜叉』は、妖怪に関してはギャグタッチの描写をほとんど排している。既成の妖怪像をベースにしながらオジリナリティのある妖怪を創り出していったのである。

（伊藤慎吾）

高橋留美子

藤本秀明「霊能師 平等院嘉修の活躍」（単行本『A.D.GERA』1996に収録）
除霊師や陰陽師を主軸にした漫画で『ファンロード』1994年10月号、1996年3月号に掲載。同作のキャラクターたちは同人誌でも描きつづけられ『封殺百怪』（2001）としてワニマガジン社からも単行本になっている。雪女・鬼・式神・地縛霊・三戸などが登場しており、《紹介者》たちを通じた妖怪・陰陽道・密教・心霊などの情報の普及先の《点》として、このような創作は1980〜90年代前半にかけて既に多数見られる。（氷厘亭氷泉）

創作者と妖怪

初期水木しげるの妖怪画受容

鳥山石燕・狩野派を中心に

水木しげるが多くの妖怪画について鳥山石燕の絵を参考にしていることは今更言うまでもない。しかし、当時普通に確認できたわけではない石燕の著作を水木がどのように確認していたのか。それは妖怪変遷史においても示唆に富んだ内容となっている。

妖怪画の資料を探して

週刊少年マガジンでの『墓場の鬼太郎』や週刊少年サンデー「ふしぎなふしぎなふしぎな話」での妖怪画の連載が開始し、水木しげるは「妖怪の形」の資料を欲していたという。『SF新鬼太郎』（一九八〇）には次のようにある。

「図画・百鬼夜行」鳥山石燕こういう本があるということは藤沢衛彦氏の「日本民俗学全集」なるものでしっていたが、実物はみたこともなかった。（中略）十六、七年前だったか、神田にそういう和本専門の店があるというので行ってみた。果せるかな、「百鬼夜行」はあったのだが、たった三冊しかなかった。（中略）後年、渡辺書店というところで「図画・百鬼夜行」という本が出たが、（中略）便利だった。

また、本書第二部一九二頁で述べた通り、水木は藤澤衛彦『妖怪画談全集　日本篇』（一九二九）についても初期から参考にしており、鳥山石燕の絵を模写する際にこれらを参考としていた事が伺える。

鳥山石燕図版の受容

これらを元に、一九六七年末までに水木しげるが模写した鳥山石燕の絵について、初出時期を一覧にすると次ページの表のようになる。

まず、各妖怪画について右で挙がった著作を参考に印をつけた。まず水木しげるが実物を所有しているのは『画図百鬼夜行』全三巻である。[1] 渡辺書店の田中初夫編『画図百鬼夜行』（一九六七・九）はほぼ全収録（後述）されているため印を省略する。

また、藤澤の本では鳥山石燕の絵を模写して描かれた鍋田玉英『怪物画本』（一八八一）の絵も掲載されているが、こちらも判別可能なものは完全に別物として扱い記載した（本書第二部一八〇頁の「いやみ」説明も参照）。

表を見ると、最初の「日本の大妖怪」の濡女[2]は他の図版から藤澤衛彦『日本民族伝説全集　北陸編』（一九五五）を使用していることが明らかなので、『画談全集』や『日本民俗学全集』の本格的な反映は六六年一一月ごろからとなる。[3] 六七年一月の鵼・泥田坊はこれらに掲載されていないが、『美術手帖』一九六五年八月号で藤澤が紹介している。[4]

それ以降、藤澤の著作にあるものばかりが続き、六七年三月になってようやく火車・ひょうすべといった例外が登場する。

明確なターニングポイントとなるのは六七年一

掲載	発行日	タイトル	新規採用図版	備考
週刊少年マガジン	1966. 3.20	日本の大妖怪	濡女●★	『北陸編』が使用されている
週刊少年サンデー	1966. 11.6	ふしぎなふしぎなふしぎな話	天井嘗●	1966/10/23号には『化物尽くし』の「牛鬼」模写が載る
	1966. 12.11	ふしぎなふしぎなふしぎな話	獺●★	
	1966. 12.18	ふしぎなふしぎなふしぎな話	手の目●★	
	1966. 12.25	ふしぎなふしぎなふしぎな話	雨降小僧●、古籠火●	
	1967. 1.8	ふしぎなふしぎなふしぎな話	しょうけら●★、百々目鬼●	
	1967. 1.22	ふしぎなふしぎなふしぎな話	輪入道●、加牟波理入道●	
	1967. 1.29	ふしぎなふしぎなふしぎな話	垢嘗●★、鵼、泥田坊	鵼、泥田坊は『美術手帖』に掲載あり
	1967. 2.5	ふしぎなふしぎなふしぎな話	網剪●★	
	1967. 2.12	ふしぎなふしぎなふしぎな話	うわん●★、ふっけし婆（怪物画本）●	
	1967. 2.12	悪魔と妖怪のひみつ50	白容裔●、天井下●	
	1967. 2.19	ふしぎなふしぎなふしぎな話	川赤子●	
	1967. 2.26	ふしぎなふしぎなふしぎな話	油赤子●	
	1967. 3.5	ふしぎなふしぎなふしぎな話	日和坊●	
	1967. 3.26	ふしぎなふしぎなふしぎな話	火車★、ひょうすべ★	『画図百鬼夜行』（原本）入手？
別冊少年マガジン	1967. 4.1	墓場の鬼太郎 鏡爺	百々爺●	「鏡爺」として登場
なかよし	1967. 5.1	これはびっくり！へんなおばけちゃん！	釣瓶火●★	
	1967. 6.1	これはびっくり！へんなおばけちゃん！	長壁●、白粉婆●	
週刊少年マガジン	1967. 6.18	墓場の鬼太郎 大妖怪ショッキング画報	箒神●、邪魅●、古戦場火●、骨傘●、飛頭蛮●★、ふらり火●★、雪女●★、ぬっぺっぽう●★、大首●、栄螺鬼●、蛇骨婆●、逆柱●★、骨女●、人魚●、陰摩羅鬼●、雲外鏡●、見越●★、河童●★、高女●★、影女●、おとろし●★、姥火●★、叢原火●★、赤舌●★、猫また●★、ぬらりひょん●★、彭侯●、わいら●★、野寺坊●★、いやみ（怪物画本）●	表紙は『化物尽くし』の「おどろおどろ」が描かれ、「おとろし」も名前が「おどろおどろ」となっている

よなしか	1967.7.1	これはびっくり！へんなおばけちゃん！	鳴家★	
週刊少年マガジン	1967.9.10	墓場の鬼太郎 見上げ入道の巻	青坊主★	「見上げ入道」として登場
	1967.9.10	妖怪獣	鉄鼠★、道成寺鐘、天狗★、犬神★、窮奇★、海座頭★	名前が石燕本と大きく異なるものが一部存在
	1967.11.12	ゲゲゲの鬼太郎 妖怪毛羽毛現の巻	毛羽毛現	田中初夫編『画図百鬼夜行』入手？
	1967.11.19	ゲゲゲの鬼太郎 峠の妖怪	震々	
	1967.12.24	鬼太郎のふしぎな世界	提灯火●、鬼、水虎、狢、魍魎、入内雀、皿かぞえ、燭陰、人面樹、天狗礫、岸涯小僧、煙々羅、蓑火、青行燈●、あやかし、鬼童、大座頭、目競、狂骨、機尋、朧車、瀧霊王、否哉、目々連、蛇帯、古庫裏婆●、小雨坊●、魃●、火前坊、寺つつき、野槌、比々●、小袖の手、火間虫入道、殺生石、風狸、屏風闚、後神	

●：以下のいずれかに掲載があるもの
藤澤衛彦『妖怪画談全集　日本篇』上・下（1930）
藤澤衛彦『図説日本民俗学全集　民間信仰・妖怪編』（1960）
★：『画図百鬼夜行』（原本）にあるもの

一月であり、以降、藤澤の著作にある図版の模写はばったりと息をひそめる。結論から言うと、田中初夫編『画図百鬼夜行』が出版されたのはまさにこの時期である。「鬼太郎のふしぎな世界」は、加えて妖怪画が全て初出となっている点や、「大妖怪ショッキング画報」時点では『怪物画本』の模写であった「いやみ」の絵をあえて鳥山石燕の絵を元に書き直しているなど大きな特徴がある。

また、もうひとつ重要なポイントとして、田中初夫編『画図百鬼夜行』には鳥山石燕の代表的な4シリーズのうちの最終作『画図百器徒然袋』が収録されていないことが挙げられる。[5] これをふまえて改めて水木絵に注目すると、『百器徒然袋』に由来する絵のうち藤澤の本に掲載されていない絵のほとんどは平成に入ってから発表されており、それ以前に描かれたものはわずかに「面霊気」（江馬務『日本妖怪変化史』に掲載あり）と「五徳猫」（『Japanisch Gespensterbuch』に掲載あり）程度である。

狩野派化物尽くし図版の受容

鳥山石燕の絵の元となっている、俗に「化物尽くし絵巻」と呼ばれる狩野派の絵巻群（本書第二部一九二頁参照）についても、水木しげるの初期受容を触れておきたい。初期の水木絵の中で狩野派化物尽くしの型を持ったものとしては「かみきり」「おどろおどろ（おとろし）」「牛鬼」の三つが挙げられる。例えば「牛鬼」は鳥山石燕の絵では明らかに牛のような姿をしているが、化物尽くし絵巻では牛の頭に蜘蛛の胴体を持った姿として描かれることが多く、水木絵の特徴と一致している。また、「おどろおどろ（おとろし）」は、石燕絵を参考にして描かれた水木絵もあるのでややこしいが、地面に這いつくばっているパターンの絵は石燕絵ではわからない背中の膨らみが観察できる。

さらに形の微妙な特徴を比較していくと、水木絵の右の三つは化物尽くし絵巻の中でも「鳥羽僧正真筆」と書かれた『化物尽くし』（個人蔵）を参考にしていることがわかる。[6] それはこの絵巻がいわゆる「おとろし」を「おどろおどろ」と表記している事からも言える。[7] ただし水木本人は、おとろし図版の初掲載となる「大妖怪ショッキング画報」において石燕の模写に「おどろおどろ」と名付け、さらに掲載号の表紙には『化物尽くし』模写のおどろおどろを載せるなど、既に同一視しているようだ。

この絵巻は『美術手帖』一九六四年八月号に掲載されており、先に挙げた三つの妖怪図版は特にこの絵巻の代表であるかのように紹介されている。水木しげるはこちらを参考にしたと考えてほぼ間違いないだろう。[8]

結論

本項では主に六六年からのわずか二年間に焦点を絞ったが、一言に「水木しげるは鳥山石燕（あるいは狩野派）を参考にした」と言っても様々なパターンがあるのがお判りいただけただろうか。いずれにせよ元は一つだと言ってしまえばそれまでだが、ルートの途中で付加された情報やわずかな図版の違い、同じ本に載っていた他の妖怪情報の受容など、見るべきところは多いだろう。

（御田鍬）

注

［1］企画展「水木しげるの妖怪 百鬼夜行展 〜お化けたちはこうして生まれた」（二〇二二）の展示内容より。

［2］「いそ姫」といった名前で掲載されている

［3］『図説日本民俗学全集』は妖怪編だけでなく神話・伝説編も水木しげるが参考にしていることが明らかだが、表でこれに掲載されている石燕絵をマークしても新たな知見は得られなかったので除外した。他の図版の採用時期から考えると読んだ時期がやや先なのかもしれない。

［4］藤本和也『ミズキカメラ』（二〇一八）によると、水木しげるの著作には『美術手帖』を参考にしたと思われる絵が多数存在する。

［5］前書きによると、田中初夫は『百器徒然袋』を所有していなかったようだ。

［6］水木自身は『週刊少年サンデー』一九六六年一〇月二三日号には牛鬼の絵を佐脇嵩之『百怪図巻』の模写としているが、誤読だろう。

［7］絵巻中の書き文字は「おとろし」とも読めるが、『美術手帖』では「おどろ〳〵」と翻刻されている。

［8］余談となるが、辻惟雄はこの号で「わいら」について「ガマの変形らしい」と書いており、こちらも後の本に影響を与えている。

参考文献

・水木しげる　二〇〇八『水木しげる妖怪大画報』講談社
・水木しげる　二〇一四『水木しげる漫画大全集　別巻2　初期妖怪画報集』講談社
・水木しげる　二〇一六『水木しげる漫画大全集　補巻1　媒体別妖怪画報集1』講談社
・御田鍬　二〇一三『水木絵のモトエ3』

コラム

水木しげる影響の識別子

妖怪が登場する作品において、水木しげるの影響を見る点でもっとも分かりやすいのは、妖怪のデザインを採用している事例である。大映の妖怪三部作の油すましや土転びのようにそれが元々の姿であるように捉えられ、転用されるケースが見られる。一反木綿やべとべとさん、すねこすりなどの妖怪も水木しげるの妖怪画の類似のデザインを見かける。当部冒頭で取り扱ったがしゃどくろや最近は減少傾向にあるが、ぬりかべもこの部類に入る。[1]

次に見られる影響は妖怪の設定である。ぬらりひょんが妖怪の総大将という位置付けや、「豆腐小僧の豆腐を食べると体にカビが生えてしまうというようなものが見られる。[2]

他にも水木しげるが独自の名称をつけているものが、他の創作作品や妖怪図鑑などで採用されているケースがある。例えば「否哉(いやや)」を「いやみ」[3]、「タンタンコロリン」を「タンコロリン」などの事例があるが、ここでは鳥山石燕(とりやませきえん)が『今昔百鬼拾遺』で描いた「煙々羅(えんえんら)」を「えんらえんら」と書くケースを挙げておきたい。「えんらえんら」という名称の古い事例として、一九六七年『週刊少年マガジン』(五二号)一九六八年『週刊少年マガジン』(四六号)があるが、当時の名称記載は揺れている。同じく一九六八年の『別冊少年マガジン』(九月一日号)「ゲゲゲの鬼太郎　怪異妖怪大画集」や『週刊少年マガジン別冊　水木しげる日本妖怪大全』では、「煙々羅」を踏襲している。一九七二年宝塚ファミリーランドの『水木しげるの奇妙な世界　妖怪百物語』のパンフレットで「えんらえんら」と表記されている例外もあるが、一九七四年『妖怪なんでも入門』で「えんえんら」[4]、一九七五年『東西妖怪図絵』で「煙々羅」となっている。その後、一九七六年『お化け絵文庫7』で「煙羅煙羅」と漢字表記をし、その名称の解析も行い、定着化していく。

それは水木しげるの妖怪図鑑の集大成ともいえる『日本妖怪大全』（一九九一）にも継承され、そこから多くの妖怪を採用した特撮テレビ番組『忍者戦隊カクレンジャー』[5]（一九九四～一九九五）で「エンラエンラ」という名称を使用し、同じスーパー戦隊シリーズの『侍戦隊シンケンジャー』（二〇〇九～二〇一〇）[6]・『手裏剣戦隊ニンニンジャー』（二〇一五～二〇一六）で「エンラエンラ」として使用された。他にもゲーム『俺の屍を越えてゆけ』（一九九九）の「煙ら煙ら」や『妖怪ウォッチ2』（二〇一四）、モバイルゲーム『サムライライジング』（二〇一六～二〇一七）、児童書斉藤洋／作・宮本えつよし／絵『いえのおばけずかん　おばけテレビ』（二〇一六）で「えんらえんら」、武井宏之原作の漫画『シャーマンキング』の一度目のアニメ（二〇〇一～二〇〇二）ではオリジナルキャラクターとしてシャローナ錦織の使役するキセルを媒介とした持霊・「煙羅煙羅」ジル、影山理一の漫画『奇異太郎少年の妖怪絵日記』（二〇〇八～二〇二二）で「煙羅煙羅」などが登場する。[7]

これらの事例は、収集する数を増やしていくことで、水木しげる独自の表現が一般化していった尺度になると共に参考資料の識別子となる。例えば『忍者戦隊カクレンジャー』に登場する妖怪の中に「エ

ンラエンラ」が存在することで、水木しげるの影響を想定し、『日本妖怪大全』を確認すると登場妖怪四四体中三八体が掲載されていることが分かる。採用率の高さだけでは、水木しげるほど多くの妖怪を紹介していれば、有名な妖怪をピックアップしていくことで一致することもあるが、[8]それを決定づけるのは姿形・解説文や漫画の中での設定・名称を見ればある程度の推測を立てやすい。

とはいえ「えんらえんら」を含めて、水木しげるが定着化させた名称や設定、姿形は近年解析されてきている。二〇二二年の水木しげる生誕百周年の記念展示「水木しげるの妖怪　百鬼夜行展　～お化けたちはこうして生まれた」では、水木しげるが参考にした資料や妖怪の姿形を作り出すのに参考にした造形物や仮面なども公式に紹介された。また、一九九二年に鳥山石燕『画図百鬼夜行』から始まる一連の妖怪画集が国書刊行会によって、今まで収録されていなかった『画図百器徒然袋』も含めて全収録され、二〇〇五年には角川ソフィア文庫より手に取りやすい価格で提供されたことで[9]原典に触れやすくなったことから、鳥山石燕の「煙々羅」と名称を記載するケースも増えていく。水木しげる門下でもある京極夏彦(きょうごくなつひこ)が『姑獲鳥の夏』から始まる百鬼夜行シリーズで鳥山石燕の妖怪を取り扱ったこともその後、大きな影響を与えていく。[10]熊倉隆敏(くまくらたかとし)『もっけ』(二〇〇〇～二〇〇九)や佐藤友生(さとうゆうき)『妖怪のお医者さん』(二〇〇八～二〇一一)といった漫画で「煙々羅」が廣嶋玲子(ひろしまれいこ)の小説『うそつきの娘』(二〇一六)には「えんえんら」の登場が確認できる。[11]水木しげるも多く参考にした鳥山石燕が並行して参考にされる状況は面白い。

（式水下流）

注

[1] ぬりかべは、二〇〇七年にアメリカのブリガムヤング大学のハロルド・B・リー図書館所蔵の妖怪絵巻で、三つ目の獣の姿の妖怪にぬりかべと名称が添えられていたことから福岡県の道を塞ぐ妖怪伝承にこの姿をつける傾向が強いが、ぬりかべ伝承と絵巻のぬりかべの関連性は二〇二四年現在、確認できていない。

[2] ぬらりひょんは椎橋寛『ぬらりひょんの孫』、豆腐小僧は佐藤友生『妖怪のお医者さん』（二〇〇八〜二〇一二）などで見られる。水木しげるが典拠とした事例に関しては、『列伝体妖怪学前史』第二部「藤澤衛彦」二二四頁参照。

[3] いやみという名称は鳥山石燕『今昔百鬼拾遺』に掲載された鬼婆のような姿の「否哉」を鍋田玉英『怪物画本』が「いやみ」と表記し、髭面に書き換えた。更に藤澤衛彦『妖怪画談全集　日本篇上』で『怪物画本』の画を転用し、「異爺味」と名付けた。そこから山田野理夫が「イヤミ」として女装の老人の妖怪の話を創作し、その話を水木しげるが妖怪解説として採用した。本書第二部一八〇頁でも触れている。

[4] 『妖怪なんでも入門』は初版ではえんえんらだったが版を重ねていく中で、えんらえんらと書き換えられている。

[5] 『忍者戦隊カクレンジャー』はデザイン上、水木しげるの妖怪画に寄せないように意識されているが、「エンラエンラ」の他に『カラー版妖怪画談』（一九九二）の「ガキツキ」など水木しげる以外であまり使われない名称と採用妖怪の掲載率の高さから水木しげるから逃れられない影響を感じる。

[6] 『侍戦隊シンケンジャー』では、「エンラエンラ」のルーツとしてオボロジメという敵怪人が登場する。

[7] 煙羅煙羅の名称事例を挙げるまでもなく、妖怪を取り扱い、タイトル『奇異太郎少年の妖怪絵日記』からも水木しげるの影響が見える。

[8] 実際に村上健司『妖怪事典』（二〇〇〇）に掲載される妖怪で『忍者戦隊カクレンジャー』に登場する妖怪の掲載率は一〇〇％となっている。ただし「エンラエンラ」「ヌッペッフホフ」などの水木しげる独自に表記している妖怪は、『妖怪事典』では「煙々羅」「ぬっぺっぽう」と記載されている。時代が前後するので、『忍者戦隊カクレンジャー』では『妖怪事典』を参照できないが、採用率だけで資料特定は難しいという例示である。

[9] 『列伝体　妖怪学前史』第二部「〈妖怪学名彙〉『画図百鬼夜行』受容史」一八六頁参照。

[10] 『百鬼夜行——陰』（一九九九）では、シリーズのサイドストーリーとして「煙々羅」が収録されている。

[11] 他にも毛羽毛現や雲外鏡など鳥山石燕の妖怪を登場させているが、一巻目『妖怪の子預かります』（二〇一六）の毛羽毛現が雄鶏の妖怪を家来という設定はあとがきによると『ゲゲゲの鬼太郎』のオマージュであるという。

参考文献

・伊藤慎吾・氷厘亭氷泉（編）二〇二一『列伝体　妖怪学前史』勉誠出版
・式水下流　二〇二四『特撮に見えたる妖怪』文学通信

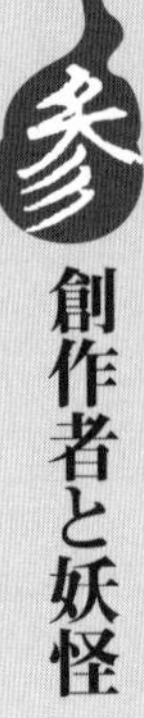

創作者と妖怪

岡本綺堂

おかもときどう（一八七二～一九三九）

妖を妖とし、怪を怪と

岡本綺堂は明治中葉から昭和一四年に没するまで数多くの新歌舞伎の台本を創作し、さらに小説を執筆した。出世作『白虎隊』や『修善寺物語』が代表作だが、戦後、テレビ時代劇として何度もリメイクされ、今なおファンを多い時代小説・探偵小説『半七捕物帳』シリーズ（一九一七～一九三七）の原作者としても名高い。

小説家デビューは一八九一年［明治二四］（二〇歳）で、勤務先の『東京日日新聞』に『高松城』を連載した。戯曲では九六年に『紫宸殿』を発表（『歌舞伎新報』掲載）。その後も歴史的な題材（時代物）をメインに書き続け、一九〇八年［明治四一］の『白虎隊』、一一年の『修善寺物語』で人気を博する。綺堂の戯曲は「一貫して歌舞伎俳優による大劇場演劇を対象にしている」[1]が、後には雑誌書き下ろしの戯曲に加え、小説（怪談を含む）も発表するようになる。特に小説『玉藻の前』は昭和戦後期から今日に至る玉藻像に多大な影響を与えている作品だ。

怪談

綺堂の怪談小説は、どれも短い話である。世間では怪談や心霊がブームになっていた。末國善己（すえくによしみ）は明治三〇年代から始まる心霊ブームが幽霊を復活させ、幽霊を語る怪談がブームになっていったと説く。[2]『文藝倶楽部』誌が怪談コーナー「妖怪談」の連載をはじめたのが一九〇二年［明治三五］二月であった。綺堂もこれに寄稿している。この時期、寄席ばかりでなく、民間でも怪談会が盛んに開催された。一九二六年［大正元］に出た「青蛙神（せいあ）」（『青蛙堂鬼談』所収）は個人宅で五、六人が集まって怪談を語る会を催すというかたちをとった入子型の物語になっている。要するに、綺堂の怪談は、怪談会での口演を想定したようなハナシにまとめられている点に特色がある。

素材の面を見ると、オリジナルのものもあるだろうが、漢籍に収録されている故事説話や江戸時代の随筆類の記事に取材するものが多く、また、直接ではなくとも、それらに示唆を受けたものが散見される。主な作品集として『三浦老人昔話』（一九二五）『青蛙堂鬼談』（一九二六）『近代異妖篇』（同年）『異妖新篇』（一九三三）『怪獣』（一九三六）がある。怪談ブームの中で著されたものだ。

千葉俊二（ちばしゅんじ）は中国説話に拠るところの多いことについて、「綺堂の支那趣味の反映である」とする。[3]戦後一九五五年［昭和三〇］、嫡子経一（きょういち）が出版社青蛙房を創設するが、その「青蛙」は綺堂の怪談集『青蛙堂奇談』（一九二六）に拠る。その「青蛙」は同書巻頭話「青蛙神」により、その後は清の『聊斎志異』所収「青蛙神」に由来する。綺堂は『支那怪奇小説集』（サイレン社、一九三五）という翻訳本も作っているが、「凡例」に「支那には狐、鬼、神仙の談が多い。而も神仙談は我が国民性に適しないと見えて、比較的に多く輸入されてゐない。したがつて、この集にも神仙談は多く採らなかつた」とあるように、日本人読者の嗜好を汲んで選出している。

その一方で、江戸趣味を示す怪談も少なくない。『三浦老人昔話』はそれを体現した短編集である。この三浦老人は「彼の半七捕物帳の材料を幾たびかわたしに話して聞かせてくれる」人として描かれている。『半七捕物帳』は「『江戸名所図会』の世界を伝えたいというのが動機」で構想された作品だった。[4] 江戸趣味もまた、当時は三田村鳶魚を筆頭に、在野の研究者や文人が強い関心を示すところであった。三浦老人はその意味で、時代を象徴する人物ともいえよう。具体的な例を幾つか示すならば、本所七不思議の一つの置いてけ堀に関わる「置いてけ堀」（『三浦老人昔話』）、遠州七不思議の一つ小夜の中山夜啼き石に関わる「小夜の中山夜啼石」（『婦人公論』一九二三年七月号、中公文庫版『青蛙堂鬼談』付録）、同じく夜啼き石伝説に取材した「こま犬」（『近代異妖篇』所収）がまず挙げられる。「小夜の中山夜啼石」は『東海道名所図会』『東海道名所記』だけでなく、大正当時の鉄道の案内記も参照したらしい。他に「深川の老漁夫」（『異妖新篇』）では深川のカワウソを取り上げ、一五、六歳の頃から筆写してきた手帳の記事に基づくという『甲字楼夜話』（一九一四）には髪切・雪女・蛇蛸が、一九一九〜一九二〇年［大正八〜九］頃の「江戸の化物」には池袋の女（石打）・天狗・狐憑き・河童の怪談が載る。こうした江戸の記事に取材したと思われる作品の幾つかの出典は、すでに柴田宵曲『妖異博物館』（青蛙房、一九六三）で指摘されている

（角川ソフィア文庫版の索引参照）。

綺堂は怪談の価値は「理屈もなく、因果もなく」「妖を妖とし、怪を怪と」する記述にあるとする。[5] 綺堂自身の怪談の特色がこの点にあることは先学のよく説くところであるが、清水潤（しみずじゅん）は諸説を整理して「因果律の排除」として論じた。[6]

戯曲における怪異

綺堂の創作はまず戯曲に始まった。それは歌舞伎舞台のためのもので、その作り方は翻案である。歌舞伎に〈世界〉と〈趣向〉という語がある。要するによく知られた物語コンテンツが〈世界〉で、そのままでは芸がないから〈趣向〉を凝らして新味を出すのである。綺堂の戯曲は基本的にこの発想がある。綺堂は古典的な〈世界〉から怪異の題材を求めることが多かった。

初期作品である『平家蟹（へいけがに）』（一九一一作・翌年初演）は歌舞伎の高時（たかとき）の天狗舞から思いついたという。[7] 他にも鉄鼠（てっそ）の『頼豪阿闍梨（らいごうあじゃり）』（一九一七作・初演）、地獄の赤鬼・青鬼の登場する『仁和寺の僧』（一九二一作・初演）、その名の通り『番町皿屋敷』（一九一六作・初演）、牡丹燈籠の原点を戯曲化した『牡丹燈記』（一九二七作・初演）などがある。これらはいずれも、歴史的な世界の怪談を戯曲化したものだ。多くは古典の翻案だが、『牡丹燈記』に関しては「別に新らしい趣向を立てず、新らしい解釈を加えず『剪燈新話（せんとうしんわ）』中の「牡丹燈記」を唯そのままに劇化して、原作の描かれている幽怪凄艶の情緒を日本の舞台に移してみたいと試みた」ものだった（『岡本綺堂戯曲選集　七』収録版、三九八頁）。

図1　玉藻と陰陽師泰親の弟子（わたなべまさこ「青いきつね火」（『マーガレット』1966年5月8日号））

『玉藻の前』

『玉藻の前』（一九一八）は殺生石伝承の世界を踏まえた作品で、歌舞伎・浄瑠璃作品を合成して作られたが、戯曲としてではなく、本格的な小説である。岡本経一は「伝説の玉藻前をかりて、恋愛の至純性を描いたもので、西洋の伝奇小説からヒントを得たものであらうか。題材に似ぬ清新さが漲つてゐる」と評しているが、[8]『番町皿屋敷』をはじめ、伝奇的な作風に恋愛は欠かせない要素になっている。従来妖怪退治譚として受容されてきた玉藻の物語を、綺堂は陰陽師泰親（やすちか）の弟子という新たなキャラクターを

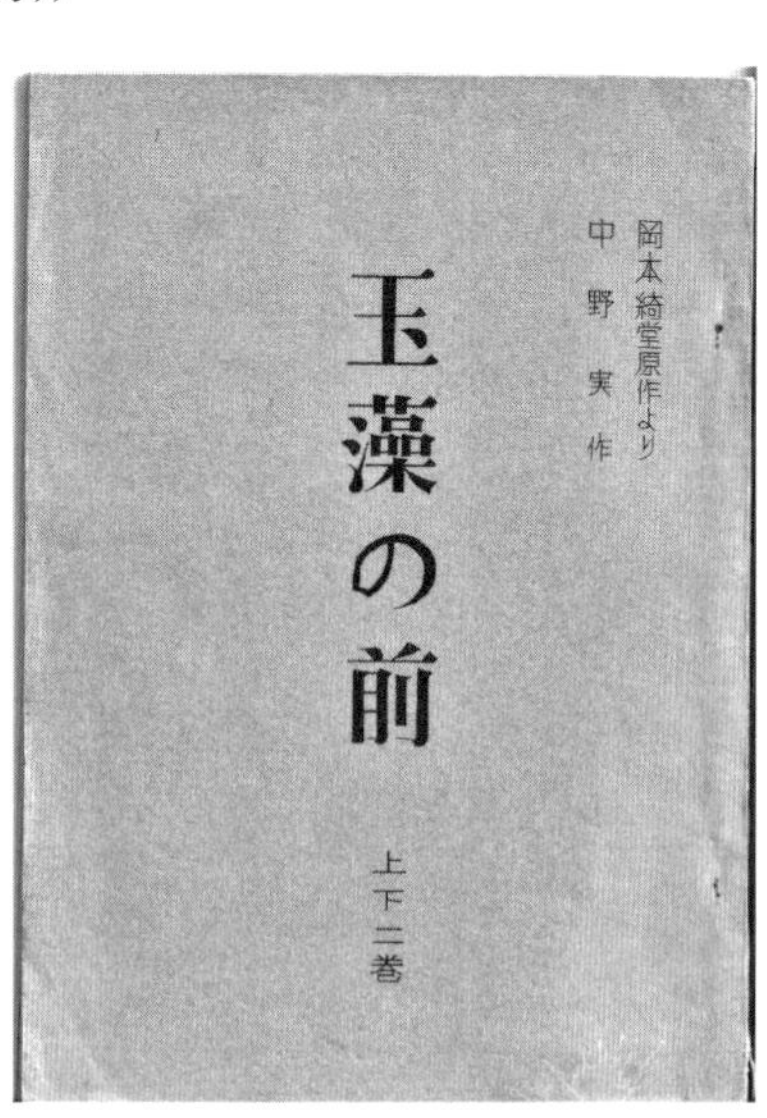

図2　戯曲版『玉藻の前』（中野実・作）。中野は綺堂の弟子で、ユーモア小説を得意とした。

加え、二人の恋愛の筋を取り入れたのである。綺堂は「疑うまじき人を疑うは罪深きことである。而も恋愛関係に於ては、その扱いが醸され易い」と述べ、[9] 恋愛要素を重視していたことが窺われる［**図1**］。戦後には、アニメ映画「九尾の狐と飛丸」（一九六八）や複数の漫画が作られ、またラジオ朗読や舞台演劇［**図2**］も行われた。漫画ではわたなべまさこ『青いきつね火』（『週刊マーガレット』一九六六年連載）、「華陽夫人——天竺編——」「妲妃——中国編——」「玉藻の前——日本編——」（『週刊花とゆめ』一九七六年連載、翌年単行本『白狐あやかしの伝説』刊行）が早く、その後、さちみりほ『伝奇絵巻　玉藻の前』（一九九九）、波津彬子『玉藻の前』（二〇〇九）などが出た。[10]

（伊藤慎吾）

注

［1］　岡本経一「岡本綺堂小伝」（『岡本綺堂戯曲選集』一、青蛙房、一九五九）四五九頁。

［2］　末國善己「岡本綺堂」（『アジアの怪奇譚（アジア遊学一二五）』勉誠出版、二〇〇九—八）一五三頁。

［3］　千葉俊二「解題」（『青蛙堂鬼談』中公文庫、二〇一二）二五〇頁。

［4］　岡本経一「岡本綺堂小伝」（『岡本綺堂戯曲選集』一、青蛙房、一九五九）四六〇頁。

［5］　岡本綺堂「怪奇一夕話」（『随筆　思ひ出草』相模書房、一九三七。初出は一九三五）。

［6］　清水潤「岡本綺堂の怪談」（『鏡花と怪談』青弓社、二〇一八）一九三頁。

［7］　岡本経一「解題」（『岡本綺堂戯曲選集』三、青蛙房、一九五九）四〇三頁。

［8］　岡本経一「婦人公論の三篇」（『綺堂年代記』青蛙房、二〇〇六）。

［9］　岡本綺堂「番町皿屋敷——「創作の思い出」より」（東雅夫編『江戸の残映—綺堂怪奇随筆選』白澤社、二〇二二。初出は一九三三）。

［10］　伊藤慎吾「妖狐玉藻像の展開——九尾化と綺堂作品の影響を軸として——」（『学習院女子大学紀要』二三、二〇二〇）。

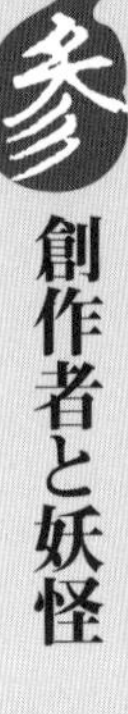

創作者と妖怪

妖怪小説の誕生

妖怪資料の参考と拡充

幻想と怪奇の時代

妖怪小説という枠組みで括ることは難しい。漫画であれば、選定される妖怪、妖怪の設定、そして決定的なのは描かれる姿形が判別しやすい。それが長期連載であれば、情報量はその分増えてくる。小説の場合、京極夏彦（きょうごくなつひこ）が一九九四年にデビューして以降妖怪を取り扱った作風の作家が増えていくが、それまで一人の作家が、妖怪をメインに作品を取り扱う事例はほとんどない。小説の中で妖怪が登場する作品は近現代に至るまで、多く存在はしているが、幻想や怪奇という括りの中で現在妖怪として定義されているものや幽霊、あるいはそれに類するものが取り扱われている作品となっている。

先ず、幻想文学というジャンルにおいては、泉（いずみ）鏡花（きょうか）を挙げておく必要がある。[1]一八九五年「妖怪年代記」では、現代のキャラクター化された妖怪の登場はないが、一九〇八年の「草迷宮」は、三浦半島の葉山を舞台にしているが、『稲生物怪録（いのうぶっかいろく）』（一七四九）を下敷きにし、一九一七年の戯曲「天守物語」では、江戸時代の随筆『老媼茶話』（一七四二）に登場する朱の盤坊や舌長姥などの妖怪が出てくる。さらに一九三一年「貝の穴に河童が居る事」ではラストで河童がひょうひょうと鳴きながら飛んでいく。[2]

河童といえば、芥川龍之介[3]の「河童」（一九二七）も外すことはできない。一九二〇年『人間』一一月号の「雑筆」の中で水怪という小見出しで柳田國男の『山島民譚集』を評している。また、河童の絵を好んで描き、命日の七月二四日は河童忌とされた。また、芥川龍之介と同じく夏目漱石門下の内田百閒[4]もデビュー作「冥途」から多くの幻想小説を残している。中でも「件」（一九二一）は、人面牛身の妖怪・件を取り扱っていることは、興味深い。[5]

現在では、件は小説に限らず取り扱われることが増えているが[6]、珍しい選定といえる。珍しい妖怪の選定に関しては、椋鳩十[7]「一反木綿」（一九五二）も挙げておきたい。水木しげる『ゲゲゲの鬼太郎』の影響で有名な妖怪となっているが、小説の題材として選定されることはほとんどない一反木綿を取り扱った作品である。[8]

年代は前後するが、岡本綺堂[9]のことにも触れておきたい。時代小説でもあり、探偵小説でもある半七捕物帳のシリーズでは、タイトルから判別できるだけでも「海坊主」、「雷獣と蛇」、「一つ目小僧」、「歩兵の髪切り」などが挙げられる。[10]また、中国の志怪小説や西洋の怪奇小説の翻案も手掛けている。以上のように一九五〇年代までの妖怪が小説に登場する場合は幻想怪奇小説のジャンルの中の一作品として発表されたものが多い。妖怪に関する資料も柳田國男『妖怪談義』も少し後になり、江戸時代の随筆や作家たちが触れた地域の伝承の色が出た作品となった。

民話・漫画・図鑑

一九五〇年代後半には、未来社の日本の民話シリーズが刊行され始める。[11]ここで登場するのが、山田野理夫である。[12]一九五九年に日本の民話シリーズで『宮城の民話』を執筆したことが後の創作活動に繋がっていく。山田野理夫の作品には、採話した話から民話として発表したものと柳田國男「妖怪名彙」や藤澤衛彦『妖怪画談全集　日本篇上』から妖怪の解説を抽出し、妖怪の話として創作したものがある。これが幻想・怪奇小説と異なる妖怪小説の一つの形ということもできるが、山田野理夫の創作性は物語に膨らみを与え、読者に衝撃を与えるためのものであり、参考にした資料の筋までは大きく改変しないことから民話の延長線にある作品群といえる。更に一九六〇年代には、雑誌記事で妖怪が多く紹介され始め、これらを取り入れて、水木しげるが妖怪漫画というスタイルを確立する。[13]一九七〇年代に入ると水木しげる、佐藤有文、中岡俊哉らが妖怪図鑑を作り始め、雑誌記事で紹介されてきた妖怪たちがまとめられていく。山田野理夫も一九七四年に『東北怪談の度』、一九七六年『おばけ文庫』（全一二巻）と多くの妖怪の話を創作していき、水木しげるが妖怪解説に採用した。水木しげるの妖怪解釈が浸透する一方で、一九七〇年代の後半は伝奇ロマンやSFの勢いが増していく。[14]この時期は、「研究者」たちがまとめていった妖怪の情報を、「紹介者」たちが共有、拡散し、現在の妖怪の概念を作り出した時期といえる。そしてそれらを元に一九九〇年代に入り、妖怪を取り扱う作品の基本情報は更に拡充していくことになる。

京極夏彦がもたらしたもの

一九九二年、国書刊行会から鳥山石燕の『画図百鬼夜行』が全巻収録の形で刊行された後、一九九四年『姑獲鳥の夏』で京極夏彦が小説家としてデビューする。[15]デビュー作『姑獲鳥の夏』以降の百鬼夜行シリーズは探偵小説の流れを踏襲しながらも発生した奇怪な事件を鳥山石燕の描いた妖怪に見立て、その事件の構造を解き明かす（憑き物を落とす）。その際にタイトルになっている妖怪や作中で取り扱われる妖怪の発生と一般的な解釈、作中の独自の解釈を交えて説明されるので、一冊を読み進めていくとそれらの妖怪に関しての知識が得られる。シリーズは戦後の日本が主な舞台となるが、近年の妖怪研究の成果が作中に用いられている。[16]

更に京極夏彦は、一九九六年に水木しげる・荒俣宏らと世界妖怪協会を結成し、翌一九九七年には季刊の妖怪マガジン『怪』が角川書店より創刊されている。『怪』では、巷説百物語シリーズが連載された。百鬼夜行シリーズが鳥山石燕の描いた妖怪なのに対して、巷説百物語シリーズは、竹原春泉斎『絵本百物語』の妖怪の仕業に見立てた仕掛けで問題を解決する時代小説となっている。また、国書刊行会の『画図百鬼夜行』に続く『絵本百物語』（一九九七）などの妖怪画集や二〇〇四年から中公文庫の〈異〉の世界シリーズ[17]に京極夏彦は、文章を寄せている。

世界妖怪協会の発足、『怪』の創刊によって多田克己や村上健司といった新しい在野の妖怪研究が定期的に見られるようになったこと、国書刊行会や中公文庫での妖怪に関する書籍の復刊で妖怪に興味がある人々の知識が拡充されていった。

それは読み手だけでなく、書き手にも大きな影響を与えた。京極夏彦以降、妖怪を主な作品の主題に取り扱う作家は確実に増えた印象を受ける。時代小説として、畠中恵（はたけなかめぐみ）のしゃばけシリーズ・つくもがみシリーズ、[18]廣嶋玲子（ひろしまれいこ）の妖怪の子預かりますシリーズ、風野真知雄（かぜのまちお）の耳袋秘帖シリーズ、[19]宮部（みやべ）みゆきの三島屋変調百物語シリーズなど多く妖怪や怪談を題材にしつつ、一つの作品ではなく、シリーズ化されている。[20]また、ライトノベル[21]の分野でも妖怪を取り扱った作品も多く見られる。妖怪の知識が拡充され、それを表現する人が増えた。作品が増えていけば、それを分類するためのラベリングが必要になる。水木しげるの『ゲゲゲの鬼太郎』が怪奇漫画から妖怪漫画になったように京極夏彦によって幻想・怪奇小説から妖怪小説が誕生したといえる。

（式水下流）

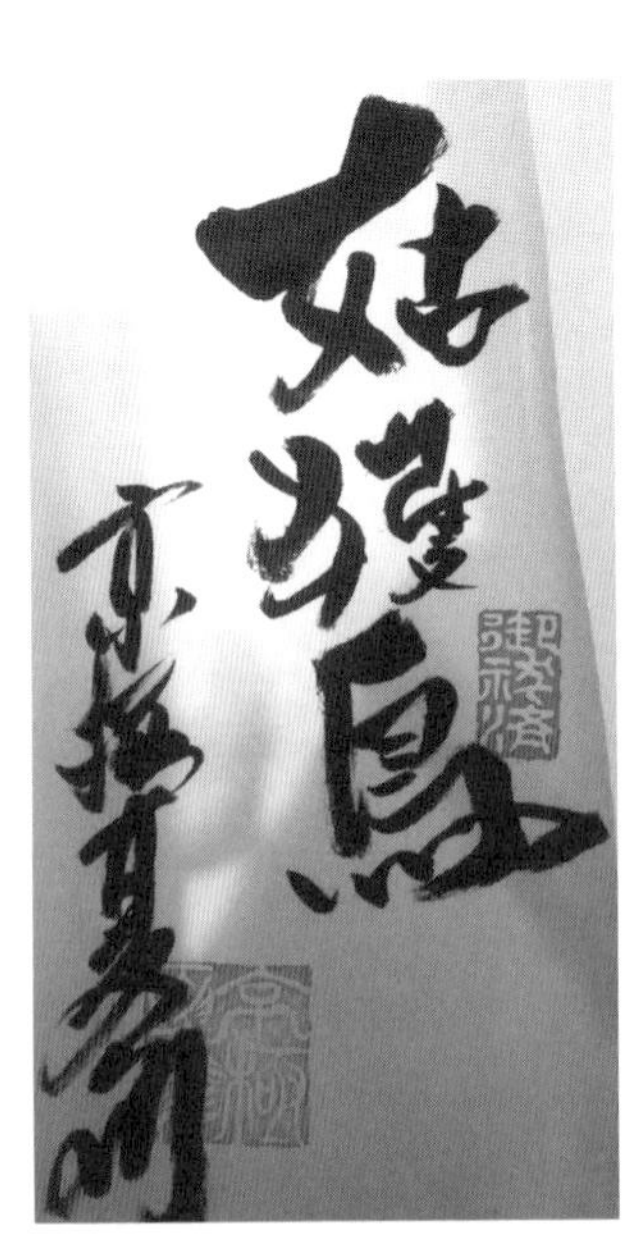

右：京極夏彦画文集『百怪図譜』（2007年）より姑獲鳥　左：京極夏彦の署名と「姑獲鳥」
京極夏彦は装丁などのデザイン、動画編集、妖怪画、達筆なサインと多才である。

注

［1］ 泉鏡花（一八七三～一九三九）は、石川県金沢市下新町生まれ。尾崎紅葉に師事した。小説だけでなく、戯曲や俳句も残している。本名は泉鏡太郎。代表作に『高野聖』、『婦系図』、戯曲として『夜叉ヶ池』、『海神別荘』などがある。

［2］ 宮崎県のヒョウスエ、ヒョウズンボを思わせる。柳田國男が『山島民譚集』や「川童の話」（ともに一九一四）でヒョウスエについて触れている。河童がひょうひょうと鳴きながら飛ぶ表現の正確な参考元は不明だが、柳田國男と親交もあった泉鏡花が、河童の局地的な要素を取り入れているのは面白い。

［3］ 芥川龍之介（一八九二～一九二七）は、東京市京橋区入船町（現・東京都中央区明石町）生まれ。夏目漱石に師事した。代表作に「鼻」、「羅生門」、「地獄変」などがある。藤澤衛彦とも鳥山石燕の話で盛り上がったこともある。『列伝体　妖怪学前史』第二部「藤澤衛彦」二二四頁参照。

［4］ 内田百閒（一八八九～一九七一）は、岡山県岡山市古京町生まれ。本名は内田栄造。別号は百鬼園。代表作に『冥途』、『百鬼園随筆』、『ノラや』、『阿房列車』などがある。

［5］ 件が見世物として展示されたことのある記録や件が予言をしたという記事が内田百閒の「件」より前に確認できる。また時代は前後するが、佐藤清明『現行全国妖怪辞典』には、「且て岡山市の珍品展覧會に表はれた」とある。内田百閒の一九三三年作品「狭筵」では、捕獲された雷獣が見世物にされる表現がある。件の姿形や予言をするということなどの情報や見世物という文化が根付いていたことが感じられる。

［6］ 小松左京「くだんのはは」（一九六八）、岩井志麻子「依って件の如し」（一九九九）、化野燐『件獣』（二〇〇六）、城平京『虚構推理』（二〇一二）、宮部みゆき『よって件のごとし　三島屋変調百物語八之続』（二〇二二）と小説でも内田百閒以降断続的に、漫画や映像作品にも多数登場している。

［7］ 椋鳩十（一九〇五～一九八七）は、長野県下伊那郡生まれ。本名は久保田彦穂。代表作は『大造じいさんとガン』など、日本の動物文学の第一人者である。

［8］ 椋鳩十といえば動物・児童文学の代表的な人物であるが、この一反木綿は成人向けの雑誌『笑の泉』に掲載されたエロ・グロ・ナンセンスな一編となっている。椋鳩十は人生の大半を鹿児島で過ごしたことを考えるとご当地からの選定であろう。なお、一反木綿は一九四二年に野村伝四『大隅肝属郡方言集』で紹介されている。

［9］ 本書第三部三七四頁参照。

［10］「甲字楼夜話」（一九一四）では冒頭から神田小川町の髪切の話が記録されている。また、昔の化け物として赤口ぬらりひょん。牛鬼。山彦おとろん。わいろうかん。……と記載されている。おそらく赤口・ぬらりひょん・牛鬼・山彦・おとろし・わいら・うわんと考えられる。また、この並びから『嬉遊笑覧』を岡本綺堂が参考にしていたことが推測できる。

［11］ 本書第二部一二〇頁参照。

［12］ 山田野理夫（一九二二～二〇一二）は、宮城県仙台市生まれ。『列伝体　妖怪学前史』第二部「山田野理夫」一七四頁参照。

［13］　水木しげるも多くの妖怪を登場させる方向性に行き着くには怪奇漫画というべき傾向の作品を発表していた。これは、漫画に限らず、小説や映画などのジャンルでも同様の流れといえる。本書第三部三四六頁参照。

［14］　荒俣宏の小説『帝都物語』（一九八五）や諸星大二郎の漫画『妖怪ハンター』（一九七四）など小説だけでなく、漫画や映像作品でも一九七〇、一九八〇年代と伝奇・SFの流れが強くなっていく。

［15］　京極夏彦（一九六三〜）は、北海道小樽市生まれ。小説家としてだけでなく、デザインや妖怪研究の分野の仕事もこなす。代表作は百鬼夜行シリーズや巷説百物語シリーズなど。

［16］　小松和彦『憑霊信仰論』（一九八二）や『怪』で連載されていた多田克己の鳥山石燕の妖怪の絵解き等、学術的なものに限らず幅広い妖怪解釈が作中に参考にされることがある。

［17］　国書刊行会では『狂歌百物語』や葛飾北斎、河鍋暁斎などの妖怪画集、中公文庫では江馬務、今野圓輔、日野巌などの妖怪に関する本が復刊された。

［18］　『しゃばけ』は二〇〇一年に刊行され、その後シリーズ化されている。つくもがみシリーズは、二〇〇七年『つくもがみ貸します』以降シリーズ化された。この前後は器物の妖怪を付喪神とする気運が高まっており、漫画では浜田よしかづ『つぐもも』（二〇〇七〜）、オニグンソウ『もののがたり』（二〇一四〜）、特撮テレビ番組でも『轟轟戦隊ボウケンジャー』（二〇〇六〜二〇〇七）で取り扱われている。本書第一部七二頁で示されている通り、単純に古い器物が化けたもの＝付喪神という訳ではないが、創作の世界では使いやすい題材となっている。

［19］　妖怪の子預かりますシリーズは、「うぶめ」の住処を壊してしまったことから主人公の弥助が妖怪の子供を預かることになる。風野真知雄の耳袋秘帖シリーズでは、『蔵前　姑獲鳥殺人事件』という姑獲鳥を題材とする作品がある。姑獲鳥を京極夏彦が題材にして以降、小説だけでなく、特撮テレビ番組でも『ウルトラマンダイナ』（一九九七〜一九九八）、『仮面ライダー響鬼』（二〇〇五〜二〇〇六）で姑獲鳥をモチーフにした怪物が登場している。

［20］　岡本綺堂の半七捕物帳シリーズから時代小説と妖怪の親和性が受け継がれ、百物語などの怪談や妖怪文化の知識的広がりの中で、京極夏彦の巷説百物語シリーズからの流れを感じる。

［21］　本書第三部三八八頁参照。

参考文献

・東雅夫（編）二〇〇五『妖怪文藝〈巻之壱〜参〉』小学館文庫
・東雅夫（編）二〇一四『河童のお弟子』ちくま文庫
・東雅夫（編）二〇一七『文豪妖怪名作選』創元推理文庫
・東雅夫（編）二〇二二『江戸の残映　綺堂怪奇随筆集』白澤社
・小鳥羽てん　二〇二二「事典類の件（クダン）——情報の集約と知識の伝播——（前編）」『たまはがね士』亀山書店

百物語は江戸時代一つのブームであった。『諸国百物語』や『古今百物語評判』など鳥山石燕も参考にした怪談本、京極夏彦の巷説百物語シリーズで参考にされた『絵本百物語』、妖怪をテーマにした狂歌絵本『狂歌百物語』など作品タイトルに百物語を冠するものは多い。『教訓百物語』もその一例である。石灯籠、碁盤、下駄などの器物の妖怪が描かれている。図は執筆者蔵の写本なので、拙い。

河鍋暁斎は飯櫃や釜などの器物の妖怪を描いている。描き手によるデザインの違い、時代による器物の選定に変化があるのは面白い。

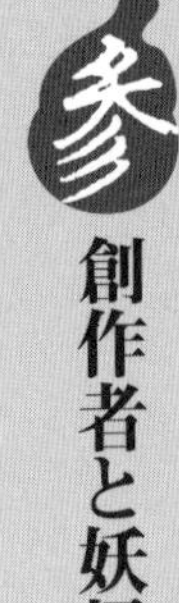

創作者と妖怪

ライトノベルの妖怪

東西モンスターの共生

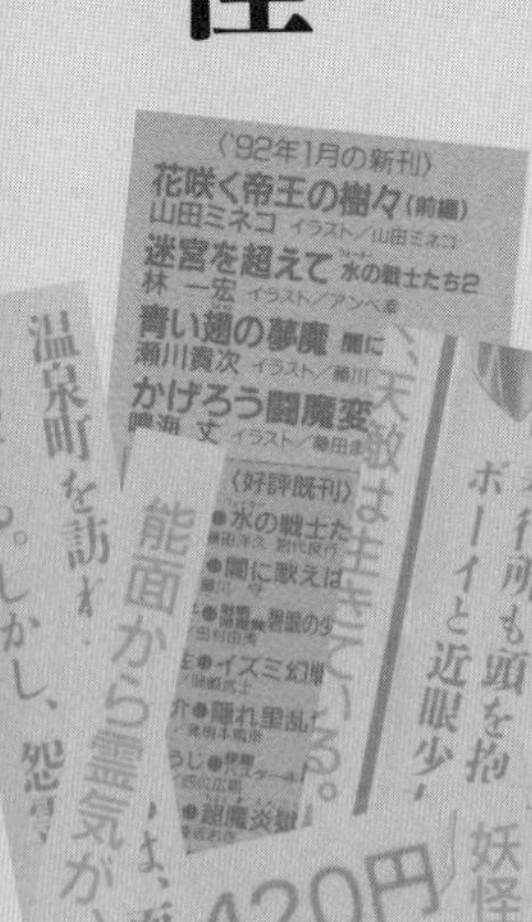

ライトノベル史の中の妖怪

一九八〇年代、アニメ・漫画・ゲームの文化が新たな時代を迎えた。中国で言うところのＡＣＧＮ（アニメ・コミックス・ゲーム・ノベルス）とまとめられる日本のポップカルチャーが花開く時代である。こうした文化の中から小説のかたちで同様の物語コンテンツを楽しむ状況が育まれていった。アニメやゲーム雑誌に漫画とともにファンタジー小説が掲載され、またゲームのリプレイ版が作られ、さらには既存の出版社ばかりでなく、ゲームメーカーなども出版部を作って小説を出し、ゲームや漫画のノベライズ版が豊富なイラストと共に作られ、受容される時代になった。

初期の頃はゲームのファンタジー世界の住人、つまり剣と魔法のファンタジー世界に現れるような、西洋風のモンスターや幻獣、あるいはデミヒューマンが主流であった。もしくは、現代日本を舞台とした作品ならば、基本的に幽霊系のものではなく、異形の妖怪であれば、オリジナルの創作妖怪を登場させるのが常套手段であった。

剣と魔法のファンタジーの物語はそのままに、ただし世界を日本に移し、パーティの職種を侍や仏教僧、陰陽師、巫女、忍者などに改めることで、和風ファンタジーが派生する。モンスターも当然日本の妖怪となる。すると、二〇〇〇年代以降、ライトノベルの需要が拡大し、様々な作品が作られる中で、中世ヨーロッパ風の異世界ファンタジーでありながら、日本の妖怪の登場する作品が増えていくのであった。

薬草を採取しに入った洞窟で鵺に出くわしたり、リザードマンの集落からドワーフの集落に向かう途中に鳥山石燕の以津真天(いつまで)が生息していたり、カマイタチと称する風魔法が使われたりすることに、読者が違和感なく受け入れられるようになるには、二、三〇年の歳月が必要だったのだろう。

『ロードス島戦記』や『スレイヤーズ』『ソード・ワールド』シリーズをはじめとするファンタジー作品は、西洋モンスターもしくはそれをアレンジしたオリジナルモンスターが登場する。『指輪物語』的な世界を踏襲して創作し、さらにそれをパロディ化することが主流となっていたから、登場するモンスターが同類になるのは当然だろう。

それに対して『妖魔夜行』シリーズや『デジタル・デビル・ストーリー』は現代日本を舞台にした伝奇SF作品である。基本的にオリジナルモンスターや西洋モンスターが登場する。ただし記紀神話の影響が見られることから、剣と魔法のファンタジーのモンスターとは異なる発想の上にキャラクターが造形されていることがわかる。

二〇〇〇年代に入ると、和風アドヴェンチャーや和風の退魔物が増加していく。西洋風の異世界ファンタジーは相変わらず作られ続け、今に至るが、和風ファンタジーも一つの流れを形成していったのである。

ライトノベルに先行して、少女小説では美少年、美青年が退魔を担う和風作品がはやくから散見される。代表的なものに結城光流『少年陰陽師』（角川ビーンズ文庫、二〇〇二）がある。この作品は大ヒットしてシリーズ化した和風の怪奇ロマンスである。ゲームがオリジナルでマンガやアニメなども人気のあった『遥かなる時空(とき)の中で』シリーズ（二〇〇〇～二〇一三）も同傾向をもっている。こうした作品はその後も数多く生み出されている。

コバルト文庫やビーンズ文庫などの少女小説から出されている作品にも妖怪物は数多い。それらに登場する妖怪もこれに近いものがある。主人公格の男が妖狐であるなど、限られた主要なキャラクターが妖怪であるという設定が散見される。たとえば『狐と乙女の大正恋日記』（角川ビーンズ文庫）は九尾の狐が主人公格である。その一方で、やはり数多くの妖怪を登場させる作風のものもある。『橘屋本店閻魔帳』（コバルト文庫）は酒呑童子をはじめ、数多くの妖怪が登場するし、平安時代を舞台にした『姫君の妖事件簿』（コバルト文庫）も古桜の精、精螻蛄(しょうけら)、比比流(ひひる)（九九年生きた蛾(が)の妖怪）、河童など色々な妖怪が登場する。[1]

『インテリビレッジの座敷童』の場合

鎌池和馬『インテリビレッジの座敷童』全九巻（電撃文庫）は二〇一二年から二〇一五年にかけて刊行された作品である。近未来の日本において、田園風景と最新鋭テクノロジーを融合して演出した〈田舎〉が作られた。それをインテリビレッジと呼ぶ。そこを舞台として、妖怪は人間と共存し、その一方で、妖怪が利用される犯罪も起きていた。妖怪の懐きやすい体質の男子高校生が、子どもの頃から家族同然に暮らすヒロインの座敷童とともに妖怪がらみの事件〈パッケージ〉を解決していくことを主に描いた作品である。

本作に登場する妖怪にはサキュバスやゾンビのように欧米のものが多少混じるが、原則として日本の妖怪である。主役級のものに〈座敷童〉がおり、主要なサブキャラクターに〈猫又・雪女・古椿・すねこすり・唐傘お化け・提灯お化け・青行灯・油取り〉がいる。その他を列挙すると次の通り。

文車妖妃・蛇帯・小袖の手・一反木綿・泥田坊・のたばりこ・臼挽き童・蔵ぼっこ・マヨイガ・産女・けち火・天邪鬼・送り狼・送り雀・河童・狐火・九尾の狐・管狐・七人みさき・人面瘡・狸・狐・狢・付喪神・土蜘蛛・鵺・蝦蟇・蟒蛇・鉄鼠・武文蟹・猿神・獏・天狗・当廟・平家蟹・豆狸・山童・山姥・人魚・おんぶお化け・柿男・のっぺらぼう・海坊主・ぬらりひょん・貧乏神・垢舐め・夜行さん・ぬりかべ・シーサー・キジムナー・口裂け女・トイレの花子さん

などなど、夥しい数の妖怪が登場する。

妖怪は、唐傘お化けや提灯お化けのように従来通りの姿で描かれるものもあるが、人格化したものも少なくない。ヒロインの座敷童がその典型例である【図1】。座敷童は小さな子供として描くのが一般的であるが、ここでは成熟した女性として描かれている。これに対して、マスコットのような可愛さが強調されたキャラクターとして描かれることも多い【図2】。すねこすりは、本作においては、小型犬の

図1　座敷童『インテリビレッジの座敷童』2（電撃文庫）

姿をしている。一般的には旅人の脛に頬を擦り付けるが、特に害があるものではないとされる。本作では百鬼夜行という組織と菱神舞の連絡役だが、舞のペットと化している。

このように、キャラクター化はおよそ二つの方向性をもって造形される。一つは座敷童に見られるように、萌えキャラ化（イケメン化を含む）、もう一つはすねこすりに見られるように、マスコット・キャラクター化である［図3］。退治されるべきモンスターとしての造形も従来通り見られるが、この二つの方向性がライトノベルの妖怪像の特徴ということができるだろう。[2]

作家の情報収集環境

二〇〇〇年代以降、ライトノベル作品には、日本の妖怪が登場するものが多くみられるようになった。右に挙げた『インテリビレッジの座敷童』はその一例である。それは妖怪の造形に利用される文献として近世怪談資料が好んで用いられるようになったからである。その背景として、一九九〇年代に、『画図百鬼夜行』『絵本百物語』（ともに国書刊行会）などの近世妖怪本のカラー版が、現代語訳、解説付きで刊行され、流布したことがあるだろう。中でも『画図百鬼夜行』が基礎的な資料的価値を持つ物

として評価されるに至っていたと考えられる。本書は、大型版に続いて比較的廉価に文庫本化も行われ（角川ソフィア文庫『画図百鬼夜行全画集』）、更にはウィキペディアで全図の原文翻刻から詳細な解説まで公開されるようになったことが主な要因だろう。基本的に村上健司『妖怪事典』の解説も取り込んでいるから、妖怪情報をウィキペディアだけ処理するケースも見られるようになった。

一九八〇年代以降の妖怪研究の興隆と大衆的需要の拡大、水木しげる作品の注釈・研究対象化、国書刊行会による平易で詳細な注釈付き影印版の刊行、サブカルチャー作品に関わるクリエイターの利用、ネット上での関連情報の公開、さらに妖怪マニア間の交流の拡大といった動きなどが連動することで、ライトノベル創作において『画図百鬼夜行』をはじめとする近世妖怪資料の利用が定着していったものと考えられる。[3]

なお、西洋のモンスターについては、RPGを中心とする展開についても論じるべきだが、[4] ここでは日本の妖怪に限ってみた。

（伊藤慎吾）

図2　すねこすり　『インテリビレッジの座敷童』6（電撃文庫）

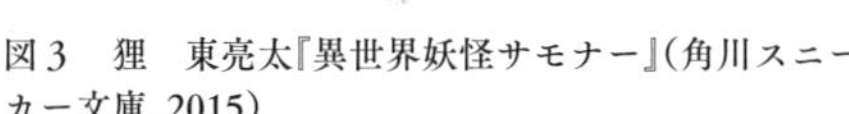

図3　狸　東亮太『異世界妖怪サモナー』（角川スニーカー文庫、2015）

図4　文車妖妃　垢嘗　アルラウネ　湖山真『耳鳴坂妖異日誌　手のひらに物の怪』（角川スニーカー文庫、2009）

注

［1］伊藤慎吾「ライトノベルの妖怪像」（『ユリイカ』四八―九、二〇一六）。

［2］伊藤慎吾「ライトノベルと近世怪談資料――『画図百鬼夜行』の受容をめぐって」（『学習院女子大学紀要』一九、二〇一七）。

［3］前掲2論文。

［4］これについては、伊藤慎吾「ライトノベル異世界転生物における異世界の生成――モンスターの和洋混淆状態を手がかりに」（『現代ポップカルチャーにおける異界――日本人の深層意識を探る』國學院大學大学院、二〇二二年）を参照されたい。

天地創造の時から，この物語の幕が開き，綱の国の征服を狙う弥勒(ミロク)菩薩と愛染(アイゼン)明王の抗争を軸として，古代日本神話の英雄たちが陸続として登場する。八岐大蛇(やまたのおろち)に奪われた名剣，草薙(クサナギ)の剣(ツルギ)の奪回を悲願とする須佐之男(スサノオ)。黄泉(ヨミ)の国を支配する国王竜神。出雲(イズモ)の国に君臨する精霊の支配者大国主(オオクニヌシ)。羅生門で片腕を斬り落とされた悪魔の頭目，茨木(イバラギ)童子。唯一人の女性，鬼子母(キシモ)神。そして河童と一寸法師。彼らが遍歴する異次元の世界の驚異と冒険の連続。気鋭のアメリカ作家が，日本神話に取材して描く雄大なＳＦファンタジー！

リチャード・A・ルポフ『神の剣 悪魔の剣』(訳／厚木淳。1979)表紙・あらすじ部分
『Sword of the Demon』(1976)の東京創元社(創元推理文庫)による邦訳で、すずき大和が挿画とカバーを担当。ひかわ玲子『ひかわ玲子のファンタジー私説』(1999。125頁)でも海外における日本が題材となった作品として紹介されている。ルポフによる作品世界《綱の国》(The land of Tsuna)は、参考資料が限定的であったことが要因で中世〜近世初期の物語や神仏注釈に作風が隣接しており、それが逆に現代日本の《妖怪》作品や《和風ファンタジー》作品があまり踏んでいない《点と線》のたどり先に1970年代の段階で立っている。(氷厘亭氷泉)

参 創作者と妖怪

ネット生まれの妖怪たち

鱗舐・コタヒ・空亡

近年はインターネット上でも新しい妖怪が産まれている。といっても「八尺様」などのようないわゆるネット怪談に限った話ではない。本稿で紹介するのは、ネット上で通俗的な「妖怪」の文脈として語られながら新たに産み出された妖怪たちである。一部は創作妖怪に近いが、明確な作者が曖昧な状態で広まっている点でまたそれらとは違う趣がある。

Wikipedia 産まれの妖怪たち

二〇〇五年十二月、Wikipediaに「鱗舐」なる妖怪のページが作られた。[1] 曰く、「堺や近江で伝えられている妖獣」であり、「姿は、ポケットモンスターに出てくるベロリンガ（目と体つき、足）とフーディン（頭）によく似ている。」「徳の高い者を舐めると、3つ願いがかなう。」という。加えてその後、Wikipediaに「つむじ小僧」「葉落とし小僧」「迷い魂」「笑い影」といった出所不明の妖怪情報の項目が次々と作成された。[2] もちろんこのような伝承は現在確認できず、最終的にこれらの項目は二〇一〇年三月、「鱗舐」は二〇一一年五月に削除された。

右の妖怪たちは現在ではほとんど忘れ去られたようだが、Wikipediaの妖怪に関する出所不明の記述では「日本三大悪妖怪」のように影響力の大きいものである。二〇〇五年五月、Wikipedia上の「玉藻前」のページが作成された際に「後に江戸時代に入り、玉藻の前は酒呑童子、崇徳上皇（崇徳の大天狗）と並んで日本三大悪妖怪と言われ」という記述がなされ、同六月には「酒呑童子」のページにも日本三大悪妖怪の記述が追記された。その後、二〇〇九年には「日本三大悪妖怪」のページが新規に作成されるが、執筆者らが情報源を探す中で、日本三大悪妖怪について書かれた本がいずれもWikipediaの記述を参考にしていたと見られるのは興味深い点である。[3]

変わった所では、英語版Wikipediaの「List of legendary creatures from Japan」のページに二〇一六年九月に追加された「Kotahi」は、「a Manawa Bradford, a spirit monkey that is very hairy and gets really angry」と説明が書かれている。[4] その後ボードゲーム『Rising Sun』に登場したことがきっかけとなり出典が疑問視されたが、これはニュージーランドのコタヒ・マナワ・ブラッドフォードという人物が友人とふざけて自身の名前を追加したものだったことが明らかになった。[5]

ジョークから生まれた妖怪

二〇一三年十月ごろ、[6] 画像掲示板「ふたば☆ちゃんねる」内で『世界の妖怪全百科』（一九八一）などの妖怪図鑑をコラージュし解説を書き換える遊びが流行った。例えば「玉藻御前」は「独身男性の家に入り込んでは、家事の一切を取り仕切り、金銀財宝を与え仕事にも行かせない。」、「しばすべり」は「異常性癖でオカズが足りず、困っている人の所に

うまづら

半人半獣の妖怪

戸をあけたまま昼寝をしていると現れた妖怪。

うまづらは、人間の女性の体に馬の顔のついた妖怪で、夏場によく現れた。特に、昼寝の最中に、よく現れたらしい。

暑いからといって、戸をあけたまま寝ていたりすると、この妖怪が現れて、悪さをした。

口から毒気のようなものをはき出し、それをかけられると、病気になったといわれる。

149

『世界の妖怪全百科』より、コラージュされる前のページ

来て、液タブと萌え絵入門の本をタダでくれる。」、「うまづら」は「昼寝をしているといつの間にか家に入り込んでいる妖怪。腹を冷やさないよう毛布をかけてやる、蚊取り線香を炊き、日光が直接あたらないように、庭に植物を植えて緑のカーテンを作る。」などである。[7] もちろんそのような伝承がない事は分かり切った上での冗談なのだが、先の玉藻御前とうまづらはネット上で転載が繰り返される中で本来の文脈を離れ広まり、うまづらに至っては二〇一五年八月十一日放送のテレビ番組『所さんのニッポンの出番』でこの通りの解説が紹介されることになった。

冗談による妖怪解説が本来の文脈を離れて膾炙した他の例では、「はじっかき」がある。妖怪絵巻などを紹介している書籍『妖怪萬画』第一巻（二〇一二）は、はじっかきについて「もし運悪く、掘り当ててしまったりしたら、その人は恥をかかされた恨みによる祟りで、とんでもなく恥ずかしい目に合わされるという。」とした。

参考文献などは書かれていないが、これは黒法師げげぼによる妖怪イラストや漫画のブログ「外々坊譚」に書かれた、「こいつを掘り当ててしまった人は前より深く埋めなおさないととんでもなく恥ずかしい目にあってしまうという。」[8]とするオリジナル解説を明らかに参考にしている。同サイトでは「騙されて人に話して恥じかいた!!と言われても責任は一切取らないので自己責任でご利用ください。」[9]と冗談である旨が明記されているが、『妖怪萬画』を通して他の妖怪図鑑でもはじっかきの解説として採用されているケースが多い。

最強の妖怪・空亡

二十一世紀に入って、ネット上などで「最強の妖怪とは?」といった議論で急に名前が上がり始めた妖怪として「空亡」がある。他の妖怪との関連性が必要となる「最強」という珍しい属性が付けられたこの妖怪も、特殊な経緯で生まれている。

まず、フィギュア『荒俣宏の奇想博物館　陰陽妖怪絵巻』(二〇〇二)に付随するカード(トランプ)『陰陽妖怪絵札』は『百鬼夜行絵巻(真珠庵本)』の末尾に登場する火の玉について、[10]「空亡(くうぼう)」と名付け「空からころがり落ちてくる火の玉のような太陽は、まさに闇を破る万能の力といえる。太陽は、夜の闇を切り裂いて夜明けをもたらすとき、空亡という「一日の暦の切れ目」をついて、夜の中に割りこんでいく。この空亡の隙間は、どんな妖怪にも塞ぐことができない。」と解説している。『陰陽妖怪絵巻　絵解』に書かれた物語では空亡は安倍晴明の式神として登場し、百鬼夜行の妖怪たちを退散させる様子が描かれた。

続いてTVゲーム『大神』(二〇〇六)に登場す

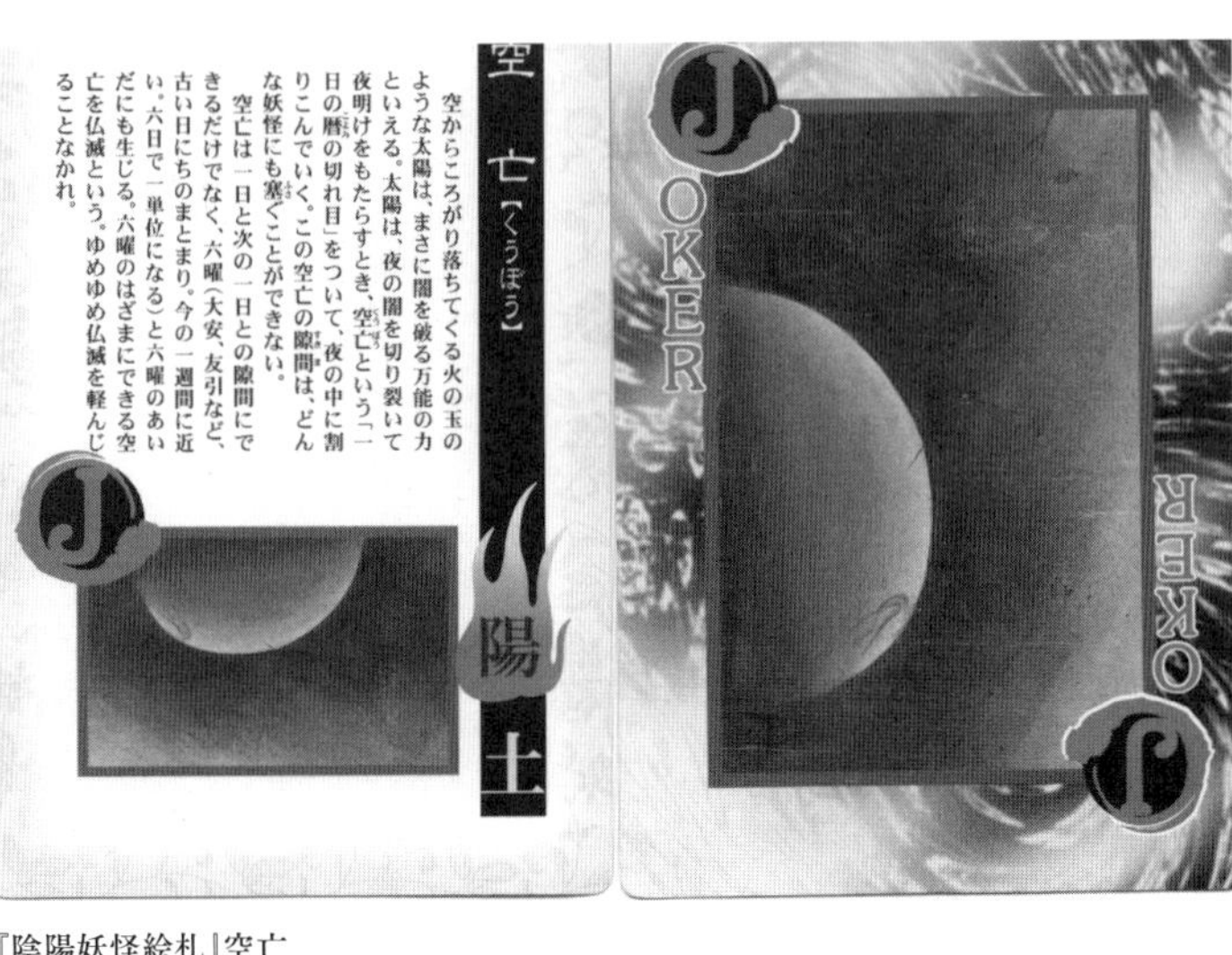

『陰陽妖怪絵札』空亡

るボス「常闇ノ皇」について、『大神絵草子　絆　大神設定画集』（二〇〇六）は「デザインしたときは空亡という名前でした。実際にいた妖怪です。真珠庵の妖怪絵巻では最後に登場して、すべての妖怪を踏み潰すという、まさに最強の妖怪。」と語っている。『陰陽妖怪絵札』を受けたと思われるが、太陽あるいは式神であるといった解釈が省略され妖怪として解釈されている。

「空亡」の誕生の経緯は以上だが、ネット上では同人ゲーム「東方project」シリーズのブームにより、登場人物である「ルーミア」の元ネタとして認識されたことも広まった一つの要因であった。ルーミアは闇を操る比較的弱い妖怪という設定だが、闇をまとって球状になるといった設定や、実は本当の力が封印されているのではないかといったファンの想像からか、「アンサイクロペディア」（二〇〇九年八月三一日編集分）[11]や「ニコニコ大百科」（二〇一〇年四月二八日編集分）[12]では「ルーミア」の項において

紐づけるような記述がなされている。特に後者の掲示板では空亡が実際の伝承として存在するかの議論が行われており、さらにその中で「大神」の名前が挙がるも「陰陽妖怪絵札」の名前はかなり後まで挙がっていないのも興味深い。

ネット上で広まった原因としてはいわゆるまとめサイトの影響も大きい。2ちゃんねるのスレッド「日本最強の妖怪てなに?」（二〇〇九年二月）をまとめた「おはようwwwおまえらwwwwwww」[13]は特に初期の例だが、スレッド「最強の妖怪は空亡で決定したけど」（二〇一一年六月）を始めとして妖怪に関するスレッドを多くまとめているサイトには「哲学ニュースnwk」[14]がある。こちらは空亡の話題が出る度に「RPGっぽいモンスター図鑑Wiki」[15]へのリンクを貼っているが、当時そちらで書かれていた空亡の記述は正確には「ふたばちゃんねる」内「僕の考えたオリジナルキャラを描いてもらうスレ」に書き込

『大神絵草子 絆 大神設定画集』で公開された常闇ノ皇の設定画

『東方文化帖』(2005年)に描かれたルーミア

近藤憲一『ダークギャザリング』2巻

まれたオリジナルキャラクター「空亡（そらなき）」の解説であり、こちらも本来の文脈と乖離した例と言えよう。

二〇一一年に筆者が空亡の経緯や陰陽妖怪絵札との関連性をtwitterに纏めて以降は、妖怪としての空亡の広まりは下火を迎える事になった。しかしその後も、漫画では『タケヲちゃん物怪録』『ダークギャザリング』、アニメやゲームでは『妖怪ウォッチ』シリーズなど、空亡は創作物において重要キャラクターとして生き続けている。（御田鍬）

とよ田みのる『タケヲちゃん物怪録』3巻

注釈・参考文献用

［1］ Wikipedia: ノート：鱗舐

https://ja.wikipedia.org/wiki/%E3%83%8E%E3%83%B-C%E3%83%88:%E9%B1%97%E8%88%90

［2］ Wikipedia: 削除依頼/出典不明の妖怪記事
https://ja.wikipedia.org/wiki/Wikipedia:%E5%89%8A%E9%99%A4%E4%BE%9D%E9%A0%BC/%E5%87%BA%E5%85%B8%E4%B8%8D%E6%98%8E%E3%81%AE%E5%A6%96%E6%80%AA%E8%A8%98%E4%BA%8B

［3］ Wikipedia: ノート：日本三大悪妖怪
https://ja.wikipedia.org/wiki/%E3%83%8E%E3%83%BC%E3%83%88:%E6%97%A5%E6%9C%AC%E4%B8%89%E5%A4%A7%E6%82%AA%E5%A6%96%E6%80%AA

［4］ https://en.wikipedia.org/w/index.php?title=List_of_legendary_creatures_from_Japan&oldid=738157251

［5］ 日本がテーマのボードゲーム、間違ってニュージーランド人を妖怪として採用?・【デイリーニュースで振り返る2018 vol.2】
https://eikaiwa.dmm.com/blog/culture-and-community/world-topics/2018-2/

［6］ 筆者の認識による。「ふたば☆ちゃんねる」はかつてログや纏めを残すことを拒否する文化が強く、遡って正確な発生時期や経緯などを振り返る事は難しい。本来の文脈を離れて解釈された一因ともいえるだろうか。

［7］ 【画像あり】あの笑えるコラ画像の元ネタ?・念願の妖怪図鑑を手に入れたぞ!（うしみつ）
http://usi32.com/archives/24914
など、現在では主にまとめサイトで確認できる。なお玉藻御前のコラージュ元となった玉藻前の絵は蘭陵亭子梅によるもの。

［8］ はぢかき（はじっかき）（外々坊譚）
http://youkaiblog.blog75.fc2.com/blog-entry-169.html
はじっかきの形が「謝豹虫」と同じであることを元にしたもの。実際のはじっかきは化物尽くし絵巻の画題の一つ（本書第二部一九二頁参照）あり特定の解説はない。逆に言えば、解説として使用できるものがこの創作しか見つからなかったとも考えられる。

［9］ 図鑑・・はじめに（外々坊譚）
http://youkaiblog.blog75.fc2.com/blog-entry-140.html

［10］ これは太陽とする説や、田中貴子『百鬼夜行の見える都市』で提唱された陀羅尼の火の玉であるとする説がある。

［11］ https://ja.uncyclopedia.info/wiki/%E3%83%AB%E3%83%BC%E3%83%9F%E3%82%A2

［12］ https://ja.uncyclopedia.info/wiki/%E3%83%AB%E3%83%BC%E3%83%9F%E3%82%A2

［13］ http://kaisun1192.blog121.fc2.com/blog-entry-820.html

［14］ https://web.archive.org/web/20110619214639/http://blog.livedoor.jp/nwknews/archives/3804027.html

［15］ https://wikiwiki.jp/rpgpoi/%E7%A9%BA%E4%BA%A1

『別冊空亡』のための同人誌目録

コラム

『別冊空亡』とは、柳田國男・井上円了・江馬務・今野圓輔……などの《妖怪偉人》を女人化したライトノベル的作品群『えんすけっ！』（原案・しげおか秀満。二〇一二〜）用の企画として、式水下流・氷厘亭氷泉によって考案されたものである。

『えんすけっ！』そのものは、現在に至るまでキャラクター（各キャラクターは、それぞれの《妖怪偉人》の書いた・描いたものが大好きな登場人物としてデザインされている）を増やしつつ、ノベル形式や4コマまんが形式（氷厘亭氷泉や御田鍬が製作）、イラストなどを各自、シェアワールド的に個人製作、あるいはそれを享受したファンイラストなどによって展開されつづけているが、そこでモトにしている題材についても広く知ってもらいたいため、モデルとなった《妖怪偉人》や事物を、「それぞれ一冊ずつまとめて紹介する、叢書をつくろう」というのが『別冊空亡』の企てであった。

「でも、別冊と書名に標榜するためには、本体がないといけないから、『空亡』というカストリ雑誌（三号雑誌）をつくろう」という、卵に対する鶏のような存在が『空亡』である。「とりあえず一号でも出せば、あとは別冊の方が多くてもいいや」というつもりで、まず二〇一七年に同人誌『空亡』の活動がはじまったが、『別冊空亡』はまだ一冊もない。

しかし、二〇一二年以後（あるいはそれ以前から）『別冊空亡』のために相互に研究しあっていた

内容そのものは、『列伝体　妖怪学前史』（二〇二一）および『公益体　妖怪普及史』（二〇二四）の書籍としての主題、それぞれの項目に結実しており、その執筆者も全員『別冊空亡』の本体として出された同人誌群（『空亡』、『たわらがた』、『ましらだま』、『たまはがね』……と、カストリ雑誌という当初の設計には忠実に三号刻みで継続されている）の中のどこかしらに参加している。

（式水下流・氷厘亭氷泉）

山田の歴史を語る会・妖怪仝友会監修編纂に拠る汎く妖怪を知る為の文化資料集!!

別冊空亡　くうぼう

もろもろの主題の下に様々な資料并びに考察、随筆、作品を集め一書となす文化資料なり

各巻とも二〇一七年以後近刊予定――

第1期

現代の妖怪世界を構築する基礎となって行ったその足跡を辿りゆくシーズン

1 今野圓輔
2 （未定）
3 藤澤衛彦
4 （未定）
5 鎌倉市
6 （未定）
7 佐藤有文

第2期

妖怪世界の線乱と次代への発展の動静とその容相とをつぶさに記録してゆくシーズン

8 山田野理夫
9 妖怪同人誌
10 （未定）
12 （未定）
12 愛知・県
13 （未定）
14 （未定）

『別冊空亡』の出版予告
『空亡』発刊予告準備号（2017）の巻末に入れられたもの。カットには刊行時に執筆者たちにシャミール（Shamir）との類似が話題に上がっていた『姫国山海録』の石虫が用いられている。

▼『空亡』発刊予告準備号　二〇一七年八月二〇日
発行・妖怪仝友会　編集　表紙・氷厘亭氷泉
氷厘亭氷泉　近月開版予告
氷厘亭氷泉　河童懲罰一年後の夏
氷厘亭氷泉　諸国　妖怪でおぼえた地名づくし
氷厘亭氷泉　人面草紙（『古今妖怪累累』への要望アンケート葉書文面）
別冊空亡刊行予定案内
※「深川お化け縁日」にて頒布された。

▼『空亡』創刊号　二〇一七年一二月三一日
発行・山田の歴史を語る会　編集・式水下流　表紙・氷厘亭氷泉
式水下流　『空亡』創刊にあたって
氷厘亭氷泉　ごはん食べないお嫁入門
石丸まく人　妖怪ディスクガイドのためのたたき台　君は「かっぱ音頭」を知っているか!?

氷厘亭氷泉　ゲームに見えたる妖怪百席　まへいもち
九十九屋さんた　伝説の佳城
三芳庵　妖怪ビブリオバトル選抜外BOOKSの世界
しげおか秀満　民話「ゴリラ女房」の周辺
永島大輝　猫一本の角によりて幻獣となりしことの話
氷厘亭氷泉　いちがつのうた ねこおに社会科地図帳
式水下流『忍者戦隊カクレンジャー』の妖怪紹介の技法
御田鍬：空亡が登場する漫画紹介
※準備号を経て、コミックマーケットのサークル「鳴釜堂」（しげおか秀満・式水下流・九十九屋さんたの共同ブース）で頒布された。以後現在まで継続されている。

▼『空亡』第二号　二〇一八年八月一二日
▼発行・山田の歴史を語る会　編集・式水下流　表紙・氷厘亭氷泉
式水下流『空亡』第二号の刊行に当たって
氷厘亭氷泉　しましましっぽの狸についての一考察
しげおか秀満　民話「ゴリラ女房」の周辺　二
御田鍬：非妖怪ファンのための非妖怪本紹介
中根ユウサク　池田龍雄と粕三平
廣田龍平　アササボンサン、オバイホ、ラテイム
三芳庵　妖怪ビブリオバトル的ブックガイド
氷厘亭氷泉　ゲームに見えたる妖怪百席　さかなん
九十九屋さんた　命尽しの神
式水下流　特撮に見えたる妖怪　水虎のヒーロー？ ぬれ女のヒロイン？ 未放映企画書から見る妖怪
伊藤慎吾　南方熊楠のいわゆる鬼のこと
氷厘亭氷泉　河童懲罰えもんのいろいろ
永島大輝　狐に関する口碑と創作
※別冊添付『空亡第二号お詫び』

▼『空亡』年末号　二〇一八年一二月三一日
▼発行・山田の歴史を語る会　編集・式水下流　表紙・氷厘亭氷泉
式水下流『空亡』年末号の刊行に当たって
氷厘亭氷泉　人面はどれくらい妖怪なのかネ
御田鍬：おばけずかんのおばけずかん
廣田龍平　二〇三〇年執筆予定『妖怪の人類史』について
きゃの十三　玩具展開によるキッズの妖怪教育
三芳庵　妖怪ビブリオバトル的ブックガイド～「時空旅人」の世界～
氷厘亭氷泉　しましましっぽ狸についての補葺
永島大輝　狸に関する俗信と世間話
しげおか秀満「椿説弓張月」をただ推す漫画
石丸まく人　妖怪ディスクガイドのためのたたき台②かわいいキジムナー歌謡
永島大輝　妖怪ディスクガイドに寄す
九十九屋さんた　媛社の女神
氷厘亭氷泉　ゲームに見えたる妖怪百席　ひだるま
式水下流　特撮に見えたる妖怪　水虎説

小山田浩史　ビッグフット女房譚～ゴリラ女房の周辺を散策する

伊藤慎吾　翻刻 架蔵本『伊吹童子』

▼『たわらがた』二〇一九年八月一一日

発行・亀山書店　制作・山田の歴史を語る会　編集・式水下流

表紙・東岸悪平　題字・氷厘亭氷泉

永島大輝　言葉はさんかくおにぎりは俵型

式水下流　付記として『たわらがた』創刊に当たって

氷厘亭氷泉　魔像デザインのモトとなった妖怪　一挙26体分大比較

式水下流　威徳院は存在した～魔像・猫鬼調査録

御田鍬：　水木絵のモトエ以外の何か

廣田龍平　みんなでモズマになろう――存在論的人類学による身体反転のアニミズム的生成変化に関する試論

きゃの十三　呼子フィギュア研究論文

幕張本郷猛　児童妖怪文化研究の課題と提唱という名の雑文

しげおか秀満　「いちばんくわしい「びろーん」のすべて」のその後

こぐろう／蠱毒大佐　Twitterbot『瓶詰妖怪』の第二次中間報告書

伊藤慎吾　ぬ～べ～先生と石燕先生

石丸まく人　妖怪ディスクガイドのためのたたき台③妖怪ブンゲイ歌謡

九十九屋さんた　呪われし地

三芳庵　それほとんど関係ない本です～妖怪周辺のブックガイド～

氷厘亭氷泉　ゲームに見えたる妖怪百席　ミミ

小山田浩史　横須賀港の3メートル河童を追え！

式水下流　特撮に見えたる妖怪　特撮妖怪史

※『たわらがた』の表紙には毎号「妖怪を玩味する文化人の為の雑誌」と惹句が付けられていた。以後、号数システムは意図的に無くなる。

▼『たわらがた 実験号』二〇一九年一二月三〇日

発行・亀山書店　制作・山田の歴史を語る会　編集・式水下流

表紙・東岸悪平　題字・京極夏彦

式水下流　『たわらがた』実験号の刊行に当たって

氷厘亭氷泉　太古神代いろいろ大図鑑

きゃの十三　ゲゲゲハウス

式水下流　呼子・やまびこが一本足なのは？

三芳庵　二〇一九年　オバケな展示会個人録　関東編

砂屁鱗　小説 てけぼり

こぐろう　ベータ版『妖怪が食べたモノ事典』

氷厘亭氷泉　ゲームに見えたる妖怪百席　シロヒゲ

幕張本郷猛　（児童雑誌・単行本）妖怪世界の七巨人＋新・八巨人

しげおか秀満　妖怪うんちく話～名前の話～

御田鍬：　水木絵のモトエ以外の何か　with　サニアとも呼ばれるひと

第三部　創作者と妖怪

永島大輝　随想「たわらがたの鼠が米搗いてチュウ」
九十九屋さんた　博多地下鉄で回る伝説スポット　姪浜駅編
石丸まく人　妖怪ディスクガイドのためのたたき台④人間椅子
弱者が人間椅子の妖怪歌謡を聴いてみた話
廣田龍平　『世界妖怪大事典』へのプロレゴメナ　平成アジア
妖怪篇
式水下流　特撮に見えたる妖怪　アップデート二〇一九
伊藤慎吾　唐泉山八天狗社縁起
氷厘亭氷泉　おんぎょうまりしてんのさむらい俗信
小山田浩史　宇宙からの不審者たち
読者投稿コーナー　飛び出せ空亡工場
（たわらがたの感想／永島らの明るいお化け相談室／蠱毒大佐
の百怪蒐録空亡工場出張所）

▼『たわらがた 仕舞号』二〇二〇年五月四日
▼発行・亀山書店　制作・山田の歴史を語る会　編集・式水下流
表紙・東岸悪平　題字・京極夏彦
式水下流　『たわらがた』仕舞号の刊行に当たって
氷厘亭氷泉　疫神やそのまわり画報
永島大輝　落語と俗信
きゃの十三　食玩で見るゲゲゲハウスの魅力。
砂屁鱗　小説　さらのぬま
幕張本郷猛　斎藤守弘先生の妖怪記事を調べて
廣田龍平　ゴリラ女房は世界を駆け巡る
氷厘亭氷泉　たのしい学習まんが　化魂について…
御田鍬：　水木絵のモトエ拾遺
しげおか秀満　漫画のネタになりそうな不思議なお話
氷厘亭氷泉　二〇二〇ときめきたる迷信っコ
九十九屋さんた　博多地下鉄で回る伝説スポット　空港線編
三芳庵・西鄙子　妖怪好きにお薦めする妖怪クロスブックレ
ビュー
氷厘亭氷泉　ゲームに見えたる妖怪百席　シャプティパ
石丸まく人　妖怪ディスクガイドのためのたたき台⑤日本現代
怪異音盤事典
式水下流　特撮に見えたる妖怪　妖怪変じて怪獣
小山田浩史　続・宇宙からの不審者

▼『ましらだま』二〇二〇年一二月二五日
▼発行・亀山書店　制作・山田の歴史を語る会　編集・式水下流
表紙・氷厘亭氷泉　題字・京極夏彦
式水下流　『ましらだま』創刊に当たって
氷厘亭氷泉　へんげ動物いっぱいカルダピオ
御田鍬：　水木絵のモトエ拾遺　解説文編
きゃの十三　海外に羽ばたく妖怪玩具定期報告。
砂屁鱗　小説　ひくま君のモデル
しげおか秀満　河童映画ガイド
三芳庵　二〇二〇年　オバケな展示会個人録　関東編
氷厘亭氷泉　温度超高温まんが　狂ハカセとましらごりら
式水下流　特撮に見えたる妖怪　カマイタチからみる知識とそ
の影響の変遷

式水下流　特撮には見えない妖怪　少年雑誌を中心に
砂味　脱いだ清姫、履かなかった雪女
九十九屋さんた　博多地下鉄で回る伝説スポット　箱崎線編
怪作戦テラ　伊奈森太郎と『愛知縣傳説集』
氷厘亭氷泉　ゲームに見えたる妖怪百席　赫奕赤しゃぐま
廣田龍平　翻訳 近代希臘妖怪名彙
永島大輝　少年少女の日の思い出　中勘助『銀の匙』に見えたる偶然記録
石丸まく人　妖怪ディスクガイドのためのたたき台⑥丑三つ時の怪流アンビエント
小山田浩史　衝撃！犬に喰われた宇宙人!?
伊藤慎吾　カナダからの手紙――ストレンジ・トランスフォーメーション

▼『ましらだま 霊』二〇二一年五月三一日
▼発行・亀山書店　制作・山田の歴史を語る会　編集・式水下流
表紙・氷厘亭氷泉　題字・京極夏彦
式水下流　『ましらだま 霊』刊行に当たって
氷厘亭氷泉　土蜘蛛変化な悪役集
九十九屋さんた　蛇撃つ猟師のこと
きゃの十三　海外に羽ばたく妖怪玩具定期報告・第二章。
きゃの十三　まだまだ続く海外に羽ばたく妖怪玩具定期報告
砂屁鱗　小説　ころころ
式水下流　特撮に見えたる妖怪　巨大な雪女に襲われる
しげおか秀満　「おばけラジオ」的妖怪という概念の説明法

石丸まく人　妖怪ディスクガイドのためのたたき台⑦新米懲罰士のための河童歌謡入門
式水下流　特撮には見えない妖怪　妖怪記事の影響：山田野理夫生誕百周年を前にして
氷厘亭氷泉　超高温まんが 狂ハカセとましらごりら
式水下流　雑談 ちょっとおもしろい話：アマビエ流し（コメント／氷厘亭氷泉・永島大輝・廣田龍平）
氷厘亭氷泉　ゲームに見えたる妖怪百席　マスター・センリ
廣田龍平　異界、異世界、異空間
永島大輝　てけてけの誕生
小山田浩史　モンテベニキ事件、あるいは地域の伝承としてのUFO遭遇譚

▼『ましらだま 殿』二〇二一年一二月三一日
▼発行・亀山書店　制作・山田の歴史を語る会　編集・式水下流
表紙・氷厘亭氷泉　題字・京極夏彦
式水下流　『ましらだま 殿』刊行に当たって
氷厘亭氷泉　関東の巻の表紙で、残念ながら落選した組
御田鍬：青い海犬を追って
きゃの十三　海外に羽ばたく妖怪玩具定期報告・最終章
砂屁鱗　小説　ぶらぶら
しげおか秀満　ドラマ「妖怪シェアハウス」の妖怪描写について
氷厘亭氷泉　超高温まんが 狂ハカセとましらごりら
式水下流　特撮に見えたる妖怪　目玉の怪物が跋扈する

第三部　創作者と妖怪

幕張本郷猛　中岡俊哉先生の妖怪記事を集めて
式水下流　特撮には見えない妖怪『列伝体妖怪学前史』＋
氷厘亭氷泉　ゲームに見えたる妖怪　タヌーキ
九十九屋さんた　名なき社
マーク・トレイド　広告塔としての件（クダン）――『依而如件』の意義――
ぷらんと　N鬼夜行出張版　身近な俗信に登場する妖怪
永島大輝　聞いた話、蔵出し
小山田浩史　羊スレイヤー、あるいは「さては宇宙人だなオメー」譚
石丸まく人　妖怪ディスクガイドのためのたたき台⑧新米懲罰士のための河童歌謡入門その二
ぜんらまる　発狂ゲームレヴュー#1　最近の洋ゲーにおける妖怪の扱い
廣田龍平　わたしが見た読者の恐怖体験　二〇世紀末ホラー雑誌に投稿された怪異・妖怪セレクション
式水下流　『列伝体 妖怪学前史』もよろしくお願いします。

▼『**たまはがね**』**二〇二二年八月一三日**
▼発行・亀山書店　制作・山田の歴史を語る会　編集・式水下流
表紙・氷厘亭氷泉　題字・京極夏彦
式水下流　『たまはがね』創刊に当たって
氷厘亭氷泉　しましましっぽ狸についてのまた考察
御田鍬：　幻ではない方のツチノコを追え
九十九屋さんた　謎の狐狗狸銀行
きゃの十三　懐かしの逸品、買いました。
永島大輝　学校の怪談蔵出し
石丸まく人　妖怪ディスクガイドのためのたたき台⑨新米懲罰士のための河童歌謡入門その三
氷厘亭氷泉　ゲームに見えたる妖怪百席　タールマン
小山田浩史　不審者とミンスパイと水を
御田鍬：　水木絵のモトエ拾遺（二）
しげおか秀満　「おばけラジオ」番組本のプレ原稿
ぷらんと　N鬼夜行出張版（二）夢の妖怪報告
泊清　牛人間と件（クダン）――人面牛身の異獣の剥製――
廣田龍平　『妖怪の誕生』あとがきのあとがき
式水下流　玩具に見えたる妖怪　～黒い白澤の張り子と三次もののけミュージアムに期待したいこと
式水下流　夏休みだよ〈山田野理夫生誕一〇〇周年祭り〉

▼『**たまはがね 士**』**二〇二二年一二月三一日**
▼発行・亀山書店　制作・山田の歴史を語る会　編集・式水下流
表紙・氷厘亭氷泉　題字・京極夏彦
式水下流　『たまはがね 士』刊行に当たって
氷厘亭氷泉　妖怪学習まんがの比較入門
きゃの十三　玩具業界誌から読み取るアニメ版悪魔くん。
怪作戦テラ　愛知ナンド妖怪事情
幕張本郷猛　中岡俊哉『恐怖!!』の世界
九十九屋さんた　博多地下鉄で回る伝説スポット 七限線編
式水下流　特撮に見えたる妖怪　企画書『アクマイザー3　魔神

ハンター』
氷厘亭氷泉　ゲームに見えたる妖怪百席　ヌリカベーヌ
砂屁鱗　AJYTSST（仮称）～テストマッチ編～
小山田浩史　サンダウン島のグッドルッキング道化師
小鳥羽てん　事典類の件（クダン）――情報の集約と知識の伝播――（前編）
ぜんらまる　発狂シネマレビュー#1　二〇二二年国内公海映画短評
式水下流　深淵を覗く者～黒史郎『川崎怪談』を読もう
石丸まく人　妖怪ディスクガイドのためのたたき台⑩　燃えろ！　安珍道成寺歌謡

▼『たまはがね 王』二〇二三年一二月三一日

▼発行・亀山書店　制作・山田の歴史を語る会　編集・式水下流
表紙・氷厘亭氷泉　題字・京極夏彦
式水下流　『たまはがね　王』刊行に当たって
氷厘亭氷泉　たまはがねと狐狸鬼
式水下流　【資料】妖怪研究家　多田克己の仕事　鳥山石燕が描いた妖怪の絵解き
きゃの十三　玩具業界誌から読み取るアニメ版鬼太郎（第一期）。
伊藤龍平　「口裂け女」が話されるとき
御田鍬：「トイレで饅頭食べてる鬼」とは何者か
氷厘亭氷泉　たまはがね王立美術館（平賀源内のアマビエ・猫薬師・猫不動）
式水下流　特撮に見えたる妖怪～総括とその後の展開
小山田浩史　スペース裸族襲来！
九十九屋さんた　総武線　伝説・伝承地巡り
氷厘亭氷泉　ゲームに見えたる妖怪百席　蛇腰元
しげおか秀満　おばけラジオ　たまはがね出張版「ホントは怖い座敷童」の巻
砂屁鱗　御化小話抱合　狐霊出干編
ぜんらまる　発狂ブックレビュー
ぷらんと　越後の煤け提灯について
廣田龍平　二〇二三年一一月版　千葉県の大学生から聞いた怪異・妖怪の話
Ｋｗａｉ－Ｄａｎ　件（クダン）の怪談――牛女の系譜――
石丸まく人　「妖怪ディスクガイド」のためのたたき台⑪　新米懲罰士のための河童歌謡入門その四
式水下流　次の妖怪解説変容事典に向けて
永島大輝　井上円了に「予言する妖鳥は誤怪である」という話型を見た！

項目柱に用いた肖像・図版・活字の出典

▼第一部総論◉研究者が妖怪を普及させた――勝川春英『化物の娵入』（アダム・カバット『江戸化物草紙』小学館　一九九九）

▼集古会系同好会の記録――清水晴風『東京名物百人一首』一九〇七（国立国会図書館・所蔵）

▼折口信夫――早川孝太郎『早川孝太郎全集』十二　未来社　二〇〇三

▼井之口章次――井之口章次『歩く・見る・書く　民俗研究六十年』二〇〇五　岩田書院

▼南島の妖怪偉人たち――名越左源太『南島雑話』二　平凡社　一九八四

▼妖怪フレーズは普及する。――伊庭可笑・鳥居清長『化物一代記』（アダム・カバット『大江戸化物細見』小学館　二〇〇〇）

▼崇徳院と魔王、妖鬼と中瑞雲斎――伝・鳥山石燕『百人首』崇徳院（氷厘亭氷泉・所蔵）

▼国文学史にみる妖怪研究――『蕣句帖』（『怪談名作集』日本名著全集刊行会　一九二七）

▼百鬼夜行絵巻の七面鳥？――眞保亨『妖怪絵巻』毎日新聞社　一九七八

▼妖怪を通した昔話研究への再注目――『小謡百番大成和合楽』大野木市兵衛　一七五二

▼器物ではなく魔物な付喪神――『化け物尽くし』山神（Andreas Marks『Japanese Yokai and Other Supernatural Beings』TUTTLE 二〇二三）

▼妖精としての天狗――John Anster Fitzgerald『Cock Robbin Defending His Nest』（Iain Zaczek『Fairy Art』Ster fire 二〇〇五）

▼第二部総論◉妖怪普及活動の明暗――月岡芳年『武勇雪月花之内 五條の月』一八六七

▼ちりめん本――David Thompson、絵・鮮斎永濯『The Tongue Cut Sparrow』長谷川武次郎　一八八五

▼妖怪普及者ハーン――小泉八雲・小泉一雄『小泉八雲秘稿画本 妖魔詩話』小山書店　一九三四

▼民話の本――瀬川拓男、松谷みよ子『信濃の民話』（新版 日本の民話）未来社　二〇一五

▼九千坊と貘斎坊の故郷――佐藤垢石『狸のへそ』要書房　一九五二（装画・茂田井武）

▼物語られた隠神刑部――富田狸通『たぬきざんまい』狸のれん　一九六四

▼小学館の学年誌――中岡俊哉、絵・柳柊二「冬の夜の怪奇」死を呼ぶ片目の少女ゆうれい（『小学六年生』一九七三年一月号　小学館）

▼大伴昌司――堀江あき子『怪獣博士！大伴昌司「大図解画報」』河出書房新社　二〇一二

▼少女雑誌における幽霊妖怪――斎藤守弘、絵・楳図かずお「世界のおばけコンクール」歯ぬきがいこつ（『別冊少女フレンド』一九六五年秋号

講談社）

▼怪物画本の新聞広告――つるべ女（『新公論』一九一一年四月号　新公論社）

▼妖怪解説の種――『怪異前席夜話』匹夫の誠心剣に入って霊を顕す（藤澤衛彦『妖怪画談全集 日本篇上』中央美術社　一九二九）

▼ぬらりひょん変遷史――河鍋暁斎『暁斎画談』内篇　岩本俊　一八八七

▼妖怪図鑑と濱田増治――濱田増治「日本伝説画集」天井嘗（『伝説』一巻一号　日本伝説学会　一九二六）

▼学研の学年誌――佐藤有文、絵・石原豪人「妖怪博物館」魑魅・魍魎（『高1コース』一九七三年六月号　学習研究社）

▼妖怪に見たる科学――ハンス・テグナーの人魂の絵（「江戸川乱歩・藤沢衛彦先生とお話会」『少年』一九五二年七月号　光文社）

▼旺文社の学年誌における幽霊妖怪記事――鈴江淳也、絵・小悪政夫「日本怪奇列島」（『中二時代』一九七三年八月号　旺文社）

▼妖怪事典編纂履歴――佐藤清明『現行全国妖怪辞典』（方言叢書第七篇）中国民俗学会　一九三五

▼青年誌・一般週刊誌における妖怪関連記事の歴史――遊園地のオバケ屋敷（『週刊読売』一九六八年七月二十六日号）

▼「予言獣」とその周辺の人々――小野秀雄『かわら版物語』雄山閣　一九六〇

▼三大女性週刊誌における妖怪関連記事――「「恐怖の口裂け女」ついに逮捕!」絵・N.Fukuda（『週刊女性』一九七九年八月七日号　光文社）

▼その他女性誌における妖怪関連記事――「口裂け女に寄せられた全証言」絵・北海道の高校生（『微笑』一九七九年九月十四日号　祥伝社）

▼「現代怪異」――現代民話考アンケートはがき（日本民話の会『民話の手帖』一八号　一九八三。四三号　一九九〇）

▼展示される画像妖怪たち――佐脇嵩之『百怪図巻』猫また（吉川観方『妖怪』京都アドコンサルト　一九六六）

▼第三部総論◉妖怪は創られる――歌川国芳「滝夜叉姫と骸骨の図」一八四五～一八四六頃

▼異魔話武可誌のおかんじょろ――『妖怪絵巻』於加無女郎（『化け物の文化誌』国立科学博物館　二〇〇六）

▼玩具に見えたる妖怪――『日本の幻獣』川崎市市民ミュージアム　二〇〇四

▼児童書・絵本のお化け妖怪――岡田日出子『にゃんたんのようかいむらへようこそ!』ポプラ社　一九九三

▼妖怪の世界へゆく学習まんが――佐藤有文・しまあきとし『日本の妖怪なぞとふしぎ』小学館　一九八三

▼妖怪漫画の生存戦略――手塚治虫『どろろ』3　秋田書店（秋田文庫）一九九四

▼高橋留美子――高橋留美子『犬夜叉 高橋留美子原画全集アニメ犬夜叉の世界』小学館　二〇〇一

▼初期水木しげるの妖怪画受容――『妖怪図巻』（『徳川将軍家展』NHK・NHKプロモーション　二〇〇三）

▼水木しげる影響の識別子――鳥山石燕『画図百鬼拾遺』煙々羅（スミソニアン博物館・所蔵）

項目柱に用いた肖像・図版・活字の出典

▼岡本綺堂――神田伯龍『三国九尾 玉藻前』絵・鈴木錦泉　中川玉成堂　一九〇二
▼妖怪小説の誕生――（式水下流・所蔵ならびに撮影）
▼ライトノベルの妖怪――集英社スーパーファンタジー文庫 投込み栞・新刊案内（九二年一月）集英社　一九九二
▼ネット生まれの妖怪たち――『化物絵巻』はぢかき（『妖怪大集合!!』南丹市立文化博物館　二〇〇八）
▼『別冊空亡』のための同人誌目録――袖山富吉（須藤功『写真でつづる宮本常一』未来社　二〇〇四）
▼妖怪ブックガイド1111――『観音経早読絵抄』緊那羅　吉文字屋市兵衛　一七三九
▼このページ――濱田増治「日本伝説画集」日和坊（『伝説』一巻三号　日本伝説学会　一九二六）

濱田増治による《日和坊》
『伝説』1巻3号での田瀬月耆による解説には、《日和坊》は日照りのときの雨の神の対となる降雨の季節の存在——だとする内容が見られる。藤澤衛彦はその後なぜか、『図説日本民俗学全集』神話・伝説編（1959）で強い磁力を持つ山の伝説のなかに《日和坊》も位置づけて「のどをからして山を登ってくる山登りの人を磁石のように吸いつける」「そこにはわく泉もなければ、雨水をためた水たまりもない」（69頁）という全く別箇なオアシスの蜃気楼のような性質を添加している。（氷厘亭氷泉）

あとがき

伊藤慎吾

幾つかの項目を書かせていただきました。たいへん遅筆で関係者の皆様にご迷惑をおかけしました。ここにお詫び申し上げます。私は日本文学の研究をしているので、その方面から書かせてもらったのですが、その過程で、ささやかながら新たに気付いたことが幾つかありました。いずれ別の機会にお示ししたいと思います。

氷厘亭氷泉

河鍋暁斎の日課の観音・葛飾北斎の日新の獅子に倣って「毎日造物大女王さま」という絵を毎日描くことにしたのは二〇一五年の暮れがはじめてである。二〇二四年までの間には何人もの方々に吾曹のデザインで描いていただいたものをうれしく頂戴したり、寺西政洋、毒男など妖怪を親しく描く諸氏の彩管によって各々独自デザインの造物大女王の絵が生み出されたりもしており、たのもしい限りダ。造物大女王らの記述の載っている『異境備忘録』をはじめて買ったのは東京の高円寺で、妖怪の世界では先輩にあたる石丸まく人、九十九屋さんた両氏と入った古書店で見つけ、三人でたのしく電車の中で眺めながら帰った。

ふしぎなもので、だっちょと『婚怪草紙』の布をかぶりまるく逆立ちする狐たちの相似性を「妖怪ビブリオバトル」のなかで語ったのも、勝川春英を呼び名も何もない幕末の画像妖怪たちの巨大な生みの親だと「妖怪画の三匹」の自分の分担パートで熱弁したのも、高円寺の

みじんこ洞という、ごはんの美味しい素敵なお店での催しのなかだった。

この本に書くことの出来たことがらの、はじめては、ふしぎとナゼか高円寺に結びつくことが多いようだ。

式水下流

私がおばけの創作物にはじめて触れたのは、数十円で駄菓子屋で引いた夜光おばけである。水木しげるの妖怪図鑑や漫画に触れるのは、そのあとのことである。その間、特撮映像作品に登場する怪獣や怪人、ゆでたまご『キン肉マン』に登場する超人など多種多様なデザインのキャラクターたちに魅了された。水木しげるや佐藤有文が紹介したおばけたちもその流れでの嗜好といえる。中学生になると今野圓輔『日本怪談集　妖怪篇』をきっかけに水木しげる以外の妖怪の本を読むようになった。京極夏彦『姑獲鳥の夏』は、姑獲鳥というタイトルに目を奪われたのは高校生の頃。その京極夏彦が直木賞を受賞した翌年、二〇〇四年から妖怪研究家多田克己が講師を勤めるカルチャーセンターの妖怪講座に通い始めた。

本書で取り扱った担当項目は、玩具・漫画・小説とこの流れの中で興味を深めていった。妖怪に関する雑誌記事の精査は、藤澤衛彦の影響や大伴昌司の記事も多く見られる。また、科学的な解釈に関しては、多田克己の妖怪講座で知ったことも多い。こうした積み重ねが、本書へと繋がっている。そこには資料との出会いだけでなく、人との交流や情報交換で培われたことも多い。そうした情報や活力を与えてくれる家族や友人たち、この本を手に取っていただいた全ての読者に感謝したい。

永島大輝

小学生の頃に、水木しげるの本や、『地獄先生ぬ～べ～』のおまけページあたりでおそらくはじめて、民俗学と言う学問の名前を知りました。たぶん、妖怪から民俗学に興味を持つ層は一定数いるはずなのです。そしてそ

の期待に応えられるように頑張っているつもりです。
前回は本全体のバランスを考えたため、民俗学以外を頑張って紹介しました。今回は、自分の民俗学者としての側面を前面に出して関心のあることを書いてしまいました。もちろん普及というテーマを考えたうえでのことですが、どうでしょうか。
私の担当箇所は、概論的で特に新しさもないかもしれません。でも、まだまだ「民俗沼」は深いのだと示せていれば嬉しいです。

幕張本郷猛

読者（キッズ）へ

近頃、「文系は役に立たない」という世の中の風潮があるそうだ。なるほど、『悪の華』にプロセルピーネが出てくるとか、ニック・アダムスがパンに目玉焼きを乗せただとか、バイロンは最期、希臘で死んだアウトサイダーだったとか、知っていても役に立ったことはない。だが、知識というものはピラミッドである。根無しピラミッドにならないためには、青春時代の知識の蓄積は絶対に入り用だ。
さて、今回この本で予定していた「少年雑誌の妖怪記事」の執筆は諦めざるを得なかった。未完に終わった記事の呪縛が私に異議申し立てをしてくる。いわばそれらは「暗闇のなかの発光体」であり、今後の課題だ。
私はそれに取り組み、異次元の情報量で、読者（キッズ）に君臨したいのだ。

御田鍬

幼少期に私が妖怪好きになったきっかけは水木しげるの図鑑である。しかしそれと同等に印象に残っているのは村上健司『妖怪事典』で、中学生になって妖怪界隈から離れていた私はこの本によって強い力で引き戻された。すなわち、「(当時出ていた) 妖怪図鑑の内容程度は丸暗記しており、もうやる事がない」などと思っていた私に対し、「全然調べが足りないどころか、現状知っている妖怪知識の多くは後世の創作だ」と突き付けられたわけである。私が「正しい認識のためには過去だけでなく今後創作されていく妖怪解説も全て把握しなくてはいけない」と考えるようになったのもこの時であり、以来妖怪と名のつく本は全部集めるようになった。もちろんこれは今でも続けている。

というわけでこの本は、単純に歴史の語り部をしているかのようで書くのが非常に楽しかったというのもあるが、同時にあの時の私や同じ境遇にいるかもしれない方々へのメッセージでもある。私があの時感じた衝撃を、読者の皆様に少しでも共有できたなら幸いである。

毛利恵太

自分が初めて「妖怪」という概念と遭遇したのは、小学校の図書室で読んだ『おとなもブルブルようかい話』（木暮正夫・原ゆたか）と『おばけのはなし』（寺村輝夫）、そして『かいけつゾロリ』シリーズ（原ゆたか）であった。今回の『広益体　妖怪普及史』を執筆した際には触れられなかった、これらの領域についても執筆できたことを非常にありがたく感じている。

妖怪を研究した人々を点として紹介し、それらを線で繋いで大まかな流れを示したのが『列伝体　妖怪学前史』であったが、『広益体　妖怪普及史』はその点と線に付随し、さまざまな方面に拡散していった支流についても細かく論じている。その小さな支流のひとつひとつに、昔読んだ本や漫画、見聞きしたことのあるコンテンツなど、読者諸君が見知った妖怪の要素が並んでいるかもしれない。本書によって、それら支流の集積こそが現在の大きく茫洋とした「妖怪」を構築しているさまを感じていただけたら幸いである。

索引

君も全部おぼえて妖怪普及員になろう！

凡　例

＊「総説」のページは(　)で示す。

＊人名は姓／名で配列する。

人名

ア

カ

サ

タ

ナ

ヤ

ラ

ワ

■作品名

ア

カ

サ

タ

ナ

ハ

マ

ヤ

ラ

ワ

■事項名

ア

カ

サ

タ

ナ

ハ

マ

ヤ

ラ

ワ

庚申図・部分(19世紀。氷厘亭氷泉・所蔵)
木版多色刷りの《青面金剛》の図で、江戸の版元でも複数販売されていた。(氷厘亭氷泉)

『書画五十三駅』土山 千方之邪法(1872)
明治初期に発売された東海道の各宿場を描いた揃物のうちの一枚。歌川芳虎が藤原千方と四鬼(金鬼・水鬼・火鬼・隠形鬼)を描いているが、この四鬼のデザインは「庚申」の日に飾られる《青面金剛》の図にいる鬼たちの画像要素を転用している。本書に用いた「広益体」というフレーズの由来である井沢蟠竜『広益俗説弁』(1715)には千方と四鬼の説話が『古今和歌集』の序の《鬼神》という単語の古註として生じたことを述べている。実際、『古今集註』や『三流抄』などの古註に確認が可能で、《付喪神》のように古註としてつくられた説話のなかでの発生がうかがえる。(氷厘亭氷泉)

妖怪ブックガイド1111

【凡　例】
2024年2月までに刊行された書籍から妖怪に関する1111冊を選定したものである。
★→事典・図鑑類
☆→図版中心

井上円了『妖怪玄談』哲学書院　1887年
井上円了『妖怪学講義』哲学館　1894年
石橋臥波『鬼』裳華房　1909年
高峰博『伝説心理　幽霊とおばけ』洛陽堂　1919年
江馬務『日本妖怪変化史』中外出版　1923年　→中央公論新社(中公文庫BIBLIO)　2004年
文化普及会／編『精神科学　人間怪奇録』帝国教育研究会　1925年
☆吉川観方『絵画に見えたる妖怪』美術図書出版部　1925年
☆吉川観方『続　絵画に見えたる妖怪』美術図書出版部　1926年→洛東書院　1936年
日野巌『動物妖怪譚』養賢堂　1926年　→中央公論新社(中公文庫BIBLIO)　2006年
石井研堂『天保改革鬼譚』春陽堂　1926年
☆藤澤衛彦『変態伝説史』文芸資料研究会　1926年
笠井新也『阿波の狸の話』郷土研究社　1927年　→中央公論新社(中公文庫)　2009年
畑耕一『変態演劇雑考』文芸資料研究会　1928年
斎藤昌三『変態蒐癖志』文芸資料研究会　1928年
桜井秀『風俗史の研究』宝文館　1929年
☆藤澤衛彦『妖怪画談全集 日本篇』中央美術社　1929年
小泉八雲『小泉八雲秘稿画本　妖魔詩話』小山書店　1934年
日野九思『迷信の解剖』東洋文化研究会　1934年　→第一書房　1986年
★巖谷小波『大語園』平凡社　1935～1936年
加藤咄堂『降魔表講話』大東出版社　1935年
★佐藤清明『現行全国妖怪辞典』中国民俗学会　1935年
山中古洞『挿絵節用』芸艸堂　1941年
肥後和男『日本に於ける 原始信仰の研究』東海書房　1947年
文部省迷信調査協議会／編『日本の俗信 第1巻（迷信の実態)』技報堂　1949年
佐藤垢石『垢石飄談』文芸春秋新社　1951年
佐藤垢石『狸の入院』六興出版社　1952年

佐藤垢石『河童閑遊』日本出版共同　1952年

文部省迷信調査協議会／編『日本の俗信 第2巻（俗信と迷信）』技報堂　1952年

今野圓輔、森秀男／編『日本人の生活と迷信』技報堂　1955年

佐藤垢石『うかれ河童』笑の泉社　1955年

武田静澄『民俗随筆　河童・天狗・妖怪』河出書房(河出新書)1956年　→河出書房新社（河出文庫）　2015年

柳田國男『妖怪談義』修道社　1956年　→『新訂　妖怪談義』角川書店(角川ソフィア文庫)　2013年

今野圓輔『怪談　民俗学の立場から』社会思想研究会出版部(現代教養文庫)　1957年　→中央公論新社(中公文庫BIBLIO)　2005年

☆C．ネット・G．ワーグナー『日本のユーモア』雄山閣　1958年

都丸十九一『消え残る山村の風俗と暮し』高城書店　1959年

悪魔研究会『悪魔の研究』六興出版部　1959年

池田弥三郎『日本の幽霊』中央公論新社　1959年　→(中公文庫BIBLIO)　2004年

☆藤澤衛彦『図説日本民俗学全集 第4　民間信仰・妖怪編』あかね書房　1960年

小林太市郎『大和絵史論』全国書房　1962年

石上堅『石の伝説』雪華社　1963年　→『新・石の伝説』集英社(集英社文庫)1989年

石上堅『水の伝説』雪華社　1964年

富田狸通『たぬきざんまい』狸のれん　1964年

山田実(編)『伝説と奇談　第1～13集』山田書院　1964～1965年

☆吉川観方『妖怪』京都アドコンサルト　1966年

☆林美一『珍版・稀版・瓦版』有光書房　1966年

★柴田宵曲／編『随筆辞典　4　奇談異聞編』東京堂出版　1966年　→『奇談異聞辞典』筑摩書房(ちくま学芸文庫)　2008年

池田弥三郎『空想動物園』コダマプレス　1967年

石上堅『火の伝説』宝文館出版　1967年

☆林美一『江戸仕掛本考』有光書房　1967年　→(普及版)1972年

阿部主計『妖怪学入門　日本の妖怪・幽霊の歴史』雄山閣出版　1968年

山内重昭『世界のモンスター』秋田書店（世界怪奇スリラー全集2）　1968年

児玉数夫『妖怪の世界 怪奇映画への招待』未央出版　1968年

石上堅『木の伝説』宝文館出版　1969年

今野圓輔『日本怪談集　幽霊篇』社会思想研究会出版部(現代教養文庫)　1969年　→中央公論新社(中公文庫BIBLIO)　2004年

★水木しげる『水木しげる妖怪画集』朝日ソノラマ　1970年

☆『血の晩餐 大蘇芳年の芸術』番町書房　1971年

★水木しげる『妖怪百物語』宝塚ファミリーランド(イベントパンフレット)　1972年　→宝文館出版　1974年

松田道雄『きみはなにがこわい？　――おばけとたましいの話――』講談社(講談社文庫)

1972年
★佐藤有文『日本妖怪図鑑』立風書房(ジャガーバックス) 1972年
★佐藤有文『妖怪大図鑑』黒崎出版（世界怪奇シリーズ） 1973年
本田康雄『式亭三馬の文芸』笠間書院 1973年
田中圭一／編『佐渡歴史文化シリーズⅧ 佐渡史の謎』中村書店 1973年
☆Nikolas KieJ'e『Japanese grotesqueries』TUTTLE 1973年
宮城県史編纂委員会／編『宮城県史21(民俗3)』宮城県史刊行会 1973年
瀬川拓男、松谷みよ子／編『日本の民話7(妖怪と人間)』角川書店 1973年
早川純夫『日本の妖怪』大陸書房 1973年
☆粕三平『お化け図絵』芳賀書店 1973年
☆小松茂美『彦火々出見尊絵巻の研究』東京美術 1974年
吉野裕子『日本古代呪術 陰陽五行と日本原始信仰』大和書房 1974年 →講談社(講談社学術文庫)2016年
★水木しげる『ふるさとの妖怪考 万物に魂あり。万物に怪あり。』じゃこめてい出版 1974年 →『ふるさとの妖怪』社会思想研究会出版部(現代教養文庫) 1988年
山室静、山田野理夫、駒田信二『妖怪魔神精霊の世界 四次元の幻境にキミを誘う』自由国民社 1974年
上田都史『現代妖怪学入門』大陸書房 1974年
★水木しげる『東西妖怪図絵』読売新聞社 1975年
★水木しげる『水木しげるお化け絵文庫』彌生書房 1975～76年●10巻まで続刊。
知切光歳『天狗の研究』大陸書房 1975年
桜井好朗『神々の変貌』東京大学出版会 1976年
☆真保亨／文、金子桂三／写真『地獄絵』毎日新聞社 1976年
志村有弘『往生伝研究序説 説話文学の一側面』桜楓社 1976年
ＮＥＴテレビ・アフタヌーンショー／編『追跡！ 日本の怪奇』ベストブック社 1976年
生出泰一『みちのく新説 河童は生きている』河童仙 1976年 →(再版)1979年
知切光歳『図聚天狗列伝 東日本編』三樹書房 1977年
知切光歳『図聚天狗列伝 西日本編』三樹書房 1977年
市原麟一郎『土佐の妖怪』一声社 1977年
★佐藤有文『お化けの図鑑 妖怪がとび出す』ベストセラーズ（ワニの豆本） 1978年
山田野理夫『怪談の世界』時事通信社 1978年
★中岡俊哉『日本の妖怪大図鑑』二見書房(フタミのなんでも大博士3) 1978年
日野巌『植物怪異伝説新考』有明書房 1978年 →中央公論新社(中公文庫BIBLIO) 2006年
☆真保亨／文、金子桂三／写真『妖怪絵巻』毎日新聞社 1978年
☆瀬木慎一『月岡芳年画集』講談社 1978年
『世界の奇書101冊』自由国民社 1978年
岡倉捷郎『鹿野山と山岳信仰』崙書房(ふるさと文庫) 1979年

角田義治『現代怪火考　狐火の研究』大陸書房　1979年
佐藤友之／編『妖怪学入門』英知出版　1979年
★佐藤有文『妖怪大全科　世界の妖怪モンスターと悪魔のすべて』秋田書店　1980年　→決定版　1991年
草川隆『幽霊と妖怪の世界　日本の怪談六十話』永岡書店(ナガオカ入門シリーズ)　1980年
『東洋の奇書55冊』自由国民社　1980年
『日本の奇書77冊』自由国民社　1980年
吉野裕子『狐 陰陽五行と稲荷信仰』法政大学出版局　1980年
★荒俣宏／編『世界神秘学事典』平河出版社　1981年
今野圓輔『日本怪談集　妖怪篇』社会思想研究会出版部(現代教養文庫)　1981年　→中央公論新社(中公文庫BIBLIO)　2004年
阿部正路『日本の妖怪たち』東京書籍　1981年
★水木しげる『水木しげるの妖怪事典』東京堂出版　1981年
関山守弥『日本の海の幽霊・妖怪』学習研究社　1982年　→中央公論新社(中公文庫BIBLIO)　2005年
☆岡本勝『初期上方子供絵本集』角川書店　1982年
吉野裕子『陰陽五行と日本の民俗』人文書院　1983年
★水木しげる『霊界アドベンチャー　日本幽霊話』アイペック（エンサイクロメディア・ホットラインシリーズ）　1983年
★水木しげる『水木しげるの妖怪文庫』河出書房新社(河出文庫)　1984年●4巻まで続刊。
★水木しげる『水木しげるの妖怪事典(続)』東京堂出版　1984年
★中岡俊哉『大人を恐がらせる大妖怪伝説』二見書房（ミニ・サラ）　1984年
小松和彦『憑霊信仰論　妖怪研究への試み』ありな書房　1984年　→講談社学術文庫　1994年
宮田登『妖怪の民俗学　日本の見えない空間』岩波書店　1985年　→(同時代ライブラリー)　1990年　→筑摩書房(ちくま学芸文庫)　2002年
小松和彦、内藤正敏『鬼がつくった国・日本』光文社(カッパ・サイエンス)1985年　→光文社(光文社文庫)1991年
若尾五雄『金属・鬼・人柱その他　物質と技術のフォークロア』堺屋図書　1985年
☆中野三敏、肥田晧三／編『近世子どもの絵本集 上方篇』岩波書店　1985年
☆鈴木重三、木村八重子／編『近世子どもの絵本集 江戸篇』岩波書店　1985年
吉野裕子『陰陽五行と童児祭祀』人文書院　1986年
★水木しげる『妖怪図鑑』講談社（講談社Ｘ文庫）　1986年
岩井宏実『暮しの中の妖怪たち』文化出版局　1986年
藤沢美雄『岩手の妖怪物語　岩手妖怪譚　炉端ばなし』トリョーコム　1986年
★佐藤有文『妖怪大図鑑　日本と外国の妖怪がせいぞろい！』小学館(ビッグ・コロタン)　1987年

☆別冊太陽『日本の妖怪』平凡社　1987年
☆兵庫県立歴史博物館／編『おばけ・妖怪・幽霊…』兵庫県立歴史博物館（展示図録）　1987年
『妖怪』明治大学人文科学研究所（明治大学公開文化講座）　1987年
☆中右瑛『浮世絵　魑魅魍魎の世界』里文出版　1987年　→『魑魅魍魎の世界　江戸の劇画・妖怪浮世絵』里文出版　2005年
☆小池正胤、叢の会『江戸の絵本　初期草双紙集成』国書刊行会　1987～1989年
谷川健一／編『日本民俗文化資料集成　第8巻　妖怪』三一書房　1988年
荒俣宏、小松和彦『妖怪草紙　あやしきものたちの消息』工作舎　1988年　→学習研究社（学研M文庫）　2001年
★水木しげる『水木しげるの日本の妖怪150』小学館（コロタン文庫）　1988年
山本修之助『佐渡の貉の話』佐渡郷土文化の会　1988年
☆稲垣進一『江戸の遊び絵』東京書籍　1988年
☆山口静一、及川茂／編『河鍋暁斎戯画集』岩波書店（岩波文庫）　1988年
田中聡『怪異東京戸板がえし　華やかな街の裏にひそむ妖怪たち』評伝社　1989年　→『伝説探訪東京妖怪地図』祥伝社　1999年
小松和彦『悪霊論　異界からのメッセージ』青土社　1989年
鈴木浩彦『一つ目小僧の秘密』クロスロード　1989年
藤沢美雄『岩手のおかしな妖怪たち』トリョーコム　1989年
三浦秀宥『荒神とミサキ　岡山県の民俗信仰』名著出版　1989年
吉野裕子『山の神　易・五行と日本の原始蛇信仰』人文書院　1989年　→講談社（講談社学術文庫）2008年
若尾五雄『河童の荒魂　河童は渦巻である』堺屋図書　1989年
☆横尾忠則／編『芳年　狂懐の神々』里文出版　1989年
荒俣宏『日本妖怪巡礼団』集英社　1989年　→（集英社文庫）　1991年
荒俣宏『妖怪・怪物』平凡社（東洋文庫　ふしぎの国1）　1989年
★千葉幹夫『妖怪ぞくぞく事典』小峰書店（てのり文庫）　1989年
小泉八雲『小泉八雲名作選集　怪談・奇談』講談社　1990年
常光徹／著、楢喜八／絵『学校の怪談1～9』講談社　1990～1997年
☆近藤雅樹／編『図説日本の妖怪』河出書房新社　1990年
小松和彦、宮田登、鎌田東二、南伸坊『日本異界絵巻』河出書房新社　1990年
西川照子『神々の赤い花　人・植物・民俗』平凡社　1990年
☆小布施町教育委員会『高井鴻山　妖怪画集』小布施町　1990年
倉本四郎『鬼の宇宙誌』講談社　1991年　→平凡社（平凡社ライブラリー）1998年
☆稲垣進一、悳俊彦『国芳の狂画』東京書籍　1991年
★水木しげる『日本妖怪大全』講談社　1991年　→『図説　日本妖怪大全』（講談社α文庫）　1994年　→『決定版　日本妖怪大全　妖怪・あの世・神様』（講談社文庫）　2014年
★千葉幹夫『妖怪お化け雑学事典』講談社　1991年

小松和彦『日本妖怪異聞録』小学館　1992年　→(小学館ライブラリー)　1995年
★水木しげる『カラー版妖怪画談』岩波書店(岩波新書)　1992年
☆及川茂、山口静一『暁斎の戯画』東京書籍　1992年
稲田篤信、田中直日／編、高田衛／監修『鳥山石燕 画図百鬼夜行』国書刊行会　1992年
佐野大和『呪術世界と考古学』続群書類従完成会　1992年
☆佐藤道信『河鍋暁斎と菊池容斎』(『日本の美術』)至文堂　1993年
☆悳俊彦『月岡芳年の世界』東京書籍　1993年
★水木しげる『カラー版続妖怪画談』岩波書店(岩波新書)　1993年
☆埼玉県立博物館／編『河童vs天狗　妖怪とヒトの交流史』埼玉県立博物館(展示図録)　1993年
★多田克己『幻想世界の住人たちIV(日本編)』新紀元社　1994年　→(新紀元文庫)　2012年
★笹間良彦『図説　日本未確認生物事典』柏書房　1994年　→KADOKAWA(角川ソフィア文庫)　2018年
★水木しげる『妖怪大図鑑』講談社（講談社まんが百科）　1994年
杉浦康平『日本のかたち・アジアのカタチ 万物照応劇場』三省堂　1994年
白川まり奈『妖怪天国　新発見化け物集成』ベストセラーズ　1994年
☆谷川健一／編『稲生物怪録絵巻　江戸妖怪図録』小学館　1994年
松本沙月『百鬼夜行の日本史　都に蠢く妖怪変化の怪』日本文芸社（にちぶん文庫）　1994年
田中貴子『百鬼夜行の見える都市』新曜社　1994年　→筑摩書房(ちくま学芸文庫)　2002年
小松和彦『妖怪学新考　妖怪からみる日本人の心』小学館　1994年　→(小学館ライブラリー)　2000年
★水木しげる『続・日本妖怪大全』講談社　1994年　→『図説　日本妖怪大鑑』(講談社α文庫)1994年　→『決定版 日本妖怪大全 妖怪・あの世・神様』(講談社文庫)　2014年
久米晶文／編『宮負定雄 幽冥界秘録集成』八幡書店　1994年
☆芳賀徹／編『河鍋暁斎画集』六耀社　1994年
☆谷川健一『稲生物怪録絵巻』小学館　1994年
★草野巧、戸部民夫『日本妖怪博物館』新紀元社　1994年
☆中山幹雄『歌舞伎絵の世界』東京書籍　1995年
★千葉幹夫『全国妖怪事典』 小学館(小学館ライブラリー)　1995年　→講談社(講談社学術文庫)　2015年
★水木しげる『妖怪大図鑑2』講談社（講談社まんが百科）　1996年
☆阿部正路、千葉幹夫『にっぽん妖怪地図』角川書店　1996年
☆及川茂『暁斎の戯画・狂画』東京新聞　1996年
☆安城市歴史博物館／編『妖怪図鑑　たそがれと闇にひそむもの』安城市歴史博物館(展示図録)　1996年

☆常光徹『妖怪絵巻』童心社　1997年
荒俣宏『怪奇の国ニッポン　新日本妖怪巡礼団』集英社（集英社文庫）　1997年
☆山寺芭蕉記念館／編『文人の神仏・妖怪展　異界の表現史』山寺芭蕉記念館(展示図録) 1997年
★草野巧『幻想動物事典』新紀元社　1997年
☆多田克己／編『江戸妖怪かるた』国書刊行会　1998年
小松和彦『異界を覗く』洋泉社　1998年
笹間良彦『怪異・きつね百物語』雄山閣　1998年　→『日本人ときつね 怪異・きつね百物語』雄山閣(生活文化史選書)2023年
山本ひろ子『異神 中世日本の秘教的世界』平凡社　1998年　→筑摩書房(ちくま学芸文庫)2003年
志村有弘／編『庶民宗教民俗学叢書』勉誠出版　1998年
★須永朝彦『日本幻想文学全景』新書館　1998年
☆田中貴子、花田清輝、澁澤龍彦、小松和彦『図説 百鬼夜行絵巻をよむ』河出書房新社 1999年
萩原法子『熊野の太陽信仰と三本足の烏』戎光祥出版　1999年
多田克己『百鬼解読』講談社(講談社ノベルス)1999年　→(講談社文庫)　2006年
☆アダム・カバット『江戸化物草紙』小学館　1999年　→KADOKAWA(角川ソフィア文庫) 2015年
☆『妖怪の本　異界の闇に蠢く百鬼夜行の伝説』学習研究社(Books esoterica)　1999年
湯本豪一『明治妖怪新聞』柏書房　1999年
常光徹『妖怪変化』筑摩書房（ちくま新書）　1999年
中村禎里『動物妖怪談』歴史民俗博物館振興会（歴博ブックレット）　2000年
村上健司『百鬼夜行解体新書』光栄　2000年
☆アダム・カバット『大江戸化物細見』小学館　2000年
☆アダム・カバット『大江戸化物図譜』小学館(小学館文庫)　2000年
☆多田克己／編『妖怪図巻』国書刊行会　2000年
★村上健司『妖怪事典』毎日新聞社　2000年
『日本怪奇幻想紀行 一之巻　妖怪／百鬼巡り』同朋舎　2000年
☆朝日新聞社文化企画局大阪企画部／編『大妖怪展』朝日新聞社(展示図録)　2000年
倉本四郎『妖怪の肖像』平凡社　2000年
リチャード・ゴードン・スミス／著、荒俣宏／翻訳『ゴードン・スミスの日本怪談集』角川書店　2001年
山口昌男『内田魯庵山脈　〈失われた日本人〉発掘』晶文社　2001年
『日本怪奇幻想紀行 五之巻　妖怪／夜行巡り』同朋舎　2001年
多田克己、村上健司、京極夏彦『妖怪旅日記』同朋舎　2001年
村上健司『妖怪十二支参り』同朋舎　2001年
☆『妖怪道』徳間書店（ポケ玩ランド）　2001年

京極夏彦、村上健司、多田克己『妖怪馬鹿』新潮社（新潮OH! 文庫）2001年　→『完全復刻妖怪馬鹿』（新潮文庫）　2008年
湯本豪一『地方発明治妖怪ニュース』柏書房　2001年
アダム・カバット『妖怪草紙　くずし字入門』柏書房　2001年
☆国立歴史民俗博物館／編『異界万華鏡　あの世・妖怪・占い』国立歴史民俗博物館（展示図録）　2001年
☆香川県歴史博物館／編『讃岐異界探訪　特別展「あの世・妖怪・占い――異界万華鏡」』香川県歴史博物館（展示図録）　2002年
野沢謙治『ふくしまの世間話　自然・異人・神仏・妖怪』歴史春秋出版　2002年
武村政春『ろくろ首考　妖怪の生物学』文芸社　2002年
多田克己、村上健司『不思議の旅ガイド　日本幻想紀行』人類文化社　2002年
湯本豪一『妖怪と楽しく遊ぶ本　日本人と妖怪の意外な関係を探る』河出書房新社（Kawade夢新書）　2002年
☆『水辺の妖怪　河童』さいたま川の博物（展示図録）　2002年
国立歴史民俗博物館／編『異界談義』角川書店　2002年
村上健司『妖怪ウォーカー』角川書店　2002年
☆近藤瑞木『百鬼繚乱　江戸怪談・妖怪絵本集成』国書刊行会　2002年
田中聡『妖怪と怨霊の日本史』集英社（集英社新書）　2002年
正木晃『お化けと森の宗教学 となりのトトロといっしょに学ぼう』春秋社　2002年
☆湯本豪一『妖怪あつめ』角川書店　2002年
☆湯本豪一『江戸の妖怪絵巻』光文社（光文社新書）　2003年
☆湯本豪一『妖怪百物語絵巻』国書刊行会　2003年
東アジア恠異学会／編『怪異学の技法』臨川書店　2003年
☆長野市立博物館／編『あの世・妖怪　信州異界万華鏡』長野市立博物館（展示図録）　2003年
☆高知県立歴史民俗資料館／編『あの世・妖怪・陰陽師　異界万華鏡・高知編』高知県立歴史民俗資料館（展示図録）　2003年
小松和彦／編『日本妖怪学大全』小学館　2003年
☆アダム・カバット『江戸滑稽化物尽くし』講談社　2003年　→（講談社学術文庫）　2011年
☆酒井シヅ『絵で読む江戸の病と養生』講談社　2003年
田中貴子『安倍晴明の一千年 「晴明現象」を読む』講談社　2003年　→法藏館（法藏館文庫）2023年
別冊太陽『陰陽の世界 卜占の呪術』平凡社　2003年
☆加藤康子『幕末・明治豆本集成』国書刊行会　2004年
別冊太陽『カタリの世界 昔話と伝奇伝承』平凡社　2004年
日野日出志、青木一平『妖怪の大常識』ポプラ社　2004年
☆杉本好伸／編『稲生物怪録絵巻集成』国書刊行会　2004年

坪井正五郎『知の自由人叢書　うしのよだれ』国書刊行会　2005年
☆湯本豪一『百鬼夜行絵巻　妖怪たちが騒ぎだす』小学館（アートセレクション）　2005年
武村政春『ろくろ首の首はなぜ伸びるのか ： 遊ぶ生物学への招待』新潮社（新潮新書）2005年
☆小山市立博物館／編『妖怪現る！　心の闇にひそむものたち』小山市立博物館(展示図録）2005年
東雅夫『妖怪伝説奇聞』学習研究社　2005年
★『妖怪大戦争』全日本妖怪推進委員会『写真で見る日本妖怪大図鑑』角川書店　2005年
☆山寺芭蕉記念館／編『もののけ博覧会　妖怪の表現、その歴史と美術』山寺芭蕉記念館（展示図録）2005年
☆『鳥山石燕　画図百鬼夜行全画集』角川書店(角川ソフィア文庫）　2005年
宮本幸枝『津々浦々「お化け」生息マップ 』技術評論社　2005年
京極夏彦『妖怪大談義』角川書店　2005年
香川雅信『江戸の妖怪革命』河出書房新社　2005年　→角川書店(角川ソフィア文庫）2013年
★村上健司『日本妖怪大事典』角川書店　2005年　→『日本妖怪大事典 改訂・携帯版』KADOKAWA(角川文庫)2015年
★和田寛『河童伝承大事典』岩田書院　2005年
☆笹間良彦『絵で見て不思議！ 鬼とものののけの文化史』万来舎(遊子館歴史選書)2005年
☆竹原春泉『桃山人夜話　絵本百物語』角川書店(角川ソフィア文庫）　2006年
一柳廣孝／編『オカルトの帝国　1970年代の日本を読む』青弓社　2006年
一柳廣孝、吉田司雄／編『妖怪は繁殖する』青弓社　2006年
佛教大学文学部／編『見えない世界の覗き方　文化としての怪異』法藏館　2006年
小松和彦『妖怪文化入門』せりか書房　2006年
小松和彦／編『怪異・妖怪百物語　異界の杜への誘い』明治書院　2006年
☆アダム・カバット『ももんがあ対見越入道　江戸の化物たち』講談社　2006年
☆湯本豪一『続妖怪図巻』国書刊行会　2006年
宮田登『妖怪と伝説』吉川弘文館　2007年
京極夏彦『妖怪の理妖怪の檻』角川書店　2007年
村上健司『京都妖怪紀行　地図でめぐる不思議・伝説地案内』角川書店　2007年
内藤正敏『東北の聖と賤 民俗の発見Ⅰ』法政大学出版局　2007年
内藤正敏『鬼と修験のフォークロア 民俗の発見Ⅱ』法政大学出版局　2007年
内藤正敏『江戸・王権のコスモロジー 民俗の発見Ⅲ』法政大学出版局　2007年
☆東雲騎人『妖怪つれづれ紀行 東海道のお化けたち』YMブックス　2007年
☆愛媛県歴史文化博物館／編『異界・妖怪　「おばけ」と「あの世」の世界』愛媛県歴史文化博物館(展示図録）2007年
☆悳俊彦『妖怪曼陀羅　幕末明治の妖怪絵師たち』国書刊行会　2007年
☆纐纈久里／編『妖怪カタログ』大屋書房　2008年

★妖怪ドットコム『図説妖怪辞典』幻冬舎　2008年
原田実『日本化け物史講座』楽工社　2008年
★水木しげる『妖怪大画報　少年マガジン巻頭口絵の世界』講談社　2008年
★妖怪事典制作委員会／編『萌え萌え妖怪事典』イーグルパブリシング　2008年
一柳廣孝『知っておきたい世界の幽霊・妖怪・都市伝説』西東社　2008年
志村有弘／監修『図説地図とあらすじで読む日本の妖怪伝説』青春出版社　2008年
村上健司『日本妖怪散歩』角川書店　2008年
☆多田克己／編『妖怪画本・狂歌百物語』国書刊行会　2008年
武村政春『一反木綿から始める生物学』ソフトバンククリエイティブ　2008年
伊藤龍平『ツチノコの民俗学　妖怪から未確認動物へ』青弓社　2008年
☆辻惟雄『奇想の江戸挿絵』集英社(集英社新書)2008年
小松和彦『百鬼夜行絵巻の謎』集英社　2008年
☆別冊太陽『河鍋暁斎』平凡社　2008年●安村敏信／監修
☆千葉市美術館『文明開化の錦絵新聞――東京日々新聞・郵便報知新聞全作品』国書刊行会　2008年
『船形山の民俗　吉田潤之介採訪資料』東北大学大学院文学研究科東北文化研究室　2008年
繁田信一／著、坂田靖子／絵『王朝貴族のおまじない』ビイング・ネット・プレス　2008年
☆国立歴史民俗博物館、国文学研究資料館、国際日本文化研究センター／編『百鬼夜行の世界』人間文化研究機構　2009年
津名道代『清姫は語る』文理閣　2009年●「日本「国つ神」情念史」の第1巻
尾関章『両面の鬼神　飛騨の宿儺伝承の謎』勉誠出版　2009年　→(オンデマンド版)2021年
内藤正敏『江戸・都市の中の異界　民俗の発見IV』法政大学出版局　2009年
正木晃『「千と千尋」のスピリチュアルな世界』春秋社　2009年
湯本豪一／編『明治期怪異妖怪記事資料集成』国書刊行会　2009年
☆兵庫県立歴史博物館・京都国際マンガミュージアム／編『図説妖怪画の系譜』河出書房新社(ふくろうの本)　2009年
武村政春『妖怪を科学する！』メディアファクトリー　2009年
小松和彦／編『図解雑学　日本の妖怪』ナツメ社　2009年
☆青森県立郷土館／編『妖怪展　神・もののけ・祈り』青森県立郷土館(展示図録)　2009年
☆兵庫県立美術館／編『水木しげる・妖怪図鑑』兵庫県立美術館(展示図録)　2009年
東アジア恠異学会／編『怪異学の可能性』角川書店　2009年
小松和彦／編『妖怪文化研究の最前線』せりか書房　2009年
山ン本真樹『怪の壺　あやしい古典文学』学研　2010年
伊藤龍平『江戸幻獣博物誌　妖怪と未確認動物のはざまで』青弓社　2010年
☆山口直樹『妖怪ミイラ完全file　決定版』学研パブリッシンング　2010年
★常光徹／監修『日本の妖怪大図鑑』ミネルヴァ書房　2010年●3巻まで続刊。

原田実『もののけの正体　怪談はこうして生まれた』新潮社(新潮新書)　2010年
★山下昌也『図解日本全国おもしろ妖怪列伝』講談社　2010年
小松和彦／編『妖怪文化の伝統と創造　絵巻・草紙からマンガ・ラノベまで』せりか書房　2010年
★高橋郁丸『新潟の妖怪』考古堂書店 2010年
☆『増上寺秘蔵の仏画 五百羅漢 幕末の絵師狩野一信』日本経済新聞社　2011年
定方晟『インド宇宙論大全』春秋社　2011年
☆茨城県立歴史館／編『妖怪見聞』茨城県立歴史館(展示図録)　2011年
アダム・カバット『江戸の可愛らしい化物たち』祥伝社（祥伝社新書）　2011年
志村有弘／編『日本ミステリアス妖怪・怪奇・妖人事典』勉誠出版　2011年
★常光徹／監修『ビジュアル版　妖怪伝説大百科』上下巻　ポプラ社　2011年
小松和彦／編『妖怪学の基礎知識』角川書店　2011年
★村上健司『怪しくゆかいな妖怪穴』毎日新聞社　2011年
村上健司『日本全国妖怪スポット』汐文社　2011年●4巻まで続刊。
☆五里ごり館『あの世・妖怪　闇にひそむものたち』城陽市歴史民俗資料館(展示図録)　2011年
武村政春『空想妖怪読本』メディアファクトリー　2011年
三津田信三／編『江戸・東京歴史ミステリーを歩く』PHP文庫　2011年
湯本豪一『帝都妖怪新聞』角川書店(角川ソフィア文庫)　2011年
☆練馬区立石神井公園ふるさと文化館／編『江戸の妖怪展』練馬区立石神井公園ふるさと文化館(展示図録)　2012年
横山泰子『妖怪手品の時代』青弓社　2012年
☆福岡市博物館／編『幽霊・妖怪画大全集　美と恐怖とユーモア』幽霊・妖怪画大全集実行委員会(展示図録)　2012年
東アジア恠異学会／編『怪異学入門』岩田書院　2012年
☆Jaron Borensztajn『Ghosts and Spirits fom the Tikotin Museum of Japanese Art』LEIDEN Publication(展示図録)　2012年
☆別冊太陽『月岡芳年』平凡社　2012年●岩切友里子／監修
川村信秀『坪井正五郎　日本で最初の人類学者』弘文堂　2013年
★村上健司『妖怪探検図鑑』あかね書房　2013年●2巻まで続刊。
★村上健司『妖怪百貨店別館　怪しくゆかいな妖怪穴2』毎日新聞社　2013年
★小松和彦／監修『日本怪異妖怪大事典』東京堂出版　2013年
★湯本豪一／監修『こわい！びっくり！日本の不思議伝説大図鑑　雪女・河童から平将門まで』PHP研究所　2013年
☆湯本豪一『今昔妖怪大鑑』パイインターナショナル　2013年
★宮本幸枝／編『日本の妖怪FILE』学研パブリッシング　2013年
常光徹『妖怪の通り道　俗信の想像力』吉川弘文館　2013年
☆三井文庫三井記念美術館／編『大妖怪展　鬼と妖怪そしてゲゲゲ』三井文庫三井記念美術

館(展示図録)　2013年
☆横須賀美術館／編『日本の「妖怪」を追え！　北斎、国芳、芋銭、水木しげるから現代アートまで』横須賀美術館(展示図録)　2013年
☆広島県立歴史民俗資料館／編『真夏の妖怪大行進！　子どもたちに贈る三次の夏休み』広島県立歴史民俗資料館(展示図録)　2013年
アダム・カバット『江戸の化物　草双紙の人気者たち』岩波書店　2014年
佐々木高弘『怪異の風景学』古今書院　2014年
☆大伴昌司『大伴昌司《SF・怪獣・妖怪》秘蔵大図解　「少年マガジン」「ぼくら」オリジナル復刻版』講談社　2014年
★宮本幸枝『妖怪調査ファイル「もしも?」の図鑑』実業之日本社　2014年
安井眞奈美／編『怪異と身体の民俗学　異界から出産と子育てを問い直す』せりか書房　2014年
☆纐纈久里／編『妖怪カタログ弐』大屋書房　2014年
国立歴史民俗博物館、常光徹／編『河童とはなにか』岩田書院　2014年
湯本豪一／編『大正期怪異妖怪記事資料集成』上下巻　国書刊行会　2014年
アダム・カバット／監修『芋地獄』小学館　2014年
☆太田記念美術館／編『江戸妖怪大図鑑』太田記念美術館(展示図録)　2014年
★木下浩『岡山の妖怪事典 妖怪編』日本文教出版(岡山文庫)　2014年
Michael Dylan Foster『The Book of Yokai: Mysterious Creatures of Japanese Folklore』University of California Press　2015年
☆湯本豪一『かわいい妖怪画』東京美術　2015年
★木下浩『岡山の妖怪事典 鬼・天狗・河童編』日本文教出版(岡山文庫)　2015年
京極夏彦『妖怪の宴妖怪の匣』KADOKAWA　2015年
東アジア恠異学会／編『怪異を媒介するもの』勉誠出版　2015年
☆茨城県天心記念五浦美術館／編『異界へのいざない　妖怪大集合』茨城県天心記念五浦美術館(展示図録)　2015年
☆東京都江戸東京博物館・あべのハルカス美術館・読売新聞社／編『大妖怪展　土偶から妖怪ウォッチまで』読売新聞(展示図録)　2015年
☆湯本豪一『日本の幻獣図譜　大江戸不思議生物出現録』東京美術　2016年
★門賀美央子『ときめく妖怪図鑑』山と溪谷社　2016年
伊藤慎吾／編『妖怪・憑依・擬人化の文化史』笠間書院　2016年
常光徹『予言する妖怪』歴史民俗博物館振興会　2016年
☆兵庫県立歴史博物館／編『立体妖怪図鑑モノノケハイ』KADOKAWA(展示図録)　2016年
隅田川妖怪絵巻PROJECT／編『隅田川の妖怪教室』講談社　2016年
今井秀和、大道晴香／編『怪異を歩く』青弓社　2016年
飯倉義之／編『怪異を魅せる』青弓社　2016年
湯本豪一／編『昭和期怪異妖怪記事資料集成』上中下巻　国書刊行会　2016～2017年
★あいち妖怪保存会『愛知妖怪事典』一粒書房　2016年

☆『浮世絵で見る！お化け図鑑』パイインターナショナル　2016年●中右瑛コレクションなどを用いており中右瑛／監修と記載、テキストは山本野理子。
★香川雅信、飯倉義之／編『47都道府県・妖怪伝承百科』丸善出版　2017年
佐々木聡『復元 白沢図 古代中国の妖怪と辟邪文化』白澤社、現代書館　2017年
☆セーラ・E・トンプソン／編、小林忠／監訳、野間けい子／訳『北斎漫画　肉筆未刊行版』河出書房新社 2017年
アダム・カバット『江戸化物の研究　草双紙に描かれた創作化物の誕生と展開』岩波書店　2017年
☆さいたま文学館／編『さいたまの妖怪　絵で見る怖い話・不思議な話』さいたま文学館（展示図録）　2017年
☆秋田県立博物館／編『妖怪博覧会　秋田にモノノケ大集合！』秋田県立博物館(展示図録)　2017年
マイケル・ディラン・フォスター／著、廣田龍平／訳『日本妖怪考　百鬼夜行から水木しげるまで』森話社　2017年
荒俣宏、荻野慎諧、峰守ひろかず『荒俣宏妖怪探偵団ニッポン見聞録　東北編』学研プラス　2017年
★宮本幸枝『図説 日本の妖怪百科』学研プラス　2017年
小松和彦／編『進化する妖怪文化研究』せりか書房　2017年
☆湯本豪一『古今妖怪纍纍』パイインターナショナル　2017年
村上健司『もしものときの妖怪たいさくマニュアル　妖怪は今でもいる!?　山にあらわれる妖怪』汐文社　2018年
東アジア恠異学会／編『怪異学の地平』臨川書店　2018年
清水潤『鏡花と妖怪』青弓社　2018年
荻野慎諧『古生物学者、妖怪を掘る　鵺の正体、鬼の真実』ＮＨＫ出版　2018年
橘弘文、手塚恵子『文化を映す鏡を磨く　異人・妖怪・フィールドワーク』せりか書房　2018年
伊藤龍平『何かが後をついてくる　妖怪と身体感覚』青弓社　2018年
☆湯本豪一『妖怪絵草紙』パイインターナショナル　2018年
阿部泰郎『中世日本の世界像』名古屋大学出版会　2018年
☆アン・ヘリング『おもちゃ絵づくし』玉川大学出版部　2019年
☆国立歴史民俗博物館／編『もののけの夏――江戸文化の中の幽霊・妖怪――』国立歴史民俗博物館(展示図録)　2019年
伊藤慎吾、飯倉義之、広川英一郎『怪人熊楠、妖怪を語る』三弥井書店　2019年
★木下昌美『すごいぜ!!日本妖怪びっくり図鑑』辰巳出版　2019年
★荒俣宏『アラマタヒロシの妖怪にされちゃったモノ事典』秀和システム　2019年
京極夏彦、東雅夫『稲生物怪録』KADOKAWA(角川ソフィア文庫)　2019年
黒史郎『ムー民俗奇譚　妖怪補遺々々』学研プラス　2019年
堤邦彦『京都怪談巡礼』淡交社　2019年

今井秀和『世にもふしぎな化け猫騒動』KADOKAWA(角川ソフィア文庫)　2020年
佐々木高弘『妖怪巡礼』古今書院　2020年
一柳廣孝『怪異の表象空間　メディア・オカルト・サブカルチャー』国書刊行会　2020年
木場貴俊『怪異をつくる　日本近世怪異文化史』文学通信　2020年
牧野陽子『ラフカディオ・ハーンと日本の近代　日本人の〈心〉をみつめて』新曜社　2020年
Bernard Faure『God of medieval Japan』vol.3　University of Hawaii Press　2021年
☆湯本豪一『YOKAI 妖怪』パイインターナショナル　2021年
★佐藤清明資料保存会／編『博物学者佐藤清明の世界　附録「現行全国妖怪辞典」』日本文教出版(岡山文庫)　2021年
☆天野行雄『空想妖怪解剖図』幻冬舎　2021年
☆杉並区立郷土博物館／編『百鬼ぞくぞく妖怪ワンダーランド』杉並区立郷土博物館(展示図録)　2021年
伊藤龍平『ヌシ　神か妖怪か』笠間書院　2021年
東アジア恠異学会／編『怪異学講義　王権・信仰・いとなみ』勉誠出版　2021年
★村上健司『がっかり妖怪大図鑑』誠文堂新光社　2021年
伊藤慎吾、氷厘亭氷泉／編『列伝体　妖怪学前史』勉誠出版　2021年
常光徹『日本俗信辞典　衣裳編』KADOKAWA(角川文庫ソフィア文庫)　2021年
藤井和子『妖怪民話　聞き歩き』柏艪舎　2021年
東雅夫『クダン狩り　予言獣の影を追いかけて』白澤社　2021年
戦狐『秋田妖怪蒐集』胡仙廟(私家版)　2021年～●3巻まで続刊。
峰守ひろかず『私家版滋賀県妖怪事典』(私家版)　2021年
★朝里樹『日本怪異妖怪事典 北海道』笠間書院　2021年
★氷厘亭氷泉『日本怪異妖怪事典 関東』笠間書院　2021年
★戦狐、佐々木剛一、佐藤卓、寺西政洋『日本怪異妖怪事典 東北』笠間書院　2022年
★木下昌美、御田鍬『日本怪異妖怪事典 近畿』笠間書院　2022年
★怪作戦テラ、高橋郁丸、毛利恵太『日本怪異妖怪事典 中部』笠間書院　2022年
『大佐用』合冊版　妖怪仝友会(私家版)　2022年～●現在、合冊版1～4(vol.0～vol.240)まで収録。「製本直送」でオンデマンド刊行。
☆さいたま文学館／編『埼玉妖怪見聞録』さいたま文学館(展示図録)　2022年
廣田龍平『妖怪の誕生　超自然と怪奇的自然の存在論的歴史人類学』青弓社　2022年
☆香川雅信『図説日本妖怪史』河出書房新社(ふくろうの本)　2022年
小松和彦／編『妖怪文化研究の新時代』せりか書房　2022年
☆春木晶子『江戸パンク！　国芳・芳年の幻想劇画』パイインターナショナル　2022年
☆Timothy Clark／著、樋口一貴／監訳、長井裕子・村瀬可奈／訳『葛飾北斎 万物絵本大全』朝日新聞出版　2022年
烏山奏春『付喪神の日本史』(私家版)　2023年●「製本直送」でオンデマンド刊行。

峰守ひろかず『私家版金沢妖怪事典』(私家版)　2023年

☆Andreas Marks『Japanese Yokai and Other Supernatural Beings』TUTTLE　2023年
星優也『中世神祇講式の文化史』法藏館　2023年
田口章子／編『アニメと日本文化』新典社　2023年
大明敦『埼玉の妖怪』さきたま出版会　2023年
☆湯本豪一『日本幻獣図説』講談社学術文庫　2023年
★寺西政洋『日本怪異妖怪事典 中国』笠間書院　2023年
★毛利恵太『日本怪異妖怪事典 四国』笠間書院　2023年
★闇の中のジェイ『日本怪異妖怪事典 九州・沖縄』笠間書院　2023年
☆三次もののけミュージアム／編『百鬼夜行へようこそ！ 絵巻からおもちゃまで』三次もののけミュージアム（展示図録）　2023年
☆たばこと塩の博物館／編『見て楽し 遊んで楽し 江戸のおもちゃ絵 Part2』たばこと塩の博物館（展示図録）　2023年
浅井玉雄／編『ゲゲの謎 あさいますお著作集』風媒社　2023年
村上健司、多田克己『それいけ！ 妖怪旅おやじ』KADOKAWA　2023年
杉原正樹『淡海妖怪拾遺』サンライズ出版　2023年
村上紀夫『怪異と妖怪のメディア史　情報社会としての近世』創元社　2023年
久留島元『天狗説話考』白澤社　2023年
廣田龍平『〈怪奇的で不思議なもの〉の人類学　妖怪研究の存在論的転回』青土社　2023年
★長野栄俊／編『予言獣大図鑑』文学通信　2023年
式水下流『特撮に見えたる妖怪』文学通信　2024年

■小説

岡本綺堂『半七捕物帳』博文館　→講談社等　1917～1937年●短編計68作。
火野葦平『河童曼陀羅』四季社　1957年
火野葦平『河童会議』文芸春秋新社　1958年
山田野理夫『日本妖怪集』潮文社（潮文社新書）　1969年
山田野理夫『日本妖怪集　第2集』潮文社（潮文社新書）　1970年
山田野理夫『東北怪談の旅』自由国民社　1974年　→『山田野理夫東北怪談全集』荒蝦夷　2010年
谷恒生『魍魎伝説』双葉社　1982年　→（双葉文庫）1985～1987年●6巻まで続刊。
谷恒生『紀・魍魎伝説』角川書店（カドカワノベルズ）1984～1987年　→（角川文庫）1988年。●6巻まで続刊。
鳥井加南子『悪夢の妖怪村　スーパー脱出ゲーム・ノベル』祥伝社（ノン・ポシェット）1985年
鈴木裕『妖怪の館　魔王からの招待状』学習研究社（シミュレーションゲームブックス）1986年
P・H・チャダ／原作、あだちひろし／編訳『天外魔境 FAR EAST OF EDEN』角川書店（角川スニーカー文庫）　1989～1991年●3巻まで続刊。ゲーム『天外魔境』シリーズの小説版

伊吹巡『変化草子』大陸書房(大陸ネオファンタジー文庫)1991～1992年●3巻まで続刊。1994年『変化草紙』桜桃書房で2冊刊行。

瀬川貴次『闇に歌えば』集英社(スーパーファンタジー文庫)　1991～1998年●12巻まで続刊。

早坂律子『超魔祇殺徨』集英社(スーパーファンタジー文庫)　1991年

早坂律子『超魔炎獄変』集英社(スーパーファンタジー文庫)　1991年

早坂律子『超魔黎明譚』集英社(スーパーファンタジー文庫)　1992年

鳴海丈『かげろう闘魔変』集英社(スーパーファンタジー文庫)　1992年

飯島健男『BURAI』小学館(スーパークエスト文庫)　1992～1994年●10巻まで続刊。ゲーム『BURAI』シリーズの小説版。

飯島健男『覇竜の神座　BURAI外伝』小学館(スーパークエスト文庫)　1993年●2巻まで刊行。

早坂律子『十六夜幻神啖　超魔祇殺徨外伝』集英社(スーパーファンタジー文庫)　1993年

瀬川貴次『暗夜鬼譚』集英社(スーパーファンタジー文庫→コバルト文庫)　1994～2005年●23巻まで続刊。

山本弘ほか『ガープス・妖魔夜行　妖怪アクションRPG』角川書店(角川スニーカー・G文庫)　1994年

山本弘ほか『ガープス・妖魔夜行・妖怪伝奇』角川書店(角川スニーカー・G文庫)　1994年

友野詳『妖怪秘聞　ガープス・妖魔夜行リプレイ』角川書店(角川スニーカー・G文庫)　1994年

京極夏彦『姑獲鳥の夏』講談社　1994年

飯島健男『学校であった怖い話』アスペクト(ログアウト冒険文庫)　1995年

早川奈津子『鬼神降臨伝ONI』小学館(スーパークエスト文庫)　1995年●同名ゲームの小説版。著者は開発スタッフのシナリオ担当。

工藤治『仮免巫女トモコ』アスペクト(ログアウト冒険文庫)　1995年●大昔に生まれた妖怪世界の大物としてガネマル狸というキャラが登場。

京極夏彦『魍魎の匣』講談社　1995年

京極夏彦『狂骨の夢』講談社　1995年

京極夏彦『鉄鼠の檻』講談社　1996年

京極夏彦『絡新婦の理』講談社　1996年

濱崎達人『新桃太郎伝説』小学館(スーパークエスト文庫)　1996年●同名ゲームの小説版。著者は開発チームのひとり。

京極夏彦『塗仏の宴』講談社　1998年

京極夏彦『百器徒然袋　雨』講談社　1999年

京極夏彦『百鬼夜行　陰』講談社　1999年

京極夏彦『巷説百物語』角川書店　1999年

春眠暁『さわらぬ猫にタタリなし』富士見書房(富士見ファンタジア文庫)　1999年

加納邑『シッポが足りない!?』オークラ出版(アイスノベルズ)　2000年●九尾の狐

小林めぐみ『困らぬ前のかみだのみ　少年少女退魔録』角川書店(角川スニーカー文庫)　2000年
京極夏彦『今昔続百鬼　雲』講談社　2001年
京極夏彦『続巷説百物語』角川書店　2001年
畠中恵『しゃばけ』新潮社　2001年
飯島健男『ONI零　時空翔けし仔らよ』エンターブレイン(ファミ通文庫)　2001年●ゲーム『ONI零』を題材にした小説。
加納邑『地獄のカワイコちゃん』オークラ出版(アイスノベルズ)　2001年　→オークラ出版(アクア文庫)2006年●閻魔
甲田学人『Missing』メディアワークス(電撃文庫)2001～2005年●13巻まで続刊。
加納邑『イチゴ大福は14才』オークラ出版（アイスノベルズ）　2002年●狸
岡野麻里安『七星の陰陽師』講談社(X文庫ホワイトハート)　2002年
岡野麻里安『七星の陰陽師　人狼編』講談社(X文庫ホワイトハート)　2003～2004年●4巻まで続刊。
甲斐透『双霊刀あやかし奇譚』新書館(ウィングス文庫)　2003～2004年
伊東京一『黒闇天女にご用心　ビンボー神は女子高生!?』エンターブレイン(ファミ通文庫)　2003年
夏緑『風水学園』メディアファクトリー(MF文庫J)　2003～2005年●8巻まで続刊。犬神、牛鬼なども登場。
畠中恵『ぬしさまへ』新潮社　2003年
京極夏彦『後巷説百物語』角川書店　2003年
京極夏彦『豆腐小僧双六道中ふりだし　本朝妖怪盛衰録』講談社　2003年
京極夏彦『陰摩羅鬼の瑕』講談社　2003年
京極夏彦『百器徒然袋　風』講談社　2004年
木村航『ぺとぺとさん』エンターブレイン(ファミ通文庫)　2004年
木村航『さよなら、ぺとぺとさん』エンターブレイン(ファミ通文庫)　2004年
柴村仁『我が家のお稲荷さま。』メディアワークス(電撃文庫)　2004～2007年●7巻まで続刊。
畠中恵『ねこのばば』新潮社　2004年
畠中恵『おまけのこ』新潮社　2005年
荒俣宏『妖怪大戦争』角川書店　2005年
化野燐『蠱猫　人工憑霊蠱猫』講談社　2005年
化野燐『白澤　人工憑霊蠱猫』講談社　2005年
化野燐『渾沌王　人工憑霊蠱猫』講談社　2005年
東雅夫／編『妖怪文藝』小学館(小学館文庫)　2005年●3巻まで続刊。
綾守竜樹『座敷童の掟 暴富は艶めく女体を贄に』キルタイムコミュニケーション(二次元ドリーム文庫)2005年●ぬらりひょん族、雪女、ぬっぺっぽう、輪入道なども登場。
七飯宏隆『座敷童にできるコト』メディアワークス(電撃文庫)　2005～2006年●6巻ま

で続刊。
あらいりゅうじ『二階の妖怪王女』メディアワークス(電撃文庫)　2005～2006年●4巻まで続刊。うわん、鬼火なども登場。
木村航『かえってきた、ぺとぺとさん』エンターブレイン(ファミ通文庫)　2005～2007年●2巻まで続刊。
木村航『ぺとぺとさんV』エンターブレイン(ファミ通文庫)　2006年
化野燐『件獣　人工憑霊蠱猫』講談社　2006年
化野燐『呪物館　人工憑霊蠱猫』講談社　2006年
畠中恵『うそうそ』新潮社　2006年
友谷蒼『伊佐と雪』ソフトバンククリエイティブ（GA文庫）　2006～2008年●5巻まで続刊。
沖垣淳『かむなぎ』ソフトバンククリエイティブ（GA文庫）　2006～2008年●5巻まで続刊。犬神なども登場。
御堂彰彦『"不思議"取り扱います　付喪堂骨董店』メディアワークス　→アスキー・メディアワークス(電撃文庫)　2006～2010年●7巻まで続刊。
増子二郎『土くれのティターニア』メディアワークス(電撃文庫)　2006～2007年●2巻まで続刊。産女なども登場。
桝田省治『鬼切り夜鳥子』エンターブレイン(ファミ通文庫)　2006～2009年●5巻まで続刊。
流星香『封縛師』エンターブレイン(ビーズログ文庫)2006～2008年●5巻まで続刊。
三津田信三『厭魅の如き憑くもの』原書房　2006年　→講談社　2009年
京極夏彦『邪魅の雫』講談社　2006年
京極夏彦『前巷説百物語』角川書店　2007年
化野燐『妄邪船　人工憑霊蠱猫』講談社　2007年
畠中恵『つくもがみ貸します』角川書店　2007年
畠中恵『ちんぷんかん』新潮社　2007年
内山靖二郎『クダンの話をしましょうか』メディアファクトリー(MF文庫J)　2007～2008年●2巻まで続刊。
加納邑『恋の王朝絵巻　――闇夜の山賊――』リーフ(リーフノベルス)　2007年
かたやま和華『お狐サマの言うとおりッ!』エンターブレイン(ビーズログ文庫)　2007年
宮部みゆき『おそろし　三島屋変調百物語事始』角川書店　2008年
笹間良彦『妖たちの時代劇』万来舎(遊子館歴史選書)　2008年
流星香『お庭番望月蒼司朗参る!』エンターブレイン(ビーズログ文庫)　2008～2016年●24巻まで続刊。
峰守ひろかず『ほうかご百物語』メディアワークス　→アスキー・メディアワークス(電撃文庫)　2008～2011年●10巻まで続刊。小豆とぎ、甘酒婆、天邪鬼、アマビコ、いじゃろ転がし、牛鬼、産女、海坊主、応声虫、大蝦蟇、大入道、おとろし、おぼなども登場。
おかゆまさき『森口織人の陰陽道』メディアワークス　→アスキー・メディアワークス

（電撃文庫） 2008～2010年●4巻まで続刊。油ずまし、牛鬼、おばりよんなども登場。

高遠豹介『藤堂家はカミガカリ』メディアワークス →アスキー・メディアワークス（電撃文庫） 2008年●3巻まで続刊。

畠中恵『いっちばん』新潮社 2008年

化野燐『人外鏡 人工憑霊蠱猫』講談社 2008年

化野燐『迷異家 人工憑霊蠱猫』講談社 2009年

畠中恵『ころころろ』新潮社 2009年

瑞智士記『リビングデッド・ファスナー・ロック』小学館（ガガガ文庫） 2009●2巻まで続刊。

日日日『ささみさん@がんばらない』小学館（ガガガ文庫） 2009～2013年●11巻まで続刊。

日日日『みにくいあひるの恋 』メディアファクトリー（MF文庫J） 2009～2010年●4巻まで続刊。

スズキヒサシ『焔のシグナティス』メディアファクトリー（MF文庫J） 2009～2010年●2巻まで続刊。青鷺火、鐙口、犬神なども登場。

高瀬ユウヤ『イヅナさんと！』富士見書房（富士見ファンタジア文庫） 2009～2010年●3巻まで続刊。飯縄なども登場。

伏見つかさ『ねこシス』アスキー・メディアワークス（電撃文庫） 2009年

松原真琴『猫耳父さん』アスキー・メディアワークス（電撃文庫） 2009年

鈴木麻純 『蛟堂報復録』アルファポリス 2009年 →（アルファポリス文庫） 2011～2013年●9巻まで続刊。

加納邑『だってキツネなんだもん』アスキー・メディアワークス（B-PRINCE文庫） 2009年

西野花『閉ざされた常世』プランタン出版、フランス書院（プラチナ文庫） 2009年

猫砂一平『末代まで！』角川書店（角川スニーカー文庫） 2009～2010年●3巻まで続刊。

湖山真『耳鳴坂妖異日誌 手のひらに物の怪』角川書店（角川スニーカー文庫） 2009年●垢嘗なども登場。

東亮太／著、水木しげる／原作『ゲゲゲの鬼太郎おばけ塾』角川書店（角川つばさ文庫） 2009年●2巻まで続刊。

京極夏彦『西巷説百物語』角川書店 2010年

宮部みゆき『あんじゅう 三島屋変調百物語事続』中央公論新社 2010年 →角川書店（角川文庫） 2013年

畠中恵『ゆんでめて』新潮社 2010年

高橋由太『もののけ本所深川事件帖』宝島社（宝島文庫） 2010～2018年●8巻まで続刊。

佐々木禎子『キラク堂顛末記 蒼蝶の少年と混沌の女神』エンターブレイン（ビーズログ文庫） 2010年

あわむら赤光『あるいは現在進行形の黒歴史』ソフトバンククリエイティブ（GA文庫） 2010～2013年●10巻まで続刊。

むらさきゆきや『ゆうれいなんか見えない!』ソフトバンククリエイティブ(GA文庫) 2010～2013年●7巻まで続刊。
丸山英人『隙間女(幅広)』アスキー・メディアワークス(電撃文庫) 2010年
黒狐尾花『平安鬼姫草子　神ながら神さびせすと』アスキー・メディアワークス(電撃文庫) 2010年
小松エメル『一鬼夜行』ポプラ社(ポプラ文庫ピュアフル) 2010～2017年●10巻まで続刊。
高山ちあき『橘屋本店閻魔帳』集英社(コバルト文庫) 2010～2012年●8巻まで続刊。
瀬川貴次『鬼舞 見習い陰陽師と御所の鬼』集英社(コバルト文庫) 2010～2016年●17巻まで続刊。
京極夏彦『豆腐小僧双六道中おやすみ　本朝妖怪盛衰録』角川書店　2011年
畠中恵『やなりいなり』新潮社　2011年
高橋由太『江戸あやかし犯科帳　雷獣びりびり』徳間書店(徳間文庫) 2011年●3巻まで続刊。2015年『雷獣びりびり　もののけ犯科帳』、『吸血鬼にゃあにゃあ もののけ犯科帳』、『疫病神ちちんぷい もののけ犯科帳』へ改題。
清水文化『前門の巫女さん(勝ち気)、後門の守護霊さま(役立たず)』ホビージャパン(HJ文庫) 2011年●犬神なども登場。
久遠くおん『恋する妖狐と神炎の剣士』ホビージャパン(HJ文庫) 2011年
榛乃綾子『犬神様かもっ!?』一迅社(一迅社文庫アイリス) 2011年
長尾彩子『姫君の妖事件簿』集英社(コバルト文庫) 2011～2012年●4巻まで続刊。
伊藤たつき『あやかし江戸物語』角川書店(角川ビーンズ文庫) 2011～2012年●6巻まで続刊。
佐々木禎子『キラク堂顛末記 漆黒の人形師と聖なる獅子』エンターブレイン(ビーズログ文庫) 2011年
佐藤友哉『1000の小説とバックベアード』新潮社　2012年
畠中恵『ひなこまち』新潮社　2012年
高橋由太『もののけ、ぞろり』新潮社(新潮社文庫) 2012～2014年●6巻まで続刊。
鎌池和馬『インテリビレッジの座敷童』アスキー・メディアワークス　→KADOKAWA(電撃文庫) 2012～2015年●9巻まで続刊。青行灯、垢嘗、小豆洗い、油取り、天邪鬼、一反木綿、犬神、隠神刑部狸、海坊主、送り狼、送り雀、刑部姫、おばりよん、おぼ、柿男なども登場。
天堂里砂『俺と下僕の妖怪退治』中央公論社　2012年
天野かづき『狐に嫁入り』角川書店(角川ルビー文庫) 2012年
月本ナシオ『狐と乙女の大正恋日記』角川書店(角川ビーンズ文庫) 2012年●3巻まで続刊。
三田誠『クロス×レガリア』角川書店　→KADOKAWA(角川スニーカー文庫) 2012～2014年●8巻まで続刊。
佐々木禎子『あやかし恋綺譚』エンターブレイン(ビーズログ文庫) 2012～2013年●3巻まで続刊。最強妖怪「暗黒太陽」

蒼月海晴『黄昏百鬼異聞録』講談社（講談社ＢＯＸ） 2012年
竹林七草『猫にはなれないご職業』小学館（ガガガ文庫） 2012年●2巻まで続刊。犬神なども登場。
月島総記『刃の如く』PHP研究所(スマッシュ文庫) 2012年
畠中恵『たぶんねこ』新潮社 2013年
畠中恵『つくもがみ、遊ぼうよ』角川書店 2013年
宮部みゆき『泣き童子 三島屋変調百物語参之続』文藝春秋 2013年 →KADOKAWA(角川文庫) 2016年
高橋由太『大江戸もののけ横町顛末記』幻冬舎(幻冬舎文庫) 2013年●3巻まで続刊。
瀬川貴次『ばけもの好む中将 平安不思議めぐり』集英社(集英社文庫) 2013年～●2024年現在もシリーズ続刊中。
瀬川貴次『闇に歌えば 文化庁特殊文化財課事件ファイル』集英社(集英社文庫) 2013年
小松エメル『うわん』光文社(光文社文庫)2013 ～ 2016年●3巻まで続刊。
黄鱗きいろ『黄泉平良坂骨組堂』KADOKAWA(富士見Ｌ文庫) 2013年
chi-co『物の怪天国』白泉社(花丸文庫) 2013年
峰守ひろかず『絶対城先輩の妖怪学講座』アスキー・メディアワークス →KADOKAWA(メディアワークス文庫) 2013 ～ 2019年●12巻まで続刊。
頂生崇深『化魂ムジナリズム』メディアファクトリー(MF文庫J) 2013年●2巻まで続刊。
慶野由志『つくも神は青春をもてなさんと欲す』集英社(スーパーダッシュ文庫) 2013 ～ 2014年●3巻まで続刊。牛鬼、鬼熊なども登場。
加納邑『河童の婿入り 千年の命、百年の恋』フロンティアワークス(ダリア文庫) 2013年
秋山みち花『花嫁御寮と銀の鬼』笠倉出版社(クロスノベルス) 2013年
畠中恵『すえずえ』新潮社 2014年
畠中恵『えどさがし しゃばけ外伝』新潮社 2014年
飯島多紀哉『学校であった怖い話』小学館 2014年●飯島多紀哉は飯島健男の改名時期の筆名。
せひらあやみ『あやかし姫陰陽師』集英社(コバルト文庫) 2014 ～ 2015年●3巻まで続刊。
椎名蓮月『遠鳴堂あやかし事件帖』KADOKAWA(富士見Ｌ文庫) 2014 ～ 2015年
五十嵐雄策『城姫クエスト』KADOKAWA(電撃文庫) 2014 ～ 2015年●2巻まで続刊。
川原礫『絶対ナル孤独者《アイソレータ》』KADOKAWA(電撃文庫) 2014 ～ 2019年●5巻まで続刊。
蒼月海里『幽落町おばけ駄菓子屋』KADOKAWA(角川ホラー文庫) 2014 ～ 2017年●10巻まで続刊。
てにをは『モノノケミステリヰ』メディアファクトリー(MF文庫J) 2014 ～ 2015年●2巻まで続刊。赤舌、小豆洗い、飯縄、隠神刑部狸、鬼火、鬼一口なども登場。
稲葉義明『ルガルギガム』エンターブレイン(ファミ通文庫) 2014年●2巻まで続刊。
櫂末高彰『妖怪百姫たん！ 帝都騒乱編』エンターブレイン(ファミ通文庫) 2014年
卯月朔夜『鬼姫恋語り 運命の主は鬼狩りさま!?』一迅社(一迅社文庫アイリス) 2014年

加納邑『天狐の皇子 ――九尾の剣、閃く――』一迅社(一迅社文庫アイリス) 2014年●天狐・黒狐
小牧桃子『斎宮さまの婚活 ～ときどき気まぐれ物の怪退治～』一迅社(一迅社文庫アイリス) 2014年
秋山みち花『真白のはつ恋 子狐、嫁に行く』幻冬舎コミックス(幻冬舎ルチル文庫) 2014年
雛宮さゆら『陰陽師皇子は白狐の爪で花嫁を攫う』イーストプレス(アズ文庫) 2014年
手島史詞『神器少女は恋をするか?』小学館(ガガガ文庫) 2014年●2巻まで続刊。
畠中恵『なりたい』新潮社 2015年
高橋由太『化け狸あいあい もののけ犯科帳』徳間書店(徳間文庫) 2015年
東亮太『異世界妖怪サモナー ぜんぶ妖怪のせい』KADOKAWA(角川スニーカー文庫) 2015年●2巻まで続刊。青坊主、牛打ち坊、大入道、おとろし、鬼火なども登場。
鎌池和馬『とある魔術のヘヴィーな座敷童が簡単な殺人妃の婚活事情』KADOKAWA(電撃文庫) 2015年
地本草子『もののけ画館夜行抄』KADOKAWA(富士見L文庫) 2015年
一石月下『貸出禁止のたまゆら図書館』KADOKAWA(富士見L文庫) 2015～2016年
椎名蓮月『九十九さん家のあやかし事情』KADOKAWA(富士見L文庫) 2015～2016年●5巻まで続刊。
鴇六連『白狐と狐姻。』KADOKAWA(角川ルビー文庫) 2015年
マナベスグル『海でおぼれて漂流したら謎の島へたどり着いた件について』一迅社(一迅社文庫) 2015年
めぐみ和季『あやかし帝の恋絵巻 異世界行ったら二分で寵姫!?』一迅社(一迅社文庫アイリス) 2015年
加納邑『シッポが足りない!? ――キツネと仔作り――』リブレ(ビーボーイノベルス) 2015年
畠中恵『おおあたり』新潮社 2016年
高橋由太『明日きみは猫になる もののけ犯科帳』徳間書店(徳間文庫) 2016年
高橋由太『探偵びりびり ショートケーキにご用心』徳間書店(徳間文庫) 2016年
宮部みゆき『三鬼 三島屋変調百物語四之続』日本経済新聞出版社 2016年
→KADOKAWA(角川文庫) 2019年
京極夏彦『虚実妖怪百物語』KADOKAWA 2016年
椎名蓮月『あやかし双子のお医者さん ばけねこと鈴の記憶』KADOKAWA(富士見L文庫) 2016～2020年●9巻まで続刊。
永菜葉一『僕とやさしいおばけの駅』KADOKAWA(富士見L文庫) 2016年
神奈木智『冥暗堂偽妖怪語』KADOKAWA(富士見L文庫) 2016年
梅谷百『上倉家のあやかし同居人 ～見習い鍵守と、ふしぎの蔵のつくも神～』KADOKAWA(メディアワークス文庫) 2016年
黒狐尾花『学園陰陽師 安倍春明、高校生。 陰陽師、はじめました。』KADOKAWA(電撃文

庫） 2016年
西塔鼎『かみさまドクター　怪医イサナさんの症例報告』KADOKAWA（電撃文庫） 2016年
成瀬かの『鬼人の契り』KADOKAWA（角川ルビー文庫） 2016年
蒼井紬希『あやかし恋古書店 ～僕はきみに何度でもめぐり逢う～』TOブックス（TO文庫） 2016年
水野昴『偽る神のスナイパー』小学館（ガガガ文庫） 2016年●3巻まで続刊。
四ノ宮慶『狐の嫁取り雨』幻冬舎コミックス（幻冬舎ルチル文庫） 2016年
加納邑『タヌキと結婚 ――もふもふのお嫁さん――』リブレ（ビーボーイノベルズ） 2016年●『イチゴ大福は14才』2002年の新版・書き下ろし。
高山ちあき『かぐら文具店の不可思議な日常』集英社（集英社オレンジ文庫） 2016年
夏越ちか『KLAP!! ～Kind Love And Punish～』一二三書房 2016年 ●同名ゲームのノベライズ。妖怪たちの世界の学園恋愛もの。
廣嶋玲子『妖怪の子預かります』東京創元社（創元推理文庫） 2016年
廣嶋玲子『うそつきの娘』東京創元社（創元推理文庫） 2016年
廣嶋玲子『妖たちの四季』東京創元社（創元推理文庫） 2016年
廣嶋玲子『半妖の子』東京創元社（創元推理文庫） 2017年
畠中恵『とるとだす』新潮社 2017年
月東湊『モノノケ純情恋譚 俺様鬼と運命の恋人』KADOKAWA（角川ルビー文庫） 2017年
秋山みち花『妖狐に嫁入り ～平安あやかし奇譚～』KADOKAWA（角川ルビー文庫） 2017年
秋山みち花『天狼の花嫁』KADOKAWA（角川ルビー文庫） 2017年
蒼月海里『華舞鬼町おばけ写真館』KADOKAWA（角川ホラー文庫） 2017～2019年●7巻まで続刊。
竹林七草『お迎えに上がりました。 国土交通省国土政策局幽冥推進課』集英社（集英社文庫）2017～2023年●7巻まで続刊。
柏てん『京都伏見のあやかし甘味帖 おねだり狐との町家暮らし』宝島社（宝島社文庫） 2017～2023年●10巻まで続刊。
雛宮さゆら『皇子のいきすぎたご寵愛 ～文章博士と物の怪の記～』シーラボ、三交社（ラルーナ文庫） 2017年
雛宮さゆら『拾った狐はオオカミでした』オークラ出版（プリズム文庫） 2017年●狐
桔梗楓『河童の懸場帖 東京「物ノ怪」訪問録』マイナビ出版（ファン文庫） 2017～2019年●3巻まで続刊。
夜光花『眷愛隷属 白狐と狢』リブレ（ビーボーイノベルス） 2017年
夜光花『きつねに嫁入り 眷愛隷属』リブレ（ビーボーイノベルス） 2017年
畠中恵『むすびつき』新潮社 2018年
宮部みゆき『あやかし草紙 三島屋変調百物語伍之続』KADOKAWA 2018年
天花寺さやか『京都府警あやかし課の事件簿』PHP研究所（PHP文芸文庫） 2018～2023年●8巻まで続刊。
相川真『京都伏見は水神さまのいたはるところ』集英社（集英社オレンジ文庫） 2018～

2023年●9巻まで続刊。
高山ちあき『異世界温泉郷』集英社(集英社オレンジ文庫)　2018～2019年●3巻まで続刊。
路生よる『地獄くらやみ花もなき』KADOKAWA(角川文庫)　2018～2023年●8巻まで続刊。
椎名蓮月『あやかし嫁入り縁結び』KADOKAWA(富士見L文庫)　2018～2019年
古河樹『妖狐の執事はかしずかない』KADOKAWA(富士見L文庫)　2018～2020年
市川紗弓『あやかし婚、承ります　鬼と桜の恋結び』KADOKAWA(角川ルビー文庫)　2018年
鴇六連『化け猫さまと恋の花道』KADOKAWA(角川ルビー文庫)　2018年
松幸かほ『こぎつね、わらわら　稲荷神のまかない飯』三交社(SKYHIGH文庫)　2018～2022年●8巻まで続刊。
八代将門『お狐さまと食べ歩き 食いしん坊のあやかしは、甘味がお好き』宝島社(宝島社文庫)　2018年
朝比奈和『あやかし蔵の管理人』アルファポリス(アルファポリス文庫)　2018～2020年
桔梗楓『猫神主人のばけねこカフェ』アルファポリス(アルファポリス文庫)　2018年
御守いちる『あやかし食堂の思い出料理帖　～過去に戻れる噂の老舗「白露庵」～』スターツ出版(スターツ出版文庫)　2018年
西野花『獣神の夜伽』徳間書店(キャラ文庫)　2018年
雛宮さゆら『雷神は陰陽師を恋呪する』三交社(ラルーナ文庫)　2018年
夜光花『狼に捧げたい 眷愛隷属』リブレ(ビーボーイノベルス)　2018年
西崎憲『蕃東国年代記』東京創元社(創元推理文庫)　2018年
廣嶋玲子『妖怪姫、婿をとる』東京創元社(創元推理文庫)　2018年
廣嶋玲子『猫の姫、狩りをする』東京創元社(創元推理文庫)　2018年
廣嶋玲子『妖怪奉行所の多忙な毎日』東京創元社(創元推理文庫)　2019年
廣嶋玲子『弥助、命を狙われる』東京創元社(創元推理文庫)　2019年
廣嶋玲子『妖たちの祝いの品は』東京創元社(創元推理文庫)　2019年
畠中恵『てんげんつう』新潮社　2019年
畠中恵『つくもがみ笑います』KADOKAWA　2019年
乙一『小説　シライサン』KADOKAWA　2019年
宮部みゆき『黒武御神火御殿　三島屋変調百物語六之続』毎日新聞出版　2019年→KADOKAWA(角川文庫)　2022年
蒼井紬希『あやかし万来、おむすび処はじめました。　押しかけ仮旦那と恋患いの狐』KADOKAWA(富士見L文庫)　2019年●殺生石のかけら、三大悪妖怪(玉藻前)
ゆうきりん『うちの社長はひとでなし！　此花めぐりのあやかし営業』集英社(オレンジ文庫)　2019年
武内涼『源平妖乱』祥伝社(祥伝社文庫)　2019～2021年●3巻まで続刊。
朝比奈希夜『京都上賀茂あやかし甘味処 鬼神さまの豆大福』小学館(小学館文庫)　2019年
夜光花『式神の名は、鬼』徳間書店(キャラ文庫)　2019～2020年●3巻まで続刊。
桔梗楓『猫神主人と犬神大戦争』アルファポリス(アルファポリス文庫)　2019年
御守いちる『陰陽師・榊原朧のあやかし奇譚』スターツ出版(スターツ出版文庫)　2019年

遠坂カナレ『おとこまえ天狗のあやかし学食ごはん』一迅社(メゾン文庫)　2019年
椎名蓮月『真夜中あやかし猫茶房』新紀元社(ポルタ文庫)　2019～2021年
桔梗楓『現世閻魔捕物帖　その地獄行き、全力阻止します！』マイナビ出版(ファン文庫)　2019年
夜光花『狐の告白 狸の添い寝 眷愛隷属』リブレ(ビーボーイノベルズ)　2019年
畠中恵『いちねんかん』新潮社　2020年
田中啓文『件　物言う牛』講談社　2020年
中村ふみ『陰陽師と綺羅のあやかし』小学館(小学館文庫)　2020年
朝比奈希夜『京都鴨川あやかし酒造　龍神さまの花嫁』小学館(小学館文庫)　2020年
夕鷺かのう『葬儀屋にしまつ民俗異聞 鬼のとむらい』集英社(集英社オレンジ文庫)　2020年
椎名蓮月『神獣札のかりそめ主 十二のあやかしと猫神の契約者』KADOKAWA(富士見L文庫)　2020年
蒼月海里『モノノケ杜の百鬼夜行 疫病退散の噺』KADOKAWA(角川ホラー文庫)　2020年
峰守ひろかず『学芸員・西紋寺唱真の呪術蒐集録』KADOKAWA(メディアワークス文庫)　2020～2021年 ●2巻まで続刊。
峰守ひろかず『金沢古妖具屋くらがり堂』ポプラ社(ポプラ文庫ピュアフル)　2020～2022年●4巻まで続刊。
湊祥『杜の都であやかし保護猫カフェ』宝島社(宝島社文庫)　2020年
和泉桂『北鎌倉の豆だぬき 売れない作家とあやかし四季ごはん』三交社(SKYHIGH文庫)　2020年
森崎結月『あやかし双子の御守役 ～花嫁の約束～』コスミック出版(セシル文庫)　2020年
上野そら『九つ憑き　あやかし狐に憑かれているんですけど』アルファポリス(アルファポリス文庫)　2020年●九尾の狐
葉嶋ナノハ『鎌倉であやかしの使い走りやってます』アルファポリス(アルファポリス文庫)　2020年
飛野猶『東京税関調査部、西洋あやかし担当はこちらです。　視えない子犬との暮らし方』アルファポリス(アルファポリス文庫)　2020年●ケルベロスの仔犬
猫屋ちゃき『扉の向こうはあやかし飯屋』アルファポリス(アルファポリス文庫)　2020年●スネコスリ
クレハ『鬼の花嫁』スターツ出版(スターツ出版文庫)　2020～2023年●8巻まで続刊。
桔梗楓『あやかしトリオのごはんとお酒と珍道中』マイナビ出版(ファン文庫)　2020～2021年●2巻まで続刊。
猫屋ちゃき『拝み屋つづら怪奇録』マイナビ出版(ファン文庫)　2020年
夜光花『恋する狐 眷愛隷属』リブレ(ビーボーイノベルズ)　2020年
廣嶋玲子『千弥の秋、弥助の冬』東京創元社(創元推理文庫)　2020年
京極夏彦『今昔百鬼拾遺 月』講談社　2020年
京極夏彦『遠巷説百物語』KADOKAWA　2021年

宮部みゆき『魂手形　三島屋変調百物語七之続』KADOKAWA　2021年
峰守ひろかず『妖怪大戦争ガーディアンズ外伝　平安百鬼譚』KADOKAWA(メディアワークス文庫)　2021年
P・H・チャダ／原作、あだちひろし／編訳『天外魔境Ⅰ・Ⅱ架話　髑髏譚』KADOKAWA Game Linkage　2021年●ゲーム『天外魔境』シリーズが原典。「架話」は「つなぎばなし」と傍訓。
クレハ『結界師の一輪華』KADOKAWA(角川文庫)　2021〜2024年●4巻まで続刊。
畠中恵『もういちど』新潮社　2021年
畠中恵『またあおう　しゃばけ外伝』新潮社　2021年
黒史郎『ボギー 怪異考察士の憶測』二見書房　2021年
朝比奈希夜『死神の初恋』小学館(小学館文庫)　2021〜2023年●5巻まで続刊。
夜光花『式神見習いの小鬼』徳間書店(キャラ文庫)　2021年
椎名蓮月『あやかし主従のつれづれな日々 何度でもめぐりあう』新紀元社(ポルタ文庫)　2021年
湊祥『鬼の生贄花嫁と甘い契りを』スターツ出版(スターツ出版文庫)　2021〜2023年●5巻まで続刊。
沖田弥子『夜叉の鬼神と身籠り政略結婚』スターツ出版(スターツ出版文庫)　2021〜2022年●4巻まで続刊。
栗栖ひよ子『京の鬼神と甘い契約 〜天涯孤独のかりそめ花嫁〜』スターツ出版(スターツ出版文庫)　2021年
皐月なおみ『山神様のあやかし保育園』スターツ出版(スターツ出版文庫)　2021年●2巻まで続刊。
御守いちる『猫島神様のしあわせ花嫁 もふもふ妖の子守りはじめます』スターツ出版(スターツ出版文庫)　2021年
朧月あき『あやかし鬼嫁婚姻譚』アルファポリス(アルファポリス文庫)　2021〜2023年●3巻まで続刊。
桔梗楓『ぽんこつ陰陽師あやかし縁起 〜京都木屋町通りの神隠しと暗躍の鬼〜』アルファポリス(アルファポリス文庫)　2021年
狭間夕『あやかし狐の京都裏町案内人』アルファポリス(アルファポリス文庫)　2021年
シアノ『迦国あやかし後宮譚』アルファポリス(アルファポリス文庫)　2021〜2022年●3巻まで続刊。
枝豆ずんだ『あやかし姫を娶った中尉殿は、西洋料理でおもてなし』アルファポリス(アルファポリス文庫)　2021年
織部ソマリ『恋文やしろのお猫様 〜神社カフェ桜見席のあやかしさん〜』アルファポリス(アルファポリス文庫)　2021年
湊祥『あやかし猫の花嫁様』アルファポリス(アルファポリス文庫)　2021年
柊一葉『うちのあやかし、腐ってます。 古民家に住むBL漫画家のスローじゃないライフ』アルファポリス(アルファポリス文庫)　2021年

江本マシメサ『豆腐料理のおいしい、豆だぬきのお宿』マイナビ出版(ファン文庫)　2021年

三萩せんや『陰陽師学園』マイナビ出版(ファン文庫)　2021～2022年●2巻まで続刊。

夜光花『狐の愛が重すぎます 眷愛隷属』リブレ(ビーボーイノベルズ)　2021年

蒼磨奏『鬼惑の花嫁』プランタン出版(ティアラ文庫)　2021年

廣嶋玲子『妖怪の子、育てます』東京創元社(創元推理文庫)　2021年

廣嶋玲子『千吉と双子、修業をする』東京創元社(創元推理文庫)　2022年

宮部みゆき『よって件のごとし　三島変調百物語八之続』KADOKAWA　2022年

来栖千依『あやかし極道「鬼灯組」に嫁入りします』KADOKAWA(富士見L文庫)　2022～2023年●2巻まで続刊。

江本マシメサ『あやかし華族の妖狐令嬢、陰陽師と政略結婚する』集英社(集英社オレンジ文庫)　2022～2023年●3巻まで続刊。

伊月ともや『あやかし恋紡ぎ　儚き乙女は妖狐の王に溺愛される』KADOKAWA(角川ビーンズ文庫)　2022年

烏丸紫明『稲荷神の満福ごはん ～人もあやかしも幸せにします！』KADOKAWA(カドカワBOOKS)　2022年

峰守ひろかず『今昔ばけもの奇譚』ポプラ社(ポプラ文庫ピュアフル)　2022～2023年●2巻まで続刊。

峰守ひろかず／著、水木しげる／原作『ゲゲゲの鬼太郎』ポプラ社(ポプラキミノベル)　2022～2023年●5巻まで続刊。アニメ『ゲゲゲの鬼太郎』第6期(2018～2020年)のノベライズ。

和泉桂『北鎌倉の豆だぬき 売れない作家とあやかし家族ごはん』三交社(SKYHIGH文庫)　2022年

高峰あいす『あやかし屋敷と手作りごはん 魔法のタイルを探して』三交社(SKYHIGH文庫)　2022年

クレハ『龍神と許嫁の赤い花印 ～運命の証を持つ少女～』スターツ出版(スターツ出版文庫)　2022～2023年●3巻まで続刊。

栗栖ひよ子『京の鬼神と甘い契約 ～新しい命と永久の誓い～』スターツ出版(スターツ出版文庫)　2022年●2巻まで続刊。

琴織ゆき『春夏秋冬あやかし郷の生贄花嫁』スターツ出版(スターツ出版文庫)　2022年

琴織ゆき『龍神様の求婚お断りします ～巫女の許婚は神様でした～』スターツ出版(スターツ出版文庫)　2022年

御守いちる『白龍神と月下後宮の生贄姫』スターツ出版(スターツ出版文庫)　2022年

シアノ『あやかし狐の身代わり花嫁』アルファポリス(アルファポリス文庫)　2022～2023年●2巻まで続刊。

神原オホカミ『もののけ達の居るところ』アルファポリス(アルファポリス文庫)　2022～2023年●2巻まで続刊。

御守いちる『平安陰陽怪異譚』マイナビ出版(ファン文庫)　2022年

夜光花『狐の弱みは俺でした 眷愛隷属』リブレ（ビーボーイノベルズ） 2022年
京極夏彦『鵼の碑』講談社 2023年
宮部みゆき『青瓜不動 三島変調百物語九之続』KADOKAWA 2023年
東亮太『夜行奇談』KADOKAWA 2023年
杜宮花歩『怪異学専攻助手の日常 蓮城京太郎の幽世カルテ』KADOKAWA（メディアワークス文庫） 2023年
相沢泉見『帝都鬼恋物語 煤かぶり令嬢の結婚』KADOKAWA（富士見L文庫） 2023年
古河樹『鬼はたまゆら、帝都に酔う』KADOKAWA（富士見L文庫） 2023年
廣嶋玲子『妖たちの気ままな日常』東京創元社（創元推理文庫） 2023年
瀬川貴次『ばけもの厭ふ中将 戦慄の紫式部』集英社（集英社文庫） 2023年
高山ちあき『冥府の花嫁 地獄の沙汰も嫁次第』集英社（集英社オレンジ文庫） 2023年
岡本綺堂／著、東雅夫／編『江戸の残映』白澤社 2023年
水戸泉『皇帝陛下の夜伽指南 仙狐は閨で甘く啼く』プランタン出版（ティアラ文庫） 2023年
真鳥カノ『付喪神、子どもを拾う。』アルファポリス（アルファポリス文庫） 2023年
灰ノ木朱風『吉祥寺あやかし甘露絵巻 ～白蛇さまと恋するショコラ～』アルファポリス（アルファポリス文庫） 2023年
瀬戸呼春『隠り世あやかし結婚事情 ～私の夫は魅惑のたぬたぬ～』アルファポリス（アルファポリス文庫） 2023年
朝比奈希夜『訳あって、あやかしの子育て始めます』アルファポリス（アルファポリス文庫） 2023年
朝比奈希夜『薄幸花嫁と鬼の幸せな契約結婚』スターツ出版（スターツ出版文庫） 2023年
結木あい『黒狼の花贄 ～運命の血を継ぐ少女～』スターツ出版（スターツ出版文庫） 2023年
飛野猶『捨てられた花嫁と山神の生贄婚』スターツ出版（スターツ出版文庫） 2023年
クレハ、涙鳴、湊祥、巻村螢『あやかしの花嫁 ～4つのシンデレラ物語～』スターツ出版（スターツ出版文庫） 2023年●天狐・鬼・龍・烏王を題材にした4篇。
片瀬由良『帝都吸血鬼夜話』マイナビ出版（ファン文庫） 2023年●羅刹鬼
御守いちる『狼様の運命の花嫁』マイナビ出版（ファン文庫） 2023年
夜光花『狐の巣ごもり 眷愛隷属』リブレ（ビーボーイノベルズ） 2023年
蒼磨奏『妖狐に嫁入り 美しきあやかしの一途すぎる淫愛』プランタン出版（ティアラ文庫） 2023年
峰守ひろかず『少年泉鏡花の明治奇談録』ポプラ社（ポプラ文庫ピュアフル） 2023～2024年●2巻まで続刊。
卯月みか『京都大正サトリ奇譚 モノノケの頭領と同居します』PHP研究所（PHP文芸文庫） 2024年

■漫画

宮尾しげを『漫画のお祭』講談社　1931年

清原ひとし『漫画の豆太郎』草文社　1931年

『狸兵衛のお化退治』春江堂　1934年●『小狸小団平』と『クロンボの冒険』の短篇2作収録。どちらも道中に化物が登場。

宮尾しげを『一休さァんと珍助』公文館　1947年●妖怪(天狗)退治をする『甘賀珍助竹刀修業』収録。

宮尾しげを『コン吉とポン太』漫画社　1947年

中井矢之助『凸凹道中記』瑶林社　1947年●狸たちが提灯おばけなどで主人公たちを化かすほか、雷の子供なども登場。

『漫画城の七ふしぎ』瑤林社　1947年●3つ尾の狐、不知火、黒大狒々、お菊、大鯰、狸などなど多数登場。

キムラサダミ『お化け退治』錦城社　1947年

清水崑『かっぱ川太郎』朝日新聞社　1951年

ツヅキ敏三『かっぱ河次郎』少年画報社　1951年

都築敏三『かっぱ学校』太平洋文庫　1952年

清水崑『かっぱ天国』朝日新聞社　1953～1958年

清水崑『ＮＨＫテレビ連続漫画　かっぱ川太郎』河出書房　1954年●朝日新聞社版につづく作品。こちらは4コマ作品。

福田三郎『羅生門』太平洋文庫　1954年●頼光四天王もの。

杉浦茂『八百八狸』少年画報社　1955年　→『杉浦茂傑作選集　怪星ガイガー・八百八狸』青林工藝舎　2006年

清水崑『子守の合唱』東峰書房　1955年●朝日新聞で連載された河童作品

川本修一『太郎狐次郎狐』太平洋文庫　1956年

津野明『魔性七尺狐』太平洋文庫　1957年

涌井和夫『黒猫大名』太平洋文庫　1957年

司孝平『伝説さそり姫』太平洋文庫　1958年

堀万太郎『戦慄ふぐ提灯』太平洋文庫　1958年●八幡船の宝を護る河豚の妖怪たちが登場。

司孝平『怪談黒田騒動』太平洋文庫　1959年

利野文俊『狒々男奇談』太平洋文庫　1959年

池田弘『夕鶴物語』太平洋文庫　1959年●姫の復讐のために鶴の化身が着ると毒を受ける着物を織る。

松原浩『河童大僧正』太平洋文庫　1959年

森川賢一『魔の百文船』太平洋文庫　1959年●大江戸に吸血鬼がやって来る。

水木しげる『妖奇伝』兎月書房　1960年●貸本『墓場鬼太郎』のシリーズが始まる。

水木しげる『墓場鬼太郎』講談社　1965～1969年●週刊漫画雑誌での連載版。1967年から『ゲゲゲの鬼太郎』に改題。出版社・掲載誌を跨ぎ、1990年代まで断続的に連載された。

楳図かずお『高校生記者シリーズ』平凡出版　1966～1970年●「雪女の恐怖」「犬神の死霊」「切れない枯れ木」「謎の毒蛾」を含む。
わたなべまさこ『青いきつね火』若木書房　1967年　→『わたなべまさこ名作集　青いきつね火』ホーム社、1997年●岡本綺堂『玉藻の前』を題材にした作品。
ムロタニツネ象『地獄くん』小学館、光文社　1967～1968年
手塚治虫『どろろ』小学館、秋田書店　1967～1969年
楳図かずお『猫目小僧』少年画報社　1967～1968年
ムロタニツネ象『地獄太郎』秋田書店　1968年
中岡俊哉／原作　菅原わたる／漫画『血をすう腕』小学館　1969年
東浦美津夫『日本むかし話』家の光協会　1972～1980年●「雪女」「怪鳥フリー」「怪猫おとら」「妖怪うみほうし」「妖怪おさかべ姫」「三つ目小僧」を含む。
永井豪『ドロロンえん魔くん』小学館　1973～1974年
諸星大二郎『妖怪ハンター』集英社　1974年～
水木しげる『フーシギくん』講談社　1974～1975年
わたなべまさこ『白狐あやかしの伝説』白泉社　1977年●九尾狐の三国伝来を題材にした三部作収録。
高橋留美子『うる星やつら』小学館　1978～1987年
水木しげる『雪姫ちゃんと鬼太郎』少年画報社　1980～1981年
かぶと虫太郎『ベムベムハンターこてんぐテン丸』講談社　1982～1984年
Moo.念平『山奥妖怪小学校』小学館　1984～1986年
西岸良平『鎌倉ものがたり』双葉社　1984年～
山田ミネコ『河童の出て来た日』朝日ソノラマ　1984年
佐藤有文／原案、さいとう・たかを／漫画『ソロモン黙示録』サンケイ出版　1986年
魔夜峰央『魔夜峰央の妖怪缶詰』白泉社　1986年　→『妖怪缶詰』白泉社（白泉社文庫）1999年
山田ミネコ『ふふふの闇』秋田書店　1986～1991年　→メディアファクトリー（MF文庫）2003年
谷恒生／作、柳野みずき／画『魍魎伝説』廣済堂　1986年●小説の漫画化
大久保昌一良／作、玄太郎／画『妖魔魍魎花伝』グリーンアロー出版社　1986年
ゆでたまご『ゆうれい小僧がやってきた！』集英社　1987～1988年
杉浦日向子『百物語』新潮社　1988～1993年　→（新潮文庫）1995年　小池書院　2009年
田森庸介『無茶の猫丸』徳間書店　1988年
佐々木みすず『夢幻夜想』大陸書房　1988～1992年
森須久依『不思議ちっく★NAO お妖怪学園』秋田書店　1988年
服部あゆみ『ダークサイド・シティ』大陸書房　1989年　→朝日新聞出版（朝日コミック文庫）2010年　●風水斎（かざみいつき）シリーズの第1巻。のちに角川書店へ移り第18巻『隠れ里』1998年まで続刊。
冨樫義博『幽☆遊☆白書』集英社　1990～1994年

藤田和日郎『うしおととら』小学館　1990～1996年
寺沢大介『WARASHI』講談社　1990～1991年
黒岩よしひろ『不思議ハンターSpecial』集英社　1990年●1991年に飯塚幸弘／原作、黒岩よしひろ／漫画『不思議ハンター』も2巻刊行。
伊藤結花理『龍幻童子』小学館　1990年
富永一朗『一朗 鬼千里』日本芸術出版社　1990年
山田ミネコ『月読の剣』秋田書店　1991年
毛羽毛現『百物語BY.Y・O・K・O』ラポート　1991～1992年
富永一朗『一朗 河童春秋』日本芸術出版社　1991年
椎名高志『GS美神 極楽大作戦!!』小学館　1991～1999年
岩崎陽子『王都妖奇譚』秋田書店　1991～2002年　→（秋田文庫）2001～2002年
山田章博『おぼろ探偵帖』東京三世社　1992年　→幻冬舎　2016年
上山道郎『怪奇警察サイポリス』小学館　1992～1995年
速水翼『霊媒師 多比野福助』学習研究社　1992～1993年
魔夜峰央『アスタロト』秋田書店　1993～1996年　→『アスタロト・クロニクル』小学館　2017年●イラストには日本の絵巻物や錦絵の画像妖怪を描くパターンが多い。
長池とも子『崑崙の珠』秋田書店　1993～2003年
山田ミネコ『異形列伝』秋田書店　1993年
片岡みちる『うしろのはてな』講談社　1993年
真倉翔、岡野剛『地獄先生ぬ～べ～』集英社　1993～1999年
服部あゆみ『妖霊戦記Blue arc』学習研究社　1994～1996年
速水翼『RE-BIRTH』学習研究社　1994～1995年
速水翼『霊媒師 多比野福助外伝』学習研究社　1994年
山田ミネコ『妖怪風土記』秋田書店　1994～1995年
服部あゆみ『黄泉からのエクスプレス』角川書店　1994年
夢来鳥ねむ『物の怪らんちき戦争』メディアワークス　1994年
金田益実／原作、森野達也／漫画『地獄童子』徳間書店　1995年
長池とも子『おにいさんこちら!!』秋田書店　1995年
速水翼『霊媒師 多比野福助Ⅱ』学習研究社　1995～1996年
幻超二『大唐騎士』講談社　1995年
徳弘正也『水のともだちカッパーマン』集英社　1995～1996年
たがみよしひさ『妖怪戦記』徳間書店　1995～1997年　→『妖怪戦記 完全版』ぶんか社　2007年
山田ミネコ『外法童子』秋田書店　1996年　→『ふふふの闇外伝 外法童子』メディアファクトリー（MF文庫）2003年
藤本秀明『A.D. GEAR』ラポート　1996年●『封殺百怪』と繋がる世界観の『霊能師平等院嘉修の活躍』を収録。
悪瑞派武羅雨『追憶ノ情景』フランス書院　1996年●山神、龍神、荒神（ばけもの、あや

かし)たちの世界
富永一朗『一朗 人魚図鑑』日本芸術出版社　1996年
高橋留美子『犬夜叉』小学館　1996～2008年
みなぎ得一『大復活祭』ワニブックス　1997～1998年
義山亭石鳥『河童レボリューション』集英社　1997～1998年
松下容子『闇の末裔』白泉社　1997年～　●12巻が2010年、13巻が2017年に刊行。
碧ゆかこ『桃太郎が行く!』秋田書店　1997～1998年
魔夜峰央『妖怪学園ザビエル』秋田書店　1998年
服部あゆみ『幻想妖怪異聞十二様』リイド社　1999年
岸本斉史『NARUTO -ナルト-』集英社　1999～2014年
木下さくら、東山和子『tactics』スクウェア・エニックス、マッグガーデン　2000年～
熊倉隆敏『もっけ』講談社　2000～2009年
宇河弘樹『朝霧の巫女』少年画報社　2000～2007年
富永一朗『一朗 狐狸幻郷』日本芸術出版社　2000年
藤本秀明『封殺百怪』ワニマガジン社　2001年
みなぎ得一『足洗邸の住人たち』ワニブックス　2001～2012年
椎隆子『空の国から来た天狗～あまつきつね～』秋田書店　2003～2004年
石川優吾『カッパの飼い方』集英社　2003～2010年
緑川ゆき『夏目友人帳』白泉社　2003年～
服部あゆみ『鎮花祭』学習研究社　2004年●風水斎シリーズ。
ひかわきょうこ『お伽もよう綾にしき』白泉社　2005～2009年●直接の続編として『お伽もよう綾にしき ふたたび』2009～2016年も。
高苗京鈴『夜と月と猫の寓話』蒼竜社　2005年●『世に万葉の華が咲くなり』を収録。
田村光久『妖逆門』小学館　2006～2007年●原案協力として藤田和日郎が関わっているため、『うしおととら』の妖怪も登場する。
平野俊貴、植竹須美男／原作　阿部洋一／画『少女奇談まこら』リイド社　2006～2007年
浜田よしかづ『つぐもも』双葉社　2007年～
笠井あゆみ『天狗陰陽道』リブレ　2008年●桑畑絹子／原作
石川優吾『子泣きじじいの飼い方』集英社　2008～2010年
佐藤友生『妖怪のお医者さん』講談社　2008～2011年
椎橋寛『ぬらりひょんの孫』集英社　2008～2012年
影山理一『奇異太郎少年の妖怪絵日記』マイクロマガジン社　2008～2022年
いけ『ねこむすめ道草日記』徳間書店　2008年～
高橋留美子『境界のRINNE』小学館　2009～2018年
九重シャム『地獄めぐり』幻冬舎　2009～2010年　→『地獄めぐり 完全版』幻冬舎　2014年
夏目かつら『千年恋狐』ジュネット　2009年
藤原ここあ『妖狐×僕SS』スクウェア・エニックス　2009～2014年

大塚志郎『阿鬼羅』小学館　2009～2011年
新條まゆ『あやかし恋絵巻』集英社　2009～2013年
赤城シンデン『妖あわわ 乙女妖怪艶譚』少年画報社　2010年●ヒロイン・子鳴あわわ（子なきじじいの末裔）と南蛮魔族らが闘う。
堀多磊音『ひめごと』秋田書店　2010年
山田ミネコ『人造動物園』朝日新聞出版　2010～2011年
師走ゆき『不老姉弟』白泉社　2011年
押切蓮介『おどろ町モノノケ録』アスキー・メディアワークス　2011年
とよ田みのる『タケヲちゃん物怪録』小学館　2011～2014年
江口夏実『鬼灯の冷徹』講談社　2011～2020年
重本ハジメ『雨天決行』秋田書店　2013～2014年
硝音あや『百千さん家のあやかし王子』KADOKAWA　2013～2019年
柴田亜美『アーミンのぶらり妖怪散歩』竹書房（バンブーエッセイセレクション）　2014年
ももせたまみ『私設花野女子怪館』竹書房　2014～2016年
ふなつかずき『妖怪少女　モンスガ』集英社　2014～2017年
田中まい『妖怪学校の先生はじめました！』スクウェア・エニックス　2014年～
オニグンソウ『もののがたり』集英社　2014～2023年
中山幸『くだみみの猫』KADOKAWA・メディアファクトリー　2014年～
Rebis『あにめたまえ！ 天声の巫女』あにめたまえ！氏子会　2014年●妖怪情報協力／こぐろう、氷厘亭氷泉
風越洞／作、壱村仁／画『けんえん。』マッグガーデン　2015～2019年
佐藤沙緒理『おなかにいっぱい、あやかしの種』松文館　2015年
柴田ヨクサル『妖怪番長』集英社　2015～2017年
藤栄道彦『妖怪の飼育員さん』新潮社　2015年～
城平京、片瀬茶柴『虚構推理』講談社　2015年～
いだいろ『地縛少年花子くん』スクウェア・エニックス 2015年～
鈴月奏／原作、雪乃つきみ／作画『妖怪と俺のえっちな性活 ～お寺の稼業は性教育～』ジーウォーク　2015年
東野海『へびの嫁入り』リブレ　2016年
麻倉カムイ『癒やし系妖怪と淫居生活』KADOKAWA　2016年●座敷童子
小石ちかさ『大江戸妖怪快奇譚 人外枕草子』ジーウォーク　2016年
真柴真『妖飼兄さん』スクウェア・エニックス　2016～2017年
忌木一郎／原作、押切蓮介／作画『妖怪マッサージ』秋田書店　2016～2018年
上田信舟『えびがわ町の妖怪カフェ』白泉社　2016～2018年
藍本松『怪物事変』集英社　2016年～
十凪高志『妖怪ごはん ～神饌の料理人～』サイコミ　2016～2019年
吾峠呼世晴『鬼滅の刃』集英社　2016～2020年
おとうさん『美味しい妖』スクウェア・エニックス　2017年

むこうやまあつし『正しい妖怪の食べ方』新潮社　2017～2018年
佐藤さつき『妖怪ギガ』小学館　2017～2021年
五味まちと『ばけじょ』小学館　2017～2018年
スケラッコ『平太郎に怖いものはない』リイド社　2017～2019年
鈴木麻純／原作、瀬野春紀／漫画　『蛟堂報復録』アルファポリス　2017～2018年●小説の漫画化
ぱんだにあ『ねこようかい』竹書房　2018年～
東野海『狛犬の花嫁』リブレ　2018年
もちゃろ『絶倫地獄　～もう一度、俺の子を身ごもれ。』彗星社　2018～2021年●鬼・地獄
士貴智志『どろろと百鬼丸伝』秋田書店　2018年～●原作／手塚治虫『どろろ』
まるかわ『よろずの候』新書館　2018～2020年
南郷晃太『こじらせ百鬼ドマイナー』集英社　2018～2020年
東野海『狐の嫁取り』リブレ　2019年
東野海『竜の花嫁』海王社　2019年●東の龍・西の竜
弓咲ミサキックス『妖怪戦葬』スクウェア・エニックス　2019～2023年
鶴淵けんじ『峠鬼』KADOKAWA　2019年～
秋里和国『桃太郎日常茶飯事鬼退治』小学館　2019年～
ももせたまみ『男子ですひのえんまくん』竹書房　2019年
あまがえる『妖怪小料理屋にようこそ』茜新社　2019年
雪野みなと『ものけもの　妖児艶童怪異譚』ヒット出版社　2019年
サカノ景子『鬼の花嫁は喰べられたい』白泉社　2020年～
黒榮ゆい『桜の森の鬼暗らし』KADOKAWA　2020～2022年
東野海『白鳥の嫁狩り』リブレ　2020年●禍津神・日の神の兵
もづ九『狐と狸の押しかけ婚』芳文社　2020年
佐藤沙緒理『おなかにいっぱい、あやかしの種　百鬼夜行の嫁取り篇』松文館　2020年
もづ九『鬼と男娼』メディアソフト　2021年
羽柴実里／原作、zinbei／作画『酒と鬼は二合まで』スクウェア・エニックス　2021年～
松幸かほ／原作、西見さく／漫画『こぎつね、わらわら　稲荷神のまかない飯　いただきますっ！』一迅社　2021年～●小説の漫画化
東野海『蛇龍の婚姻』リブレ　2021年
冬織透真『仙果と鬼』小学館　2021～2022年
クレハ／原作、富樫じゅん／作画『鬼の花嫁』スターツ出版　2022年～●小説の漫画化
大志充／原作、ちさかあや／漫画『あやかし浮世絵導師』KADOKAWA　2022年～●酒巻浩史、熊谷純／脚本
松幸かほ／原作、ツグロウ／漫画『こぎつね、わらわら　稲荷神のまかない飯』三交社　2022年●小説の漫画化
転はくと『ボクらの可愛いニンゲンさま』双葉社　2022年
星倉ぞぞ『釘井浄には、部長の×××が視えるらしい。』彗星社　2022年

ほんだありま『妖快えっちっち』エンジェル出版　2022年
戦上まい子『妖怪学校の生徒会長』KADOKAWA　2022～2023年
晴川シンタ『天狗祓の三兄弟』コアミックス　2022～2023年
奥ヴァ『鬼真羅 人外娘たちとヤリまくり珍道中』ジーウォーク　2022年
いけがみ小五『龍神様のお嫁様』秋水社　2022年●龍神と狛犬
綿貫芳子『となりの百怪見聞録』集英社　2023年～
矢吹健太朗『あやかしトライアングル』集英社　2020年～
賀来ゆうじ『アヤシモン』集英社　2021年
木野麻貴子『妖怪めし』マッグガーデン　2021～2023年
言寺あまね『妖怪相撲絵巻』KADOKAWA　2022年
川江康太『鵺の陰陽師』集英社　2023年～
うさみみき『大正忌憚魔女』KADOKAWA　2023年～
Ikeda Akuri『カッパ少年紅介 昭和妖怪恋物語』KADOKAWA　2024年

■イラスト・絵本・ゲームなど

たかし よいち／作、斎藤博之／絵『がわっぱ』岩崎書店(母と子の絵本シリーズ)　1971年●きゅうせんぼう(九千坊)が主役のオリジナルストーリー。
北川幸比古『おばけを探検する』講談社(少年少女講談社文庫)　1972年
★水木しげる『妖怪なんでも入門』小学館(入門百科シリーズ32)　1974年
★草川隆『とてもこわい幽霊妖怪図鑑』朝日ソノラマ　1974年
★南條武『妖怪ミステリー』有紀書房(完全図解シリーズ)　1974年
山田野理夫『おばけ文庫』太平出版社　1976年●12巻まで続刊。
寺本安男『幽霊・お化け・妖怪』集英社（モンキー文庫）　1977年
寺村輝夫『寺村輝夫のむかし話　おばけのはなし』あかね書房　1977年
寺村輝夫『寺村輝夫のむかし話　てんぐのはなし』あかね書房　1977年
寺村輝夫『寺村輝夫のむかし話　おにのはなし』あかね書房　1977年
★水木しげる『妖怪100物語』小学館(入門百科シリーズ88)　1979年
水木しげる『妖怪クイズ百科じてん』小学館(入門百科シリーズ101)　1979年
佐伯誠一／構成、しまあきとし／漫画『ゆうれいとお化けのふしぎ』小学館(学習まんが・ふしぎシリーズ)　1982年
斎藤浩美／構成、田森庸介／漫画『おばけ・幽霊のなぞ』実業之日本社(まんが博物館)　1982年　→『まんがお化け話』3　1985年
たかし よいち／作、長野ヒデ子／絵『へそどろぼう』岩崎書店　1983年
佐藤有文／構成、しまあきとし／漫画『日本の妖怪なぞとふしぎ』小学館(学習まんが・ふしぎシリーズ)　1983年
水木しげる『妖怪おもしろ大図解』小学館(入門百科シリーズ138)　1983年
平野威馬雄『戦慄！妖怪・幽霊の本』国土社（お化け博物館）　1984年
和田寛『紀州おばけ話』名著出版　1984年

柳田実穂『おまじない大集合!!』永岡書店(ピコピコブックス)　1984年
竹本みつる『ようかい伝説事典』学習研究社（学研まんが事典シリーズ）　1986年
★岩井宏実『少年少女版　日本妖怪図鑑』文化出版局　1987年
今道英治、桜多吾作、津原義明『ようかい伝説事典2』学習研究社（学研まんが事典シリーズ）　1988年●1・2ともに1994年から新訂版に。
飯島建男、柳川房彦、近藤功司、門倉直人、高井夏生『ＲＰＧ幻想事典　日本編』日本ソフトバンク　1988年
田森庸介『むちゃのねこ丸ゲームブック』ポプラ社　1988年
みどりふみたけ／作、遥かすみ／絵『みつごのキョンシーわん・たん・めん』ポプラ社　1988年
このみひかる『ぴょこたんのおばけめいろ』あかね書房　1988年●ぴょこたんシリーズのひとつ。3巻・1989年まで続刊。
水木しげる『妖怪博士入門』小学館(入門百科シリーズ189)　1989年
岩井宏実『少年少女版　日本妖怪ばなし』文化出版局　1989年
田森庸介『むちゃのねこ丸ゲームブック　たいけつ！　キョンシー大まおう』ポプラ社　1989年
田森庸介『むちゃのねこ丸ゲームブック　ドラゴン城のたいけつ』ポプラ社　1989年
みどりふみたけ／作、遥かすみ／絵『みつごのキョンシーわん・たん・めん　ソフトクリームがやってきた！』ポプラ社　1989年
みどりふみたけ／作、遥かすみ／絵『みつごのキョンシーわん・たん・めん　おばけかいすいよく』ポプラ社　1989年
みどりふみたけ／作、遥かすみ／絵『みつごのキョンシーわん・たん・めん　たんじょうびはわんたんめん』ポプラ社　1989年
宮西達也『おばけのウフフ　おばけのウフフどくろじま大ぼうけん』ポプラ社　1989年
宮西達也『おばけのウフフ　あっとおどろく、きょうふじま』ポプラ社　1989年
たかし よいち／作、スズキ コージ／絵『七人のおかしな妖怪たち』理論社　1990年
田森庸介『むちゃのねこ丸ゲームブック　ラーメン城のたたかい』ポプラ社　1990年
田森庸介『むちゃのねこ丸ゲームブック　ようかい大けっせん』ポプラ社　1990年
田森庸介『むちゃのねこ丸ゲームブック　きょうふのうちゅうかいぞく』ポプラ社　1990年
みどりふみたけ／作、遥かすみ／絵『みつごのキョンシーわん・たん・めん　わん・たん・めんもういっぱい!!』ポプラ社　1990年
みどりふみたけ／作、遥かすみ／絵『みつごのキョンシーわん・たん・めん　わん・たん・めんの宅配便』ポプラ社　1990年
宮西達也『おばけのウフフ　ドキドキおばけ大きょうそう』ポプラ社　1990年
田森庸介『むちゃのねこ丸ゲームブック　たこやき仮面をたおせ!!』ポプラ社　1991年
田森庸介『むちゃのねこ丸ゲームブック　びっくりおばけやしき』ポプラ社　1991年
田森庸介『むちゃのねこ丸ゲームブック　にくまんロボットのひみつ』ポプラ社　1991年
田森庸介『むちゃのねこ丸ゲームのえほん　ドーナツどろぼうをおえ！』ポプラ社　1991年

田森庸介『むちゃのねこ丸ゲームブック あくま島のドドンガ大まおう』ポプラ社 1992年
田森庸介『むちゃのねこ丸ゲームブック くらやみ王国のモクモク大王』ポプラ社 1992年
田森庸介『むちゃのねこ丸ゲームのえほん すごろく大さくせん』ポプラ社 1992年
原ゆたか『かいけつゾロリのきょうふのサッカー』ポプラ社 1993年
岡田日出子『にゃんたんのようかいむらへようこそ！』ポプラ社 1993年
岡田日出子『にゃんたんのゲームブック ゾクゾクッようかいやしき』ポプラ社 1993年
田森庸介『むちゃのねこ丸ゲームブック ねこ丸対へんしんロボメカ丸』ポプラ社 1993年
田森庸介『むちゃのねこ丸ゲームブック ねこ丸となぞの地底王国』ポプラ社 1993年
田森庸介『むちゃのねこ丸ゲームブック タイムまじんをやっつけろ！』ポプラ社 1993年
『ゲームボーイONIシリーズ完全公式ガイドブック』勁文社 1993年
『ゲームボーイONI大百科』勁文社（ケイブンシャの大百科）1994年
『新桃太郎伝説 究極本』KKベストセラーズ 1994年
★常光徹『妖怪図鑑』童心社 1994年
田森庸介『むちゃのねこ丸ゲームブック かぜひきドラゴン王をすくえ！』ポプラ社 1994年
田森庸介『むちゃのねこ丸ゲームブック ばけネコ大王とまほうのゆうえんち』ポプラ社 1994年
田森庸介『むちゃのねこ丸ゲームブック ワニワニまおうのきょうふのたいけつ！』ポプラ社 1994年
成沢大輔／編『真・女神転生II 悪魔大事典』宝島社 1994年
『ＯＮＩ外伝～異界見聞録～』勁文社 1995年
原ゆたか『かいけつゾロリのおばけ大さくせん』ポプラ社 1995年
★水木しげる『妖怪なんでも百科 妖怪のすべてがバッチリわかる』講談社（講談社まんが百科） 1995年
田森庸介『むちゃのねこ丸ゲームブック くろねこ大まおうのおばけだぞ！』ポプラ社 1995年
田森庸介『むちゃのねこ丸ゲームブック どっきり！ おばけテレビだぞ』ポプラ社 1995年
田森庸介『むちゃのねこ丸ゲームブック ねこめ小学校はおばけがいっぱい』ポプラ社 1995年
成沢大輔／編『真・女神転生デビルサマナーワールドガイダンス』ソフトバンククリエイティブ 1996年
田森庸介『むちゃのねこ丸ゲームブック アンコロ大王のどらやきロボ大作戦』ポプラ社 1996年
田森庸介『むちゃのねこ丸ゲームブック たいけつ！ ねこ丸対魔界王子きかい丸』ポプラ社 1996年
水木しげる／監修『こども妖怪新聞』世界文化社 2000年
せなけいこ『とうふこぞう』童心社 2000年

石黒亜矢子『平成版物の怪図録』マガジンハウス　2001年
荒井良『化けものつづら　荒井良の妖怪張り子』木耳社　2006年
ZUN『東方求聞史紀 Perfect Memento in Strict Sense.』一迅社　2006年
京極夏彦『百怪図譜』講談社　2007年
このみひかる『ぴょこたんのおばけめいろ181』あかね書房　2008年
ぜくう『ビデオゲームクロニクル 奇々怪界』ゲー夢エリア51(私家版)　2009年
ながたみかこ『日本の妖怪＆都市伝説事典 妖怪156＋都市伝説34』大泉書店　2011年
★常光徹／監修『日本の妖怪すがた図鑑　みたい！しりたい！しらべたい！』ミネルヴァ書房　2012年●3巻まで続刊。
★千葉幹夫、粕谷亮美『妖怪の日本地図』大月書店　2012～2013年●6巻まで続刊。
京極夏彦『京極夏彦の妖怪えほん』岩崎書店　2013～2015年●うぶめ、つくもがみ、あずきとぎ、とうふこぞう、ことりぞの5巻まで続刊。
村上健司『妖怪ひみつ大百科　超不思議な妖怪達を完全収録！』永岡書店　2015年
原ゆたか『かいけつゾロリのようかい大うんどうかい』ポプラ社　2015年
千葉幹夫『おもしろ妖怪学100夜　めざせ！妖怪マスター』子どもの未来社　2016年
京極夏彦／著、柳田國男／原作『えほん遠野物語』汐文社　2016～2021年●12巻まで続刊。
白川まり奈『白川まり奈妖怪繪物語』Ｐヴァイン　2016年
このみ・プラニング／編、やなぎみゆき、岡本晃彦／作画『ぴょこたんのなぞなぞめいろブック　ちょうせん！　おばけめいろ』あかね書房　2016年●このみひかるプロダクションによる新規シリーズの第2巻、過去シリーズ同様、妖怪が主題の巻がある。
辻野芳輝『天外画廊　辻野芳輝画集』徳間書店　2017年●ゲーム『天外魔境』シリーズの原画など。
京都精華大学(京都国際マンガミュージアム)事業推進室／制作『マンガ京・妖怪絵巻』京都新聞出版センター　2021年～●京都新聞ジュニアタイムズの連載の書籍化。2023年に2巻。
『天穂のサクナヒメ アートワークス』パイインターナショナル　2021年
いちよんご『おばけのパンやさん』教育画劇　2021年
いちよんご『おばけのカレーパン』教育画劇　2023年
つっく『獣の里のかくり神 つっく作品集』グラフィック社　2023年

山田野理夫『アルプス妖怪秘録』ナカザワ　年代不詳
山田野理夫『信濃化けもの秘録』ナカザワ　年代不詳
★『日本妖怪図鑑』リリパット　年代不詳

執筆者一覧

伊藤慎吾（いとう・しんご）

埼玉県生まれ。日本文学研究者。國學院大學栃木短期大学・教授。お伽草子や擬人化、南方熊楠の研究を主に行っている。主な著書に『南方熊楠と日本文学』（勉誠出版）、『中世物語資料と近世社会』（三弥井書店）、『擬人化と異類合戦の文芸史』（同）、『「もしも」の図鑑　ドラゴンの飼い方』（実業之日本社）、編著・共著に『お伽草子超入門』（勉誠出版）、『怪人熊楠、妖怪を語る』（三弥井書店）、『〈生ける屍〉の表象文化史』（青土社）など。異類の会主宰。

氷厘亭氷泉（こおりんてい・ひょーせん）

千葉県生まれ。イラストレーター。幕末から明治にかけての錦絵・絵草紙・戯文がおもな研究領域。妖怪に関する活動は、『和漢百魅缶』や『妖界東西新聞』にて日刊で作品公開をしているほか、画像妖怪についての研究周知をイベントなどを通じ行っている。2007年、角川書店『怪』大賞受賞。2012年からはウェブサイト『妖怪仝友会』にて伝承・画像・佃承各要素の妖怪をあつかう鬼質学誌『大佐用』を月2回（13・29日）公開中。著書に『日本怪異妖怪事典　関東』（笠間書院）、『列伝体 妖怪学前史』（勉誠出版）、共同執筆論文に「マンボウ類の古文献の再調査から見付かった江戸時代におけるヤリマンボウの日本最古記録」（共同執筆・澤井悦郎）など。新・妖怪党、妖怪仝友会、山田の歴史を語る会同人。VTuber「蠱毒大佐」のキャラクターデザイナーでもある。

式水下流（しきみず・げる）

神奈川県生まれ。山田の歴史を語る会同人。お化け友の会会員。映像作品に登場する妖怪の情報収集と分析をライフワークにしている。あわせて、山田野理夫の妖怪に関する物語、漫画に描かれた妖怪、郷土玩具などの立体化された妖怪についての情報収集もしている。それらは、異類の会や同人誌や本書の関連書である『列伝体　妖怪学前史』で発表している。また、雑誌『怪と幽』では年に一度書評を執筆している。著書に『特撮に見えたる妖怪』（文学通信）。

永島大輝（ながしま・ひろき）

栃木県生まれ。専門は民俗学。下野民俗研究会、日本民俗学会会員。中学校で教員をしつつ、各地の民俗調査報告を異類の会などで行う。共著に『妖怪・憑依・擬人化の文化史』（笠間書院）、『列伝体妖怪学前史』（勉誠出版）、『怪異と遊ぶ』（青弓社）、主な論文に「栃木にみるコロナ禍の覚書」（『口承文芸研究』44）、「城郭と怪異譚：謡曲禁忌を中心に」（『群馬文化』345）など。

幕張本郷猛（まくはりほんごう・たけし）

北海道生まれ。在野の妖怪好き。かなり前から佐藤有文、中岡俊哉、斎藤守弘研究のために図書館での調査を開始し、現在も継続中。世界怪奇スリラー全集、世界怪奇シリーズ、ジャガーバックス、ドラゴンブックス至上主義者。『昭和・平成オカルト研究読本』（サイゾー）、『列伝体　妖怪学前史』（勉誠出版）で執筆。

御田鍬（みたすき）

広島県生まれ。妖怪が基礎資料から現代の妖怪事典・図鑑へと転載されていく中での記述の変遷と混濁を主な興味関心領域としている。大学時代からはサークル「うしみつのかね」名義で同人誌を中心に活動中。妖怪に関する現代の書籍やタイトルに妖怪と含まれる書籍の収集、また水木しげるが参考とした資料・図像などを探索し纏めた同人誌『水木絵のモトエ』の発行などを行っている。共著に『日本怪異妖怪事典　近畿』（笠間書院）。

毛利恵太（もうり・けいた）

神奈川県生まれ。妖怪数奇者。HN「こぐろう」及び個人サークル「松籟庵」として、X（旧Twitter）で妖怪紹介アカウント「瓶詰妖怪（@bottle_youkai）」を展開、妖怪蒐集系VTuber「蠱毒大佐」をプロデュース。共著に『妖怪・憑依・擬人化の文化史』『日本怪異妖怪事典　中部』（ともに笠間書院）、『列伝体　妖怪学前史』（勉誠出版）。単著に『日本怪異妖怪事典　四国』（笠間書院）、『明治の讀賣新聞における「化物会」の活動について』（同人誌）。また『暗黒神話TRPGサプリメント トレイル・オブ・クトゥルー・ジャパン』（グループSNE）に協力。

著者略歴

伊藤慎吾（いとう・しんご）
日本文学研究者。國學院大學栃木短期大学・教授。異類の会主宰。著書に『南方熊楠と日本文学』、共著に『お伽草子超入門』（勉誠出版）など。

氷厘亭氷泉（こおりんてい・ひょーせん）
イラストレーター。新・妖怪党、妖怪仝友会、山田の歴史を語る会同人。著書に『日本怪異妖怪事典　関東』（笠間書院）など。

式水下流（しきみず・げる）
山田の歴史を語る会同人。お化け友の会会員。著書に『特撮に見えたる妖怪』（文学通信）。

永島大輝（ながしま・ひろき）
専門は民俗学。下野民俗研究会、日本民俗学会会員。共著に『怪異と遊ぶ』（青弓社）など。

幕張本郷猛（まくはりほんごう・たけし）
在野の妖怪好き。共著に『昭和・平成オカルト研究読本』（サイゾー）など。

御田鍬（みたすき）
「うしみつのかね」名義で同人誌を中心に活動。同人誌に『水木絵のモトエ』、共著に『日本怪異妖怪事典　近畿』（笠間書院）など。

毛利恵太（もうり・けいた）
妖怪数奇者。「こぐろう」名義で活動。著書に『日本怪異妖怪事典　四国』、共著に『日本怪異妖怪事典　中部』（笠間書院）など。

広益体　妖怪普及史

著者　伊藤慎吾
　　　氷厘亭氷泉
　　　式水下流
　　　永島大輝
　　　幕張本郷猛
　　　御田鍬
　　　毛利恵太

発行者　吉田祐輔
発行所　㈱勉誠社
〒101-0061 東京都千代田区神田三崎町二-十八-四
電話　〇三-五二一五-九〇二一㈹

二〇二四年七月十三日　初版発行

印刷
製本　三美印刷㈱

ISBN978-4-585-32040-1　C0021

列伝体　妖怪学前史

現代の妖怪学に影響を与えた二十三人が刻んだ点と線を、二五〇点超の貴重図版とともに紹介。本邦初、妖怪学〈以前〉の流れを捉えた一冊！

伊藤慎吾・氷厘亭氷泉 編・本体二八〇〇円（＋税）

怪異学講義
王権・信仰・いとなみ

古記録や歴史書、説話、絵画といった多数の資料を渉猟し、政治・信仰・寺社・都市・村・生活など多様な視点から「怪異」とそれに対する人々の営みを読み解いた画期的入門書。

東アジア恠異学会 編・本体三二〇〇円（＋税）

この世のキワ
〈自然〉の内と外

驚異と怪異の表象を、ユーラシア大陸の東西の伝承・史料・美術品等に探り、自然と超自然・この世とあの世の境界に立ち現れる身体・音・モノについて、学際的に考察。

山中由里子・山田仁史 編・本体三二〇〇円（＋税）

お伽草子超入門

妖怪、異類婚姻、恋愛、歌人伝説、高僧伝説など六つの物語を紹介。読みやすい現代語訳、多数の図版とともに読み解く。「モチーフ索引」「妖怪小辞典」を付す。

伊藤慎吾 編・本体二八〇〇円（＋税）

今昔物語集の怪異を読む

巻第二十七「霊鬼」

『今昔物語集』のうち、特に興味深い怪異を語る説話を集成した「本朝付霊鬼」巻に収録される四十五の物語について、読みやすい本文と注釈・考証・分析・批評を収録。

森正人 著・本体四八〇〇円（＋税）

呪術と学術の東アジア

陰陽道研究の継承と展望

呪術として、学術として、また東アジアにおける位置付けなど、多角的な視点により、深化、活性化していく陰陽道史研究の動向を追う。

陰陽道史研究の会 編・本体三〇〇〇円（＋税）

前近代東アジアにおける〈術数文化〉

〈術数文化〉と書物、出土資料、建築物、文学、絵画との関係を検証。文化への影響・需要を考察し、東アジア諸地域への伝播・展開の様相を通時的に検討する。

水口幹記 編・本体三二〇〇円（＋税）

「神話」を近現代に問う

整備され、体系からこぼれ落ちたり、意図して対抗的に利用され、重層的に信じられていた、広義の神話が持つ社会的意義を、成立過程・創作過程から改めて評価する。

植朗子・南郷晃子・清川祥恵 編・本体二五〇〇円（＋税）

世界神話伝説大事典〔オンデマンド版〕

全世界五十におよぶ地域を網羅した画期的大事典。「神名・固有名詞篇」では一五〇〇超もの項目を立項。現代にも影響を及ぼす話題の宝庫。

篠田知和基・丸山顯德 編・本体二五〇〇〇円（＋税）

マハーバーラタ入門
インド神話の世界

長大な物語をわかりやすく解説。神話モチーフの読み解き、他地域の神話との類似点や相違点、豆知識など『マハーバーラタ』がより深く楽しめる多数のコラムを掲載。

沖田瑞穂 著・本体一八〇〇円（＋税）

フランスの神話と伝承

蛇女メリュジーヌ、魔女、ガルガンチュアから赤ずきん、青ひげ、星の王子様まで…時に恐ろしく、時に滑稽で、妖艶な神々や妖精の活躍を読み解く！

篠田知和基 著・本体一五〇〇円（＋税）

世界の絵本・作家　総覧

十九世紀から現代にわたる総勢九〇〇名以上の絵本作家の略歴と、翻訳されている作品のリストを掲載。世界の絵本・作家を一望できる待望の一冊、ここに刊行！

O.L.V.・おおぶ文化交流の杜図書館 編
本体二〇〇〇〇円（＋税）

江戸川乱歩大事典

乱歩の形成した人的ネットワーク、彼の生きた戦前戦後という時代と文化事象、様々な雑誌メディアなど、乱歩ワールドの広がりを体感できるエンサイクロペディア。

落合教幸・阪本博志・藤井淑禎・渡辺憲司 編
本体一二〇〇〇円（＋税）

坂口安吾大事典

坂口安吾の最新の研究成果を踏まえ、全作品を解説するとともに、人間像・作品を読み解くうえで重要なキーワードや交流のあった人物を網羅的した初の大事典！

安藤宏・大原祐治・十重田裕一 編集代表
本体一四〇〇〇円（＋税）

ビジュアル資料でたどる 文豪たちの東京〔オンデマンド版〕

東京を舞台とした作品の紹介の他、当時の資料と、原稿や挿絵、文豪たちの愛用品まで一〇〇枚を超える写真も掲載。現在につながる、文豪たちの生きた東京を探す。

日本近代文学館 編・本体二八〇〇円（＋税）

大宅壮一文庫解体新書 雑誌図書館の全貌とその研究活用

二〇二一年、開設から五十年を迎える大宅壮一文庫について、概要から、その誕生の歴史、そして文庫を活用した研究の実践例まで、すべてを網羅した解説書。

阪本博志 編・本体三五〇〇円（＋税）